Anne Koch

Das Verstehen des Fremden

Eine Simulationstheorie
im Anschluss an W. V. O. Quine

Wissenschaftliche Buchgesellschaft

Einbandgestaltung: Neil McBeath, Stuttgart.

Zugl. Dissertation an der Philosophischen Fakultät der Universität München 2001.

Gedruckt mit Hilfe der Geschwister Boehringer Ingelheim Stiftung
für Geisteswissenschaften in Ingelheim am Rhein
sowie mit Unterstützung des Bischöflichen Generalvikariats des Bistums Trier
und der Evangelisch-Lutherischen Kirche in Bayern.

Die Deutsche Bibliothek verzeichnet diese Publikation
in der Deutschen Nationalbibliografie;
detaillierte bibliografische Daten sind im Internet über
http://dnb.ddb.de abrufbar.

Das Werk ist in allen seinen Teilen urheberrechtlich geschützt.
Jede Verwertung ist ohne Zustimmung des Verlages unzulässig.
Das gilt insbesondere für Vervielfältigungen,
Übersetzungen, Mikroverfilmungen und die Einspeicherung in
und Verarbeitung durch elektronische Systeme.

© 2003 by Wissenschaftliche Buchgesellschaft, Darmstadt
Gedruckt auf säurefreiem und alterungsbeständigem Papier
Reproduktionsfähige Druckvorlagenerstellung: Anne Koch
Printed in Germany

Besuchen Sie uns im Internet: www.wbg-darmstadt.de

ISBN 3-534-16662-0

Anne Koch
Das Verstehen des Fremden
Eine Simulationstheorie im Anschluss an W. V. O. Quine

Edition Universität

Inhalt

Vorwort 7

Einleitung: Die unbestimmte Fremdheit 9
Gegenstand der Theorie des Fremden 12
Das radikal Fremde und sein neuartiges Verstehen bei Quine 14
Postkoloniale Xenologie, Simulation und narrative Analyse als Zugänge zu
Unbestimmtheit und Fremdheit 16

I Die „radikale Übersetzung" der Fremdheit in *Word and Object* 21
Die Urszene der radikalen Übersetzung 23
Einige Standarddeutungen der Unbestimmtheitsthese 26

1 Die Protagonisten Gedankenexperimentator und Feldforscher: Das Sich-selbst-Fremdwerden als Voraussetzung der Begegnung mit dem Fremden 35
    1.1 Das Kapitel II von *Word and Object* als Gedankenexperiment 35
    1.2 Kooperation von Gedankenexperimentator und Feldforscher vor dem radikal Fremden 38

2 Quine entdeckt die Fremdheit 42
    2.1 Exposition des Gedankenexperiments 43
        2.1.1 Die Suche nach einer naturalistischen Metatheorie von Bedeutung 43
        2.1.2 Der Gedankengang der Exposition 51
    2.2 Feldstudie 56
        2.2.1 Feldforscher I und Feldforscher II. Vom Sensualismus zur Semantik in der Fassung von Fremdheit 61
    2.3 Gedankenexperiment als Simulation 64
        2.3.1 Zwei kognitionspsychologische Theorien zur Zuschreibung von Mentalität an ein unbekanntes Gegenüber 65
        2.3.2 Die Simulation als Xenologie der Gedankenexperimentebene 74
        2.3.3 Bilingual-Simulation 76

3 Eine neue Deutung der Unbestimmtheit menschlichen Verstehens 81
    3.1 Übersetzen als Modell für Verstehen? 81
        3.1.1 Kritik des Versuchs, über Reizbedeutung Objektivität zu gewinnen ... 83
        3.1.2 Kritik an Quines Sprachauffassung und ihrer Reduktion der Fremdheit . 87
    3.2 Die Unbestimmtheit oder: wie abweichend ist das Fremde? 91
        3.2.1 Der mögliche Gegensatz mehrerer Übersetzungen 94

3.2.2 Die Rücknahme des Gegensatzes durch den späten Quine 103
3.2.3 Szenische Gegensätzlichkeit versus Muster-Abweichung 109
3.2.4 Die simulierte szenische Abweichung des Fremden 111
3.2.5 Gegensätzlichkeit als Anomalie: Quines Leib-Seele-Begriff 115

II Die Simulative Hermeneutik 119

4 Das Inventar 122
   4.1 Handbücher: die Frage nach der Repräsentation des Fremden 122
   4.2 Oberfläche: der sensualistische Versuch, das Fremde zu beseitigen 129
      4.2.1 Der Verlust der gemeinsamen Oberfläche als Erkenntnisbeginn 137
   4.3 Dschungel 144
   4.4 Provinzen 152
      4.4.1 Provinzialisierung der Physik und Mathematik 152
      4.4.2 Die „terra intermedia" des fremdartigen Traumsinns 155
      4.4.3 Die „terra incognita" einer fremden Sprache in der Ethnologie 164

5 Das Personal 171
   5.1 Der Eingeborene 172
   5.2 Der Feldforscher 177
      5.2.1 Vier Bedeutungsquellen 178
      5.2.2 Das nicht-theoretische Format des Fremdverstehens 187
   5.3 Der Gedankenexperimentator 192
      5.3.1 Das unbestimmte Wägen im unwägbaren Sinngefüge 193
      5.3.2 Anforderungen an das Instrumentarium einer Xenologie 200
      5.3.3 Simulative Kompetenz in Biografien der Fremderfahrung 205
      5.3.4 Kritik der Simulativen Hermeneutik an aktuellen xenologischen
          Gedankenexperimentatoren 212

6 Resümee zu Inventar und Personal des Gedankenexperiments 220
   6.1 Retrospektive auf die Prozesse der Simulation 220
   6.2 Inventar und Personal: Medien und Kommunikation 222

Schluss: Das unbestimmte Verstehen des Fremden 225
Der xenologische Wert „unbestimmt" 227
Die Ergebnisse des simulativen Zugangs 229
Die Ergebnisse des narrativen Zugangs 232
Xenologische Theorie-Anforderungen 235
Der fremde Gegenstand 236
Die fremde Gegebenheit 237
Vom Umgang mit dem Fremden 238

Literaturverzeichnis 241

Vorwort

Unsere Welt wächst global zusammen. Das Fernste wird herangeholt über Filme, Urlaubsreisen, Internet, Science Fiction und die Gleichzeitigkeit der Medien. Die Ränder des Fremden ändern sich fortwährend. Was bisher ein Leben lang unbekannt blieb, wird sichtbar und bereit für Interaktionen. Die Frage stellt sich: Welche Techniken haben wir im Westen entwickelt, der Infragestellung oder Überflutung durch komplett abweichende Überzeugungssysteme zu begegnen bzw. mit diesen einen gemeinsamen Verständigungshorizont aufzubauen? Neben dem Horizont ist der Boden unter unseren eigenen Füßen aufgerissen: Es gibt Vorgänge in unserer Seele und unserem Körper, die wir nicht kennen und nicht beherrschen. Motivationen und Ideale unseres Selbst sind durch Instanzen geprägt, die sich uns entziehen. Wir selbst reichen ins Fremde. Auch unsere Lebensdauer erstreckt sich in ein Fremdes hinaus. Im Überzeugungssystem vieler Menschen oder Gruppen gibt es einen Platzhalter für das Fremde, der als Macht, Universum, Leben oder Gottheit ausgeführt wird und derzeitiges wie zukünftiges Geschick in Beschaffenheit und Richtung beeinflusst.

Angesichts dieses weiten Phänomens der Fremdheit ist begriffliche Unterscheidung gefragt. Verantwortung für das Fremde, sein Schutz vor imperialem Zugriff ist ebenso aufgegeben wie die Verantwortung für die Chancen an Authentizität und Überlebensstrategien, die für uns selbst aus der Wahrnehmung des Fremden erwachsen können. Wenn Ängste über die Faszination am Fremden siegen, werden Gedanken zu einem angemessenen Zugang zu Fremdem dringend.

Die vorliegende Arbeit will einen gerechten Zugang zur Fremdheit erarbeiten. Als philosophische Arbeit ist sie besonders dadurch herausgefordert, dass die je geltende Rationalität so stark und sich selbstverständlich ist, dass fragwürdig wird, wie abweichend Fremdes überhaupt gedacht werden kann. Daran aber liegt es, ob wirklich Fremdes und nicht nur zu Andersheit heruntergebrochenes Fremdes erforscht wird.

Im Gang des Denkens wird eine Methode des Zugangs zum Fremden besonders in Gestalt des Kulturfremden entwickelt: Der Forscher simuliert das Fremde. Er versetzt sich mit Phantasie und Empathie, in Gedanken oder vor Ort, in den Inhaber einer fremden Weltsicht hinein. Er entfaltet dessen Fremd-Szenerie mit Tageszeit, Lichtverhältnissen, Körperbewegungen, Essensgeschmack, dessen bevorzugten Medien der Kommunikation, seiner Sprache und Zeichensysteme. Der Gewinn liegt darin, dass auf diese Weise auch die unausdrücklichen Verstehensweisen des simulierenden Forschers, sein körperliches, emotionales, nicht bewusstes Verstehen an der Erschließung von Fremdheit beteiligt sind. Die Simulation hat immense Folgen für die Theorie radikaler Fremdheit. Genannt sei hier, dass Erkennen wesentliche Abweichung setzt, anstatt zu identifizieren; dass die simulative Rekonstruktion von Fremdheit der konkreten anstatt einer idealisierten Auftretensweise von Fremdheit analog ist und ihr Gegenstandsbereich über die Regel-Rekonstruktion auf unausdrückliche Bedeutungssetzungen hinausreichen kann. Zudem ist zu warnen: Ein veränderter Simulant kann die Folge sein.

Die vorliegende Arbeit wurde im Jahr 2001 von der philosophischen Fakultät der Ludwig-Maximilians-Universität in München als Dissertation angenommen. Meinem Doktorvater Prof. Wilhelm Vossenkuhl danke ich für seinen Rat und seine Unterstützung über die Jahre hinweg bis heute zu. Bereichert wurde die Promotionszeit auch durch Gespräche mit Prof. Josef Wehrle, meinem Dienstherrn im Alten Testament an der Theologischen Fakultät. Ich danke ihm für den Freiraum, der mir neben den Lehrverpflichtungen die für philosophisches Nachdenken nötige Muße ermöglichte. Prof. Michael von Brück ist nicht nur für das Zweitgutachten Dank zu sagen, sondern auch dafür, dass er mich ermutigt hat, meine Forschungen auf das Gebiet der Religionswissenschaft auszuweiten und an seinem Lehrstuhl zu arbeiten. Frau Christa Pantos von der Wissenschaftlichen Buchgesellschaft danke ich für die Betreuung des Druckes und ihre Anregungen bei der Titelformulierung!

Viele Verbesserungen gehen auf meine Kollegen des Doktorandenkolloquiums zurück und Freunde, die Teile gelesen haben: Ich danke Florian Mehl, Claus Beisbarth, Christian Wannenmacher, Gerhart Ernst, Verena Weber, Thomas Splett, Margareta Eberle, Oliver Rauprich, Till Vierkant, Verena Mayer, Stephan Schmidt, Claudio Ettl und Alexandra Grieser. Besonderer Dank gilt meinen unermüdlichen Eltern für ihre Begleitung und unzähliges Korrekturlesen!

Meine Eltern, meine Geschwister und meine Freunde wissen, wie sehr ich von ihnen lebe; daher möchte ich ihnen hier nur erneut meine Dankbarkeit ausdrücken. Diese Arbeit sei Erinnerung an einen Freund und Philosophen, der freiwillig aus dem Leben in das Fremde überwechselte, Chris Elspas. Ich widme sie der nachwachsenden Menschheit, die mich mit Freude und Kraft erfüllt:

Für Jonathan, Paul, Linus, Tobias und Magdalena!

EINLEITUNG: DIE UNBESTIMMTE FREMDHEIT

Es gibt eine Form von Wahn, in der dem Wahnkranken der Lebenspartner als fremder und bösartiger Doppelgänger erscheint oder in dem er sich von fremden Mächten gesteuert fühlt. Neueste neuropsychiatrische Untersuchungen[1] zeigen, dass manche Vorstellungen dieser Wahnkranken mit einer Schädigung der rechten Hirnhälfte einhergehen. Diese drückt sich darin aus, dass eine sinnliche Wahrnehmung nicht von der gewohnten emotionalen Reaktion begleitet ist. Wenn diese Patienten ihren Partner sehen, ist dies für sie nicht mehr wie sonst mit Gefühlen von Freude oder Geborgenheit verbunden. Aufgrund dieses Mangels taucht ein Gefühl der Fremdheit des Vertrauten auf. Der Wahnkranke erklärt sich das dadurch, dass der Vertraute eben ein Fremder sei. Für den Interpreten, der sich in die Perspektive des Kranken hineinversetzt, wird das Verhalten nachvollziehbar. Die neurologische Beeinträchtigung kann allerdings nicht die besondere Art und Weise erklären, wie die Wahnvorstellung in andere Überzeugungen integriert wird. Auch in Bezug auf die Verknüpfung von Überzeugungen treten Besonderheiten auf, z.B. führt bei den geschilderten Wahnpatienten bereits minimale Evidenz zu einem Urteil.[2]

An diesem Beispiel stellt sich die schwierige Frage nach dem Fremden. Auf einer ersten Stufe sind wir alle persönlich oder durch Medien mit solchen Fremdheiten wie der fremdartigen Welt eines Wahnkranken vertraut. Wir nennen ein Verhalten, das wir nicht angemessen finden, befremdlich; jemand, den wir noch nicht kennen, ist fremd, und schon in Frankreich sind uns manche Sitten fremd. Allen Fällen ist eines gemeinsam: sie können in unser Überzeugungssystem integriert werden. Sie sind Unterschiede einer Variation oder lösen sich zeitlich durch zunehmende Bekanntschaft auf. So fremd der Wahnkranke ist, durch die Erkenntnis der Funktion seiner Reaktion als Schutz gegen seine veränderte Wahrnehmung ist die Fremdheit seiner Sicht wieder verstanden. Auf dieser Stufe subsumiert unser Verstehen fremdartige Sachverhalte unter unsere Weltsicht und ihre Kategorien.

In dieser Arbeit geht es darum, einen Begriff radikaler Fremdheit zu entwerfen, der davon unterschieden ist. Gibt es eine Steigerung zur integrierbaren und aufgelösten Fremdheit? Kann ein sinnvoller Begriff einer nicht-relationalen Fremdheit eingeführt werden? Diese Arbeit ist ein Gedankenexperiment zur größtmöglichen Abweichung eines Fremden. Dieses radikal Fremde sei vorerst als Maximalvariable vorgestellt. Die-

---

[1] DAVIES/COLTHEARDT *Introduction to Pathologies of Belief*. Es ist eine übliche Heuristik der Philosophie der Psychologie, aus abnormen Verhalten bzw. aus dem Krankheitsbild den Theoriehintergrund für Normalphänomene zu erschließen, vgl. BOTTERILL/CARRUTHERS *Philosophy of Psychology*, wo der Autismus zwischen Simulation und Theorietheorie entscheiden soll, und STICH/NICHOLS *Cognitive Penetrability, Rationality and Restricted Simulation* 324, die dazu Dissoziationszustände heranziehen.

[2] YOUNG *Woundrous stage: The Neuropsychology of Abnormal Beliefs*.

ser Prototyp kann dann beantworten, wie fremd wir das Fremde konzipieren können und welche besonderen Auswirkungen der Prototyp auf die geforderte Heuristik hat. Die Aufgabe dieser Arbeit ist somit eine doppelte: Der *Gegenstand* eines sinnvoll zu bearbeitenden Fremden muss von bloßer Andersheit abgegrenzt werden, und die Besonderheit im *Vollzug* des Verstehens von Fremdheit ist zu bestimmen.

Fremdheit wird in der einschlägigen Fremdheitsdebatte auf einer Skala zwischen dem völlig Unbekannten und dem lediglich Ungewohnten beschrieben. Je mehr der Untersuchungsgegenstand zu einem dieser beiden Pole rückt, desto mehr löst sich das Fremde auf. Rückt es dem völlig Unbekannten zu nahe, so löst es sich in das Unerkennbare auf. Gelangt es hingegen in die Nähe des lediglich Ungewohnten, so ist es durch einen Blick auf seinen Kontext schnell wieder ein Gewohntes. Anders gesagt, auf der ersten Stufe ist das herausforderndste Fremde jenes, das knapp vor diesen Grenzen zum Unerkennbaren bzw. allzu Bekannten liegt. Bei der „oberen" Grenze des völlig Unbekannten kann an sprachüberbietende Transzendenzerfahrungen gedacht werden wie Natur- oder Glückserlebnisse, bei der unteren Grenze an Entfremdungserlebnisse und Wendepunkte inmitten der alltäglichen Wirklichkeit wie das Fremdwerden eines Freundeskreises oder eines Ortes. Die obere Grenze thematisiert ein exotisches Fremdes oder ein Numinoses. Die Grenze zum Ungewohnten thematisiert eher das abstrakte Andere. Darunter kann etwa die „symbolische Substanz" unseres Alltags verstanden werden, wie sie der Film aufgreift (Frau entkommt spießigem Liebhaber, findet auf unwahrscheinlichste Weise Traummann oder Mann bringt Ordnung in Garage einer Frau und dann noch in ihr Leben). Wo jemand seinen Fremdheitsbegriff in der Fremdheitsdebatte auf der Skala zwischen Undenkbar und lediglich Ungewohnt verortet, hat theoretische wie praktische Auswirkungen. Grundsätzlich wird jemand, der dazu neigt, das Fremde als nicht verstehbar anzunehmen, eher zu einer Enthaltung des Urteils kommen und als angemessene ethische Haltung gegenüber dem Fremden die Diplomatie ansetzen (z.B. Nakamura, Sundermeier). Anders, wer das Fremde für unbekannt hält und meint, es durch irgendwelche Metatheorien einholen zu können. Er wird z.B. in Bezug auf das kulturelle Fremde gemeinsame Institutionen, Menschenrechte und Politik für möglich halten und in Bezug auf das Unbewusste archetypische Formen annehmen (z.B. Hegel, Taylor).

Nach Ansicht der in dieser Arbeit entwickelten Simulativen Hermeneutik steht das Fremdverstehen außerhalb dieser klassischen Problemexposition. In der vorgestellten graduellen Darstellung von Fremdheit fehlt ein wichtiges Fremdes. Dieses kann erschlossen werden, wenn der starre Standpunkt der Vernunft, die in Undenkbares und Ungewohntes teilt, verlassen wird und ein Interpret sich in die Fremdheit einlebt. Auf diese Weise bleibt die Fremdheit fremd und die Wandlung findet auf Seiten des Interpreten statt. Er wird sich fremd, indem er das neuartige Phänomen aufnimmt. Er verändert sich und seine Überzeugungen durch diese Fremdheitserkenntnis in der Weise, dass er nicht einfach ein weiteres Theoriegebäude begehen kann, sondern so, dass sich ein neuer Überzeugungszusammenhang ordnet. Sein alter Horizont bzw. ein Vertrautes und Fremdes einigender Horizont ist ihm verloren, da er in ein neu- und nicht nur andersartiges Sinngefüge eingestiegen ist. Er lebt nun in einer Welt, die er nie auch nur erahnt hätte. Das Besondere der Simulativen Hermeneutik ist dieser Perspektivwechsel, die Frage des Fremdverstehens nicht vom Gegenstand her aufzurollen (den Überlegungen, ob dieser nur ungewohnt oder undenkbar zu sein habe). Ansatz der Simulativen Hermeneutik ist der Mensch, der Fremdem gegenübersteht. Die Simulative Hermeneutik ist ein „dritter Weg" außerhalb des geschilderten Kontinuums: ein Portal ins Fremde. Da das Fremde bei diesem Ansatz anfänglich nicht näher charakterisiert wird, kann grundsätzlich nicht ausgeschlossen werden, dass alles, was begegnet, fremd ist. Nur auf diese Weise, nicht vorgreifend Merkmale des Fremden zu setzen, wird Zeit gewonnen für wesentliche Überlegungen.

Der Wechsel des Blicks vorerst vom Gegenstand Fremdheit weg und auf den Rezipienten und die ihm zur Verfügung stehenden Erkenntnismöglichkeiten führt die Simulation ein. Sie ist eine gegen Ende des zwanzigsten Jahrhunderts von der Entwicklungspsychologie benannte menschliche Verstehensleistung. Sie wurde entdeckt und ist relevant für das Verstehen der Mentalität eines anderen Menschen. Das heißt, ihr Kontext ist nicht die Erkenntnis eines theoretischen Sachverhaltes, sondern das Verständnis eines lebenden menschlichen Wesens. Dazu sind spezifische geistige und psychische Verarbeitungen vonnöten. Da sich im Überzeugsnetz, dem Sinngefüge eines Menschen, am meisten seine Wirklichkeitssicht ausdrückt, ist dies auch der Gegenstand, an dem die größtmögliche Fremdheit auftreten kann. Bausteine des Sinngefüges sind neben Aussagen auch semipropositionale Einstellungen und nonpropositionale Beeinflussungen. Zu letzteren gehören u.a. das enterische Nervensystem des Darms, das endokrine System der Hormondrüsen und das Immunsystem, die wesentlich zum Erleben, Erinnern und Deuten der Welt beitragen. Semipropositional sind neben den Einstellungen und Überzeugungen die Symbolisierungen.[3] In der Wahrnehmung des Schönen z.B. behält ein Kunstwerk neben theoretisierbaren Bedingungen einen nichtkommunizierbaren Gehalt. Um wiederum diese divergenten Schichten des Sinngefüges zu beschreiben, ist eine Simulationstheorie notwendig. Deshalb muss jede xenologische Theorie das Konzept des simulativen Verstehens von Fremdem bzw. allgemeiner eine Theorie des menschlichen Verstehens überhaupt vorlegen können. Daher ist diese Arbeit über den Begriff Fremdheit weitgehend eine Untersuchung zum Überzeugt- und Eingestelltsein des Menschen und der besten Beschreibungstheorie für diese intellektuellen und psychischen Prozesse.

Einige Bemerkungen zum Ergebnis der Arbeit seien zur besseren Orientierung vorausgestellt. Die Simulative Hermeneutik kommt zu der Einsicht, dass die Erkenntnis

---

[3] Z.B. MAYER *Semantischer Holismus* 222, BOYER *Explaining Religious Ideas*.

von Fremdheit unbestimmt ist. Sie macht damit eine Aussage über den Modus des Verstehens. „Unbestimmt" lässt sich in drei Richtungen ausführen: Die Fremdheitserkenntnis ist unbestimmt, weil sie simulativ, möglicherweise gegensätzlich und szenisch ist.

Hinter dem Merkmal der möglichen Gegensätzlichkeit verbirgt sich, dass die Erkenntnis von Fremdheit eine Aussage zu Tage bringen kann, die unseren abendländischen logischen Grundüberzeugungen zuwider läuft. Dieses Merkmal bringt die gedanklich größte Abweichung zum Ausdruck und hat von daher auch die Funktion, den untersuchten Sachverhalten ihre Fremdheit zu garantieren, um den Untersuchungsgegenstand zu erhalten.

Eine simulative Erkenntnis erschließt durch Empathie und phantasiegeleitetes Hineinversetzen in die Situation des anderen dessen Sinngefüge. Dadurch sind die Ergebnisse vom Einfluss des Interpreten geprägt. Dessen simulatives Wissen drückt sich nicht allein in Sätzen aus, sondern auch in der nicht-gehaltlichen Leiblichkeit. Es ist ein Wissen, das der Simulant z.B. durch Teilnahme an einem Ritual körperlich erlangte, ohne dass es auch nur prinzipiell möglich wäre, darüber propositional abbildbar zu verfügen. Zudem ist durch das Hineinversetzen der gesamte Zwischenbereich der nur zum Teil repräsentierbaren semipropositionalen Einstellungen und des semipropositionalen Körperwissens eingebracht.

Aus der Simulativität folgt, dass die Erkenntnis von Fremdheit szenisch ist. Mit szenisch ist ein ganzes Bündel von Merkmalen zusammengefasst, die alle die Abhängigkeit des Erkennens von einer konkreten Erkenntnissituation bezeichnen. Diese besitzt eine Tageszeit, Entfernungen, einen individuellen Erkennenden, eine Interaktion, ein besonderes Gegenüber. Damit sind nicht eliminierbare Daten durch die Situation in jede Theorie eingetragen, die durch Abstraktionsprozesse, wie sie für unsere Kulturgepflogenheiten gelten, nicht wegfallen dürfen. Da dies philosophiegeschichtlich häufig genug geschehen ist, kann die Berücksichtigung der Szenerie nicht genügend betont werden.

Gegenstand der Theorie des Fremden

Für das Fremde können verschiedene Gegenstände eingesetzt werden. Diese Arbeit hat insbesondere die fremde Kultur vor Augen. Ebenso wird das Fremde in uns in der Form des Unbewussten thematisiert. Eine religionsphilosophische Anwendung auf das Göttliche und Transzendente, das fast in jeder Religion auch in Begriffen des Fremden und Entzogenen charakterisiert wird, ist reizvoll und steht noch aus.

In der Literatur gibt es diverse Sichtungen inhaltlicher und systematischer Fremdheitsbestimmungen.[4] Als Fremdes wird in thematischer Hinsicht sehr vieles klassifi-

---

[4] Systematisierungen der Fremdheit sind mittlerweile unübersehbar: Vgl. die beiden Stufen des Fremden nach SUNDERMEIER *Den Fremden verstehen* 139ff: 1. Fremdartigkeit des Erscheinens

ziert: der Wahn, das Unbewusste, das Jenseits, das Kulturfremde, das Unheimliche, Mythen, das Kindliche[5], das Göttliche, das innerhalb der eigenen Kultur mit der vertrauten Rationalität nicht Vereinbare, das Irrationale oder Arationale und das überwältigend Schöne, Monströse, Ekelhafte oder Böse. Fremdheit kann als abweichend-fremde Überzeugung innerhalb unserer Weltanschauung auftauchen oder als fremde Einstellung, psychisches Muster, Handlung, Handlungskontext, Wahrnehmungsgewohnheit etc. Damit hängt zusammen, ob der Gegenstand Fremdheit sichtbar sein muss: Liegt Fremdheit in der Sichtbarkeit eines fremdartigen Rituals oder kann das Sichtbare ganz vertraut erscheinen und erst im dahinterliegenden Überzeugungshorizont der Handelnden mit einem völlig fremden Sinn verknüpft sein? Der Ethnologe Lévi-Strauss legt dar, dass ähnlich aussehende Handlungen in ihrer Bedeutung auf Symbolebene nicht einmal vergleichbar sein müssen oder möglicherweise sind. In systematischer Hinsicht zeigt sich eine Abhängigkeit zwischen dem Vorgriff auf den Gegenstand Fremdheit und der Ausgestaltung der Theorie, mit der er bewältigt werden soll. Für diese Abhängigkeit besteht meist kein Problembewusstsein. Und das, obwohl daraus, wie das Fremde inhaltlich angesetzt wird, spezifische Bedürfnisse an sein Verstehen erwachsen. Dieser Zusammenhang ist unbedingt offen zu legen, damit nicht eine besondere Form der Fremdheit für die Fremde schlechthin gehalten wird. Nakamura beispielsweise entwirft den Umgang mit Fremdheit anfangs als Vorbehalt: „Das Fremde ist ein Problem, ein

---

auf emotionaler Ebene und 2. die fremde Ordnung, sowie die Ordnungen der Gleichheit, Alterität und Komplementarität (73ff). SCHÄFFTER *Modi des Fremderlebens* kennt inhaltlich fünf Stufen: das Auswärtige, Fremdartige, Unbekannte, Unerkennbare und Unheimliche, je nachdem in welchem Erfahrungshorizont das Fremde erscheint, und vier Ordnungen (transzendente Ganzheit, Vollkommenheit, Selbstveränderung, Komplementarität, 14ff). NAKAMURA *Xenosophie* kennt vier Deutungsmuster des „vertikalen Fremden" (i.e. alles, was das Ich in seinem Selbstverständnis irritiert): das Unheimliche (Gegenstand der Tiefenhermeneutik), das Numinose (Transzendenzhermeneutik), den Relativismus (Anti-Hermeneutik) und die Ambivalenz (Nicht-Hermeneutik) 139ff. TURK *Alienität und Alterität als Schlüsselbegriffe einer Kultursemantik. Zum Fremdheitsbegriff der Übersetzungsforschung* 179 benennt die drei „Exil"-Paradigmen der approximativen Annäherung, der aufhebbaren Entfremdung und des unaufhebbaren Ausschlusses. HOGREBE *Die epistemische Bedeutung des Fremden* 359 meint, dass nur das Fremde als Verneinung von Wissen philosophisch interessant sei, nicht aber das Fremde als Verneinung von Zugehörigkeit und Vertrautem. C.G. JUNG unterscheidet das bleibende Unbekannte des ergreifenden Numinosen im Unbewussten und das unbekannte Unbewusste, das insofern nicht unbekannt ist, als es, sobald es bewusst wird, ein normaler psychischer Gehalt ist.

[5] JAMME ‚*Und Gott hat an ein Gewand'* 59: „Wie die mythische so ist auch die kindliche Rationalität nicht einfach logozentrisch auszugrenzen als eine bloß defiziente Vorform der Vernunft oder zu integrieren in eine Totalvernunft", s.a. 256ff. GLOY *Das Analogiedenken unter besonderer Berücksichtigung der Psychoanalyse Freuds* erwägt, ob die „Kinderlogik" (297) anstatt der Irrationalität nicht die ursprünglichere Deutekunst ist und die formale Logik eine derivate Ableitung.

Vorwurf aus dem Jenseits und den Lücken des Orientierungsgeschehens, welches das Verstehen ist".[6] Ein anthropoider Zug haftet seinem Fremdheitskonzept an, das „sich [...] vernehmbar macht" (ebd.) und sich wie eine mythische belebte Chaosmacht gebärdet: „Das Fremde tritt für sich ein, es sperrt den Weg glatter Verständigung, es wirft ein Hindernis auf den Weg des Verstehens" (ebd.). Der Verdacht liegt nahe, dass hier Fremdheit zu einer Triebkraft abgespalten und idealisiert wird. Passend zu seiner Charakterisierung des Fremden als des prinzipiell Entzogenen reagiert Nakamura in letzter Konsequenz auf das Nicht-Verstehbare mit seiner „Nicht-Hermeneutik": Wir haben auf ein Verstehen zu verzichten.

Das radikal Fremde und sein neuartiges Verstehen bei Quine

Um die angeklungene Vielfalt der Aspekte des Fremden zu bewältigen, wurde als Rückgrat der philosophischen Auseinandersetzung W.V.Quines Gedankenexperiment des radikalen Übersetzens gewählt. Ausgehend von dem Fremden im Gewande einer fremden Kultur wird das Verstehen des Fremden thematisiert und bewertet. Quine hat sich intensiv darüber Gedanken gemacht, wie radikal eine Sprache und ihr darin sich ausdrückendes Sinngefüge von seinem eigenen Sinngefüge abweichen kann und welche Folgen das für unsere Theorie des Verstehens hat. In Bezug auf letztere kommt er zu seiner berühmten These von der Unbestimmtheit des Übersetzens. Ein wichtiger Teil dieser Arbeit ist die Interpretation dieser These.[7] Ich schließe mich ihr an und entwickle aus ihr, da ich Quines Empirismus nicht teile, ein Konzept der „Simulativen Hermeneutik". In ihr ist der Wert „unbestimmt" ein positives Prädikat, das der Klasse fremdartiger Phänomene eignet. Es hat einen neuartigen heuristischen Wert für fremde Sinngefüge. Ein ganzer Wirklichkeitsbereich, der von den Beschreibungen mit klassisch rationalen und logischen Kategorien ausgesondert wurde, kann als philosophischer Gegenstand mit ausweisbaren Verfahren verfolgt werden. Insofern gehört die Unbestimmtheit zum Projekt einer „analogen Logik",[8] die nach der Unterscheidung Gloys über- und unterdeterminierte Phänomene handhaben kann. Zu den überdeterminierten Phänomenen gehören wesentlich mehrdeutige und ambivalente Sachverhalte (Polysemien wie in Vexier-

---

[6] *Xenosophie* 116.

[7] Diese Arbeit erhebt den Anspruch, Quine auszulegen und teilt nicht Ecos Unbeschwertheit: „I usually extrapolate from Quine's views some questions and answers that concern my personal approach to communication and signification. If I am misinterpreting or overinterp[r]eting Quine, that will be a matter for future discussion" (*A View from Elm Street* 22. Ecos Titel greift verfremdend aus Quines *Two Dogmas* dessen Beispielsatz „There is a brick house here in Elm Street" auf).

[8] GLOY *Versuch einer Logik des Analogiedenkens, Das Analogiedenken, Rationalitätstypen.*

bildern), zu den unterdeterminierten zählen etwa vage, verschwommene, transitive Vorkommnisse (Unterdeterminiertheit liegt z.B. in der erschwerten Erinnerung vor, wenn ein bestimmtes Wort nicht einfällt). Diese Überlegungen gehören insbesondere zu jener Fremdheit, die alternativen Rationalitätstypen anhaftet, oder zu Vorgängen, die zu Recht oder zu Unrecht als nicht rational angesehen werden. Insofern es hier um das Selbstverständnis der Vernunft hinsichtlich ihrer Grenze geht, ist die analoge Logik für die xenologische Erkenntnistheorie bedeutsam.

Um zu verstehen, was Quine über das Fremde denkt, ist vom Entdeckungszusammenhang seiner Unbestimmtheitsthese auszugehen: dem Gedankenexperiment in *Word and Object* (Kapitel II), das die Begegnung eines Feldforschers mit Eingeborenen einer fremden Kultur schildert. In der Szenerie einer Dschungelreise ist die abendländische Rationalität der „bürgerlichen Aufklärung"[9] mit dem Eingeborenen konfrontiert, den sie für eine primitive Rationalität hält. Der Feldethnologe übersetzt aus seinen Beobachtungen und Vermutungen heraus die unbekannte Sprache des Eingeborenen. Von dem Verstehen dieses Fremden durch das Übersetzen seiner Sprache sagt Quine (§ 16), es bleibe unbestimmt. Unbestimmtheit heißt, dass der Forscher zu *mehreren* Übersetzungshandbüchern kommen kann, die gleich gut geeignet sind, den Eingeborenen zu verstehen, und dass diese möglicherweise *gegensätzlich* sind. Mit der Pluralität der Unbestimmtheitsthese ist die Wahrheitssingularität außer Kraft gesetzt und mit dem möglichen Gegensatz die Logifizierbarkeit beiseite gelegt. Dadurch erst wird das Phänomenfeld radikaler Fremdheit betreten.

Die These von der Unbestimmtheit des Übersetzens in der Begegnung mit dem Exotischen wird in dem Gedankenexperiment noch erweitert und überhöht, indem sie auf die eigene Kultur angewendet wird: Sie gilt ebenso für das Verstehen eines Menschen meiner vertrauten Rationalität. Verstehen allgemein ist unbestimmt. In der Universalisierung wird Quines These zu einer erneuten Herausforderung, da sie die Konstitution der Eigenheit in die Xenologie hineinzieht. Der Forscher verliert in der Begegnung mit dem Angehörigen der fremden Kultur das ihm Selbstverständliche und wächst in die Sprache und Welt des Fremden hinein. Der Verlust ist ein Neugewinn.

Philosophie ist für Quine die längste Zeit seines Lebens eine Wissenschaft nach dem Modell der Physik. Es muss gefragt werden, was ein Naturalist über das Fremde und Unbekannte herausfinden kann. Verstellt er durch die Ausweitung seines naturwissenschaftlichen Ideals nicht gerade das zu Erforschende? Wenn der Gegenstand der Untersuchung wie bei Quine eine sprechende Person ist, die ein Leben zu leben hat, dann müssen neben kognitiven auch nicht-kognitive Abläufe theoretisiert werden. In diesem Fall ist die Lebenswirklichkeit der weiteste Kontext der Bedeutung von Worten, in der folglich die Fremdheit zu verorten ist. Diese Fragestellung erzwingt die Reflexion auf die Grundannahme seines Denkens: Für Quine steht in der Urszene nichts Geringeres

---

[9] KIPPENBERG *Einleitung: Zur Kontroverse über das Verstehen fremden Denkens* 51.

als seine naturalistische Überzeugung auf dem Spiel. Dieser Einsatz wird mit der Unbestimmtheitsthese preisgegeben, aber nicht durch eine bessere Theorie eingelöst. An vielen Textstellen wird nachgewiesen, dass Quine innerhalb des Kapitels II an seinem naturalistischen Erbe schwer trägt, dass dieses immer wieder verwirrend einfällt und Quine in späteren Schriften nach *Word and Object* von der Einsicht der Unbestimmtheit abrückt, nicht ohne immer wieder zur Urszene der radikalen Übersetzung zurückzukehren.

Ein Ziel dieser Arbeit besteht darin, den Durchbruch des zweiten Kapitels von *Word and Object* darzulegen: die Befreiung durch die Unbestimmtheit, in der das Fremde in sein Recht gesetzt ist, und andererseits den Mangel einer ausgearbeiteten Alternative zum Naturalismus. Ihre Notwendigkeit wurde durch die Begegnung mit einem Fremden angestoßen. Diesen Mangel soll die Simulative Hermeneutik, die in dieser Arbeit entwickelt wird, beseitigen. Das quinesche Experiment hat nach Auffassung dieser Arbeit eine Sprengkraft, die es selbst thematisch nicht einholt.

Quine wurde auch deshalb als Bezugspunkt gewählt, weil er ein herausragender Vertreter einer typischen Form der abendländischen Rationalität ist, für die experimentelle Empirie, Logifizierbarkeit, Verifikation, Vorhersage und Kohärenz zentral sind. Je exzellenter ein Philosoph in dem ist, was er sagt, desto aufschlussreicher ist der „Schatten des Philosophen" (Merleau-Ponty), - das Ungesagte, Ausgeschlossene, Störende. Quine hat für die Frage dieser Arbeit nach einer Theorie des Fremden eben diese Funktion: er gibt die Grenze vor, zu der ein bestimmtes Selbstverständnis der abendländisch-naturwissenschaftlichen Rationalität konfrontiert mit Fremdheit kommt. Jenseits dieser Grenze beginnt das für sie Unbekannte. Quine ermöglicht einen Ausgangspunkt für expeditive Vorstöße ins Fremde. Er interessiert nicht als Naturalist, sondern als Limitator. An einer Stelle seines Werkes setzt er selbst ins Fremde über: im II. Kapitel in *Word and Object* besucht er in einem Gedankenexperiment einen Eingeborenen. Der Quine des Kapitels II verweist auf den Schatten des naturalistischen Philosophen W.V. Quine.

**Postkoloniale Xenologie, Simulation und narrative Analyse
als Zugänge zu Unbestimmtheit und Fremdheit**

Diese Zugänge sind mit dem Ziel gewählt, die Simulative Hermeneutik als angemessene Methode für das Verständnis der Fremdheit zu erweisen. Sie sind zugleich Bausteine dieser Art des Auslegens. Ein hermeneutisches Philosophieren anstelle eines naturalistischen begründet sich daraus, dass von einer primären Erschlossenheit der Welt und des alltäglichen Umgangs mit ihr ausgegangen wird. Demgegenüber wird die Bedeutungs- und Wahrheitsvorstellung einer durch Verifikation hergestellten Übereinstimmung von Aussage und Sachverhalt wie bei den Naturalisten als sekundäre Erschließung erachtet. Die Hermeneutik rechtfertigt sich, indem sie die Geschichte der jeweiligen Moderne schlüssig, überzeugend, faszinierend und verantwortlich erzählt. Das ist dann geschehen, wenn sich die primäre Erschlossenheit auf die von ihr dargelegte Weise selbst versteht, wenn also die Erzählung zugleich der in der Lebenswelt in Geltung befindliche Überzeugungszusammenhang ist.

Ein erster relevanter Kontext taucht auf, wenn das philosophische Problem des zweiten Kapitels aus *Word and Object* in die philosophiegeschichtliche Entwicklung des letzten Jahrhunderts eingeordnet wird. Für den interessantesten Aspekt Quines als Schöpfer des Terminus der Unbestimmtheit ist dieser Hintergrund gerade nicht der Logische Positivismus, sondern es sind die Debatten um Interkulturalität, Rationalität und die Inkommensurabilität des Fremden. Diese Debatte wurde zum Teil innerhalb der Philosophie geführt, leidenschaftlich jedoch vor allem durch zeitgeschichtliche Erfordernisse des Postkolonialismus und der zunehmenden Globalisierung in den Bereichen der Ethnologie, Psychoanalyse, Kulturtheorie und Religionswissenschaft.

Word and Object erschien 1960. Es ist die Zeit, in der angesichts des Endes der Kolonialzeit das europäische Denken nicht mehr imperialistisches Streben und Machtprivilegien rechtfertigen musste. Verzögert durch den zweiten Weltkrieg und verstärkt durch seine Gräuel konnten Untersuchungen über die Berührung des Anderen begonnen werden, die nicht mehr abendländische Superiorität beweisen mussten. Die Konsequenzen aus dem postmetaphysischen Zeitalter, dem Ableben des höchsten Einheitspunktes im „Tod Gottes" und dem „Verschwinden des Subjektes", werden nun erst gezogen. Nicht die Verkündigung einer neuen Religion, sondern die Erforschung fremder Religionen wird unternommen. Schon dass die Religionen als andere Religionen bewertet werden und nicht von vornherein als primitive magische Kulte ist neu. Das postkoloniale Selbstverständnis des Philosophen ist nach der Auffassung dieser Arbeit nicht nur eine Erzählung der Moderne. Es ist zudem im Prozess der Xenologie jene Phase des von der Fremdbegegnung zurückgekehrten, gewandelten Forschers. Meine Rezeption Quines für eine anthropologisch-xenologische Frage liegt nicht im Mainstream. Er kommt in den Fremdheitsdiskursen im Unterschied zu Winch, Levinas, Wittgenstein und anderen Philosophen nicht vor. Aber diese Weise, philosophiegeschichtlich und historisch die quinesche Kritik am Bedeutungsbegriff einzuordnen, erschließt sowohl ein neuartiges Verständnis des Klassikers als auch der Fremdheit. Demnach steht der Amerikaner Quine in der Geschichte des mitteleuropäischen Denkens, das fremden Kulturen begegnet ist, Kolonien verloren hat und zwei interkontinentale „Welt"-Kriege geführt hat. Auf diesem Hintergrund deute ich Quines Kritik am Logischen Positivismus und seine Spielraumsuche nach dem nicht empirisch bedingten Freiraum zwischen Reiz-Input und Theorie-Output als Verlust der alten Welt des Naturalismus und Öffnung für den hermeneutischen Spielraum.

Zudem wird Quine in dieser Arbeit als Naturalist, der die wissenschaftliche Theoriebildung begleitet und Forschungsresultate berücksichtigt, ernst genommen. Denn "zu einem solchen, wenig spektakulären, aber auf dem Hosenboden erarbeiteten Naturalismus gibt es für Philosophen bei Strafe der Belanglosigkeit keine Alternative".[10] Daher werden jüngste wissenschaftliche Erkenntnisse über das Verstehen eines Fremden in die Fragestellung einbezogen. Quine war überzeugt, dass die Wissenschaft darüber entscheidet, was wirklich ist, und weniger die philosophische Ontologie. Dass diese szientistische Entscheidung kein Satz der empirischen Wissenschaft ist, störte ihn nicht. So wie für Quine in den 50er Jahren der Behaviorismus die modernste Erklärung des Geistes war, so sind dies derzeit neuere Theorien der Kognitionswissenschaft und Entwicklungspsychologie.

In der Kognitionswissenschaft kam es in den 80er Jahren zu einer Enttäuschung darüber, dass die Nachbildung des menschlichen Erkenntnisapparates Gehirn durch immer komplexere Rechner und höhere Speicherkapazitäten zwar mehr und mehr die Verschaltungsgröße des Gehirns erreichte, dass aber trotzdem kein intelligenter Rechner entstand. In der Folgezeit wurde eine Lösung dahingehend gesucht, dass die Repräsentationstheorie des Geistes überarbeitet wurde.[11] Vertreter der „verkörperten Kognition" führten die „situierte Handlung" ein. Der szenisch Simulierende – in der Terminologie der Simulativen Hermeneutik – braucht keine Repräsentation einer Karte seiner Umgebung, da er sie ergangen hat. Er merkt sich die Relation für ihn wichtiger Dinge zu sich selbst. Der szenische Simulant braucht auch keine Information darüber, dass Tische nicht schweben oder plötzlich verschwinden können, alles Daten, die ein Rechner erhalten muss. Dieser anderen Art von Gedächtnis wird hier mit dem Begriff der Flüchtigkeit Rechnung getragen. Für diese Arbeit ist der Vorgang interessant, weil nichtpropositionale Gehalte in die Bedeutungsstiftung einbezogen werden. Von der anfänglich euphorischen Hoffnung, die Idee der Repräsentation gänzlich durch Körperwissen zu ersetzen, hat sich die Kognitionswissenschaft mittlerweile abgewendet. Ebenso wenig wird die Simulative Hermeneutik die Fremdheit gänzlich durch semi- oder nichtgehaltliche Bedeutungen rekonstruieren.

Seit den 90er Jahren wird in der Entwicklungspsychologie ein Theorienstreit ausgefochten, der für unsere Frage interessant ist und zur Deutung des Gedankenexperiments herangezogen wird. Eine Schlüsselrolle kommt dem Begriff Simulation zu und den Möglichkeiten, die er zur Erklärung von Verstehen eröffnet. Wie kommt es dazu, dass ein Gegenüber als mentaler Agent aufgefasst wird? Mit dieser Fragestellung ist die

---

[10] LENZEN *Der Boden für Naturalisten ist der Hosenboden.*
[11] Übersicht bei MARKMAN/DIETRICH *Extending the classical view of representation.*

Physik nie konfrontiert. Das erklärt, weshalb die Psychologie das adäquatere Paradigma aus den wissenschaftlichen Disziplinen für die Begegnung mit dem Fremden ist.[12]

Der dritte besondere Zugang der Arbeit zu Quine schaut auf die sprachliche Form des Gedankenexperiments. Diese ist im Anschluss an eine kleine Exposition in die Gestalt einer Geschichte gekleidet. Der philosophische Gehalt ist daher nur mit Kenntnissen der narrativen Textanalyse zu erschließen. Mehr noch: Gemäß der Deutung dieser Arbeit bildet gerade die erzählerische Form die Heuristik des neuartigen Wertes „unbestimmt". Denn durch sie wird das *Sinngefüge* rekonstruiert. Rein logische Rekonstruktionen der Argumente verkennen das Narrative als spezifische Form symbolisch-bildlichen Denkens. Die außergewöhnliche Gestaltung der Mittelbarkeit von Erzählungen erhöht die Komplexität des Sinngefüges und vermehrt seine Bedeutungsfacetten.[13] Die Sequenzen der Handlung, die Rollen der Akteure, wörtliche oder indirekte Rede, Raum und Zeit enthalten wesentliche Informationen, die ausgewertet werden müssen, um die Evidenz des quineschen Arguments zu erfassen und Ergebnisse für unser Verhältnis zum Fremden zu gewinnen. Damit hängt zusammen, dass eine Gegenstandsart ins Interesse des philosophischen Denkens rücken kann, die lange zugunsten von Wissensaussagen vernachlässigt war: „life facts",[14] das Sinngefüge im Sinne von psychologischen Elementen und Mustern sowie Überzeugungen und Einstellungen (*beliefs* und *attitudes*) werden dadurch erst bearbeitbar. Da der Gegenstand des Experiments ein fremder Mensch ist, muss die Theorie über das für „life facts" geeignete Instrumentarium verfügen. Schlüsse über die Weltsicht des fremden Menschen können nur dann gezogen werden, wenn die seelische und die semipropositionale Dimension, ablesbar gemacht im Erzählten, berücksichtigt wird. Dies gilt selbst dann noch, wenn das Fremde nicht als fremder Mensch, sondern als Übersetzungsmanual der fremden Sprache thematisiert wird. Neben dem Psychischen entgeht einer rein textwissenschaftlich orientierten Hermeneutik das Handlungsverstehen. Die narrative Analyse bietet in dieser Arbeit den Zugang zu den psychischen Mustern und zur Interaktion als bedeutungsstiftenden Faktoren.[15] Sie ist somit eine wesentliche Methode der Simulativen Hermeneutik. Ohne phantasierenden Akteur hätte sich der subjektive Anteil nie verselbständigt.

---

[12] Wer meint, ein mentaler Agent zu sein, bedeute, in einem bestimmten neuronalen Hirnzustand zu sein (der amerikanische „standard view"), der verfällt der „Illusion der Tiefe", eine Erklärung, die nicht in der personalen Ebene, sondern „tiefer" in der apersonal-neuronalen liegt, für eine tiefere Begründung zu halten. Der Naturalismus ist von dem gefangen nehmenden Bild der Tiefe verführt.

[13] Vgl. STANZEL *Theorie des Erzählens* 19.

[14] TER HARK *Uncertainty, Vagueness and Psychological Indeterminacy* 216.

[15] Auch die Ethnologie musste sich über das Problembewusstsein der Soziologie für Handlungsbegriffe erst ein Verständnis für die Interaktion aneignen. Noch bei C.Geertz fehlt die subjektive Intention des Handelnden. An ihrer Stelle steht nur der davon abgelöste objektive Sinngehalt der Handlung (vgl. BERG/FUCHS *Kultur, soziale Praxis, Text* 49).

Diese Abtrennung vom Eigenen ist jedoch die Voraussetzung für die nicht rückgängig zu machende Wandlung des Protagonisten, und das ist der authentische Kontakt mit Fremdheit. Der zweite Teil der Arbeit fußt auf der gewonnenen Einsicht, dass das Fremde einer besonderen Darstellungsform bedarf. Denn 1. ist das Erschließen des Fremden ein Simulieren und kein Theoretisieren, 2. erfordert die besondere Gegenständlichkeit des Simulierens eine alltagspsychologische Theorie und 3. erfordert die Abweichung in den möglichen Gegensatz ein analoges Denken. Die Xenologie bedarf einer alternativen Methode zur Anordnung ihres Wissens in einer Theorie. Dieses andere Format wird der Simulation über eine narrative Analyse zugewiesen. Indem Handlungsträger, ihre Verstrickungen und Verwandlungen aufgenommen werden, sind viele ihrer halbgehaltlichen Triebkräfte an dieser Form abzulesen. Manches, das außerhalb jeder verbalen Reichweite der miteinander Lebenden ist, kann in der indirekten Äußerung, die ihr Leben als Erzählung versteht, gesehen und jetzt auch beschrieben werden. Doch auch hier gibt es Gehalte, die für immer oder vorerst noch (z.B. nur über Nachvollzug) erfasst werden können. Dieses Zugehen auf radikale Fremdheit wird in der Simulativen Hermeneutik Einverleibung genannt werden.

I DIE „RADIKALE ÜBERSETZUNG" DER FREMDHEIT IN *WORD AND OBJECT*

Auf die Skizze der radikalen Übersetzung und einiger Standardauslegungen folgt eine genaue Lektüre des zweiten Kapitels von *Word and Object*, das mit seinen fast 90 Seiten ein kleines Buch für sich ist. Auch die breite Rezeption dieses Buchabschnitts zeigt, wie sehr es ein Meisterwerk philosophischen Denkens ist. Die drei hermeneutischen Anleitungen sollen das Eingangsportal in anthropologische Fragestellungen freigeben, die durch das große Thema der Begegnung mit dem fremden dunklen Menschen eröffnet sind. Sie stellen Richtlinien für eine angemessene Lektüre dar, damit die philosophische Bedeutung des Kapitels nicht untergeht, indem es z.B. einfach als Entwurf eines behavioristischen Sprachmodells gelesen wird. Insofern sind sie ein Schlüssel zum Verständnis der innovativsten quineschen Aussage über die Unbestimmtheit des Übersetzens.

In den folgenden drei Leitlinien wird der Freiraum erarbeitet, der dem Gegenstand der Fremdheit angemessen ist: er wird, insofern ihm begegnet wird, beschrieben. Auf diese Weise ist die weiteste Hinsicht aufgestellt, denn es wird keine Vorentscheidung darüber gefällt, ob die Fremdheit in der Weltanschauung des Eingeborenen zu suchen ist oder näherhin in dessen Handlungskontext steht, in dessen Sprachstruktur liegt, in seinem psychischen Muster oder in dessen andersartiger, von ihm verehrten Transzendenz anzusiedeln ist.

Die „abendländische Rationalität" wird in Anteile zerlegt (Gedankenexperimentator und Feldforscher, sowie ihr „Ein-geborenes"). So wird sie flexibler einerseits für ein System der Einheit und andererseits wird ein höchst kreativer, fremderschließender Teil, der „hineinversetzende Teil", freigesetzt. Quine stößt vorrangig in der sprachlichen Struktur auf das Fremdartige. Das hat seinen Grund darin, dass für ihn Verstehen sprachliches Verstehen ist und das Wissenschaftssystem wie das Sprachsystem organisiert ist. Die Sprachlichkeit des Menschen gibt für Quine das Modell für die Ordnung des Wissens vor, so wie die Sinnlichkeit die Berührung mit der Welt garantiert und Wissen ermöglicht. Der Mensch ist vom Wesen her ein sinnliches und sprachbegabtes Wesen. Diesen anthropologischen Grundannahmen ist Quine verpflichtet. Seine Argumente gewinnen von ihnen her ihre Kraft.

Während Quine mehr in der Sprachstruktur das Fremdartige zuerst entdeckt und erwägt, greife ich dank der Personalisierung in der Zerlegung der abendländischen Rationalität auf die psychischen Muster aus. Das geschieht über die Kategorie der Simulation. Ein erstes Hineinversetzen in die gegensätzliche Ganzheit des Fremden wird dadurch ohne Assimilation möglich. Zu einem Verstehen der Assimilation, also eines Verstehens mittels der Auflösung der Eigenheit in die Fremdheit, käme es, wenn nicht die Ebenen des Gedankenexperiments und der empirischen Untersuchung vorgängig sorgsam auseinandergestellt worden wären.

Auch in *Pursuit of Truth*, dreißig Jahre später erschienen, findet sich wieder ein Bedeutungskapitel (Kapitel III „Meaning", §14-23). Diese Werkparallele ist ein wichtiger Kontrolltext für die Lektüre des zweiten *Word and Object*-Kapitels „Translation and Meaning". Sie gibt Aufschluss, in welchen Punkten Quine seine Auffassung geändert hat, und führt in manchen Punkten aus, was sich in dem dreißig Jahre älteren Werk erst ankündigte oder unbefriedigt blieb. In dem jüngsten Bedeutungskapitel wird besonders deutlich, dass die Unbestimmtheitsthese in engster Anknüpfung an die Erkenntnis der *Two Dogmas* steht. Denn umgekehrt zur Erscheinungsreihenfolge von *Two Dogmas* (1951) zu *Word and Object* (1960) wird hier erst die Feldstudie geschildert, und dann erst werden die drei Versuche referiert, die Quine in *Two Dogmas* so hellsichtig kritisierte, mit denen klassischerweise Bedeutungsgleichheit erklärt wurde (die Ersetzung *salva veritate*, die analytische Zerlegung und kognitive Äquivalenz, PT §§21-22). Die innere Stringenz der These von der Unbestimmtheit mit der Ununterscheidbarkeit analytischer und synthetischer Sätze ist wichtig für ihre Deutung im Kontext des quineschen Werkes. Das Bedeutungskapitel endet in *Pursuit of Truth* mit der Lexikographie (§ 23). Ein Wörterbuch kommt der Ökonomie der Sprache entgegen und müsste noch durch eine Grammatik ergänzt werden, heißt es dort. Der Synonymiebegriff wird zunehmend unerheblich, da sich die interessante Frage von der Bedeutungsgleichheit zu jener nach dem Bedeutungsverstehen verschiebt. Darin lege ich vom späten Quine her einen anderen Akzent als die meisten Ausleger auf die Unbestimmtheitsthese. Quines bahnbrechendes Ergebnis zur Unbestimmtheit ist damals wie vor gut zehn Jahren: Verstehen bedarf weder der Synonymie noch einer „strikten Demarkation zwischen Verstehen und Missverstehen"![16]

---

[16] UW 82. In den §§ 17-18 und 23 von PT sind Abschnitte aus den Seiten 5-9 von *Indeterminacy of Translation Again* enthalten. Scharfsinnige Ausleger hat das Kapitel II in HARMAN *Introduction to "Translation and Meaning"* und DAVIDSON *Meaning, Truth and Evidence* gefunden (beide mit *Reply* Quines). *Les mots et les choses* (1966) ist ein mit *Word and Object* gleichlautendes lediglich im Numerus abweichendes Werk von FOUCAULT, bekanntgeworden durch das propagierte Denken „dans le vide de l'homme disparu". Die Verabsolutierung der Struktur (Muster/Netz) wird uns auch bei Quine begegnen.

Die Urszene der radikalen Übersetzung

> *"Radical translation is a near miracle"*
> Quine *Indeterminacy of Translation Again* 9

Es wird nun die Urszene dargestellt und erläutert, gegen welche philosophische Position Quine sich mit ihr richtet.[17] Ursprünglich wollte Quine in *Word and Object* gegen den Synonymiebegriff argumentieren: er werde für das Verstehen von Bedeutung und dessen Rekonstruktion nicht benötigt. Es treffe nicht zu, dass sich zwei Sprecher auf einen synonymen Bedeutungsgehalt bezögen, wenn sie das gleiche Wort verwenden.[18] Quine illustriert dies mit dem Beispiel des Übersetzens einer völlig unbekannten Sprache. Wenn ein Sprecher die fremde Sprache noch nicht kennt, fällt dort ein synonymer Bezugspunkt weg, und wenn das radikale Übersetzen möglich ist, ist der Bedarf eines Begriffs von Synonymie als innere Technik des Verstehens widerlegt. Durch die Wahl des Dschungel-Gedankenexperiments, das dieses Argument lediglich illustrieren sollte, entdeckt Quine die Fremdheit als philosophisch überaus herausforderndes Thema. Retrospektiv ist es wenig überraschend, dass dieser Ansatz zum Phänomen des Fremden leiten musste. Denn es führt eine innere Folge von der Ablehnung analytisch (d.h. allein aufgrund von Bedeutung) wahrer Sätze über die Rückweisung von Synonymie zur Entdeckung von Fremdheit. Diese Folge hat ihren Grund darin, dass sich hinter dem Begriff der Synonymie die geistige Operation des Herstellens von Synonymie verbirgt, also ein Identifizieren von Bedeutungsgehalten, die als gleich erkannt werden. Wenn nun aber das Identifizieren von Gehalten als Basis des Verstehens wegfällt, dann ist ein Axiom abendländischer Rationalität infrage gestellt: der Satz der Identität und in seinem Gefolge klassisch-logische Überzeugungen. Die „Identifikation ist heimliche Aneignung".[19] Daher kann der Verzicht auf das Identifizieren eine inkommensurable Welt in Erscheinung treten lassen. Mit der Ablehnung des Identifizierens erscheinen plötzlich alternative und gleichberechtigte Ordnungen des Denkens, die gerade jenseits der bisherigen Denkoperationen Sinn machen. Diese Ordnungen des Denkens thematisiert Quine als fremde Sprachsysteme. Sie können in ihrer Fremdheit mit den gewohnten Standards von Rationalität und Hermeneutik nicht einfach angeeignet werden. Die Ablehnung von Synonymie betrifft in gleicher Weise den Vorgang und den Gegenstand

---

[17] Andere Kurzdarstellungen aus der Feder QUINES: WO Anfang § 15; OR 1-6 (aus den Vorarbeiten zu WO von 1957!) und *Indeterminacy of Translation Again* 5ff, *Reactions*, in: LEONARDI/SANTAMBROGIO *On Quine. New Essays* 348f! Er nennt die Übersetzung "radical" oder "sweeping" (radikal, drastisch).

[18] So funktioniere Verstehen, war die Ansicht einiger introspektiver oder idealistischer Bedeutungstheoretiker, gegen die Quine opponierte.

[19] SUNDERMEIER *Den Fremden verstehen* 64.

des Verstehens.[20] Den schwierigen Vorgang der Aneignung bedenkt Quine im Übersetzen. Die Ablehnung von Analytizität und Synonymie ist das trojanische Pferd, in dem die Fremdheit und Unbestimmtheit ins Spiel kommt. Meist wird Quine mit der *Aufhebung* der analytisch-synthetisch-Distinktion in *Two Dogmas of Empiricism* verbunden. Zu wenig wird seine *Setzung* des Bedeutungswertes „unbestimmt" im §16 von *Word and Object* gesehen, geschweige denn gewürdigt.

Die Unbestimmtheit entfaltet Quine in drei Richtungen:
- als Unerforschlichkeit der Referenz,[21]
- als Unbestimmtheit der Übersetzung,
- als Unterbestimmtheit wissenschaftlich-empirischer Theorie.

Allesamt sind sie Konsequenzen, die er aus der Urszene der nachanalytischen Philosophie zieht: aus der Begegnung mit dem Fremden. In dem 1960 erschienenen *Word and Object* spielt Quine in einem berühmten Gedankenexperiment Sprachforscher, der eine fremde Sprache zu verstehen sucht. Als erstes versucht er, den Beobachtungssätzen der Dschungelsprache Beobachtungssätze mit der gleichen Reizbedeutung aus der eigenen Sprache gegenüberzustellen. Sagt ein Eingeborener, wenn ein Hase[22] vorbeiläuft, „Gavagai", so sagt der Forscher „Hase!".[23] Er nimmt also einmal an, dass der Eingeborene das Interessante der Situation meint, also den vorbeilaufenden Hasen. „Reizbedeutung" heißt, dass die Bejahung der beiden Sätze (in diesem Fall der Einwortsätze: „Gavagai" und „Hase") durch den gleichen Reiz ausgelöst wird. Dann stellt er Hypothesen über Reizbedeutung auf. „Hase" ist eine Hypothese. Vielleicht heißt „Gavagai" ja auch „vorbeihoppeln" oder „Mittagessen". Vielleicht wollte der Eingebo-

---

[20] Für den Gegenstand des Verstehens fällt ein Exaktheitsideal weg, das an die Abgrenzbarkeit des Gegenstandes und seine Binnenstrukturiertheit gestellt wurde. Vgl. ROSCH/MERVIS *Family Resemblances: Studies in the Internal Structure of Categories,* die einen psychologischen Begriff intuitiven Verstehens entwickeln.

[21] Terminologisch identisch damit ist die "Relativität der Ontologie", s. *Three Indeterminacies* 6 und die "Gleichgültigkeit [*indifference*, "Unterschiedslosigkeit"] der Ontologie" (UW 42).

[22] Hase oder Kaninchen? Für den deutschsprachigen Leser stellt sich die Frage nach dem Übersetzungsmanual. Ist „rabbit" immer Kaninchen und nur „hare" Hase? Im englischen Manual des amerikanischen Unterstammes heißt „rabbit" auch Hase.

[23] "Gavagai" ist strenggenommen kein Beobachtungs-, sondern ein Gelegenheitssatz (WO 35), denn Beobachtungssätze sind nur solche Gelegenheitssätze, deren Reizbedeutung sich durch Zusatzinformationen nicht verändert (WO 42). Die Zustimmung zu "Gavagai" kann aber z.B. auch durch die Kaninchenfliege ausgelöst werden oder von einem Ort, an dem meist Kaninchen in der Erfahrung des Gewährsmannes auftauchten (WO 37). Beobachtungssätze müssen nicht lediglich von Sinnesdaten handeln. Sie können auch von gewöhnlichen Dingen sprechen, z.B. "Es ist Ebbe" (WO 44). „Notably, observation sentences are not, in general, sentences about dogs, rabbits, milk, mama. No they are also sentences like 'It's raining', 'It's getting cold'" *Interview Tomida* 9.

rene auch unvermutet den Namen einer Baumsorte dem Fremdling beibringen, ohne den vorbeihoppelnden Hasen auch nur eines Blickes zu würdigen. Wird „Gavagai" als Term genommen, ist seine Übersetzung „Hase" oder „Siehe, ein Hase!" nicht ausreichend, die Referenz des Terms eindeutig zu bestimmen, und illustriert die Unerforschlichkeit der Referenz. Wird „Gavagai" als Satz genommen, so reicht die Übersetzung mit „Hase" bei einem Beobachtungssatz aus und illustriert nicht die "indeterminacy of holophrastic translation of sentences".[24] Die ist bei Mehr-Wort-Sätzen und theoretischen Sätzen umso deutlicher. Wegen der offenen Möglichkeiten fragt der Forscher in anderen Situationen „Gavagai?" und modifiziert je nach Bejahung oder Ablehnung seine Hypothesen. Auf diesem Fundament schreitet er zur Übersetzung der Beobachtungssätze. Im Manual der Übersetzungen, das er erstellt, stehen sich Sätze gegenüber. Es bleibt im Kreislauf des hermeneutischen Zirkels und wird stets überarbeitet. Die Pointe des Gedankenexperiments liegt darin, dass der Feldforscher übersetzt, ohne auf die Konzepte „Synonymität" oder „Bedeutung", die für Quine Hirngespinste sind, sich beziehen zu müssen! „Bedeutung" wird von Quine durch ein behavioristisches Surrogat ersetzt: das Verhalten des Bestätigens bzw. des Verneinens. Die Bedeutung ist die „affirmative Reizbedeutung" und kommt ohne Identitätskriterien aus, die eine geistige (intensionale) Eigenständigkeit nahelegten. Die Reizbedeutung ist keine Entität, sondern Quine sagt:

„die Gesamtpalette der Reizeinflüsse, die mit einem Beobachtungssatz affirmativ oder negativ verknüpft sind, bezeichne ich als die affirmative oder negative Reizbedeutung dieses Satzes für einen besonderen Sprecher" (UW 5).

Es kann nun zwei gleich gute Übersetzungen der Dschungelsprache geben. Der Forscher kann z.B. den Ausdruck A mit „sind dieselben" übersetzen und damit beim Eingeborenen über Gavagais nachfragen.[25] Dann kommt er aufgrund dieser analytischen Hypothese zu dem Ergebnis, dass „Gavagai" „Hase" heißt und nicht nur einen Teil des Hasen meint oder einen Vorgang, also das Hoppeln oder Hakenschlagen meint und mit „Hasenbewegungsphase" zu übersetzen wäre. Übersetzt er A aber mit „sind Bewegungsphasen desselben Tieres", so kommt er bei Gavagai zu „Hasenphase" als Übersetzung, wenn er nachfragt. Wenn ich eine Übersetzung der anderen vorziehe, kann dies nur mit Bezug auf eine Menge von ausgewählten Hypothesen geschehen. Unterschiede der Übersetzung aufgrund der beiden verschiedenen analytischen Hypothesen werden dadurch ausgeglichen, dass ich bei anderen Hypothesen des Umfeldes entsprechende

---

[24] *Three Indeterminacies* 6; anders als in so mancher Einführung zu Quine zu lesen, ist Gavagai kein sinnvolles Beispiel für die Unbestimmtheit der Übersetzung. Sie kommt erst im Fortgang der Feldstudie zum Tragen.
[25] WO 51f.

Veränderungen vornehme. Belege für diese Hypothesen, die ich gebildet habe aus den Belegen zur Reizsynonymie, gibt es auf der Theorieebene nicht! Es gibt nicht einmal etwas Objektives, bezüglich dessen die Hypothese richtig oder falsch sein kann (WO 73). Schon der Ausgangssatz hat keine feste Bedeutung, gegen die der übersetzte Satz gehalten werden könnte. Zu dieser syntaktischen und referentiellen Unbestimmtheit tritt die logische Unbestimmtheit. Die Abweichung der Übersetzungshandbücher kann so weit gehend sein, dass sie einander im Wahrheitswert widersprechen.

Einige Standarddeutungen der Unbestimmtheitsthese

Der Unbestimmtheitsthese wurde zugestimmt (Gibson, Harman, Foellesdal), sie wurde abgelehnt (Ortner, Moore) oder als irrelevant eingestuft (Chomsky). Ein wichtiger Grund für die starke Divergenz der Einschätzungen liegt darin, dass sich alle Interpreten genötigt sahen, in einem ersten Schritt eine Aussage aufzustellen, die entweder nur sie selbst für die These halten oder von der sie meinen, Quine habe genau diese Auslegung intendiert. Darauf folgt in einem zweiten Schritt die Bewertung. Aus dieser Beobachtung der zweistufigen Rezeption ist abzulesen, dass die Formulierung der These von der Unbestimmtheit in Quines Werk nicht eindeutig zu sein scheint. Die Uneindeutigkeit liegt nach meiner Interpretation im Wesen der gewählten Form, Erzählung und Gedankenexperiment zu sein. Die Berücksichtigung der Form in dieser Arbeit verheißt somit eine eindeutigere Interpretation der Unbestimmtheit als bisher.

Die Beschäftigung mit dem zweiten Kapitel von *Word and Object* wurde in der Literatur häufig im Rahmen einer Rekonstruktion von Quines behavioristischer Sprachtheorie vorgelegt (Greiman, Aune[26], Gibson). Für die inneren Spannungen und Widersprüche der quineschen Theorie suchten einige dadurch eine Lösung, dass sie die Unterscheidung in Semantik und Naturalismusprogramm dafür verantwortlich machten. Einige setzen dem Behaviorismus einen metasemantischen Behaviorismus gegenüber, der zwar mentale Prädikate nicht methodologisch verwenden darf, dafür aber „metasemantisch", also zur Aufrechterhaltung des Spielraums zwischen Theorie und Erfahrung. Andere operieren mit der Spannung von Antireduktionismus und naturalisierter Erkenntnistheorie. Wie auch immer, Quine wird in der Sekundärliteratur mit Hilfe einer Hermeneutik gedeutet, die den Gegensatz von bedeutungszugestehendem Ansatz und bedeutungsnaturalisierendem Ansatz nicht überbrücken kann. Sie repetiert im eigenen Instrumentarium den Stolperstein des zu besprechenden Denkers. Der Gedankenexperimentator schickt mit dem Feldforscher eine These auf den Prüfstand: den metasemantischen Behaviorismus des Übersetzungsmodells. Er verfügt aber auch über genetische

---

[26] Mit seiner Position setzt sich kritisch GIBSON *Translation, Physics, and Fact of the Matter* 144ff auseinander.

Überlegungen zur Sprachtheorie. In ihnen ist anstelle des Feldforschers das Kind in seinem Spracherwerb das Versuchskaninchen. Sind beide Prozeduren, der kindliche und der intralinguale Spracherwerb, als genetischer Behaviorismus richtig abgehandelt? Besonders in Bezug auf den intralingualen Spracherwerb stellt sich die Frage, ob er nur als radikale Übersetzung richtig beschrieben ist. Der Gedankenexperimentator macht von seinem Arbeitsplatz aus verschiedene Operationen daraus und verfolgt sie. Im Linguisten geht nur ein Teil des Gedankenexperimentators auf Reisen, im Kind, das die ersten Worte (Ein-Wort-Sätze) lernt, ein anderer. Die Frage ist, inwiefern dies zwei Wege sind, das gleiche Ziel zu verfolgen oder zu verschiedenen Ergebnissen zu kommen.

Von dem Quine-Schüler Foellesdal stammen drei Standardargumente in Verteidigung und Erläuterung der Unbestimmtheit des Übersetzens, die sich stark an Quines Argumentation anlehnen.[27] Quine hat ihnen zugestimmt.[28] Alle drei basieren auf der Spannung zweier Prämissen für einen bestimmten Bereich. Diese Argumentstruktur sollte bemerkt werden, wenn es um die Bedeutung von „unbestimmt" geht: „unbestimmt" ist mit einem gewissen Widerstreit verbunden. Foellesdal führt als erstes Argument für die Unbestimmtheit die Spannung von verifikationistischer Bedeutungstheorie kombiniert mit Duhems Holismus an. Das zweite Argument besteht darin, dass die ontologischen Entscheidungen in einer Theorie der Natur und nicht in einer Übersetzungstheorie fallen, weshalb es beim Übersetzen zu einer Unbestimmtheit komme.

Für das dritte Argument definiert Foellesdal zunächst die Bedeutung eines sprachlichen Ausdrucks: „[meaning] is the joint product of all the evidence that helps learners and users of the language determine the meaning".[29] Das bedingt, dass mit der Bedeutung eines Ausdrucks auch die Weltsicht des Lehrers (theory of the world) gelernt wird. Es ist nun eine wichtige Aufgabe, im Spracherwerb diese beiden Seiten wieder zu trennen. Hierin gründet das dritte Argument Foellesdals für die Unbestimmtheit, das semantische. Auch dieses Argument besteht aus zwei Behauptungen: zum einen der Öffentlichkeit von Sprache (diese Behauptung kann nach Foellesdal auf Sprache angewandter Behaviorismus genannt werden, 104) und zum andern seine Bedeutungsdefinition, nach der Bedeutung nur in sprachlichen Systemen existiert und von Menschen erschaffen ist

---

[27] *Indeterminacy and Mental States*; dort findet sich auch die Kritik an SEARLES Ablehnung der Unbestimmtheit aus *Indeterminacy, Empiriscism, and the First Person* JPh 84 (1987) 123-46. Searle nimmt intentionale Gehalte an und meint, dass Bedeutung von daher bestimmbar sei. FOELLESDALS erste beiden Argumente finden sich bereits in *Indeterminacy and Translation and Under-Determination of the Theory of Nature* (1973) und ähnlich bei GIBSON *Translation, Physics and Fact of the Matter* sowie in *Enlighted Empiricism*. Gibson macht aufgrund seines stark physikalistischen Ansatzes besonders Argument II stark.
[28] *Comment on Foellesdal* in: Barrett/Gibson.
[29] *Indeterminacy and Mental States* 102ff.

(MMM-thesis: man-made-meaning-thesis). Mit der Öffentlichkeit der Sprache ist für Foellesdal die naturwissenschaftliche Beschreibung z.B. mit einer behavioristischen oder physikalistischen Theorie verbunden. Dadurch tritt die Spannung zwischen den beiden Behauptungen auf, dass die eine Theorie Realität in einem korrespondenztheoretisch-realistischen Sinne abliest und nach der anderen Theorie die Wirklichkeit nicht von menschlicher Setzung oder Kreativität zu trennen ist. Damit ist das dritte konstitutive Behauptungspaar gewonnen. Die drei Grundentgegensetzungen sind somit: satzweise Verifikation versus holistische Bedeutung; naturalistische versus semantische Ontologie; öffentliche Objektivität der Sprache versus semantische Subjektivität der Sprache.

Wichtig ist der Zusammenhang der Unbestimmtheit sprachlicher Ausdrücke mit der Unbestimmtheit mentaler Zustände. Mentale Zustände sollten nicht über synonyme Ausdrücke identifiziert werden. Sprecher, die „rabbit", „lapin" und „Hase" sagen, sind nicht im gleichen mentalen Zustand. Für Foellesdal sind mentale Zustände nicht propositions-ähnliche Atome, sondern verstehbare, feld-artige Ganzheiten (107). Eine Sprache zu lernen heißt, mit bestimmten sprachlichen Ausdrücken gewisse mentale Zustände zu assoziieren (ebd.). Wegen der Unbestimmtheit sprachlicher Ausdrücke aufgrund des öffentlichen Gebrauchs der Sprache sind in der Folge auch mentale Zustände, wenn sie als Assoziation zu sprachlichen Ausdrücken gesehen werden, unbestimmt. Für diese Folgerung musste die Ansicht, dass mentale Zustände wesentlich sprachlich sind, aufgehoben werden. Demnach gibt es zusätzlich zu der Übersetzungsunbestimmtheit eine mentale Unbestimmtheit. Foellesdal favorisiert dies dritte „semantische" Argument für die Unbestimmtheit gegenüber dem zweiten, da es mit weniger Prämissen auskommt und zudem unabhängig vom tatsächlichen, physikalisch entworfenen Bestehen mentaler Zustände vertreten werden kann.

Zur Bewertung der drei Argumentationen Foellesdals und seiner Herangehensweise ist Folgendes zu sagen: Nicht eigens wird die Dimension der mentalen Zustände der Überzeugungen, Wünsche, Befürchtungen etc. untersucht. Sie mögen zwar an sprachlichen Ausdrücken haften, was sie jedoch über diese hinaus oder unabhängig von diesen sind, da sie nicht auf rein sprachliche Bedeutung reduziert werden können, untersucht Foellesdal nicht. Die pragmatische und psychische Dimension von Absichten, Beeinflussungen etc. kann erst Harman dank seiner erweiterten Bedeutungstheorie, die eine Theorie psychischer Prädikate integriert, entwerfen. Die Position Foellesdals ist interessant, weil sie mentale Zustände zwar annimmt, sie aber nicht als ideale Gehalte (Gedanken) setzt, sondern an sprachliche Ausdrücke knüpft, ohne dass mentale Zustände wesentlich sprachliche Entitäten (z.B. eine Intension) wären. Auf diese Weise sind psychische Entitäten in Abhängigkeit von Sprache und doch auch in einem Spielraum unabhängig von Sprache. Dieser Spielraum gehört zu einer Bedeutungstheorie, ohne von einer sprachlich-semantischen Bedeutungstheorie ausreichend erfasst werden zu können.

Weiterführend für die Deutung und Schätzung der Unbestimmtheit in dieser Arbeit ist die Beurteilung der drei Argumente hinsichtlich ihres Status: In dem ersten Argument, ausgehend von Quines Privilegierung der naturwissenschaftlichen Theorie, ging es zunächst um ein alethologisches Problem: Die Verifikation ist ein wichtiges Element in empirischen Theorien der Natur. Wenn weniger die Einzelbeobachtung und mehr das Theoriegebäude in den Blick genommen wird, wie es durch Duhems Arbeit geschah, dann tritt das Problem auf, dass die gewohnte Prozedur der Verifizierung nicht mehr durchzuführen ist. Das liegt daran, dass der Gegenstand der Verifikation in einem Theoriegebäude nicht scharf abzugrenzen ist. Es ist eine pragmatische Entscheidung, welche Prämissenmenge und welche Folgerungen mit einer neuen Beobachtung verknüpft sind und welche nicht. Dadurch weitete sich die alethologische Frage zu einer bedeutungstheoretischen aus: haben die Erkenntnisse einer naturwissenschaftlichen Theorie ihre Bedeutung dank des realistisch-sensualistischen Inputs oder aufgrund kognitiver Operationen, die einen theoretischen Zusammenhang aufstellen. Wissenschaftstheoretisch musste es darum gehen, eine der Seiten auszuscheiden oder ihr Zusammenwirken zu definieren. Nur so kann wieder ein Kriterium für die Überprüfbarkeit der Aussagen gewonnen werden. Bis dieses nicht geschehen ist, liegt der Sinn einer wissenschaftlichen Theorie in der Unentscheidbarkeit. In der Folge kamen naturwissenschaftliche Disziplinen zu einem gewandelten Selbstverständnis, das die pragmatischen Entscheidungen weit mehr berücksichtigt als zuvor.

Im ersten Entgegensetzungspaar Follesdals von satzweisem versus holistischem Wahrheitsverständnis für Theorien geht es nicht um das Übersetzen im eigentlichen Sinne. Denn eine Übersetzung oder ein Übersetzungshandbuch ist keine Theorie im naturwissenschaftlichen Sinne. Zwar sind einige wichtige Merkmale auch bei einem Handbuch oder Lexikon verwirklicht (z.B. Revision, hierarchische Verhältnisse der Sätze, Ableitungsverhältnisse), andere aber auch nicht (andere Theorieentitäten, z.B. Wörter statt Zahlen, Bilder statt logischer Symbole und unterschiedliche Folgerungsverhältnisse, z.B. assoziative, analoge, metaphorische). Quine findet dieses erste Argument „attraktiver"[30] als Gibson und Foellesdal, die dem Verifikationismus misstrauen. Der Widerstreit liegt darin, dass der Verifikationismus Bedeutungen von Sätzen annimmt (nämlich, dass die Evidenz für die Wahrheit eines Satzes gleichbedeutend mit der Bedeutung des Satzes ist) und der Holismus sagt, dass ein Satz als solcher und einzelner keine Bedeutung habe (ebd.).[31]

---

[30] *Reply to Gibson*, in: Hahn/Schilpp 155f.

[31] Putnam missversteht die Unbestimmtheits-Aussage in ihrem Bezug. Er betrachtet seine Stereotypen z.B. für Tiger als Erläuterung eines für ihn einzig verständlichen Sinns von Unbestimmtheit. Dass Quine jedoch eine Aussage über Ausdruckszusammenhänge, also Handbücher

Dieser Unterschied von naturwissenschaftlicher Theorie und Handbuch-Theorie wird im engeren Sinne auch im zweiten Argument Follesdals für die Unbestimmtheit noch nicht wichtig. Das zweite Argument benennt lediglich die Vorentscheidung Quines: seinen Naturalismus. Der Weltbegriff Quines ist rückwirkend aus der Wahl der naturwissenschaftlichen Theoriebildung abstrahiert. Von diesen beiden ersten Argumenten muss gesagt werden, dass sie in der Tat eine Unbestimmtheit der Übersetzung verursachen. Es kann von ihnen her aber nicht geklärt werden, ob diese Art von Unbestimmtheit auch unabhängig von ihnen existiert oder nicht gerade nur deshalb von ihnen verursacht wird, weil jeweils eine Prämisse des Entgegensetzungspaares ein der Übersetzungsaufgabe unangemessenes Element einführt. Durch Mittel des Empirismus (erstes Argument) und des Naturalismus (zweites Argument) wird die Theorie des Übersetzens unbestimmt. Die Unbestimmtheit wäre in dem Falle eine Unangemessenheit der theoretischen Mittel (des Vokabulars, der Kausalitätskategorie und der Ontologie).

Gibson[32] pocht darauf, dass die Theorie der Natur unterdeterminiert ist, da verschiedene theoretische Übertragungen[33] für den gleichen materiellen Tatbestand möglich sind. Die Theorie der Natur kann aber nicht unbestimmt bleiben, weil sie im Rahmen der realistisch-physikalistischen Wahrheitskonzeption bleibt. Wegen der ontologischen Lösung des zweiten Arguments sind Übersetzungen unbestimmt, da es Wahrheit als Eigenschaft übersetzter Sätze nicht gibt. Es gibt außerhalb der Theorie der Physik/Natur nicht die Korrespondenz mit einem physischen Sachverhalt. Welcher Art die Ontologie der Semantik ist und welcher Ontologie die Terme der naturalistischen Theorie ihrerseits angehören, kann Gibson nicht weiter beantworten. Er scheint dem Übersetzen nur behaviorale Daten lassen zu wollen.

Diese Eingrenzung der Argumentkraft von Argument I und II ist richtig, insofern Quine in der Tat meint, mit den Mitteln der Physik auch Phänomene wie die zwischenmenschliche Kommunikation beschreiben zu können. Die Eingrenzung ist insofern

---

in ihrer Sprachstruktur macht, berücksichtigt er nicht, vgl. *Meaning Holism and Epistemic Holism*, Kapitel: A little bit of Indeterminacy. Quines Unbestimmtheit geht über die Unabgeschlossenheit semantischer Felder hinaus.

[32] *Translation, Physics, Facts of the Matter* 146ff.

[33] GIBSON *Translation, Physics, Facts of the Matter* (142f) kritisiert an FOELLESDALS früherem Aufsatz *Indeterminacy and Translation and the Under-Determniation of the Theory of Nature*, dass er den Begriff der Einfachheit als Theoriedesignkriterium nicht einheitlich verwende: in der Theorie der Natur gelte es als Hinweis auf Wahrheit, in der Übersetzungstheorie nicht. Dort sei die einfachste Theorie nicht die beste, sondern Konsens sei als Wahrheitskriterium oft wichtiger. Meines Erachtens macht Foellesdal im zweiten Argument jedoch keinen methodologischen Unterschied, sondern einen ontologischen. Er sagt dies deutlich in *Indeterminacy and Mental States* in Aufnahme der älteren Argumentation. Zudem ist für die Intention nicht entscheidend, mit welchem Kriterium Wahrheit gefasst wird, sondern der referentielle Status des Arguments: bezieht es sich auf die physikalische Welt wie der Empirismus oder nicht.

nicht angemessen, als die Übersetzung ein Sprachganzes und daher ein Oberbegriff auch zu naturwissenschaftlichen Theorien ist. Sie sind nur eine Untermenge der Übersetzungshandbücher. Die Behauptung von der Unbestimmtheit des Übersetzens kann also nicht nur darauf beschränkt werden, die Unangemessenheit naturalistischen Instrumentariums in der Semantik zu behaupten. Zur These von der Unbestimmtheit gehört auch eine positive Aussage über naturalistische Theorie als solche: sie ist unbestimmt, weil die logischen Operationen und sogenannten rationalen Kriterien unvollständig sind. Naturwissenschaftliche Theorie bedarf der Erweiterung durch analoge und perspektivische Bedeutungsbildung. Durch sie wird sie unbestimmt, nicht dadurch unbestimmt, dass sie ungeeignete Erklärungsmittel für ihren Gegenstand, nämlich Sprache, einsetzt, für den sie anfänglich nicht gedacht war.

Nauman formuliert meine Kritik an dieser Perspektive, dass „die behaviorale Evidenz auch wirklich alle Evidenz ist, die Bedeutung bestimmt",[34] indem er sagt, sie „schmuggelt" (ebd.) genau das hinein, was die Kritiker der Unbestimmtheit bezweifeln: Dass eine naturalistische Position die menschliche Interpretations- und Kommunikationsfähigkeit hinreichend deuten kann. Quine und im Anschluss Foellesdal behaupten also nicht nur, dass behaviorale Fakten notwendig, sondern auch hinreichend sind, um den Begriff der Bedeutung festzulegen. Meines Erachtens bergen die beiden ersten Argumente mehr Anfragen als lediglich den Behaviorismus und die „behaviorale Evidenz". Ich bespreche sie im Rahmen der wissenschaftstheoretischen Entscheidungen weiterer Disziplinen (Anthropologie, Psychologie und Semantik). Ihre Einbeziehung führt zur Wende und zu dem Ergebnis einer Unbestimmtheit der Bedeutung.

Interessant und folgenreich wird die Unbestimmtheit durch das dritte Argument. In diesem kommt nach der alethologisch-bedeutungstheoretischen und der ontologischen Hinsicht die anthropologische Hinsicht hinein. Durch diese Hinsicht gewinnt die Unbestimmtheit ihre Qualität. Es geht in dem dritten Grund für die Unbestimmtheit wesentlich darum, wie sehr Subjektivität auf Objektivität zurückgeführt werden kann. Dahinter steht die Überzeugung, für eine wissenschaftliche Theorie seien nur objektive Daten tragfähig. Objektivität meint für den zu erforschenden Gegenstand, die Sprache, weitgehend Intersubjektivität des Sprachgebrauchs. Das hat seinen Grund in der schlichten Intuition, dass die Sprache ein öffentlicher, allen zugänglicher und von keinem einzelnen Menschen bestimmbarer Gegenstand ist. In genau diesem Sinne ist sie der Subjektivität entzogen. Sie ist also nicht objektiv in dem Sinne z.B. eines bewegten Körpers im Naturgeschehen. Sie ist eine von Menschen geschaffene Realität, die somit eine Perspektive, wie etwas von sich her sei ohne menschlichen Einfluss, nicht zulässt. Das ist ein Unterschied zu naturhafter Objektivität. Das dritte Argument thematisiert diesen spezifischen Zwischenbereich einer Subjekten entspringenden Objektivität. Ohne anthropologische Überlegungen und Festlegungen ist das Verhältnis des dritten Gegensatz-

---

[34] *Das Realismusproblem in der analytischen Philosophie* 257f.

paares für die Unbestimmtheit daher nicht zu bestimmen. Im Verlauf der Arbeit wird die Bedeutungstheorie von der Anthropologie her angegangen.

Empirismus und Naturalismus bleiben unter der Hinsicht Thema, dass sie anthropologische Ansichten verkörpern. Welche dies sind und was ihr Beweggrund ist, wird dargelegt werden. Naumans[35] klare Darlegung der Unbestimmtheit vom frühen Quine her übernimmt Foellesdals Deutung (mit „früh" ist gemeint: im Anschluss an Quines Auseinandersetzung mit Freges „Gedanken",[36] Carnaps Analytizitätsbegriff und in Fortführung seiner *Two Dogmas*). Er referiert alle drei Argumente Foellesdals und schließt sich dessen Urteil an: Die Unbestimmtheit basiert auf Quines Physikalismus (244). Im Rahmen seiner Arbeit, die nach der Möglichkeit einer empirisch-realistischen Wissenschaftstheorie fragt, wird die Unbestimmtheit als Argument für oder gegen die Analytisch-Synthetisch-Distinktion relevant. Kann die Unbestimmtheit zeigen, dass die „extensionalistische These" korrekt ist, also jene Auffassung, dass die Bedeutung eines Ausdrucks keine faktisch zu beantwortende Frage ist, sondern aufgrund pragmatischer Überlegungen entschieden wird (vgl. 265)? Die „intensionalistische These" Carnaps, die Bedeutung von Worten empirisch zu bestimmen, ist dann falsch. Die Nauman interessierende Auseinandersetzung betrifft nur die beiden ersten Argumente. Er fasst das dritte Unbestimmtheitsargument mit dem Begriffspaar: Theorien versus Handbücher. Für diese Arbeit ist wichtig, dass auch Nauman zwischen dem „Physiker" und dem „Linguisten" unterscheidet (245). Dies entspricht in der Argumentation dem Feldforscher I und II in dieser Arbeit. Den Unterschied der beiden Gestalten definiert Nauman über die „Art ihrer Hypothesen". Der Linguist beschreibe keine „hinter den sprachlichen Dispositionen liegende Realität", der Physiker jedoch. Nauman kritisiert, es sei vorurteilsvoll, nur einen Unterschied als real zu betrachten, der auf mikrophysikalischer Ebene erscheine. Die Unterscheidungen in den Handbüchern seien keine ontologische Pluralität, sondern rein epistemologisch. Eine ontologische Pluralität für verschiedene semantische Handbüchergehalte könne über abstrakte Bedeutungsgehalte erläutert werden. Die aber erliegen Quines Kritik, denn wie sollten sie erlernt worden sein? Es könnte aber auch funktional eine Pluralität von Bedeutungen für die nicht physikalische Wirklichkeit geben: mentale Zustände wären physikalische Zustände höherer Ordnung. Diese zweite Lösung muss sehr spekulative Entitäten, die Bewusstseinszustände zweiter Ordnung, annehmen.

Harman verteidigt Quines These in seinem Kommentar zum zweiten Kapitel von *Word and Object*.[37] Die Unbestimmtheit sei unabhängig von einzelnen behavioristi-

---

[35] *Das Realismusproblem in der analytischen Philosophie* 216ff. Nach Nauman lässt sich die Unbestimmtheit nicht gegen Carnaps Bedeutungsbegriff verwenden.
[36] S. *Reply to J. Hintikka*, in: HAHN/SCHILPP 176: „[my] motivation was to undermine Frege's notion of proposition or Gedanke".
[37] *An Introduction to „Translation and Meaning"*.

schen Begriffsersetzungen, die Quine in dem Kapitel vornimmt. Unbestimmtheit gibt es, wenn es kein Drittes gibt, auf das sich Ausgangssatz und Übersetzung beziehen. Als Kandidaten für das Dritte untersucht er propositionale Einstellungen, also ob es einen festen Gehalt geben muss, mit dem die Einstellung verbunden ist. Er kommt zu dem Ergebnis, propositionale zugunsten psychischer Einstellungen auszuscheiden. Den strittigen Punkt der These sieht er darin, ob aus der Bereitschaft einer Person, einen Satz zu akzeptieren, eine einzige Interpretation folge oder nicht. Folgt eine einzige Interpretation, gibt es keinen Grund für eine Unbestimmtheit des Übersetzens. Harmans Verteidigung der Unbestimmtheit wird interessant aufgrund seiner Rücksicht auf propositionale Einstellungen als Drittes, anstatt auf Ideenvorgaben oder behavioristische Datenvorgaben. Er erkennt, dass es einer psychologischen Theorie bedarf, um propositionale *Einstellungen* (Wünsche, Hoffnungen, Befürchtungen, Überzeugungen etc.) zu untersuchen. Denn bei Übersetzungen geht es um die Zuschreibung sowohl von Wahrnehmungen als auch von Einstellungen. Die Frage an die psychische Theorie ist, ob sie psychische Einstellungen zu propositionalen Einstellungen verhärten muss, in dem Sinne, dass sie zu einem Dritten hypostasiert werden. In dieser Fragerichtung rückt die Unbestimmtheitsthese in eine Abhängigkeit von dem Aussehen unserer alltagspsychologischen Theorie. Denn wenn diese propositionale Entitäten für die nötige Erklärungsleistung einsetzen muss, dann zieht wieder Bestimmtheit ein: Eine Übersetzung wäre in dem Falle gut, wenn sie die zugrunde liegende propositionale Einstellung übersetzt. Die Unbestimmtheitsthese kann hingegen verteidigt werden, wenn den satzhaften Einstellungen keine propositionalen Einstellungen zugrunde liegen (ebd. 19).

Harman kann durch seine Erweiterung zu einer psychologischen Theorie Übersetzen und Verstehen gleichsinnig verwenden. Er kommt zur Deutung der propositionalen Einstellungen als satzhafter Einstellungen. In dem Falle heißt Übersetzen: wir können die gleiche Überzeugung wie der, den wir übersetzen, nur relativ zu den Übersetzungsschemata zwischen unseren beiden Sprachen haben. Satzhafte Einstellungen sind als Verhalten (nicht behavioristisch, sondern im Sinne von „halten für") gegenüber Sätzen zu beschreiben: Die Interpretation der Worte und psychologischen Zustände einer Person ist eine Funktion der Sätze, die sie in Wahrnehmungssituationen akzeptiert oder zurückweist (vgl. 21). In dieser satzfunktionalen Psychologie ist die Person als Programm eines neuronalen Systems gefasst (19f). Repräsentationen von Einstellungen werden im Gedächtnis gespeichert und im Denken verändert. Unter Repräsentation kann Verschiedenes verstanden werden. Harman favorisiert für sein Vorhaben (dass den Einstellungen nicht propositionale Gehalte zu Grunde liegen) die Sprachabhängigkeit der Repräsentationen. Gedächtnis kann dann als Speicher einzelner Satzvorkommnisse beschrieben werden. Jene, die an der Bestimmtheit von propositionalen Gehalten festhalten wollen, deuten Repräsentationen als Elemente einer Sprache des Denkens. Dies lehnt Harman ab (Argumente s. dort). Die Möglichkeit des Übersetzens darf nicht als Evidenz für etwas Dahinterliegendes angesehen werden. Dann stünde sie wieder in Analogie zur Naturforschung, die dahinterliegende Elementarteilchen und physikalische Kräfte annimmt. Übertragen auf den Übersetzungsfall führte dies zu mental-neuronalen Zuständen, die für eine semantische Erklärung nichts austragen. Der Grund hierfür ist, dass diese empirische Rückbindung der Semantik auf mentale Zustände keine Relevanz hat, weil daraus nichts über die Wahrheit und Bedeutung des übersetzten Ausdrucks gefolgert werden kann. Wer den Unterschied zur Naturwissenschaft, wo durchaus eine Abhängigkeit von angenommenen Kräften und beobachtetem Phänomen besteht, missachtet, begeht einen Übertragungsfehler der Kausalität.

Harmans Theorie der Zuschreibung psychischer Prädikate bleibt eine Skizze. Sein Problembewusstsein, dass eine Entscheidung über den Sinn der Unbestimmtheitsthese nur mit einer psychologischen Theorie gefällt werden kann, ist sein Verdienst. In dieser Arbeit wird es aufgegriffen und anhand der psychologischen Simulations-Theorie durchgeführt. Es ist interessant, dass bei Harman mit der Wendung „of being placed" (s.o.) ein tragendes Element der Simulationstheorie, das Hineinversetzen, im Zusammenhang mit der Unbestimmtheit bereits anklingt.

Ich habe eine Auswahl zustimmender und ablehnender Deutungen der Unbestimmtheit vorgestellt. Quinesche Argumente und Veränderungen der These werden an den entsprechenden Stellen des Gedankengangs noch in die Waagschale geworfen. Dadurch dass bei Foellesdal die Unbestimmtheit auf einen Prämissenwiderstreit zurückgeführt wird, ist sie ein Wert *ex negativo*, - als habe Quine nicht zu Ende gedacht und hätte besser eine Seite fallengelassen oder eine ganz andere Darstellung gewählt. In dieser Arbeit ist „unbestimmt" ein positiver, das heißt inhaltsvoller Wert. An den zustimmenden Deutungen fehlen mir drei Themen, die zu der Positivität führen: Eine psychologische Theorie, die anthropologische Rücksicht auf den deutenden Menschen und schließlich die semantische Rücksicht auf das Übersetzen, das Fremdes (anders als naturwissenschaftliche Theorie) erschließt.

1 Die Protagonisten Gedankenexperimentator und Feldforscher: Das Sich-selbst-Fremdwerden als Voraussetzung der Begegnung mit dem Fremden

1.1 Das Kapitel II von *Word and Object* als Gedankenexperiment

Nach allgemeiner Auffassung haben Gedankenexperimente eine klare Aufgabe in philosophischen Gedankengängen. Sie sind eine Strategie, um für oder gegen eine Hypothese über die Bedeutung oder Verwendung eines Begriffs zu argumentieren.[38] Anders als im Hypothesis-Verfahren Platons (Phd 100, 101), wo die logischen Folgen aus einer Hypothese auf Widerspruch untereinander untersucht werden, liegt das Besondere eines Gedankenexperiments darin, dass eine mindestens zweifache Perspektivität auf die Hypothese entsteht. Wer das Gedankenexperiment mitvollzieht, hat die abstrakte Fragestellung *und* den Ablauf als Experiment vor sich. Zudem treten innerhalb des Experiments die Perspektiven auseinander. Das kann auf verschiedene Weise geschehen, z.B. als zwei Beobachter, davon einer in einem Zug, die Blitze betrachten, wie in Einsteins berühmtem Gedankenexperiment, das für die Relativität der Simultanität argumentiert. Oder Locke, der unterstreichen will, dass die Kontinuität der Erinnerung und nicht der Körperlichkeit zum Begriff einer Personidentität gehört, und sich dazu ausdenkt, dass der Geist eines Prinzen zu jenem eines Schusters sich verwandelt. Das Auseinandertreten muss nicht unter den Handlungsträgern des Experiments geschehen, es können auch mehrere denkbare Ausgänge des Experiments sein. Diese Methode der Variation ist für Mach die wichtigste des Gedankenexperiments (s.u. die Bedeutung des Variierens für die Simulation). Eine zweite besondere Eigenschaft des Gedankenexperiments ist die Bildlichkeit. Sie muss nicht unbedingt eine lebensweltliche Illustration sein. Oft geraten Größen in den Gedankengang, die keine theoretischen Entitäten sind. Ein Gedankenexperiment hat nur dann Sinn, wenn es durch eine Argumentation nicht ersetzt werden kann. Ansonsten ist die Argumentation vorzuziehen.

---

[38] In physikalischen Gedankenexperimenten ist es meist ein Satz und kein Begriff, z.B. Galileos kritisches Gedankenexperiment gegen Aristoteles' These, dass schwerere Gegenstände eine höhere Fallgeschwindigkeit haben.

Quines Gedankenexperiment bestätigt nicht nur die Unbrauchbarkeit des Begriffs Synonymie für das Verstehen von Bedeutung, sondern es führt auch zu einer neuen Erkenntnis. Denn für den neuen Wert „unbestimmt" ist die fehlende Synonymie nur einer unter mehreren Gründen. Darin unterscheidet sich Quines Gedankenexperiment von der geschilderten Grundform. Es ist nicht nur eine Bebilderung, sondern überrascht als Heuristik des Begriffs Unbestimmtheit. Aufgrund dieser Abweichung vom klassischen Gedankenexperiment und der geschichtenähnlichen Ausgestaltung ist die Auslegung des quineschen Gedankenexperiments als Erzählung um so gebotener.

Quines Gedankenexperiment ist die Feldstudie. Sie soll für die Hypothese, dass Bedeutungsverstehen ohne das Herstellen von Synonymie auskommt, argumentieren. Das Bedeutungsverstehen einer unbekannten Sprache ist das Experiment, das diese Hypothese bestärken soll. Der Denker oder Philosoph des kompletten zweiten Kapitels ist deshalb ein Gedankenexperimentator. Er spricht in der Exposition, durchgehend in Kommentareinschüben und ganz besonders am Ende in § 16 über die Unbestimmtheit. Im engeren Sinne ist das eigentliche (von Quine auch so genannte, s.u.) Gedankenexperiment die radikale Übersetzung. Genauer noch: es geht nicht um das radikale Übersetzen in der Szenerie z.B. von Science-Fiction, sondern um das radikale Übersetzen eines Eingeborenen, also um eine ethnologische Feldstudie.

Diese Rücksicht auf die Feldstudie ist unerlässlich, um klar bestimmen zu können, was den Argumenten auf der Ebene des Gedankenexperimentators lediglich aufgrund der ethnologischen Szene zukommt und was ihnen aufgrund des davon abgehobenen Argumentationsziels zukommt. So erklärt sich, dass in dieser Arbeit das engere, von Quine so bezeichnete Gedankenexperiment des zweiten Kapitels nicht Gedankenexperiment, sondern Feldstudie genannt wird und stattdessen der größere Expositions- und Auswertungsrahmen des Kapitels als Gedankenexperiment bezeichnet ist.

Da in einem Gedankenexperiment für oder gegen etwas argumentiert wird, dieses aber nicht getestet wird, versteht sich, dass ein Gedankenexperiment nicht empirische Sachverhalte feststellen kann. Quines Experiment ist nicht in Analogie zu physikalischen Experimenten zu sehen (er probiert es zwar mit dem Feldforscher I (s.u.), scheitert jedoch daran). Es geht in der Feldstudie daher weder um „allgemeine" (Mach) noch um „postulierte" (Duhem) Kausalbeziehungen. Es ist eine zu dem „kohärenten empiristischen Gesamtentwurf"[39] von *Word and Object* metaempirische Überlegung. Durch die Feldstudie ist ein testbarer und in Daten vorliegender Fall für eine Ausgangsfrage instrumentalisiert. Das quinesche Gedankenexperiment ist ein nicht physikalisches Gedankenexperiment in Analogie zur Kulturwissenschaft. Das ist interessant, weil an tatsächlichen kulturwissenschaftlichen Theorienbildungen überprüft werden kann, ob Ethnologen in der Situation des Kapitel-II-Feldforschers wirklich zur Unbestimmtheit des Übersetzens gelangt sind. Die Unbestimmtheitsentdeckung wird mit großer Bestimmt-

---

[39] ORTNER *Willard van Orman Quine* 474.

heit vorgetragen, die zur Naturalisierung seines eigenen Denkens durch die Forderung nach ständiger Überarbeitung kaum passt. Dass sich im *tertium quid* „unbestimmt" ein Phänomenbereich Bahn bricht, der bisher außer Acht blieb, hängt eben wesentlich mit der Gedankenexperimentform zusammen. In ihr findet sich eine Möglichkeit, den Naturalismus zu umgehen. Ohne die Unterscheidung in die Gestalten von Gedankenexperimentator und Feldforscher wäre Quine nie zu seiner Erkenntnis von der Unbestimmtheit gelangt. Zur Unbestimmtheit aber kommt er, obwohl ihm die beiden Ebenen, auf der sich die Gestalten im zweiten Kapitel von *Word and Object* bewegen, nicht bewusst sind. Die heuristische Radikalität des Kapitels für sein ganzes Werk reflektiert er erst in *Pursuit of Truth* (48). An dieser Stelle zieht er für unseren jetzigen kulturellen Geistesstand noch nicht denkbare, aber unter Umständen bevorstehende alternative Weltsichten in Betracht. Weltsichten sind unbestimmt, insofern sie synchron (in einer anderen, unverbundenen Kultur: „intrakulturell") und diachron (historisch, in Zukunft) anders sein können. Die These von der Unbestimmtheit ist daher meta-naturalistisch. Sie untersteht nicht der Revision, sondern begründet sie.

Den idealisierten experimentellen Bedingungen muss ein Gegner zustimmen können. Dies wäre bei Quines Kapitel II kaum der Fall, wie die Reaktionen zeigen. Unter der Hand verändert sich Quines Gedankenexperiment. Es ist kein Argument mehr gegen die Synonymie von Bedeutungsintensionen in Theorien, sondern die Rekonstruktion einer fremden Kultur, d.h. eines außertheoretischen Formats. Durch sein Gedankenexperiment, das sich einer ethnologischen Studie bedient, hat sich der Testgegenstand verändert. Waren in der Anfangsfragestellung Gedankengehalte von gegenübergestellten Systemen der strittige Punkt, so sind es am Ende „life facts" im Sinne von kulturellen Repräsentationen, zu denen die pragmatische Dimension, psychische Muster und unter vielen anderem auch kognitive Repräsentationen gehören. Ungeachtet der provokanten These von der Unbestimmtheit ist dem Anfangsproblem wenig geholfen. Popper hat zwischen dem heuristischen und dem apologetischen Gebrauch von Gedankenexperimenten unterschieden. Wenn Quine sein zweites Kapitel trotz der erläuterten Veränderung in den Experimentbedingungen (veränderte Gegenständlichkeit) als Bestärkung der Nutzlosigkeit des Synonymiebegriffs für wissenschaftliche Theorien vorbrächte, dann wäre sein Gedankenexperiment apologetisch. Deshalb setze ich mich nicht mit Quines Ausgangsthese weiter auseinander, sondern mit dem heuristischen Wert des zweiten Kapitels von *Word and Object* für die These von der Unbestimmtheit des Übersetzens.

1.2 Kooperation von Gedankenexperimentator und Feldforscher vor dem radikal Fremden

Für das Gedankenexperiment in *Word and Object* stellen sich zwei Fragen: Ist uns ein radikal abweichendes Wissensganzes (web of belief) denkbar? Wie könnte ein Feldforscher/Linguist es erforschen? Also, wie ist das „andere Ganze" und ganz Andere vorstellbar und wie stellen wir ein vorliegendes dar? Der Gedankenexperimentator stellt die erste Frage und entwirft den konzeptionellen Rahmen. Das Übersetzungshandbuch, die Übersetzung, steht für die Ganzheit einer Weltanschauung, die radikal abweicht. Der Gedankenexperimentator ist stets in der Gefahr, mit dem gedanklichen Entwurf auf das ganz andere Netz übergegriffen und ihm seine Fremdheit genommen zu haben. So ist es gut, dass er seinen Forscher mit Reisestipendium losschickt, der vor der konkreten Aufgabe steht, einen fremden Sprecher aufzuzeichnen. Im zweiten Kapitel von *Word and Object* ist der Gedankenexperimentator jener, der den Leser auf seine Seite zieht:

> "Section 10 left the linguist unable to guess the trend of the stimulus meaning of a non-observational occasion sentence from sample cases. We now see a way, though costly, in which he can still accomplish radical translation of such sentences. He can settle down and learn the native language directly as an infant might" (47).

Ohne sich ausdrücklich vorzustellen, bietet sich der von mir „Gedankenexperimentator" genannte Sprecher (des zweiten Kapitels) von *Word and Object* als Identifikationsfigur an. Er wird von Quine nicht reflektiert. Aus der zitierten Stelle u.a. geht eine Überlegenheit hervor, die der Gedankenexperimentator sich (und uns) zusprechen will. Neben der metaphorischen Wendung von der Reise durchs Buch ("Section 10 left the linguist") fällt auf, dass der Feldforscher Möglichkeiten hat, die dem Gedankenexperimentator fehlen (z.B. kann er sich beim Eingeborenen niederlassen). Auf welche Seite sich der Leser schlägt, wird erst nach weiteren Informationen über die Möglichkeiten der beiden Gestalten entscheidbar sein. Daraus dass Quine eine Feldstudie wählt, ist zu ersehen, dass er mit seiner Theorie darüber, wie menschliche Erkenntnis vorgeht, das tatsächliche Forschen in der Forschergemeinschaft und als Vorgang über Forschergenerationen hinweg nachbilden will. Ethnologische Vorbilder fremder Sprachen können die Sprachen Azande, Trobriander oder Aymara sein. Hier spiegelt sich der Einfluss der recht jungen Disziplin der Ethnologie wieder, deren Ergebnisse durch Frazer, Malinowski, Evans-Pritchard, Levi-Bruhl, Lienhardt, Eliade und andere Anfang des letzten Jahrhunderts und in der Entstehungszeit von *Word and Object* Popularität erlangten. Die Azande-Sprecher z.B. erkennen das logische Schlussfolgern nicht an, wenn sie auch einzelnen Sätzen zustimmen. Dass der eine Satz eine einfache Modus-Ponens-

Folge des anderen ist, leuchtet ihnen nicht in gleicher Weise wie uns ein.[40] Aymara, das noch heute im peruanischen und bolivianischen Hochland gesprochen wird, besitzt anstelle der zwei- eine dreiwertige Logik. Aufgrund ihrer Fähigkeit, modale Feinheiten zu beschreiben, die unsere Sprache nur mühsam umschreiben könnte, wurde Aymara vor hundert Jahren als die perfekte „Sprache Adams" bezeichnet und wird von einigen Leuten zur Lösung von Schwierigkeiten der Computerübersetzung vorgeschlagen.[41] Der Gedankenexperimentator als Repräsentant des abendländischen Chors der wissenschaftlichen Disziplinen kommt nicht umhin, diese von der Ethnologie neu beschriebenen Sprachen zu berücksichtigen. Der zurückverlegte Blickwinkel auf das Tun der Wissenschaftler, während sie ihre Theorie entwerfen, und nicht der innerwissenschaftliche Blickwinkel, in dem eine wissenschaftliche Theorie aufgestellt wird, begründet die neuartige Perspektive Quines. Dadurch rückt die Unbestimmtheit der Übersetzung in den Blick: "We may expect this because of how scientists work"![42] Für Quines Initialidee zeigt sich sein Behaviorismus vorteilhaft: Er macht ihn zu einem guten Beobachter der eigenen Spezies. Quine äußerte erst 1997 in einem Gespräch:

„Das Gedankenexperiment handelte davon, was es bedeutet, wenn es Ihnen gelingt, so eine Übersetzung zustandezubringen. Wie machen Sie das? Wenn man zeigen könnte, wie das zu bewerkstelligen ist, wäre das doch ein Weg zu beschreiben, wie man entscheiden könnte, ob zwei Sätze wirklich die gleiche Bedeutung haben. Und dann habe ich mir gedacht: Naja, wie machen wir das wirklich? Wie gehen wir vor bei einer radikalen Übersetzung?"[43]

Der Wechsel des Subjekts von „Sie", „man" zu „wir" und „ich" ist auffällig. In dieser Grammatik spiegelt sich Quines Schwanken zwischen Feldforscher und Gedankenexperimentator. Mit seiner Empathie für die Perspektiven der beteiligten Personen geht er über den Wissenschaftstheoretiker Duhem hinaus, der die holistische Verifikation bereits beschrieben hatte. Der wichtigste Gegenstand des Experiments ist der Feldforscher selbst, nicht die sprachlichen Äußerungen der Eingeborenen. Denn in ihm blickt Quine dem abendländischen Weltzugriff gleichsam über die Schulter. Die Begegnung mit dem Wilden ist eine Selbstreflexion eines Wissenschaftlers auf Wissenschaftler, die eine Fremdheit und einen Mangel im bisherigen Selbstverstehen zu Bewusstsein bringt. In der Begegnung mit dem Fremden ist für den Gedankenexperimentator zunehmend nicht der Wilde der Fremde, sondern der bekannte, durch und durch berechenbar rational vorgehende Feldforscher. In der Ethnologie wird eben jener Punkt der Horizonter-

---

[40] S. MAYER *Semantischer Holismus*, erstes Kap. Die Untersuchung der Azandesprache stammt von Evans-Pritchard, die der Trobriander von dessen Lehrer Malinowski.
[41] S. ECO *Die Suche nach der vollkommenen Sprache* 349ff.
[42] QUINE *On Empirically Equivalent Systems of the World* 313.
[43] *Interview Borchers* 41.

weiterung durch Selbstentfremdung gerne als Mission dieser Wissenschaft ausgegeben. Für Malinowski ist mehr „Toleranz und Großmut"[44] ein existenzieller Gewinn aus der Beschäftigung mit dem Fremden. Geertz geht noch weiter und bestimmt als Ziel der Ethnologie, dass sie mit den fremden Diskursen das „menschliche Diskursuniversum" erweitert. Davon setzt sich Quine seit Mitte der 80er Jahre mit seiner „sektiererisch" (sectarian, im Sinne von „abgetrennt") genannten Position ab.[45] Für zwei Diskursuniversen, die wegen fremdartiger Terme („alien terms", z.B. Nirvana, Gnade, Wesen und andere seines Erachtens unbeobachtbare Begriffe) nicht vereinbar sind, gibt es keinen „weiteren Rahmen". Nur der Diskurs, in dem jemand „arbeitet", ist „wahr" (ebd.).

Die Herauslösung der Gedankenexperimentebene wird ihren vollen Nutzen im Umgang mit Quines empirischen Einsprengseln und seinem naturalistischen Ansatz beweisen. "What I have challenged is just an ill-conceived notion within traditional semantics, namely, sameness of meaning".[46] Vordergründig geht es Quine im zweiten Kapitel von *Word and Object* um die Diskreditierung der Synonymie, um die Attacke seiner *Two Dogmas* auf die Analytizität zu untermauern. „For let us not slip back into the fantasy of a gallery of ideas and labels. Let us remember rather our field lexicographer's predicament: How arbitrary his projection of analogies from known languages" (OR 19). Nach meiner Lektüre ist hintergründig und wesentlich das Selbstverständnis von der eigenen Rationalität des Wissenschaftstreibenden der Untersuchungsgegenstand! Von daher rührt die Brisanz des Experiments. Quine spricht von der „Schockwirkung"[47] seines Werkes. Die Schärfe der Kritik ist von den Angegriffenen wahrgenommen worden. Carnap, Grice, Strawson u.a. haben auf der Fähigkeit des Feldforschers (um im Bild Quines zu bleiben) beharrt, entscheiden zu können, ob zwei Ausdrücke dasselbe meinen. Die Rückbindung der Proposition an den Sprecher in Quines Experiment ist zugleich der Keim ihrer Verwerfung. Die Folgen der Umstellung der Untersuchung von Synonymie auf die Untersuchung von Sprechern durch den Protagonisten Feldforscher sind in der Rezeption des quineschen Werkes nicht ausgeschöpft. Da das Identifizieren eine Grundtätigkeit des Geistes ist, geht der Streit um die Synonymie eigentlich um die Bedingungen des Verstehens. Die komplexe Kombination von anti-positivistischem Holismus und ethnologischer Linguistik, auf die Bühne geschickt in Gedankenexperimentator und Feldforscher, bildet die Substanz des *Word and Object*-Kapitels.

Das Interessante des Feldforscherbeispiels ist, dass Quine illustriert, wie wir *de facto* ganz anders vorgehen als die Logischen Positivisten meinten, wenn wir einen Ausdruck

---

[44] Zitat bei FUCHS/BERG *Theorie, soziale Praxis, Text* 44.

[45] *Reply to Gibson*, in: HAHN/SCHILPP 157.

[46] *Indeterminacy of Translation Again* 10.

[47] *Interview Borchers* 41; GIBSON sagt, keine Lehre Quines habe seine Leser so verletzt (vexed) wie die Unbestimmtheit, *Translation, Physics, and Facts of the Matter* 139.

als sinnvoll einschätzen. Neben der Bezweiflung der Identifizierbarkeit intensionaler Gehalte ist dies sein zweites Argument gegen die Synonymie. Die entscheidende Entdeckung war, dass Wissenschaftler die einzelnen Aussagen immer eingebettet in andere Aussagen ihrer Theorie behandeln und bei widersprechenden Experimentergebnissen oft an anderer Stelle ihrer Sätze Änderungen vornehmen als an der Stelle, an der ein Satz der Beobachtung widersprach.

Diese induktiv-deduktive Mischform der quineschen Holismusvariante birgt in sich unkontrollierbare Prozeduren: Wenn ein Forscher nicht die offensichtlich falsche Aussage revidiert, sondern lieber ihren Kontext verändert, so dass sie wieder stimmig ist, stellt sich die Frage, was zum Kontext zu zählen ist. Wenn Sätze des Umfeldes der empirisch infrage gestellten Aussage verändert werden, so bedarf es einer Begründung, weshalb eben jener Satz eher zu manipulieren ist als ein anderer. Die Bewegung, die durch die Entkoppelung des Beobachtungssatzes von seiner Verifikation bzw. Falsifikation entstanden ist, hat auf traditionelle Abgrenzungen übergegriffen. Der Beobachtungssatz wird als Teil eines Umfeldes mit einem Wahrheitswert versehen. Dieses Teil-Verhältnis ist schwerlich näher festzuschreiben, steht es doch selbst wieder in einem Umfeld. Selbst hintergründig kontextuelle Sätze werden aus ihrer Ruhe aufgestört und sind nun viel näher an die mögliche Verwerfung durch Beobachtungssätze gerückt, wenn es der Erklärung eines widersprechenden Beobachtungssatzes dient. Bei Quine taucht diese Umkehrung auf, wenn er Sätze der Logik und Mathematik für genauso revidierbar und an Beobachtungen rückgebunden hält wie Sätze der Biologie und Geologie. Zwar glaubt Quine nicht, dass eine Revision logischer Wahrheiten oft geschehen wird, da es sehr zentrale, in der Mitte des Feldes liegende Sätze sind, weit entfernt von den Rändern des Netzes, die auf Erfahrung aufruhen, möglich jedoch ist sie! Im Gedankenexperiment des zweiten Kapitels von *Word and Object* hat Quine seinen naturalistischen Behaviorismus in dieser Richtung radikalisiert: durch die Gestalt des Gedankenexperimentators kann Quine an die Kontrolllosigkeit im Zusammenhang unserer Wissenssätze heranreichen. Denn der Gedankenexperimentator schickt seinen Protagonisten, den Feldforscher, aus, eine unbekannte Sprache zu übersetzen. In dessen Handbüchern hat er eine Sprache (eine alternative Anordnung des Wissens) vor sich, die nicht nach seinen heimischen Gewohnheiten der Satzhierarchien angeordnet sein muss. Damit sind wir zum Frageansatz des Gedankenexperiments zurückgekehrt und können ihn beantworten. Die Gestalt des Feldforschers ermöglicht es dem Gedankenexperimentator, die Möglichkeit einer alternativen Wirklichkeitsauffassung zu prüfen, - einer Alternative, die nicht eine Teilmenge der eigenen Weltsicht ist. Die Handbücher sind keine Spezialdiskurse, sondern so wesentlich verschieden, dass mit ihnen der Sinn der Rede von einem Fremden ausprobiert werden kann.

2 Quine entdeckt die Fremdheit

Unerlässlich zum Verständnis des Kapitels II ist die Bestimmung seines Fragegegenstands. Dies ist speziell für das Kapitel II von *Word and Object* keine leichte Aufgabe, denn es bedient sich unterschiedlicher literarischer Formen. Mit jeder Form sind Folgen für die Tragweite, den Argumentstatus und die Richtigkeit des untersuchten Fragegegenstands und seines Ergebnisses verbunden. Eine Missachtung der methodischen wie literarischen Form verhindert folglich das Verständnis des Ergebnisses des Kapitels von der Unbestimmtheit der Übersetzung. Gemäß dem hier vorgelegten Ansatz sind a) die Exposition, b) die Feldstudie und c) das Gedankenexperiment die relevanten Formen. Wie es bei literarischen Gattungen üblich ist, treten sie ineinander verschachtelt auf. Die Exposition eröffnet das Kapitel. Sie unternimmt mehrere Anläufe, die Frage des Kapitels zu formulieren. Das gibt einen ersten Hinweis auf eine Eigenschaft des Fragegegenstands. Er stellt schwierige Anforderungen an die Form, in der er verfolgt und untersucht werden könnte. Der letzte dieser Anläufe, die Problemstellung zu verfolgen, ist die Feldstudie. Sie nimmt in dem Kapitel den größten Raum ein. Gleichzeitig bleibt die Feldstudie von dem Frageinteresse der Exposition begleitet und erfährt mehrfach eine zwischenzeitliche Auswertung sowie eine endgültige am Kapitelende. Die auswertende Ebene des Kapitels nenne ich das Gedankenexperiment. Es ist weder mit der Exposition noch mit der Feldstudie identisch. Es setzt beim Interesse der Exposition an und behält es bei. In der Progression des Gedankengangs jedoch erfährt es einschneidende Wandlungen.

Schon der Vorblick zeigt, dass die besondere Frage des Kapitels zu einer außergewöhnlichen Form greift, um untersucht werden zu können. Die außergewöhnliche Form des ethnologischen Experiments steht wiederum in einem Gedankenexperiment, das im Folgenden als eine Simulation bestimmt wird. Es ist zu bedenken, ob die Simulation einen maieutischen Mehrwert besitzt, der die These des Kapitels sowohl erschließt als auch begründet. In der mangelnden Aufmerksamkeit auf die unterschiedlichen Gattungen kann ein Grund für die stark abweichenden Deutungen der Unbestimmtheitsthese in der Sekundärliteratur gesehen werden.

2.1 Exposition des Gedankenexperiments

Der Fragehorizont wird durch die erkenntnistheoretische Ausgangsfrage des zweiten Kapitels von *Word and Object* gebildet: Wie erzeugen die Reizungen an unserer Außenfläche durch Sprache unsere Kenntnis der Welt (WO 26)? Sprache interessiert Quine nur insofern, als vermittels ihrer eine Erkenntnis von der Welt ausgedrückt wird. Sprache taucht von der ersten Seite an instrumentalisiert zwischen Außenreiz (Input) und Welterkenntnis (Output) auf. Der erste Satz weist den erkenntnistheoretischen Hintergrund des Gedankenexperiments als Naturalismus aus. Er legt fest, dass der Sprachgebrauch des Eingeborenen dessen Weltsicht ausdrückt. Beim späten Quine wird der sensualistisch verstandene Reiz hin zum „sozial" verstandenen Reiz im öffentlichen Gebrauch von Sprache erweitert. Die Rolle des Sprachgebrauchs für die philosophische Erkenntnis muss beschrieben werden, weil es bei Gedankenexperimenten um die Grundoptionen geht, ob sie Tatsachen schaffen oder sprachliche Verwendungen darlegen. In letztem Falle dürfen Intuitionen oder zufällige Verwendungen nicht pseudoargumentativ durch ein Gedankenexperiment etabliert werden.[48]

Im folgenden werden zwei Anläufe Quines, mit denen er seinen Naturalismus als Metatheorie von Bedeutung erweisen will, herausgearbeitet und kritisiert. Es sind der Analytische Behaviorismus mit seinem Bedeutungskriterium, intentionales Verhalten in festzustellende Dispositionen zu übersetzen, sowie die Intersubjektivität mit ihrer Gebrauchsbedeutung (2.1.1.). Für die Bedeutungstheorie der Simulativen Hermeneutik wird die Annahme eines rationalen Mindeststandards in die Übersetzung eingeführt, um den Problemen der kritisierten Bedeutungstheorien zu entgehen. Daraufhin wird der Gedankengang der Exposition nachvollzogen, um das schwierige Erfragte zu bestimmen (2.1.2.).

2.1.1 Die Suche nach einer naturalistischen Metatheorie von Bedeutung

Die Blackbox-Vorstellung des Geistes aus dem ersten Satz des Kapitels ist typisch für den Behaviorismus.[49] In der Psychologie löste er den Strukturalismus um 1920 ab. Der Strukturalismus (z.B. Wundt, E.B. Titchener) beschrieb mittels Introspektion die „Struktur des Bewusstseins". Unter kontrollierten Bedingungen schilderten Versuchspersonen ihre Gedanken, Gefühle und Vorstellungen. Aus dieser nicht nachprüfbaren Methodik resultierten so viele Bewusstseinstheorien, wie Studien durchgeführt wurden. In diese Situation trat der Behaviorismus mit seiner zentralen Forderung, nur beobacht-

---

[48] Vgl. MAYER *Was zeigen Gedankenexperimente?* 376.
[49] S. die Darstellung bei HARTMANN *Philosophische Grundlagen der Psychologie*, Kap. zum Analytischen Behaviorismus.

bares Verhalten solle zählen und sogenannte Verlaufsgesetze, die den Erwerb eines Verhaltens beschreiben. Vertreter waren Pawlow, Thorndike, Watson, Skinner.[50] Quine hat diese Forderung im ersten Kapitel ausgeführt und steigt jetzt mit ihrer Vorgabe ein. *Word and Object* ist zutiefst Kind seiner Zeit, der 50er Jahre. Quine war von 1933-36 *junior fellow* in Harvard zusammen mit B.F.Skinner. Er sagt über die Begegnung mit ihm: "We became great friends, we talked a great deal, we both felt that we were behaviorists when we met. However, I believe behaviorism isn't ultimately explanatory, though it is ultimately methodologically".[51] Der Behaviorismus war seinerzeit die modernste Form empirischer Psychologie. Barrett/Gibson[52] wiesen 1990 zurecht drauf hin, dass Quine sich heute wohl der Neurophysiologie als der aussagekräftigsten, objektivierbarsten Disziplin bediente. Quine löst die Prophezeiung ein: „Die Erklärung wird im Nervensystem liegen. Sie wird physiologisch sein".[53] Der Behaviorismus wird damit nicht überflüssig. Verhaltenskriterien werden gebraucht, um das Problem zu formulieren, zu dessen Lösung dann ein Blick in die Neurologie zu werfen ist: „You need to specify that process in objectively verifiable and recognizable terms, so you need behavioral criteria to set the problem for which you are going to look to neurology for the solution".[54] Die Neurologie ist also die Disziplin tieferer psychologischer Erklärung, die Gegenstandsabgrenzung eines mentalen Zustands von einem anderen jedoch läuft nach wie vor über das sichtbare Verhalten: „Verbal behaviour is the symptom: it comprises the symptoms of mental states".[55] Das Verhalten ist keine Wesensaussage mehr über das Geistige, sondern eine Faustregel zur Benennung einzelner Vollzüge. Aus diesem Grund ist Quine besser methodischer oder symptomatischer Behaviorist zu nennen.

In der Ausgangsgestaltung des quineschen Experiments in *Word and Object* lassen sich die frühen Auseinandersetzungen um die Definition des Analytischen Behaviorismus als philosophische Position ablesen. Unsere Untersuchung der Feldstudie wird dem durch die Unterscheidung von zwei Phasen des behavioristischen Forschens des Feldlinguisten Rechnung tragen. In der Phase I gilt das Erregungsmuster als Input. Innerhalb

---

[50] SKINNERS *Verbal Behavior* (1957) kritisierte CHOMSKY *Review of Skinner's ‚Verbal Behavior'*, in: Language (1959). Er konnte zeigen, dass Skinners behavioristisches Vokabular im Kommunikations- und Handlungskontext nur noch metaphorisch ist und daher dort Pseudo-Erklärungen liefert. Chomskys Kritik aus linguistischer Sicht war ein wichtiger Grund für den Beginn der kognitivistischen Psychologie ab den 60er Jahren.

[51] *Interview Borradori* 35.

[52] "[C]loser to physics than either of it's competitors, neurophysiology will no doubt one day be the best choice" xix.

[53] *Interview Borchers* 43. S.a.: "Mental states and events do not reduce to behavior, nor are they explained by behavior. They are explained by neurology […] When we talk of mental states […] there is a physical fact of the matter" *Fact of the Matter* 167.

[54] *Interview Borradori* 35.

[55] *Interview Borradori* 20.

der Tradition des Empirismus ist das ein sehr verengtes Verständnis einer empirischen Basis. Frühe analytische Sprachphilosophen trugen idealistische Leib-Seele-Konzepte vor, da das „Gegebene", auf das die Bedeutung der Ausdrücke zurückgeführt wurde, in einer Art Sinnesdatenmetaphysik vorgelegt wurde.[56] Die materialistischen Entwürfe der Analytischen Philosophie setzen ein, als Neurath Carnap überzeugte, dass Intersubjektivität nur über die physikalistische Nachbildung von Ausdrücken erreicht werden könne. Im Anschluss ging der Streit lange um die Prüfungssituation, ob sie verifkationistisch oder falsifikatorisch anzusetzen sei.

Quine löst sich in der Feldstudie mit Feldforscher II von dieser Problemfassung, indem er einen bedeutungstheoretischen Wandel vollzieht. Er sei an Harmans Kommentar zum zweiten Kapitel von *Word and Object* vorgeführt. Harman warnt vor dem Missverständnis, die Unbestimmtheit sachlich mit dem Behaviorismus zu verknüpfen (21f). Zwar vermenge Quine den Unbestimmtheitsfall mit der Definition behavioristischer Substitute für Bedeutung, Synonymie, Analytizität etc. Die Diskussion der Unbestimmtheit könne jedoch unabhängig von der Substituierung geschehen. Quine ist Harman in seiner *Reply to Harman* darin gefolgt, dass er „Disposition zu verbalem *Verhalten*" durch „Disposition, einen Satz zu akzeptieren", ersetzt hat. Auf diese Weise werden die Probleme in der Formulierung des Analytischen Behaviorismus als philosophischer Position umgangen, die er mit dem Verifikationismus und Falsifikationismus hatte. Denn das in ihnen geltende empirische Sinnkriterium fällt nur in einem Fall mit dem bedeutungstheoretischen Sinnkriterium zusammen: „Nur in dem ganz speziellen Fall, dass der Situationstyp, in welchem eine (elementare) Aussage A geprüft wird, ein Situationstyp ist, in dem die in A auftretenden Ausdrücke (im Falle der Einigung auf A) auch *erlernt* werden könnten, fällt die Methode der Überprüfung gewissermaßen mit dem Sinn zusammen".[57] Die Unbestimmtheit, die aus dem Empirismus resultiert, ist die Unterbestimmtheit. Quine hat sie von der Unbestimmtheit des Übersetzens deutlich abgegrenzt. Die Bedeutung eines Ausdrucks ist abhängig von der Bedeutung der Bestandteile eines Ausdrucks (Frege), von der Einführungssituation (Lernen) und der Prüfungssituation sowie der Verwendungssituation. Je nach Gegenständlichkeit weichen diese Bedeutungsdimensionen voneinander ab und sind unterschiedlich relevant.

Ein weiterer Grund, weshalb der Behaviorismus nicht die unangefochtene Hintergrundtheorie des zweiten Kapitels ist, liegt in Quines Erkenntnis, dass es keinen Unterschied zwischen behavioristischen und theoretischen Termen gibt. Seit Quine die Überzeugung teilt, dass selbst die einfachsten Sätze, die eine Beobachtung ausdrücken, schon Deutungen sind, macht es keinen Sinn mehr, diesen Anteil reduzieren zu wollen. Es gibt nur noch theoretische Terme. Nur so kann Quine die Grundspannung seines

---

[56] HARTMANN *Philosophische Grundlagen der Psychologie* 265 nennt als Vorläufer Machs Neutralen Monismus und als Beispiel Russels Logischen Atomismus.
[57] HARTMANN *Philosophische Grundlagen der Psychologie* 277.

Denkens zwischen Naturalismus und Geschichtlichkeit halten. Würde er unumwunden einen Analytischen Behaviorismus vertreten, so erdrückte dieser Teil eines naturalistischen Projekts seine ebenso tiefe Intuition über die Vorläufigkeit (historische Eingebundenheit) und die kulturelle Eingebundenheit des Denkens. In dieser Hinsicht ist *Word and Object* auf der Grenze zwischen behavioristischen und kulturrelativistischen Kriterien für das Wahre und Gerechtfertigte. Dank der Perspektive des Feldforschers gerät der *Word and Object*-Gedankenexperimentator in die Teilnehmerperspektive und entfernt sich somit von der unabhängigen Beobachterperspektive des Naturalismus. Zeitweise mag Quine die Trennung der Ebenen gerade zur Rettung des Naturalismus unternommen haben, um das Zustandekommen des Wissens in der einzelwissenschaftlichen Forschung auf der Metaebene ein zweites Mal *kausal* zu überbauen, indem er es als Lernverhalten erklärt.

Neben dem methodischen Behaviorismus klingt zunehmend die Intersubjektivität als wichtiger, am Verhalten abzulesender Aspekt an. Neben die Universalität, die in der Gleichartigkeit menschlicher Neurologie liegt, ist die Universalität gerückt, die in der Allgemeinheit einer Sprechergruppe liegt. 1987 äußert Quine in dem Abschnitt *Meaning* in *Quiddities*, dass wir die Bedeutung eines Ausdrucks durch das offene verbale Verhalten lernen und seine Umstände. Überraschend stellt er sich hier in eine Reihe mit Wittgensteins Auffassung, Bedeutung sei offener (overt) Gebrauch. Quine setzt Verhalten und Gebrauchen gleich. Sollte er „offen" wirklich im Sinne Wittgensteins verstehen, wäre er im gewöhnlichen Sinne des Wortes kein Behaviorist. Das legt auch eine Äußerung aus *Pursuit of Truth* nahe: „Ein Wort verstehen, heißt wissen, wie dieses Wort in Sätzen zu verwenden ist und wie auf solche Sätze reagiert werden muss" (83). Putnam bezweifelt, dass Quine Wittgensteins Bedeutung als Gebrauch für sich in Anspruch nehmen darf: "he [Wittgenstein] certainly did not think of using a word as following a habit in a behaviorist sense of 'habit' or a programm in the brain".[58] Quine führt das Verstehen eines Satzes als statistischen Effekt aus. Ich verstehe ein Wort erst, wenn es in genügend häufigen Fällen gleich verwendet wird. Typisch für Quine ist das graduelle (vgl. UW 84) Ausgestalten des Verstehens. Verstehen ist kein Erfassen oder spontanes Einsehen, unter Umständen begleitet von einem Evidenzgefühl. Diesem oft genannten Charakteristikum von Verstehen geht er aus dem Weg. Nicht Verstehen als solches soll erklärt werden, sondern Einzelfälle des Verstehens im Kontext anderer Verwendungsvorkommnisse. Dank seines graduellen Ausbuchstabierens löst er das Problem auf, das sich jeder Dichotomie in Verstehen und Missverstehen stellt: den Übergang des einen in das andere durch einen nicht einholbaren, fast mystischen Akt zu beschreiben.[59] Die

---

[58] *God and the Philosophers* 177.
[59] Welche Blüte die Dichotomie treiben kann, zeigt Derridas Zuspitzung (deconstruction) des Gesetzerlasses: Das Gesetz, das Gerechtigkeit stiften soll, entspringt im Moment der Setzung keiner Begründetheit, die DERRIDA als Gewaltakt am Grunde des Rechts ausführt. In ihm ist das

Betonung des offenen Verhaltens und von Intersubjektivität im genannten Artikel scheint deshalb für Quine eher den Gegensatz zur dunklen Idee einer mentalistischen Bedeutungstheorie konturieren zu wollen als die Gebrauchsdefinition von Bedeutung vorzuführen.[60] Quine hat die natürliche Umwelt durch die soziale Umwelt als Quelle von Reizen ergänzt. Dies ist so leicht möglich, weil beide, insofern sie in Sätzen auftauchen, thematisiert werden, - ob als Reizbedeutung oder als reizanalytischer Satz (Satz, den alle in einer Gesellschaft akzeptieren, so dass keine Einzelerfahrung dazu führen könnte, ihn zu verwerfen).

Wenn Intersubjektivität hier im Kontext des Naturalismus angeführt wird, entsteht das Problem, dass sie ebenso wenig Geltungskriterien etablieren kann wie der Behaviorismus auf der Metaebene des Gedankenexperimentators. Denn um ein Ergebnis der empirischen Wissenschaften festzustellen, bedarf es zu ihrer Bewertung bereits normativer Urteile, die nicht wieder aus der empirischen Wissenschaft genommen sein dürfen. Dasselbe gilt für intersubjektiv festgestellte Konsensaussagen.[61] Für die Wahr-Falsch-Entscheidung ist die „einhellige Verwendung", die als wissenschaftstheoretisches Kriterium eingeführt werden soll, kein zulässiges Indiz. Von hier ist Putnams Kritik so zu verdeutlichen, dass Quine nicht sprachphilosophische Überlegungen mit seiner Aufnahme Wittgensteins im Sinn hat, sondern für sein Projekt des Naturalismus eine normierende Theorie angeben will, in deren Zentrum das Wahrheitskriterium als Gebrauchübereinstimmung expliziert wird. Ein solcher Naturalismus wäre unter die obige Kritik zu stellen.

Weiteren Aufschluss über die Rolle des Behaviorismus gibt die Parallelität mit der Extensionalität. Auf diese Verbindung wird Quine durch eine Interviewfrage gebracht.[62] In den Wissenschaften muss stets ein Element anzugeben sein, das unter einen Begriff fällt. In diesem Sinne sind Behaviorismus und Extensionalität nur zwei Wörter für eine Sache, und so bleibt die Forderung nach Beobachtbarkeit, i.e. der Behaviorismus, auf-

---

Recht stets „vertagt" (déjourné) und verwirklicht sich doch auch nur so (*Force de loi. Le 'fondement mystique de l'autorité'*). Quine vermeidet diese Derridasche *différance*: Der Zeichengebrauch hat keinen Überschuss, sondern einen Mittelwert aus den Verwendungen.

[60] Diese Deutung wird unterstützt durch Quines eigenen Verweis auf Wittgensteins *Blaues Buch* (S. 21 der dt. Suhrkamp-Werkausgabe) in WO 77 (Fußnote). Wittgenstein deckt dort einen Irrtum auf: „Wir suchen nach dem Gebrauch eines Zeichens, aber wir suchen nach ihm, als ob er ein Gegenstand wäre". Von der Gebrauchsdefinition wird an dieser Stelle ausgegangen. Das spezielle Anliegen ist zu zeigen, dass das, was dem Satz Bedeutung bzw. „Leben" gibt, nicht in einer geistigen mysteriösen Sphäre ist, sondern dass das wieder Zeichen sind (das Sprachsystem).
[61] Die Relativierung der Geltungsansprüche auf die Kommunikations- und nicht lediglich die Wissensgemeinschaft liegt außerhalb des quineschen Blicks (s.u. 5.2.1 seine Verkennung des Unterschieds von sozialen und moralischen Normen). Daher sieht er auch nicht den performativen Widerspruch, der in der Verallgemeinerung von Konsens liegt.
[62] *Interview Borchers* 42.

rechterhalten. Quine vertritt ihn in sprachphilosophisch geläuterter Form. Den Termen wissenschaftlicher Theorie entsprechend geht es ihm um Sätze. Die Bewertung des Verhaltens und der Neurologie hat sich mit den sich wandelnden Strömungen der Philosophie des Geistes geändert. Gleichbleibend ist die Ablehnung gegenüber jeder mentalistischen Position. Diese Einstellung Quines taucht in den Überlegungen zur Bedeutung von Sprache als leidiges Problem auf. Denn sprachliche Ausdrücke, die mentale Begriffe enthalten (mentalistic idioms), verlieren ihren faktischen Inhalt (factual content).[63] Diese Einstellung trägt die Zwei-Welten-Lehre des Physikalisten in die Sprachphilosophie. Die Grundunterscheidung in materielle und nichtmaterielle Dinge wird unreflektiert zu jener der Sprache. Das ist nur schlüssig, wenn es keine Möglichkeit gibt, die semantischen Gehalte als Objekte jenseits von Materialität und Nichtmaterialität und bestimmt und nichtbestimmt zu beschreiben. Über den Grundbegriff der Kausalität wird auch die Psychologie von der Physik einverleibt.[64] Seine persönliche Netzroute im Gewebe der Weltanschauungen hat Quine offen als Naturalismus dargelegt.[65] Sein Wunsch nach Immanenz in der wissenschaftlichen Rekonstruierbarkeit ist unübersehbar. Nachdem nun der Behaviorismus, der Sprachendualismus und die Intersubjektivität als tragfähige Bedeutungstheorien ausgeschieden sind, ist der Holismus Quines zu betrachten.

Neben dem Einfluss der behavioristischen Psychologie hat Carnaps Philosophie gerade in Bezug auf den Holismus einen nicht zu unterschätzenden Einfluss auf ihn ausgeübt.[66] Carnap zeigt in *Der logische Aufbau der Welt* (1928), dass aus Elementarerlebnissen sowohl eine phänomenalistische (wie er es dort in seiner überarbeiteten Habilitation tut) als auch eine physikalistische Erkenntnistheorie zu bilden ist.[67] In diesem Werk ist Quine damit bereits zwei wesentlichen Elementen seiner Unbestimmtheitsthese begegnet: Zum einen dem Punktuellen der Elementarerlebnisse, das in seinen Reizereignissen bzw. Netzkonten fortlebt; und zum anderen der Variabilität des Theoretisierens, die in der Unbestimmtheit des Übersetzens durchschlägt. Verschiedene Theorien können die Elementarerlebnisse gleich gut nachbilden. Gemäß dem Carnapschen Prinzip der Toleranz gibt es mehrere gleichberechtigte Sprechweisen.[68] Diesen Befund

---

[63] Z.B. *Fact of the Matter* 168, ein Aufsatz, in dem Quine sich als ein *hard-minded* Physikalist gibt.

[64] „Causal explanations of psychology are to be sought in physiology, of physiology in biology, of biology in chemistry, and of chemistry in physics" *Fact of the Matter* 169.

[65] *Was ich glaube* oder: „our purpose is scientific understanding" *Fact of the Matter* 168, "my tentative ontology continous to consist of quarks and their compounds" *Structure and Nature* 9.

[66] „I gained more from Carnap than from any other philosopher" *Interview Borradori* 32.

[67] Er hat später selbst die physikalistische Variante gewählt, da das skeptische Problem dann zurücktritt.

[68] "In logic, there are no morals. Everyone is at liberty to build up his own logic, i.e. his own form of language, as he wishes" *Logische Syntax der Sprache* 45, zit. n. *Interview Tomida* 2.

greift Quine mit der Pluralität der Handbücher auf. Essler[69] bindet die Ansicht Carnaps, dass sich die empirische Welt auf mehrere Weise notieren lasse, an die Toleranz des Carnapschen Elternhauses zurück. Insbesondere deren religiöse Toleranz findet bei Carnap einen philosophischen Reflex in der Aussage von gleicherweise möglichen Überzeugungssystemen. Vielfach erzählt Quine von den Wochen intensiven philosophischen Gesprächs mit Carnap in Prag während seines Europastipendiums (1933/34). Carnap schrieb gerade an *Logische Syntax der Sprache*, das 1934 erscheinen sollte.[70] Im enger philosophischen Kontext wird die Position von zwei inkompatiblen Sprechweisen bzw. Sprachspielen dem „Sprachendualismus" zugerechnet, dem teils der späte Wittgenstein, Ryle *The Concept of Mind* u.a. zugeordnet werden.[71] Er besagt, dass die materialistisch-kausale und die mentalistisch-hermeneutische Sprechweise aufgrund unterschiedlicher Regeln nicht vermischt werden dürfen, da sonst unsinnige Ausdrücke und Kategorienfehler daraus resultieren.[72] Die Schwäche dieser Position ist, dass sie die Schwierigkeit, dass es unterschiedliche Sprechweisen gibt, zugleich als Ergebnis ausgibt: Es gibt zwei verschiedene Sprechweisen.

In *Logische Syntax der Sprache* vertritt Carnap einen Holismus in der Art Quines: „All that about holism which you read from Carnap fits so exactly my own position".[73] Zudem vertritt auch Carnap die grundsätzliche Revidierbarkeit philosophischer Regeln und die lediglich graduelle Festigkeit der Regeln (manche sind unentbehrlicher als andere): „Keine Regel der philosophischen Sprache ist endgültig".[74] Trotz der Gradualität hält Carnap an der Dichotomie von synthetischen und analytischen Sätzen fest. Dieses Beharren ist für Quine ein „Rätsel".[75] Zwar bleibt Carnap damit der Bedeutungstheorie des Logischen Positivismus treu. Sätze ohne empirischen Inhalt sind bedeutungslos. Damit die Sätze der Mathematik und Logik nicht bedeutungslos sind, sind sie analytisch. Die positivistische Programmkonformität ist jedoch keine ausreichende Rechtfertigung für den Gegensatz zwischen einer holistisch eingebundenen Gradualität und der weiteren Verwendung von Analytizität. Ein Grund für das „Rätsel Carnaps" mag darin liegen, dass er anders als Quine nicht die Physik, sondern die Mathematik als Leitwissenschaft erachtete. Deshalb sind die mathematischen Sätze bedeutungsvoll, nicht weil sie analytisch sind, sondern nur insofern sie als angewandte mathematische Sätze einen empirischen Inhalt mit dem teilen, auf das sie angewendet werden, meint Quine: „The

---

[69] *Carnap* 386.
[70] *Interview Borchers* 33/34; *Interview Borradori* 32/33; *Interview Tomida* 1-5.
[71] HARTMANN *Philosophische Grundlagen der Psychologie* 266.
[72] Vgl. das Vermischen mit der Art von Gegensätzlichkeit, die aus dem Manualabwechseln resultiert. Dabei mag Quine die sprachendualistische Position vor Augen gehabt haben.
[73] Zit. n. *Interview Tomida* 3.
[74] *Logische Syntax der Sprache* 246, zit. n. *Interview Tomida*.
[75] *Interview Tomida* 3.

first question: how can mathematics be meaningful and be devoid of empirical content? The answer that holism gives is that applied mathematics shares the empirical content of what it is applied to" (ebd.).

Quine ist hier positivistischer als Carnap. Er gesteht nur der angewandten Mathematik Bedeutung zu. Quine überwindet in dieser Perspektive den Logischen Positivismus nicht dadurch, dass er dessen Bedeutungstheorie aufgäbe, sondern dadurch dass er sie gerade erfüllt: Er ist mehr Positivist als Logiker in dem Sinne, als er den logisch-mathematischen Regeln keine Geistigkeit zugesteht, losgelöst von der materiellen Welt. Insofern ist der Fortschritt seiner *Two Dogmas* ein zweischneidiger. Carnaps Skrupel vor einer Reduktion der für ihn geistvollsten Disziplin (Mathematik) auf empirische Wissenschaft wird von Quines Naturalismus ohne Wimpernzucken vollzogen: „for me unlike Carnap, mathematics is integral to our system of the world. Its empirical support is real but remote, mediated by the empirically supported natural science that the mathematics serves to implement. On this score I ought to grant mathematics a fact of the matter".[76] Der Holismus, den beide übereinstimmend vertreten, spielt dabei keine entscheidende Rolle. Quine versteht das, was hier als Super-Positivismus dargestellt wird, als Konsequenz des Holismus, die er anders als Carnap gezogen hat: „Carnap gives lip service to Duhem and holism, but he doesn't draw the moral".[77] In der Meinungsverschiedenheit von Carnap und Quine zeigt sich *in nuce* die Zwickmühle der analytischen Bedeutungstheorie. Zwischen naturalistischer Abrüstung und normativer Aufrüstung bleibt kein Raum für eine Rationalität *sui generis*. Mathematische Regeln werden zur *ancilla physica,* da ein Reich von Ideen verneint wird.

Wie kann die Bedeutungstheorie der Simulativen Hermeneutik der Zwickmühle entgehen? Dazu ist die Kritik Glüers am Normativismus aufschlussreich.[78] Glüer weist auf einen Zirkel in der normativistischen Auffassung von Bedeutung hin: Gebrauchsregeln legen Bedeutung fest (ein Sprecher hat sich einem Maßstab unterstellt, der „grün" nur korrekt von Grünem aussagen lässt). Andererseits besteht die Bedeutung gerade in der Regelmenge des korrekten Gebrauchs. In diesem Sinne ist sie handlungsleitend. Für Glüer liegt die Zwickmühle im Präskriptivismus der Bedeutungsregeln. Sie wendet ein, dass bei einer so engen Verknüpfung von Bedeutung und normativer Regel jede semantische Fehlleistung zu einem Bedeutungswandel bzw. Verlust führen muss. Sie fordert einen größeren Spielraum zwischen Gebrauchregel und Bedeutung. Anstelle der Norm des Gebrauchs führt sie „Standards minimaler Rationaltiät" *sui generis* ein (454). In ontologischer Hinsicht individuieren diese rationalen Standards völlig anders als naturwissenschaftliche Gegenstandsindividuation. Das verhindert deren Reduktion aufeinander. Sie sagen „nicht nur wie wir denken, wenn wir ‚richtig' oder ‚wahr' denken, son-

---

[76] *Reply to Putnam,* in: HAHN/SCHILPP 430.
[77] *Interview Tomida* 4.
[78] *Bedeutung zwischen Norm und Naturgesetz.*

dern zugleich was Denken überhaupt ist" (453). Darunter stellt sie sich einen internen Zusammenhang vor, der das Verhältnis von Überzeugung und Handlung als *rational* zwingend beschreibt, nicht aber als normativ zwingend. Es sei z.B. keine Frage der Norm, sondern der Rationalität, sich bei Regen unter einem Baum unterzustellen, wenn man zugleich der Überzeugung ist, dort nicht nass zu werden und nicht nass werden zu wollen. Man *sollte* sich nicht unter dem Baum unterstellen, sondern man muss es, wenn sinnvoll die Rede davon sein kann, dass man die erwähnten Überzeugungen innehat. Bleibt er im Regen stehen, dann „sollte" er nicht unter dem Baum sich unterstellen (normative Lösung), sondern es ist zu fragen, ob er es überhaupt „wollte".

Dieser Mindeststandard an Rationalität im Überzeugungszusammenhang anstatt in der normativen Regelanwendung ist für die Simulative Hermeneutik von größter Bedeutung. Denn sie bildet im Simulieren den Überzeugungszusammenhang und nicht die Regelanwendung nach. Mit dem Mindeststandard ist daher eine Erklärungsentität eingeführt worden anstelle von der naturalistischen Disposition und anstelle der normativen Deutung der semipropositionalen Entitäten. Da auch die Simulation von einem positiven Vermögen der Bedeutungsgenerierung mittels des situativen Hineinversetzens ausgeht, ist mit den rationalen Mindeststandards eine Ontologie empfohlen, die in die gleiche Richtung geht wie die Bedürfnisse der Simulativen Hermeneutik. Der mit dem Simulieren zusammenhängende Bedeutungsbegriff wird im Schluss ausgeführt. Hier gilt es festzuhalten, dass Quines Zwickmühle und seine Wandlung vom Reiz-Reaktions-Naturalisten hin zu einem Intersubjektivitäts-Normativisten die aktuelle und bislang ungelöste Bandbreite des analytischen Bedeutungsbegriffs auslebt. Zugleich schützt Quine davor, rationale Mindeststandards als eine Art von Ideen vorzustellen. Was sie jedoch im Unterschied zu diesen genau sein sollen, ist von Glüer nicht genau geklärt.[79] Die Simulative Hermeneutik muss für diese Erklärung wohl oder übel den Deuter als anthropologisches Äquivalent der Simulationsfähigkeit einführen.

2.1.2   Der Gedankengang der Exposition

1960, als *Word and Object* erscheint, beginnt Quine seinen eigenen Weg zu beschreiten aus der Bekanntschaft mit dem Behaviorismus und Carnap heraus. Mit diesem Hintergrund stellt er über das zweite Kapitel die Frage:

---

[79] Sie nennt zwar vage Frege (451, 465), so dass eine logische Rationalität als Ideal zu vermuten ist (s.a: „Dagegen spricht vieles dafür, die Natur und Geltung bedeutungskonstitutiver Zusammenhänge wie u.a. die logischen ‚Gesetze' als *sui generis* und damit als im wahrsten Sinne des Wortes irreduzibel aufzufassen", 467).

"how much of language can be made sense of in terms of its stimulus conditions, and what scope this leaves for empirically unconditioned variation in one's conceptual scheme" (26)?

Die Frage, die durch den Feldforscher geklärt werden soll, ist überaus erstaunlich: Das empirische Experiment soll ein nicht empirisch Bedingtes unserer Sprache herausfinden! Im Eigenexperiment probiert der Feldforscher aus, wie weit er als Unwissender und behavioristisch konzipierter Lernender in der Kenntnis der Eingeborenensprache kommen kann. Dabei geht es um die Absteckung des Empirischen vom Nichtempirischen. Ersteres rührt von Reizen her, letzteres wird in einem ersten Hinweis Begriffsschema genannt.[80] Das Interessante am Ansatz des Kapitel II ist, dass Quine während der Grenzziehungsarbeit an seiner empirischen Position immer wieder hinauslangt ins Nichtpositive.

Der folgende Überblick über die Exposition zeigt, dass der Spielraum als mögliche Lücke oder totale Abweichung der Bedeutung vom Sichtbaren gesucht wird. Der Gedankengang wird im zweiten Kapitel dadurch fortgeführt, dass die obige Frage nach der Reichweite von Stimulus- bzw. begrifflicher Bedeutung reformuliert wird, indem sie auf einen Vorschlag konzentriert wird, wie der Spielraum der nicht empirisch bedingten Variation der sprachlichen Bedeutung verfolgt werden könne („A first uncritical way of picturing that scope" WO 26). Es überrascht, dass Quine in seinem erkenntnistheoretischen Interesse nicht den empirischen Reizinput weiterverfolgt, sondern gerade das Nicht-Empirische. Auf die Reformulierung der Ausgangsfrage, die die Suche Quines auf das Verständnis des nichtempirischen Anteils der Sprache gelenkt hat, folgt eine abstrakte Problemformulierung. Diese wird dann in einem dritten Anlauf mit der Übersetzungssituation des Feldforschers bebildert.

Worauf zielt die Unbestimmtheit? Die Frage führt an den Anfang des zweiten Kapitels: Quines Problemformulierung im „ersten unkritischen Versuch", das Nichtempirische zu fassen, schlägt fehl: Es machte keinen Unterschied. Das erste Gedankenexperiment sieht folgendermaßen aus: Zwei Menschen stimmen in allen möglichen Reizsituationen genau überein in ihren Dispositionen zu verbalem Verhalten. Und doch könnten, so der Denkversuch, ihre identischen Äußerungen radikal unterschiedliche Bedeutung haben.[81] Quine wendet selbst ein: "a distinction of meaning unreflected in the totality of

---

[80] Davidson setzt sich mit diesem Begriff in *On the very Idea of a Conceptual Scheme* (1973/74) auseinander. Er weist die Vorstellung unvereinbarer Begriffsschemata zurück, da sie nicht kohärent denkbar sei. In seiner Erwiderung *On the very idea of a third dogma* (1981) setzt Quine Begriffsschema mit Sprache gleich: "Where I have spoken of a conceptual scheme I could have spoken of a language" (41). Den Missverständnissen, er meine ein Drittes neben Sprache und Welt, etwa sogar in metaphysischer Weise ein Umfassendes, soll damit entgegengetreten werden.

[81] Daher kann ich GREIMANN nicht zustimmen, dass "der negative Teil [der Bedeutungstheorie Quines] besagt, dass es keinen sprachlichen Bedeutungsunterschied ohne einen entsprechenden

dispositions to verbal behavior is a distinction without a difference" (WO 26). Der Gegenstand des Gedankenexperiments soll in der Isolation eines sinnvollen Begriffs von Bedeutung liegen. Diese Annäherung scheiterte jedoch. Am Ende des Kapitels wird bezeichnenderweise die Kette der Gedankenexperimente wiederholt und auch dieser Versuchsaufbau mit einem kleinen Unterschied: an die Stelle postulierter, radikal unterschiedlicher Bedeutung ist der Widerstreit in der Übersetzung bestimmter Sätze getreten, - möglich geworden aufgrund des Übersetzens. Wir blenden die beiden Gedankenexperimente ineinander. Die eckigen Klammern geben den Experimentaufbau vom Kapitelanfang (26) wieder: "When two systems [*zwei Menschen*] of analytical hypotheses fit the totality of verbal dispositions to perfection and yet conflict [*sich radikal unterscheiden*] in their translations of certain sentences, the conflict is precisely a conflict of parts seen without the wholes" (WO 78). Das Experiment bringt zwar einen Unterschied, dieser ist aber relativ auf das Ganze. Das Ganze muss also in den Versuch integriert werden. Der Ausschluss ist noch nicht radikal genug.

Das zweite, darauf folgende Gedankenexperiment am Anfang des zweiten Kapitels bringt eine Umformulierung: "the infinite totality of any given speaker's language can be so permuted, or mapped onto itself, that (a) the totality of the speaker's dispositions to verbal behavior remains invariant, and yet (b) the mapping is no mere correlation of sentences with equivalent sentences" (WO 27). Im Unterschied zum ersten unkritischen Versuch eines Gedankenexperiments handelt die Umformulierung nur noch von einem einzelnen Sprecher. Unverändert bleibt der Sprecher in Bezug auf seine Disposition zu verbalem Verhalten. Behauptet wird, dass die Gesamtheit der Sätze dieses Sprechers die Gestalt A oder A' haben kann. Hier tritt ein Unterschied hervor. Der Unterschied wird näher charakterisiert: die erste Eigenschaft legt die Minimalgröße des Unterschieds fest: nicht gemeint ist ein Unterschied, der in die „bloße Korrelation" von Sätzen mit äquivalenten Sätzen aufgelöst werden kann.[82] Äquivalenz ist ein schwieriger Begriff, da er in die Nähe der geschmähten Synonymie kommt. Er wird als Bedeutungsgleichheit im weitesten Sinne verstanden werden dürfen (vgl. WO 61 wie Quine „synonym" einführt). Am Ende des Kapitels taucht anstelle von Äquivalenz in der Schilderung des gleichen Experiments der Begriff Paraphrase auf (s.138). Ich deute es so, dass der Vergleich zwischen vereinzelten Ausdrücken nicht zugelassen sein soll.

Unterschied im Sprachverhalten gibt" (*Quines behavioristische Theorie der Sprache* 25). Gerade das sagt Quine nicht: "two men would be just alike in all their dispositions [...] identically triggered and identically sounded [!] utterances" (WO 26/27). Dass er von identischen Äußerungen und Dispositionen annimmt, dass sie andere Bedeutungen haben können, ist gerade die Geburtsstunde des Quine beunruhigenden Spielraums.

[82] Dazu GREIMANN *Quines behavioristische Theorie der Sprache* 65-67: Wenn der Versuch, Behaviorismus und Antireduktionismus zu vereinen, "the charge of meaninglessness" (WO 26) trägt, so macht auch eine Reformulierung des Dilemmas keinen Sinn!

Denn entscheidend ist für die Unbestimmtheit, ob zwischen den Ganzheiten ein Konflikt auftreten kann (a conflict of parts seen without the wholes, WO 78). Gerade im Vergleich einzelner Sätze können aber zahllose Sätze drastisch (drastically, 27) voneinander abweichen. Hierhin gehört Quines berühmtes Bild, dass Bedeutungen nicht Schildchen im Museum der Bedeutungen gleichen, die an die Gegenstände geheftet sind und beim Übersetzen einfach ausgetauscht werden (s. *Quiddities*). Die lexikalische Korrelation etwa von Deutsch und Englisch ist auch nicht gemeint.

Die zweite Charakterisierung beschränkt den Unterschied in Bezug darauf, wie groß er nicht werden darf, um nicht in zwei Gegenstände auseinanderzubrechen: "yet the divergences can systematically so offset one another that the overall pattern of associations of sentences with one another and with non-verbal stimulation is preserved" (WO 27). Die Stichwörter lauten: systematischer Ausgleich und Erhalt des Gesamtmusters. Das Muster besteht aus Verknüpfungen zweierlei Art: Verknüpfungen von Sätzen untereinander und von Sätzen mit nichtverbalen Reizen. Die Verknüpftheit bildet ein Muster innerhalb einer Gesamtheit, nicht zwischen der Gesamtheit und ihrer Abbildung auf sich selbst. Das Muster ist das gleiche, der Unterschied, der isoliert werden muss, um Bedeutung als sinnvollen Begriff freizulegen, wird im Einzelfall vermutet und doch so, dass die drastischen Abweichungen zahlloser Sätze aufgefangen werden und das Muster nicht zerstören. Eins kann es selbst sein und zugleich möglicherweise anders es selbst sein. Quine ähnelt hier dem Gedanken des Cusanus, der das Allumfassende als das Nichtandere beschreibt. Das Muster, nur in einer syntaktischen Pluralität, in einer Verknüpfungspluralität, zu sehen, wäre zu wenig, denn es kann ja sogar im Wahrheitswert abweichen (WO 73) und die Syntax-Verrechenbarkeit entspräche der abgelehnten „Paraphrase" (ebd.). Das Muster muss also ein semantisches Muster sein und der Unterschied der Manuale ein semantischer Unterschied. Diesen Unterschied, den „Spielraum", kann Quine im Rahmen eines Behaviorismus aber gerade nicht vertreten, ohne den reduktionistischen Rahmen überschritten zu haben.

Der Ausgleich, der systematisch genannt wird, um die Seite der Selbigkeit zu wahren, ist natürlich nur denkbar, wenn er nicht an Ecken und Kanten stößt. Sobald eine Wirklichkeit abgebildet werden soll, wäre er eingeschränkt, denn das Muster wären ja die Fakten. In diesem Sinne erwähnt Quine, dass die Art von Verknüpftheit von Sätzen und nichtverbalen Fakten in der Selbstabbildung der Gesamtheit auf sich selbst kaum geeignet sein wird, den gesuchten Unterschied zu illustrieren. Deswegen eröffnen die *unvollständigen* analytischen Hypothesen der Übersetzung ungeahnte Räume, denn ihre Unvollständigkeit besteht exakt darin, dass sie kein Objektives (objective matter, 73) vorbringen, das sie wahr oder falsch machte.

Fragwürdig bleibt, welche Systematizität A und A' zusammenhält. Auch die Formulierung vom Muster oder den Verknüpfungen eines Netzes bringen die Vorstellung einer bestimmten und identifizierbaren Gestalt ein. Woran genau kann ich in A' aber A wiedererkennen? Die Überzeugungskraft des zweiten abstrakten Experiments besteht nur dann, wenn den Begriffen Form und Inhalt zugetraut wird. Wenn der Sprecher über eine Form verfügt, dann kann der Unterschied der Inhalte groß sein, ohne dass die Identifizierbarkeit der Inhalte verloren geht. Die Frage ist, ob dieser Weg Quine offen steht, da er doch ohne die klassischen mentalistischen Begriffe das Verstehen von Sätzen rekonstruieren will. Quine schlägt ein System vor: die Rückbindung an eine Reizsituation. Von ihr aber entdeckt er, dass das Empirische nur minimal weit trägt. Er lässt die ungelöste Frage stehen. Im zweiten Kapitel taucht sie darin auf, dass schon so ein einfaches Wort wie Junggeselle nie eine Reizsituation besitzen kann. Er ist sich der empirischen Beengung seines Bedeutungsbegriffs bewusst, ohne einen besseren vorschlagen zu können.

Auf das zweite, hoch spekulative Gedankenexperiment folgt ein drittes. Das zweite Experiment der Sprache A und A' eines Sprechers erfährt im dritten gleichsam eine Abbildung auf sich selbst im Gavagai-Experiment, sozusagen *Exp 2'*: "The same point can be put less abstractly and more realistically by switching to translation" (27). Die Begriffe Abbildung, Ausgleich, Mustererhaltung werden nun unter Begriffen radikalen Übersetzens untersucht. Bei diesem Ansatz besteht immer die Gefahr, dass das Abbilden auf sich selbst, das durch den Frageansatz des zweiten Kapitels das Paradigma des Übersetzens bildet, wieder eine Reproduktion des eigenen Weltbildes anstatt einer wirklichen Begegnung mit dem Fremden ist. Der Zweck der Experimente bleibt im zweiten Kapitel in allen der gleiche: die Möglichkeit des Abweichens, die Unbestimmtheit, soll einsichtig gemacht werden. Daher endet das zweite Kapitel in Quines Kompositionsbogen, wie es angefangen hat: mit den beiden abstrakten Gedankenexperimenten zur Sprachgesamtheit. Jetzt am Ende hat das Demonstrandum der Experimente seinen empirischen Sinn gefunden. An die Stelle der Sprache ist interessanterweise die Theorie getreten. Ob „Sprache" der „Theorie" ähnelt, wird noch zu bedenken sein. Interessant ist, dass im Übergang vom zweiten abstrakten Gedankenexperiment hin zum dritten, der Gavagai-Simulation, die Einzahl des Sprechers wieder verlassen ist. Es spielt wie das gescheiterte erste Experiment mit *zwei* Sprechern. In *Word and Object* sind der Feldforscher und der Eingeborene die beiden entscheidenden Sprecher, die die zwischensprachliche Arena errichten. Der Verlust der Sprechereinzahl und der Innersprachlichkeit tritt auf wieder andere Weise in der Rekonstruktion der Feldstudie in *Indeterminacy of Translation Again* mit zwei Feldforschern auf: "two radical translators, working independently on Jungle, would come out with manuals acceptable to both [...] and yet each manual might prescribe some translation that the other translator would reject" (8). Der Durchbruch in der Versuchsanordnung der *Word and Object*-Feldstudie liegt im Verlassen der innersprachlichen Hemisphäre in die zwischensprachliche. Dadurch werden philosophische Fragen bearbeitbar, die im Innersprachlichen ein Analogon höchstens in der These privater Welten, der Privatsprache, haben.[83] Das ist der unbezahlbare Gewinn in Quines Augen: die Unbestimmtheit erhält einen „klaren empirischen Sinn", denn sie macht einen Unterschied auf methodologischer Ebene. In diesem und nur in diesem Sinn sucht das zweite Kapitel nach einem empirischen Inhalt. Dies wird aber erst unmissverständlich sagbar, nachdem das uninteressante sensualistische Empirische der Feldstudie ausgeschieden worden ist.

Deshalb ist die Initialfrage des Kapitels II in keiner Weise skeptisch zu verstehen. Der Überblick auf die Frageherkunft der Gavagai-Studie hat gezeigt, dass sich aus Quines Hauptinteresse an empirischer Erkenntnis und Theoriebildung sein Interesse am Nichtempirischen entwickelt hat, das er in seinen Übersetzungsüberlegungen weiter verfolgen will. Es zeichnet sich die Schwierigkeit ab, dass ein "empirical linguist" etwas Nichtempirisches untersuchen soll, indem er übersetzt. Am Ende der Exposition stellt sich die Frage, ob eine empirische Feldstudie das leisten kann, was Quine als Fragehorizont in ihr entwirft.

2.2 Feldstudie

"we must look for whatever empirical content there may be", WO 26

Wie kann Quine annehmen, eine empirische Feldstudie könne ihm Aufschluss über die nichtempirische Variation unserer Sprache, also über die begriffliche Bedeutung geben? Im Folgenden werden zwei Anwärter auf das gesuchte Nichtempirische und Begriffliche ausgeschloßen. Quine nennt sie mit einer mathematischen Metapher das „Nettoergebnis" und das „empirisch Unterbestimmte". Erst dann kann der Gegenstand bestimmt werden, von dem die Unbestimmtheit des Übersetzens ausgesagt wird. Die Kritik an Quines Vorstellung des Geistigen wird die Spannung von holistischer und empirischer Bedeutungsstiftung gegen ihn anführen.

Erster Anwärter ist das durch ein Subtraktionsverfahren gewonnene Nichtempirische. Wenn alle empirischen Sätze der Sprache vom Sprachganzen, der Weltanschauung insgesamt, weggenommen werden, so müsse der „Rest" an Sätzen nichtempirischer Natur sein. Diese Denkfigur ist im ersten Kapitel von *Word and Object* anzutreffen. Der gesuchte Gegenstand ist hier die physikalisch objektive Welt, so wie es im zweiten Kapitel die sprachphilosophisch aufgearbeitete objektive Welterkenntnis in Sätzen ist. Quine schreibt:

„Die begrifflichen Hüllen können wir zwar nicht Satz um Satz abstreifen und so eine Beschreibung der objektiven Welt übriglassen, doch wir können die Welt und den Menschen als

---

[83] Vgl. WO 78 und BAUMANN *Kommunikation ohne gemeinsame Sprache* 8ff!

Teil dieser Welt erforschen und so herausfinden, über welche Anhaltspunkte über die Vorgänge in seiner Umgebung er verfügt. Und indem wir diese Anhaltspunkte von der Weltsicht des Menschen subtrahieren, erhalten wir als Differenz das, was er selbst zu dieser Weltsicht beiträgt. Diese Differenz markiert das Ausmaß der begrifflichen Souveränität des Menschen: den Bereich, in dem er seine Theorien revidieren kann, ohne etwas an den Daten zu ändern" (WO 23/24). [84]

Das Zitat gibt Aufschluss über das Erfragte der Ausgangsfrage, die nicht empirisch bedingte Variation unserer sprachlich wiedergegebenen Weltsicht. Sie ist hier als Deuteantteil der empirischen Erkenntnisse bestimmt, den diese aufgrund ihrer Sprach- und Begrifflichkeit haben. In dem Falle ist „nicht empirisch" durch „sprachlich" ersetzbar. Es ist eine methodologische Verwirrung, eine empirische Beobachtung aufgrund ihrer sprachlichen Form nicht mehr empirisch, sondern semantisch zu nennen. Dem liegt die Verwechslung von Objekt- und Metasprache zugrunde. Für einen sinnvollen Empirismus ist an eine Unterscheidung innerhalb der Sprache in empirisch und nicht empirisch bedingte Sätze zu denken. Solange es um die Übersetzung der Eingeborenensprache geht und die Beobachtung ihres offenen verbalen Verhaltens, kommt das Experiment zu empirischen Ergebnissen, die es in Form einer Theorie aufstellt, - im Falle des Feldbeispiels die Manuale Deutsch-Dschungelisch. Erst durch die Ebene des empirischen Philosophen, der sich als Gedankenexperimentator im Feldforscher verdoppelt und agiert, kommt eine Metaperspektive hinein (z.B. in „sieht", 62, oder „intuitives Urteil", 66). Erst er versteht und verhält sich nicht nur wie der Eingeborene als Versuchskaninchen. Dieses Auseinandertreten der Ebenen leuchtet nur aufgrund der quineschen Grundüberzeugung ein, dass die Sprachkompetenz des Eingeborenen „lediglich" Disposition zu Verhalten sowie tatsächliches Verhalten ist. Ein Verstehen kommt dann nämlich erst auf der zweiten Ebene des sich selbst betrachtenden abendländischen Forschers ins Spiel und „verunreinigt" die empirische Theorie mit mentaler Begrifflichkeit.

Folgt aus dem Experiment die These des zweiten Kapitels, also die Unbestimmtheit des Übersetzens, im strengen Sinne des Wortes „folgen", oder ist das Experiment nicht vielmehr eine Bebilderung dieser These? Davon hängt ab, ob Quines wichtige These empirischer Natur ist oder ob sie eine sprachphilosophische These ist, die andere Argumente und Evidenzen zulässt und in diesem Falle sogar fordert anstelle von Beobachtungen. Die Subtraktion bliebe in negativer Weise abhängig vom Empirischen. Das Nichtempirische, das sie gewönne, wäre defizitär und gliche dem Negativ des Sichtbaren. Zudem ist die Subtraktionsgröße „Weltsicht", von der das errechenbare Empirische abgezogen wird, eine Unbekannte genauso wie das Nichtempirische.

---

[84] Davidson zitiert diese Stelle in: *Bedeutung, Wahrheit und Belege*, 43, als Beispiel eines plumpen erkenntnistheoretischen Dualismus von Inhalt und Form, den er unter dem Namen Drittes Dogma des Empirismus kritisiert. In BARETT/GIBSON antwortet Quine auf Davidsons Aussage eirenisch (80). S.a. QUINE *On the very idea of a third dogma*; in: *TT*.

Es gibt in der Auflistung der Gründe für die Nichtwahrnehmung der Unbestimmtheit (WO § 16) eine weitere Stelle, die die Metapher des Nettoergebnisses erläutert. Quine richtet sich dort gegen das Missverständnis seiner These von der Unbestimmtheit, dass lediglich durch unterschiedliche Grammatiken sich die Übersetzungen eines Manuals unterschieden, - ein Unterschied, dem Rechnung getragen werden könne und der also eliminiert werden könne, so dass „unterm Strich", als Nettoergebnis, beide Übersetzungen wieder das gleiche Bestimmte meinten. Gerade so verhalte es sich nicht, meint Quine. Die Unbestimmtheit der Übersetzung ist nicht durch Berücksichtigung der Grammatik und Syntax aufzulösen! An diesem Punkt formuliert Quine: selbst die Nettoergebnisse sind noch unterschiedlich, unaufhebbar unterschiedlich, - nicht nur die Bruttosummen unterscheiden sich, sondern auch nach Abzug aller zu berücksichtigenden Umstände bleiben Unterschiede, die die Rede von der Unbestimmtheit begründen: „But I am talking of difference in net output" (WO 73). Quine bedient sich der Wendung des Nettoergebnisses, um auf die weder empirisch noch semantisch verrechenbare Unbestimmtheit jeden Systems analytischer Hypothesen zu pochen.

Die empirische Unterbestimmtheit wissenschaftlicher Theorie ist die zweite Anwärterin auf die Definition des Nichtempirischen. Die erste Schwierigkeit in der Begegnung mit dem Eingeborenen liegt darin, dass die Reizeinflüsse variieren. Es ist schwer, herauszufinden, ob der Eingeborene genau auf das gleiche Erregungsmuster reagiert wie der Feldforscher, der die Situation ebenfalls wahrnimmt. Diese Schwierigkeit bleibt. Quine versucht sie zwar zu minimalisieren bis hin zur Konzeption einer idealen Experimentsituation, in der dem Eingeborenen, bevor und nachdem das Kaninchen vorbeihoppelt, die Augen verbunden werden, um möglichst eingegrenzt den Bezug herauszuschneiden (vgl. WO 32). Die Verschiedenartigkeit und Vagheit des Übersetzens steht in Verbindung mit der Variation der Reizeinflüsse: sind Forscher und Eingeborener in gleicher Entfernung zum Hasen, stehen sie im gleichen Lichteinfall, sehen sie es aus der gleichen Richtung? Das sind unaufhebbare, nicht zu minimalisierende Unterschiede. Sie sind groß genug, ein Grund dafür zu sein, dass aus den Daten nicht notwendig nur eine Theorie abgeleitet werden muss. Es könnte sein, dass von hierher die Unbestimmtheit der Übersetzung rührt, ohne dass sie ein anspruchsvoller theoretischer Begriff sein müsste. Sie bezeichnete dann diese empirische Unschärfe. Diese normale induktive Unsicherheit findet sich nach Chomsky auch im Übersetzen (für ihn gleichbedeutend mit Lernen und Verstehen) wieder, bei jedem Satz, der wahrheitsfunktionale Verbindungen enthält.[85] Er nennt diese Sätze „eigentliche Hypothesen". Bei der Unbestimmtheit Quines geht es jedoch um analytische Hypothesen, also solche, die gerade jenseits der empirischen (i.e. wahrheitsfunktionalen) Evidenz deuten. Bei der reinen Unterbestimmtheit „eigentlicher Hypothesen" Chomskys tritt kein relevantes erkenntnistheoretisches Problem auf. Für Chomsky wäre der Status des Experiments als

---

[85] *Quine's Empirical Assumptions* 61.

eines empirischen Verfahrens mit dem Ziel einer nichtempirischen Feststellung kein Problem für die philosophische Folgerichtigkeit.

Quine meint mit der Unbestimmtheit der Übersetzung und zuvor noch mit der Unerforschlichkeit der Referenz mehr als nur einen Subtrahenden oder die Unterbestimmtheit wissenschaftlicher Theorie. Meine Kritik, dass das Experiment für seine Beweisabsicht (einen nicht empirischen Begriff) die falschen Mittel wählt (empirische Studie), wird durch das erste Gedankenexperiment der Exposition unterstützt (WO 26). Die Reizeinflüsse zwischen zwei Versuchspersonen werden als exakt gleich festgelegt. Trotzdem soll es in den Sätzen, die diese Versuchspersonen äußern, gewaltige Unterschiede geben können. Das scheint der These, dass Sprache die Reaktion auf Reizinput ist, zu widersprechen. Hier interessiert der Ausgangspunkt dieses „ersten, unkritischen" Experiments: Es liegt keine empirische Unterscheidbarkeit vor! Es soll also ein Ergebnis im zweiten Kapitel gezeigt werden, das eben nicht von einem empirisch wechselhaften Befund abhängt! Auch die Umkehrung gilt: selbst wenn empirisch die Reizmuster unterschiedlich sind, so muss dies, da das Empirische nicht der Grund für die Unbestimmtheit ist, nicht Unbestimmtheit zur Folge haben. Wenn eine solche Umkehrung formuliert wird, um die Unerheblichkeit des Empirischen zu illustrieren, zeigt sich, wie sehr Quine gegen seine eigene Erkenntnis an dem „Einfluss" des Empirischen festhält, denn er schreibt wiederholt, fast wie eine Regel: "The firmer the direct links of a sentence with non-verbal stimulation, of course, the less that sentence can diverge from its correlate under any such mapping" (WO 27), und in *Pursuit of Truth* heißt es: „Die ursprünglichen Wahrnehmungsassoziationen waren lediglich genetisch unentbehrlich - zur Erzeugung der Knoten nämlich, mit deren Hilfe wir unsere Welttheorie strukturieren" (46). Dieses späte Zitat relativiert zwar das Empirische. Gleichzeitig jedoch wird das Nichtempirische, hier die begriffliche Struktur, abkünftig vom Empirischen definiert. Mit „Knoten" ist ein neuer Begriff in die Suche nach Nichtempirischem getreten. Kann er die Bedingung erfüllen, ein semantischer Begriff zu sein und die Experimentsituation hinter sich zu lassen? In *Word and Object* taucht eine Vorstufe des Knotens auf in der Form einer Relativität. Es geht um die Beziehung von einer Satz- (nicht Wort-) Bedeutung zu einer anderen Satzbedeutung in einer inklusiven Theorie:

„Such relativity would be awkward, since, conversely, the individual component sentences offer the only way into the theory. Now the notion of stimulus meaning partially resolves the predicament [Zwickmühle]. It isolates a sort of net empirical import of each of various single sentences without regard to the containing theory even though without loss of what the sentence owes to that containing theory" (34).

Die holistische Bedeutung ist angesprochen und damit das Dilemma von quineschem Holismus und der empirischen Verifikation einzelner Sätze, den auch die erste These Foellesdals für die Unbestimmtheit ausführt. Quine nimmt eine Satzart in Gebrauch, die eine andere Bedeutungsquelle hat als die von seinem apriorischen Empirismus erlaubte Bedeutungsquelle, die im Zusammenhang mit anderen Sätzen liegt. Auch wenn Beobachtungssätze zum Zugang (*only way into*) der Theorie dezimiert werden[86] oder wie im Zitat aus *Pursuit of Truth* ihre Rolle in „genetische" Vorläufigkeit gesetzt ist, so bleibt die Zwickmühle zwischen inklusiver und umfassender (containing) Theorie. Quine nimmt mit der Reizbedeutung mehr eine Ausflucht denn eine Lösung. Sie wurde von Davidson scharf kritisiert. Sobald Sätze einen Nettogehalt unabhängig von der Theorie, in der sie enthalten sind, haben können, ist der Holismus nicht die semantische Grundthese. Von welcher Existenz dann noch das, „was der betreffende Satz dieser ihn umfassenden Theorie verdankt", sein kann, ist nicht zu klären. Das wäre aber genau das Gesuchte, das, was jemand versteht, wenn er andere Satzarten als Beobachtungssätze versteht, also z.B. den Satz, dass sich jemand auf die Spur einer Giraffe gemacht hat (WO 30). Die Verstrickung von induktiven und deduktiven Sätzen greift Quine in dem folgenden Zitat auf, das aufschlussreich ist, weil es zeigt, dass der Holismus für die Unterbestimmtheit wissenschaftlicher Theorie durch die empirischen Daten einspringen sollte. Hiermit ist der Ursprung der Zwickmühle in der Pragmatik einer Wissenschaftspraxis aufgedeckt. Diese Hilfeleistung des Holismus zahlt den Preis mehrerer Einschränkungen (reservations). Das Zitat nennt die erste:

„The holism is less beset with obscurities than the under-determination thesis, and again it is a thesis that must command assent, with reservations. One reservation has to do with the fact that some statements are closely linked to observation, by the process of language learning. These statements are indeed separately susceptible to tests of observation; and at the same time they do not stand free of theory, for they share much of the vocabulary of the more remotely theoretical statements. They are what link theory to observation, affording theory its empirical content [...] It is the bias that makes science empirical" (*On Empirically Equivalent Systems of the World* 313f).

Dahinter steht die erkenntnistheoretische Frage nach dem Einfluss der Sinneserfahrung auf die Wahrheit bzw. Begründetheit einer Äußerung. Jemand, der den Unterschied zwischen Wahrheit und gerechtfertigtem Glauben verwirft, gibt nach Quines Ansicht den Empirismus auf.[87] Dies sei genau Davidsons Verwechslung in seiner Kritik an ihm. Oberflächenreizungen spielen bei Quine die Rolle, einen Satz zu rechtfertigen, also eine epistemische Rolle. Zugleich gibt es für ihn eine Kausalität zwischen Sinneseindrücken und Sätzen bis hin zur größeren Satzmenge einer naturwissenschaftlichen

---

[86] *Three Indeterminacies* nennt sie in semantischer Hinsicht "the entering wedge into cognitive language for the translator" (2) Ähnlich und differenzierter in: *Interview Tomida*: „A: observation sentences are the child's entry into language, and also the scientist's check-point [...] That's the epistemological side. B: Observation sentences also are the sentences that the translator can get into first" (10).

[87] *Interview Tomida* 19.

Theorie, - also eine kausale Rolle der „Oberflächenreizung". Andererseits ist der Übergang zwischen dem eher begrifflichen Rahmenwerk und der Theoriesubstanz fließend. Damit weist Quine Davidsons Kritik zurück, er trenne in Begriffsrahmen und sinnlichen Inhalt. Die Sätze für sich genommen sind nicht nach Form und Inhalt zu trennen. Die „Verursachung" schreibt den Empirismus in der Variante fest, dass die Rechtfertigung über eine kausale (physikalisch-neuronale) Verbindung geleistet wird, ohne aber einen abgrenzbaren Inhalt zu liefern. Davidsons Kritik am dritten Dogma ist aus vielen Äußerungen Quines nachvollziehbar, zu denen gerade die Rede vom Nettogehalt zählt.

2.2.1 Feldforscher I und Feldforscher II. Vom Sensualismus zur Semantik in der Fassung von Fremdheit

Nachdem diese zwei Fehlverständnisse des Nichtempirischen und somit zwei Hindernisse auf dem Weg zur Unbestimmtheit ausgeräumt sind, wird gemäß dem besonderen Ansatz dieser Arbeit die Feldstudie in Gestalt ihrer Aktanten untersucht.

Es stellt sich die Frage, ob sich das Problem der Zwickmühle vielleicht nur dem Forscher, der beobachtet, stellt, nicht aber dem Sprecher, der bespricht. Das Experiment des Feldforschers sei nun charakterisiert. Es ist eine Feldstudie in unmittelbarem Kontakt mit dem Untersuchungsgegenstand. Es ist empirisch in dem Sinne, dass die Ergebnisse induktiv sind und verbesserungswürdig bleiben. Die Experimentergebnisse, die in Übersetzungsmanualen niedergelegt sind, dienen der Vorhersage des verbalen Verhaltens des Eingeborenen. Der Gegenstand der Beobachtung und der Vorhersage erfüllen die Bedingung, von gleicher Art zu sein, nämlich objektiv: "All the objective data he has to go on are the forces that he sees impinging on the native's surfaces and the observable behavior, vocal and otherwise, of the native" (WO 28). In der technischen Wendung von den Kräften, die auf die Außenfläche des Eingeborenen einwirken, verbirgt sich der Gegenstand, die Realität einer „Außenwelt", sowie die Entscheidung zum Zwecke einer vermeintlich wissenschaftlichen Untersuchung, die Außenwelt sensualistisch zu rekonstruieren. Den Feldforscher, der mit diesem Aufgabenverständnis betraut ist, nenne ich Feldforscher I, weil er in der ersten Phase auftritt.

Dass damit eine große Fehlerquelle zugedeckt ist, die darin gegeben ist, dass der Feldforscher erst entscheiden muss, welche Kräfte auf den Eingeborenen einwirken, also was er sieht, hat Quine erst in der zweiten Hälfte des Kapitels II in *Word and Object* bemerkt und in späteren Aufsätzen. Den Feldforscher, der dies berücksichtigt, nenne ich im weiteren Feldforscher II. Gefragt nach der Rolle der Rezeptorerregungen für die Tätigkeit des Sprachforschers räumt Quine 1992 ein, sie spielten keine Rolle.[88] Die Frage nach ihnen sei pur epistemologisch und nicht linguistisch. Tomida weist Quine

---

[88] *Interview Tomida* 8.

daraufhin auf unvereinbare Ideen (outstanding ideas) hin, parallel zur Ebenenunterscheidung unserer Protagonisten: "One is your idea concerning naturalized epistemology. And the other is an idea concerning radical translation". Wie gehören die beiden Ideen zusammen? Der *Word and Object*-Feldforscher, der nach seinem Selbstbild in den ersten Paragraphen Empirist ist und nach dem Einschnitt der analytischen Hypothesen Semantiker wird (§7-14), verquickt die beiden Ebenen sukzessiv. In dem *Interview mit Tomida* beschreibt Quine das Tun des Linguisten als Simulation: „[the linguist] emphathizes, puts himself in the native's place [...] and he thinks, 'Now, here's the native looking at the rabbit, and the native is saying 'gavagai'.' And the linguist thinks, 'Well now, if I were in his place looking the way, in the direction he's looking, I would say 'rabbit'". Gemäß dem Zitat liegt die Bedeutung der Simulation darin, dass sie dem epistemologischen Interesse entkommt. Der Feldforscher ist mit seinen Beobachtungssätzen in einer konkreten Situation. Die Extension der Beobachtungssätze bestimmt Quine dank des Feldforschers II als satzhafte Gegenstände (sentential objects, ebd.). Die Unterscheidung von satzhaften Gegenständen und Reizbedeutungen fehlte in *Word and Object* und hat daher zu einigen, von Quine mitverschuldeten Missverständnissen in der Rezeption geführt. Die Beobachtungssätze sind im Sinne von „satzhaften Gegenständen" die Verbindung (link) des Feldforschers mit der Welt und nicht wie im epistemologischen Rahmen im Sinne von „Reizungen"! „Then, comes the question: what is special about the observation sentence? And this, is a question that one can consider without regard to linguistics, without regard to translation" (ebd.). Der naturalistische Wunsch, zu Beobachtungssätzen mit Reizbedeutungen zurückzukehren, ist nur noch eine unbelehrbare Repetition. Die Beobachtungssätze verwirklichen, nicht insofern sie satzhafte Gegenstände sind, sondern nur insofern sie Reizbedeutungen besitzen, die naturalistische Anwendung von Wissenschaft auf Wissenschaft. Der Feldforscher hat sich in seiner Phase II von ihr befreit. Der Einsatz des Naturalismus ist nicht der Einsatz des Übersetzens. Darin unterscheiden sich Feldforscher I und II. Feldforscher II hat es mit satzhaften Objekten zu tun.

Der Feldforscher II weitet die Perspektivnahme zu einem eigenen Methodenschritt, den Quine ganz deutlich in der Eltern-Kind-Beziehung des Sprachlernens als Empathie[89] oder schlichter als Hineinversetzen in die Perspektive des anderen berücksichtigt. Aus dem Begriff der Empathie spricht, dass mehr als die Ausdifferenzierung des Versuchsaufbaus bzw. die Einbeziehung eines weiteren Parameters notwendig ist, um die Perspektive des anderen einzunehmen, um ihn zu verstehen. In *Word and Object* ist diese Hermeneutik auf der Ebene des Feldforschers selbst nicht vorhanden. Die Intuition (WO 65) wird nicht als Fähigkeit des Feldforschers eingeführt, sondern als Vorurteil, das mit dem traditionellen Bedeutungsbegriff verbunden ist. In Verengung auf das Tun des Feldforschers I wurde Quine daher verständlicherweise als Empirist und Beha-

---

[89] So wörtlich in *Three Indeterminacies* 2!

viorist denunziert. Mit Beginn des § 15 ist der Feldforscher jedoch an seine Grenze gelangt. Er tritt als Identifikationsfigur ab. Denn sobald das Übersetzen sich der analytischen Hypothesen bedient, ist es nicht mehr den Fehlerquellen ausgesetzt, unter denen der Sensualist steht: "mishap is impossible" (Pannen sind schlechterdings unmöglich), denn die Gegenüberstellung der Manuale ist nur noch durch das Deuten gedeckt: „[it] is supported only by analytical hypotheses, in their extension beyond the zone where independent evidence for translation is possible" (WO 71). Diese Übersetzungen sind jenseits der Verifizierbarkeit. Sie sind nicht induktiv, sondern deduktiv aufgrund analytischer Hypothesen. Im Nachhinein löst sich sogar für diese erste Phase der sensualistische Feldforscher I auf, da schon bei den einfachsten Gelegenheitssätzen analytische Hypothesen bemüht werden müssen (WO 68). Das ist für einen Empiristen eine Erkenntnis, die auf doppelte Weise ungeheuerlich ist: Nicht nur, dass sie einen Bereich einführt, der über seine Zuständigkeit im Sinne möglicher Beobachtbarkeit weit hinausgeht. Mehr noch: Rückwirkend löst sich die Abgrenzbarkeit eines empirisch zu untersuchenden Gegenstandbereichs auf. Wenn das Experiment nur auf der Ebene des empirischen Linguisten spielte, wäre es hier zu Ende. Es spricht für Quines Integrität, dass er seine Unbestimmtheits-Intuition über seine ans Empirische gebundenen Vorstellungsgrenzen hinaus verfolgt. Dies gelingt ihm dank der Simulation. Auch wenn die Übersetzungen nicht wahr oder falsch sein können, darf die in dieser Unabhängigkeit von Daten gewonnene Sicherheit und Klarheit solcher Übersetzungen nicht mit einer neuen Art von Bestimmtheit verwechselt werden! Dabei übersähe der Sprachforscher ein wichtiges Element: "the free prior decisions to which these data owe their significance" (WO 74). Diese schwer einholbaren Entscheidungen werden im Kapitel „Feldforscher", da sie dessen Entscheidungen sind, Thema sein.

Diese Untersuchung der Feldstudie hat gezeigt, dass die Begegnung mit dem Fremdartigen eine Korrektur erzwingt. Zum einen wird die Sprachlichkeit auch der empirischen Theorie bewusst. Dies führte zur Gegenstandsbestimmung satzhafter Gegenstände anstatt sensualistischer Daten. Zum anderen ist mit der ausgeweiteten Sprachlichkeit die Relativität der Gedeutetheit verbunden: a) die Deutung ist schon bei Beobachtungen am Werke, b) die Deutung ist eine personale Angelegenheit. Auch wenn es hier noch wie eine dezisionistische Position aussieht, so werden die Entscheidungen immer mehr nicht als unumgängliche Prämissenauswahl charakterisiert, sondern als komplexe Bewertungen einer Person erkannt. Eine Theorie der Fremdheit muss Sinngefüge als komplexe, personale Bewertungen rekonstruieren. Als angemessen differenzierte Theorie dafür wird nun die Theorie der Simulation entwickelt.

2.3 Gedankenexperiment als Simulation

Ebene der Feldstudie	*Ebene des Gedankenexperiments*
Empirischer Feldforscher I und linguistischer Feldforscher II ↓	Gedankenexperimentator Quine ↓
Der Feldforscher selbst als Parameter seiner Untersuchung;[90] Äußerungen des Eingeborenen (als Reiz und satzhafte Objekte); Reize, die das Kaninchen auslöst	Übersetzungen des Feldforschers Q', die unbestimmt sind

Die Berücksichtigung des Gedankenexperiments als dem größeren Rahmen der Feldstudie verheißt eine Klärung in Bezug auf den kreativen, weltdeutenden Freiraum innerhalb der Sprache, den Quine seit der Exposition sucht. Als Teil eines Gedankenexperiments wird die Feldstudie virtuell in dem Sinne, dass sie lediglich eine imaginierte Feldforschung ist. Es ist zu untersuchen, welchen Charakter Übersetzungen haben, die in einer virtuellen Feldstudie innerhalb eines noch nicht näher beschrieben Gedankenexperiments gewonnen werden. Das Ergebnis ist, dass die Bedeutung des Übersetzungsmerkmals „unbestimmt" in einem neuen Licht erscheint: nämlich als *tertium quid* der klassischen Dichotomie von „bestimmt" und „nicht bestimmt". In dieser Deutung von „unbestimmt" wird überhaupt erst die Problemstellung der Exposition eingelöst. Dort wurde ja nicht nur nach dem Spielraum der Bedeutung von nicht empirisch beeinflussten Äußerungen in unserem Sprachganzen gefragt, also nach unserer Weltdeutung. Sondern darüber hinaus wurde gefragt, inwiefern zwischen gleich gültigen Deutungen des Ganzen ein radikaler Gegensatz auftreten kann. In dieser Fragerichtung tritt der Wert „unbestimmt" auf.

Die Skizze verdeutlicht, dass der Gegenstandsbereich des Gedankenexperimentators aus Übersetzungen besteht, die der Feldforscher mit nach Hause in die Ausgangskultur bringt. Somit besitzt sein Gegenstand eine rein sprachliche Form. Der Gegenstand der Feldstudie hingegen sind Reizungen und Reizbedeutungen, d.h. hypothetisch verstandene Äußerungen des Eingeborenen. Sein Gegenstand ist eine Mischform von Empirie

---

[90] Diese wichtige Datenquelle fehlt bei den gängigen Darstellungen, vgl. NAUMANN *Das Realismusproblem in der analytischen Philosophie* 221, der nur Stimuli und verbales sowie nonverbales Verhalten des Eingeborenen anführt! Quine erwähnt jedoch ausdrücklich den Einfluss des Blickwinkels des Feldforschers, dessen Mühe, Bequemlichkeit etc.

und Deutung, während der Gedankenexperimentator es nur noch mit Auslegungen zu tun hat. Der Gegenstand des Feldforschers greift das erkenntnistheoretische Ausgangsinteresse auf, das axiomatisch als Empirismus aufgestellt wurde: wie Sinnesreize mittels Sprache Wissen von der Welt bilden und in welchen Sätzen das Wissen von der Welt nicht aus der sinnlichen Erfahrung herrührt. Der Gegenstand des Feldforschers ist jene Mischform, die eine Beziehung zwischen Sinnlichkeit und Interpretation stiftet. Das Interessante ist nun, dass der Gedankenexperimentator davon befreit ist: er hat nur noch Übersetzungen vor sich. Dadurch ist *er* überhaupt erst in der Lage, die Frage nach den nicht empirisch bedingten sprachlichen Aussagen über die Wirklichkeit zu stellen. Denn der Gedankenexperimentator hat stark voneinander abweichende Übersetzungen vor sich liegen. Er muss eine Begründung finden, wieso die Sprache aus den gleichen Reizen unterschiedliches Wissen von der Welt hervorkommen lässt. Der Feldforscher hat die unterschiedlichen Übersetzungen zwar aufgestellt, aber es ist nicht seine Aufgabe, sein Verstehen zu verstehen. Eine Theorie des Feldforscher-Verstehens ist Aufgabe des Gedankenexperimentators. Entscheidend ist, dass der Feldforscher nicht nur Reize mit sprachlichen Äußerungen verknüpft, indem er beobachtet, sondern wesentlich auch, indem er nicht beobachtbare Werte dem Eingeborenen zuschreibt. Zu diesen gehören Einstellungen, Überzeugungen, Ziele etc. Es geht also nicht nur um eine Theorie der Wahrnehmung, wenn das Verstehen des Feldforschers von Fremdem moduliert werden soll, sondern es muss auch seine Theorie des Geistes erläutert werden. Wie versteht ein Mensch einen anderen als mentalen Agenten, ist die entscheidende Frage. Diese Notwendigkeit einer Theorie des Geistes stellt sich auch von der Unterschiedlichkeit der Übersetzungen auf dem Schreibtisch des Gedankenexperimentators her. Sie lässt sich nämlich nicht durch eine Theorie der Standpunkte oder der sinnlichen Perspektivität auflösen. Die Abweichungen der Übersetzungen, die mit der Unbestimmtheit bezeichnet sind, haben ihre Ursache in der Theorie des Geistes. Daher werden nun zwei Vorschläge der Philosophie der Psychologie betrachtet, wie jemand ein menschliches Gegenüber deutet. Es geht darum, welcher sich besser als Metatheorie des Fremdverstehens, d.h. auf Gedankenexperimentebenen eignet.

2.3.1   Zwei kognitionspsychologische Theorien zur Zuschreibung von Mentalität an ein unbekanntes Gegenüber

Aufgrund des empirischen Charakters der Kognitionspsychologie will sie nicht eine ideale Theorie des Verstehens aufstellen, sondern das tatsächliche Operieren unseres Geistes nachbilden. Anwärter auf die optimale Nachbildung sind Simulations-Theorie und sogenannte Theorie-Theorie. Die Begriffe werden in der jüngsten Debatte der 90er

Jahre des 20sten Jahrhunderts über das „Geistverstehen"[91] in der Philosophie der Psychologie verwendet.[92] Simulationisten und Theorie-Vertreter streiten, wer Mentalität besser erkläre. Die Theorien sind für das Gedankenexperiment Quines entscheidend, weil sie nicht nur theoretisch-propositionales, sondern ganz allgemein alltagspsychologisches Verstehen erklären. Das Verstehen des Fremden, eine Xenologie, muss von philosophischer Seite in dieser Tiefe ansetzen. Denn je nachdem welches Beschreibungsvokabular für geistige Prozeduren gewählt wird, ist der Begriff von Eigenheit unterschiedlich hergestellt. Die meisten kulturwissenschaftlichen Diskurse über das Fremde thematisieren lediglich Eigenheit und Fremdheit in ihrem Verhältnis. Dass auf Seiten der Eigenheit völlig disparate Theorien stehen, wird kaum beachtet.[93]

Am wichtigsten jedoch ist, dass mit der Simulationstheorie ein Alternativmodell zum Verstehen als Identifizierungsprozess auf dem Prüfstein steht. Simulieren ist ein Verstehen durch die Setzung von Abweichung. Vor diesem Problemhintergrund ist die Debatte der philosophischen Psychologie um Theorie-Theorie oder Simulation als Kernprozess des Verstehens in die Xenologie einzubringen.[94]

Der Streit zwischen Simulation und Theorie-Theorie geht in seinem wichtigsten Einsatz darum, ob die Alltagspsychologie ihre Modelle analog zur theoretischen Modellbildung wissenschaftlicher Disziplinen gewinnen sollte oder nicht. Zur Verdeutlichung stelle man sich einen Menschen vor, der sein Gegenüber versteht. Ist dieser Vollzug in der Gestalt einer Theorie nachzubilden oder alternativ als nichtbegriffliches Verstehen, sei es emphatisch, imaginativ, analog oder aus Bekanntschaft dieses Menschen mit sich

---

[91] *Mind-reading* meint nicht nur das Gedankenlesen, sondern die Fähigkeit zur Vorhersage der Reaktionen, Emotionen und Überzeugungen eines anderen Menschen.

[92] Vgl. z.B. BOTTERILL/CARRUTHERS *Philosophy of Psychology* 77-104, DAVIES/STONE *Folk Psychology*; dies. *Mental Simulation*. Die psychologische Verwendung des Begriffs Simulation ist von der philosophischen zu unterscheiden. Seit Baudrillard ist die Simulation philosophisch *terminus technicus* für das Abgleiten der modernen Welt in die Virtualität mit der größten Fiktion "Realität" und GLOY *Differenz* 217.

[93] Wenn Husserl und Levinas in einem Atemzug zur Definition des Fremdheitskonzeptes genannt werden, zeugt das von mangelndem Problembewusstsein. Bei Husserl ist die Grenze der Eigenheit mit der Bewusstseinsgrenze des Subjekts identisch. Durch seine Zentrierung auf ein Bewusstsein, das alle Vorstellungen als *seine* Vorstellungen innehat, ist die Eigenheit als Index inflationär auf alles ausgedehnt. Daher ist die transzendental gewendete Bewusstheit nur noch ein *sine qua non*. Bei Levinas, dessen Begriffe der Alterität, Illeité (Er-heit) und des Anderen (der gegen die deutschen Regeln groß geschrieben wird, um auf Zeichenebene für dessen Besonderheit und Differenzialität ein Pendant zu schaffen) oft für Überlegungen zur Fremdheit herhalten, ist das Subjekt ein auszulöschendes. Eigenheit ist schuldhaft und kann nicht anders als gewalttätig in jedweder Äußerung sein.

selbst? Die Optionen des Streits sind dann einerseits, dass sich unser Verstehen theoretischer Fähigkeiten bedient, und andererseits, dass Verstehen darüber geschieht, dass sich der Simulationist in einem Eigenversuch den unterstellten Gefühlen und Absichten seines vorherzusagenden Subjekts aussetzt, dabei seine inneren Prozesse ablaufen lässt und das dann auswertet. Eine Simulation wäre ein Gedankenexperiment, in dem sich der Experimentator in die Szenerie hineinversetzt und von sich auf den anderen schließt. Der Experimentator macht sein Denken und Agieren zum Modell für das zu Erklärende. Die Simulation steht damit im Unterschied zu einem Gedankenexperiment, das dazu dient, vorgängige theoretische Sätze und Regeln zu testen. Im Hintergrund des Streits steht die Opposition von einer Rationalität in den Bahnen klassischer Logik mit einem analogen Denken.

Mit dem Ziel, Grundlinien des Verstehens von Fremdem aufzuweisen, werden die beiden Modelle zur Alltagspsychologie genauer untersucht. Die Entscheidung wird für die Simulation ausfallen. In einem zweiten Schritt wird die Gedankenexperimentatorebene des *Word and Object*-Kapitels in die Begrifflichkeit der Simulation übertragen.

So wie die Rekonstruktion der Ausgangsfrage von entscheidender Bedeutung für das Verständnis des Kapitels II von *Word and Object* ist, so auch für die Debatte zwischen Simulationisten und Theorie-Theoretikern. Sie entzündete sich in der Entwicklungspsychologie an einem Experiment von Wimmer und Perner (1983). Sie fanden heraus, dass Kinder erst ab ca. vier Jahren andere Menschen als Handlungsträger richtig deuten können. Erst dann unterstellen sie dem Gegenüber nicht mehr selbstverständlich das eigene Wissen, sondern berücksichtigen, was sie über den Wissenstand des anderen erfahren haben. Wenn die Kinder z.B. wissen, dass Smarties aus der Dose herausgenommen und in eine Kiste gelegt wurden, während das andere Kind aus dem Zimmer gegangen war, dann sagen sie richtig das Verhalten des zurückgekehrten Kindes voraus, nämlich, dass dieses in der Dose und nicht in der Kiste nach den Smarties schauen wird. Vor diesem Alter würden sie meinen, dass das Kind wie sie weiß, dass die Smarties jetzt in der Kiste sind. Die Einnahme der Dritte-Person-Perspektive ist ihnen noch nicht möglich. Diese Fähigkeit aber ist notwendig, um den sogenannten „false belief task" zu bestehen, der ein wichtiger Einschnitt im Erwerb einer Theorie des Geistes ist.[95]

---

[94] Die beiden Positionen werden von manchen als vollständige Distinktion eingeschätzt, so dass ein Argument gegen die eine Seite zugleich ein Grund für die andere Position ist. So von Stich/Nichols nach DAVIES/STONE *Folk Psychology* 13.

[95] BARRESI/MOORE *Intentional relations and social understanding* entwickeln ein vierstufiges Modell sozialen Verstehens, in dem die Erste- und die Dritte-Person-Perspektive als qualitativ unterschiedliche Informationsquellen angesehen werden. Erst deren Kombination ermöglicht Repräsentationen von intentionalen Beziehungen, die für das Selbst- und Fremdverstehen unerlässlich sind. Autismus z.B. wird im Mangel dieser Kombinationsleistung gesehen (121). Wichtig ist die Erkenntnis, dass das Selbstverstehen in Abhängigkeit vom Verstehen des anderen ist.

2.3.1.1 Die Theorie-Theorie

Im Anschluss an den *False-Belief-Task* sagt der Theorie-Theoretiker[96], dass es nicht ausreicht, wenn das die Szene beobachtende Kind Überzeugungen hat, sondern dass es auch einen Begriff von Überzeugung haben muss, um das Verhalten des anderen Kindes richtig vorauszusagen. Es muss zwischen seinem eigenen Wissen und dem Wissen des anderen Kindes unterscheiden können. Sobald es dem Kind gelingt, das andere richtig vorherzusagen, hat es ein Wissen um das, was es heißt, eine Überzeugung zu haben. Mit dem Begriff von Überzeugung ist ein Körper psychologischen Wissens, sprich eine alltagspsychologische Theorie verbunden. Entwicklung wird dadurch erklärt, dass ein Kind nach und nach Komponenten seinem Wissenskörper hinzufügt. Die beobachtbaren Veränderungen in der Praxis sind von Veränderungen in den zugrundeliegenden Mechanismen der Informationsverarbeitung begleitet. Diese Veränderungen können analog zu den Veränderungen in der wissenschaftlichen Theoriebildung beschrieben werden, und stärker noch, das alltagspsychologische Verstehen ist Theorie. Mit dem psychischen Mechanismus nehmen die Theorie-Vertreter den Funktionalismus aus der Philosophie des Geistes auf: Die Funktion (causal role) eines geistigen Zustandes macht ihn identifizierbar. Zudem hatte die kausale Rolle in der vorangehenden Debatte die wichtige Aufgabe, gewisse Begriffe der Geistphilosophie wie Evidenzgefühl, Privatheit, introspektive Gegebenheit etc. obsolet zu machen. Die Funktionalität eines mentalen Zustandes ist zudem holistisch. Denn zum Konzept eines mentalen Zustands gehört: „to know sufficiently much of the theory of mind within which that concept is embedded".[97] Um eine Funktion zu wissen heißt, einen Begriff von ihr zu haben, der mit ein paar Sätzen skizziert werden kann. Dieses Wissen bildet die „Theorie", mit der andere gedeutet und vorhergesagt werden. Dazu gehören auch verallgemeinerte Sätze (z.B. das Konditional: Wenn jemand etwas will, und er weiß, dass ein Mittel geeignet ist, das zu erreichen, dann wird er das Mittel anwenden). Am Grunde der Theorie-Theorie liegt die Idee einer Verbindung von Besitz eines psychologischen Begriffs mit dem Wissen um eine psychologische Theorie.

Als Analogie für die Ausgestaltung des psychologischen Wissenskorpus der Theorie-Theorie zum wissenschaftlichen Wissenskorpus wurden die Linguistik und die Naturwissenschaft herangezogen. Aus der Linguistik in der Form Chomskys war es insbesondere der Begriff des „stillen Wissens" (tacit knowledge) um die Grammatik in jedem

---

Ich verstehe nicht erst eigene interne Zustände und wende diese dann auf andere an. Die Phasen des kindlichen Erwerbs der *Theory of Mind* wenden Barresi/Moore als Paradigmen auf Phasen sozialen Verstehens an.

[96] Diese Darstellungen sind hypothetische Versionen. In einzelnen Punkten werden sie von ihren Vertretern unterschiedlich verwirklicht.

[97] BOTTERILL/CARRUTHERS *Philosophy of Psychology* 11.

Sprechen: Das psychologische Wissen ist insofern ein stilles Wissen, als es prinzipiell von einer Dritte-Person-Perspektive formuliert werden könnte. Bei den Naturwissenschaften war im letzten Jahrhundert die Physik mit ihren Veränderungen in der Grundlagenwissenschaft am interessantesten. Davies/Stone[98] sehen bei dieser Analogie zwischen dem Begriff Paradigmenwechsel und der „Veränderung der Kleinkindfähigkeit falsche Überzeugungen zuzuschreiben", die Gefahr, dass ein mysteriöser Begriff (Paradigmenwechsel) durch einen ebenso mysteriösen (alltagspsychologischer Theoriezuwachs) erläutert wird.[99]

Eine Schwierigkeit entsteht, wenn die Theorie-Vertreter von „implizitem" Wissen sprechen. Sie sagen z.B. vom Theorie-Modul: „[it] may well be largely inaccessible to consciousness".[100] Das Wissen darf darin so unausdrücklich sein, dass es der projektiven Phantasie der Simulation zum Verwechseln ähnlich wird. Eine andere Version eines zu schwachen Theorie- bzw. Wissensbegriffs ist, wenn nur behauptet wird, dass es für unsere alltagspsychologische Praxis eine theoretische Beschreibung geben kann. Ein stiller oder latenter Gebrauch von Prinzipien[101] ist zu schwach, eine praktische Geschicklichkeit zu ersetzen. Die Debatte zwischen Simulationisten und Theorie-Theoretikern würde schnell kollabieren. Die Abschwächungen des Theoriebegriffs haben ihren Grund darin, dass im Anschluss an den *False-Belief-Task* die Alltagspsychologie eines Kindes erläutert werden soll. Ein Kind aber hat offensichtlich keine ausgefeilte Theorie, die einer professionellen wissenschaftlichen vergleichbar wäre.

Wellman[102] versucht ein Kind vor zu viel Theorieanforderungen zu schützen, indem er bei der Frage nach der Analogie von Alltagspsychologie und naturwissenschaftlicher Theorie zwischen Fragen zur Rahmentheorie und Fragen zum Theoretisieren unterscheidet. Was es heißt, eine Theorie des Geistes und der Vorhersage des Verhaltens von anderen zu haben, erläutert Wellmann so, dass ein Kind zwar eine Theorie habe, sie aber nicht das Ergebnis eines Theoretisierens sei. Die Theorie-Theoretiker sollten sich demnach nur auf der Ebene der fertigen Theorie, nicht aber für den Erwerb der Analogie zur Naturwissenschaft bedienen. Zur fertigen Theorie gehören basale ontolo-

---

[98] *Folk Psychology* 29.

[99] In Bezug auf den Erwerb des Wissens führen die Theorie-Vertreter verschiedene Herkünfte an. Für die einen verdankt sich das Wissen der angeborenen Fähigkeit, das *Modul einer Theorie des Geistes* zu entwickeln. Andere favorisieren die angeborene Fähigkeit, Erfahrungsmaterial zu theoretisieren, um die Herkunft des Wissens um andere zu erklären. Dies ist die einzige Erwerbserklärung, die die Herkunft der Theorie über Verfahren der Theoriebildung beschreibt, wie sie aus den Einzelwissenschaften bekannt sind. Eine dritte Auffassung erklärt das Wissen über die gesellschaftlich-kulturelle Erziehung in einer Art von Konditionierung.

[100] BOTTERILL/CARRUTHERS *Philosophy of Psychology* 79.

[101] BLACKBURN, in: Davies/Stone *Folk Psychology* 275: „tacit (very tacit) use of some set of principles".

[102] DAVIES/STONE *Folk Psychology* 12f.

gische Ansichten und allgemeine kausale Erklärungsstrategien. Wozu jedoch wird die Rahmentheorie aufgestellt, wenn sie im alltäglichen Umgang keine Rolle spielt? Ohne Antwort darauf ist sie eine überflüssige Annahme. Da die Begegnung des Feldforschers mit dem Fremden wesentlich ein Prozess des Verstehens ist, scheint es nicht sinnvoll, das Begegnen, das Ereignis des Übersetzens und der Aneignung bzw. des Einlebens in die fremde Sprache auszuschließen. Das ist ein weiterer Mangel der Theorie-Theoretiker für ihre Eignung im Dschungel.

Eine andere Strategie verfolgen die Theorie-Theoretiker Stich/Nichols, um die Theorie in eine Vorgängigkeit zu verlagern. Für sie muss der psychologische Wissenskörper nicht in Sätzen codiert sein. Sie bringen für das Fremdverstehen interessante Beispiele: „it is entirely possible that folk-psychological knowledge will turn out to resemble the knowledge structures underlying cooking or politeness judgements rather than the knowledge structures that underlie the scientific predictions".[103] Sie meinen, das alltagspsychologische Wissen könne eher wie dieses praktische Wissen strukturiert sein als wie eine wissenschaftliche Theorie. Hauptsache, ein Wissen liege der psychischen Fähigkeit, Einstellungen zu haben und zu verstehen, zugrunde.

Botterill/Carruthers[104] sind Theorie-Theoretiker in der nativistischen Variante. Ihr Entwurf soll in der Terminologie dieser Arbeit als Verwechslung von Gedankenexperimentator- und Feldforscher-Ebene kritisiert werden. Mentale Zustände sind analog zu theoretischen Konzepten in der Wissenschaft: „mental state concepts (like theoretical concepts in science) get their life and sense from their position in a substantive *theory* of the causal structure and functioning of the mind" (ebd. 11). Das ist ein Fehler: Von nicht-theoretischen Gegenständen wird das gleiche „Verhalten" gefordert wie von begrifflichen Gegenständen. Deshalb verfallen Botterill/Carruthers auch auf angeborene Module (neuronale Verschaltungseinheiten). In der Angeborenheit liegt eine Festigkeit, die die Festigkeit, wie sie in Theorien bei gut eingeführten oder definierten Begriffen vorkommt, aufnimmt. Übersehen wird, dass die Unabdingbarkeit des angeborenen Moduls eine materielle Verwirklichung ist und mit der begrifflichen Bedeutungsfestlegung innerhalb einer Sprache, die eine vernünftige oder unvernünftige Verwirklichung ist, nichts gemein hat. Das ist der gleiche Irrtum, der dem Gedankenexperimentator unterläuft, solange er sich im Feldforscher I simuliert: In diesem ist er ständig auf der Suche, ein Reizmodul festzulegen, weil er die Beunruhigung des Gedankenexperimentators in sich trägt, wie die Natur wirklich sei (Realismus Quines) und diese nur mit einer empirischen Antwort beruhigen zu können glaubt. Aus der Tatsche, dass die Verstehensfähigkeit sich sukzessive erweitert, folgt nicht, dass Theoriemodule zugeschaltet würden. Dies ist nur eine technischere Ausdrucksweise, keine Erklärung. Über die Hardware

---

[103] STICH/NICHOLS *Second thoughts on simulation*, in: DAVIES/STONE *Mental Simulation* 88.
[104] Die Kritik ist grundlegend, da für sie die Theorie-Theorie das „progressive research programm" (12) ihres Buches *Philosophy of Psychology* ist.

einen Vermögenszuwachs zu erläutern ist nicht so angemessen, wie ihn über die Software zu erklären, also den Weg der Simulationisten einzuschlagen. Mentale Begrifflichkeit sollte nicht der naturalistischen nachgebildet werden, sondern in der Weise ihres eigenen Auftretens unter Alltagsumständen beschrieben werden. Dort ist ihre „funktionale Rolle" festzumachen, sofern dieser Begriff einer Gegenstandsbestimmung für Einstellungen überhaupt angebracht ist und nicht wieder spezifisch naturwissenschaftlichen Bedürfnissen entspringt. Der Gedankenexperimentator, der einen Feldforscher befehligt, der sich in der Lebenswelt des anderen niederlässt, braucht die Simulation, um an die Situationsmerkmale des Fremden heranzukommen und das theoretisch nachzubilden, was den Eingeborenen bestimmt. Das ist die entscheidende Erkenntnis: dass der Eingeborene im Dschungel lebt, d.h., dass er nicht wie ein theoretisches Konzept in einer wissenschaftlichen Theorie am „Leben" ist. Botterill/Carruthers kritisieren an den Simulationisten, dass sie nicht Ursachen erklären könnten, sondern nur Vorhersagen. Die Zukunftsrichtung sei die einzige Dimension der Simulation.

In diesem Zusammenhang ist die Unterscheidung von Stich/Nichols[105] von *On-line-simulation* und *Off-line-simulation* hilfreich. Erstere führt ein Modell in die Szene. Beispiel kann ein Flugzeugmodell im Windkanal sein. Für die Aufgabe einer menschlichen Vorhersage wäre die *On-line-simulation* gleichsam der Blick durchs gleiche Schlüsselloch. Botterill/Carruthers (83) wenden ein, aus einem zerbrochenen Flugzeugflügel im Windkanal sei keine Ursache zu simulieren. Um die Ursache des Berstens zu finden, müssten umständlich viele Simulationen durchgeführt werden, die nach Zufall Gegebenheiten des Modells ändern, bis der Flügel nicht mehr bricht. Das erste Problem an der Kritik von Botterill/Carruthers ist, dass sie die Möglichkeit der *Off-line-simulation* nicht berücksichtigen. Mit ihr ist der Simulationist in der Lage, sich in abwesende, vergangene oder fiktive Momente zu versetzen. Das zweite Problem an dieser Kritik von Botterill/Carruthers ist, dass ihre Vorstellung von Simulation dieser keinen Spielraum übrig lässt. Sie haben die Simulation so gedacht, dass sie von keiner vernünftigen Überlegung Gebrauch machen darf, ohne sofort als Theorie-These entlarvt zu werden. Es kann nicht Sinn der Sache sein, einer erklärenden Position jedes Resümieren abzusprechen. Die Simulation ist kein blindes Hineinversetzen. Sie nimmt sehr wohl die Ausgangssituation in Augenschein, entscheidet sich für eine bestimmte Ausgestaltung dieser Situation, der Versuchsumgebung, und setzt sich dann diesen vorgestellten Einflüssen aus. Für die Theorie-Theoretiker hingegen bleibt immer die Schwierigkeit bestehen, dass der Besitz eines Wissens ergänzt werden muss um die Erklärung eines Mechanismus der Informationsverarbeitung, der den Wissenskörper zur Anwendung bringt. Die Simulation kann auch rückwärts gewendet Erfahrungen nachstellen, weshalb etwas nicht funktioniert, indem sie Parameter verändert, und in der Weise ein Scheitern simulieren. Prinzipiell ist es kein Unterschied, ob eine Vorhersage oder eine

---

[105] STICH/NICHOLS *Cognitive Penetrability, Rationality and Restricted Simulation* 300.

Ursachensuche betrieben wird, solange das Experimentumfeld als Szene aufgebaut ist. Der wichtige Unterschied kann im Grad der Ausdrücklichkeit definiert werden, mit dem die Simulationisten und die Theorie-Theoretiker einen Prozess begleiten. Das Interessante der Simulation ist gerade, dass sie einen Mittelweg zwischen expliziter Regelangabe und praktischem Knowhow bzw. einem nicht in Regeln vorliegenden impliziten Wissen versucht. Angenommen, jemand handelt nicht ausdrücklich nach einer Regel, sondern vermag keinen Grund seiner Handlung anzugeben, so muss die Theorie, die sein Handeln erklären soll, diese Unausdrücklichkeit erklären und nicht eine Regel herausstilisieren. Das wäre als Idealisierung zu kritisieren. Am Grunde des Streits liegt eine unterschiedliche Auffassung darüber, wann der Philosoph sich mit einer Erklärung zufriedenzugeben habe.

2.3.1.2 Die Simulationstheorie

Für die Simulationisten wenden wir nicht theoretische Regeln an, wie ausdrücklich auch immer, sondern unsere Fähigkeit, anderen geistige Vorgänge und Reaktionen aufgrund von Überzeugungen etc. zuzubilligen, hängt von unserer Fähigkeit ab, uns in die Lage des anderen zu versetzen und herauszufinden, wie wir uns fühlten, dächten, reagierten. Das Kind, das im *False-Belief-Task* die Szene beobachtet, muss sich in der Vorstellung mit dem anderen Kind identifizieren können, und es muss eine contrafaktische Situation bilden können. Im Unterschied zur Theorie-Theorie macht der Simulationist folgende Annahme: Das Kind braucht nicht die Überzeugung der Form „Das andere Kind glaubt, dass *p*" zu haben, sondern eine Überzeugung der Form „Ich glaube, dass *p*" reicht aus. Vielleicht kann sogar „Ich glaube, dass" vernachlässigt werden und nur „*p*" angenommen werden, also „Die Smarties sind jetzt in der Dose". Es muss also Überzeugungen haben (aber keinen Begriff derselben) und die Fähigkeit, ein anderes Kind zu simulieren, dessen Situation von der eigenen unterschieden ist. Das ist der für das Fremdverstehen entscheidende Punkt: Es baut auf die Fähigkeit der Identifikation nicht mit der gleichen, sondern mit einer differenten Situation.

Das Bestehen des *False-Belief-Tasks* ist für den Simulationisten im Unterschied zum Theorie-Theoretiker eine Veränderung der Fähigkeit und nicht des Wissens.[106] Sie wird von den Simulationisten oft als Geschicklichkeit (skill) vom Wissenskorpus abgegrenzt.[107] Denker, die pragmatische Fähigkeiten betonen und für die Wissen in eine Lebenspraxis eingebunden ist, werden auf der Begründungsebene unmerklich in die Richtung simulativen Erklärungsvokabulars gleiten, auch wenn sie wie Quine auf auf-

---

[106] In "ability not in knowledge" DAVIES/STONE *Folk Psychology* 6.
[107] Auch Quine spricht oft von Geschicklichkeit (z.B. „we have an uncanny skill" *Three Indeterminacies*, PT).

gedeckter Ebene vehement von Theorien, logischen Funktionen, Schlussfolgerungen reden. Das ist insofern eine andere Frage, als es in den Theorien um die Erklärung der Welt geht, während die Simulationisten und Theorie-Theoretiker ihre Theorie zur Erklärung der Tätigkeit des Theoretisierens und Entwerfens ausgedacht haben. Während sich Theorien, die Quine vorschweben (letztlich naturwissenschaftliche), selbst so verstehen, dass ihr Gegenstand eine objektive Welt ist, so beschreiben die kognitionspsychologischen Theorien auch eine objektive Wirklichkeit, eben einen agierenden Menschen, zugleich aber auch keine objektive Wirklichkeit, sondern einen Menschen in seinem Entwurf von Wirklichkeit. Diese Sicht wiederholt den quineschen Dualismus von *fact of the matter* und Unbestimmtheit des Sagens. Die Zwischenlösung der Simulation macht diese kognitionswissenschaftliche Position für den Dschungelkontext interessant. Da eine Fähigkeit und nicht ein Wissen für die Simulation entscheidend ist, scheidet die Analogie mit der Veränderung in den Wissenschaften für die zunehmende Verstehensfähigkeit des Erwachsenen aus.

Simulationisten müssen nicht behaupten, dass es kein theoretisierbares Wissen gibt, den anderen zu deuten. Wir bedürfen seiner nur nicht. Eine diskursive Regelanwendung ist für unser Auskommen mit dem anderen nicht vonnöten. Die Simulation besteht darin, selbst ähnlich zu werden mit der Situation des anderen aufgrund einer angenommenen Ähnlichkeit von Erfahrungen und mentalen Zuständen. Der Anwendung eines Wissens durch die Theorie-Vertreter steht die Projektion der eigenen Person in das Setting des anderen gegenüber. Hier wird der wichtigste Unterschied der beiden Positionen deutlich: Die Simulation kann auf mehr Fähigkeiten des Subjekts zur Deutung und Vorhersage eines anderen zurückgreifen als der Theorie-Vertreter, der in das Verfahren des Verstehens und der Vorhersage des anderen nur jene Elemente einbringen kann, die mit einer Regelform kompatibel sind. Dadurch dass der Simulationist sich in die Situation begibt, ist erstens die Situation mit allen auch unthematisierbaren Ausprägungen in seiner Phantasie präsent und zweitens ist der Simulationist selbst vollständig präsent: mit seinem Wissen, Wünschen, Einstellungen, Erfahrungen, Erinnerungen, Gefühlen und in seinem Daseinsgefühl. Dies wird in der Ähnlichkeitsforderung der Simulationstheorie bei Goldman verzerrt.[108] Er schließt die Theoriegeleitetheit des Verstehens nur dann aus, wenn zwei Bedingungen erfüllt sind: 1. Der Prozess, der die Simulation lenkt, muss ähnlich dem Prozess des Zielsystems (des Simulierten) sein. 2. Der Anfangszustand des Simulierenden muss der gleiche oder ausreichend ähnliche Zustand sein wie im Zielsystem. Mit der Ähnlichkeit wird eine vorgängige gemeinsame Rationalität postuliert und somit ein einigender Theorierahmen. Das ist ein unzulässiges Postulat. Es gibt das Spezifische des Simulierens auf. Simulieren wäre nur noch ein unbewusstes schnelleres Theoretisieren des Alltags. Das Simulieren ist aber ein positives Vermögen und kein Derivat der Kognition.

[108] *Interpretation Psychologized.*

2.3.2 Die Simulation als Xenologie der Gedankenexperimentebene

Aus mehreren Gründen wird die Simulation favorisiert. Ihr Probehandeln ist geeigneter, mit Unvorhersehbarem in Interaktion zu treten. Übersetzen ist kein theoretischer Vorgang, der sich auf eine bestimmte Wissensanordnung beziehen muss. Übersetzen ist eine „offene" Prozedur. Unter „offen" sei ein Verfahren verstanden, das Sachverhalte symbolisch notieren kann, die außerhalb der gewohnten Notation der klassischen Logik und Grammatik liegen. Deshalb bedarf das Übersetzen der Simulation, die Phänomene wie Fluidität, Un- oder Überbestimmtheit etc. modellieren kann, mit denen eine Theorie der Fremde rechnen muss.

Eine wichtige Gegenüberstellung zum Wissensbegriff der Theorie-Theorie ist die Introspektion. Die Erste-Person-Perspektive war in der Philosophie des letzen Jahrhunderts ein umstrittenes Thema. Der Simulationist Goldman verkündet, das Wiedererkennen eines psychologischen Zustands in der Simulation verdanke sich dem Wiedererkennen introspektiver Eigenschaften eines solchen Zustandes. Es scheint, dass die Simulation Schwierigkeiten mit der Introspektionsannahme hat wie die Theorie-Theorie mit einem zu ausdrücklichen Wissensbegriff.[109] Die Bedeutung des Subjekts im Fremdverstehen thematisiert das Kapitel Gedankenexperimentator. Dass dort eine „erste Person" mit ihren emphatischen Fähigkeiten nicht aufgegeben wird entgegen der postmodernen Gepflogenheit, ist eine Folge aus der Option für die simulative Theorie des Verstehens von Fremdem. Anstatt als Introspektion ist das Simulieren als Hineinversetzen zu beschreiben. Das Hineinversetzen gliedert sich in die Bestandteile Phantasie und Emphatie.

Die Simulationstheorie hat in der Debatte um die teilnehmende Beobachtung eine wichtige Grundlagenrolle für die Ethnologie. Erst die Feldpraxis zusammen mit der Simulationstheorie bildet eine vollständige Theorie des Verstehens von Fremdem. Die beiden Praxen des Beobachtens von Beobachtbarem und des simulativen Beobachtens zum Erschließen des Unsichtbaren im Sinne von Ungesagtem, von gemeinschaftlichen Überzeugungen und am Grunde liegenden Implikaturen sind genau jene beiden Prozeduren, die Quine im zweiten Kapitel mit Feldforscher I und Feldforscher II beschreibt. Die Simulation ist die bessere Theorie, weil sie 1. die teilnehmende Beobachtung zum simulativ-transformativen Verstehen überarbeitet und 2. an solche Phänomene heran-

---

[109] Schwierigkeiten tauchen auf, selbst wenn die Ich-Zuschreibung nur sehr rudimentär sein kann (das "Ich glaube, dass" konnte in der obigen Rekonstruktion der simulativen Deutung des *False-Belief-Task* ja wegfallen). GORDON *Simulation without Introspection or Inference from Me to You* schreibt ausdrücklich: "when I simulate I do not imagine what I would do in your situation. Rather, I directly imagine being you in your situation [...] This means that no inferential step from me to you needs to take place". Sein Motto lautet: "Not a transfer but a transformation"!

reicht und sie notiert, die nicht in den Grenzen unserer gewohnten Standards von rationalen Überzeugungszusammenhängen liegen.

Es werden jetzt Folgen aus der Entscheidung für die Simulation als Theorie des Verstehens für das *Word and Object*-Kapitel gezogen. Der Gedankenexperimentator Quine setzt sich selbst in Gestalt eines reizmustersuchenden Feldforschers in die Versuchsumgebung, so wie ein Ingenieur ein Flugzeugmodell in den Windkanal stellt anstelle des echten Flugzeugs. Quine versetzt sich in sich selbst, - d.h. in seinen Empirismus in Gestalt des Feldforschers. In gewisser Weise überträgt er sein epistemologisches Interesse in den Linguisten und macht aus diesem in der Anfangsphase des Kapitels II einen Physikalisten. Aus dieser anfänglichen Vereinnahmung zieht sich der Gedankenexperimentator mehr und mehr zurück. Er korrigiert sich und nimmt als Feldforscher II die semantischen Aufgaben des Übersetzens ernst. Diese Struktur des zweiten Kapitels deute ich im Ganzen als Simulation. Denn der Gedankenexperimentator stellt am Anfang durch die Exposition die Frage nach dem Inkompatiblen und kommt am Ende (§ 16) zur Setzung des Inkompatiblen mit dem Wert „unbestimmt".

Die beiden Phasen der Feldstudie jedoch lese ich als zwei Fälle (tokens) der Theorie-Theorie (type). In der ersten Phase individuiert sich die Theorie-Theorie als Behaviorismus, - in der zweiten Phase als Linguistik. Es gab mehrere Versuche, den Theoriebegriff der Theorie-Theoretiker durch Analogien seiner Verwendung in der Linguistik und Naturwissenschaft zu erhellen.[110] Beim Behaviorismus kommt hinzu, dass er in Kombination mit einer Lerntheorie von Verstärkung und Schwächung auftritt. Wenn Quine in *Word and Object* (Kapitel IV) Vagheit, Mehrdeutigkeit und Undurchsichtigkeit thematisiert und sie „Launen" des Bezeichnens nennt, dann klingt dies nur so, als stellte er sich inkompatiblen Phänomenen. Denn die Begriffe bleiben an die Mechanismen des Behaviorismus rückgebunden und sind aus diesen vollständig erklärbar (für Vagheit z.B. WO §26).

Zum wichtigen entwicklungspsychologischen Einschnitt des *False-Belief-Task* gehört nach neusten Einsichten[111] auch ein Fortschritt in Bezug auf das Vorurteil der „gegenseitigen Ausschließlichkeit" in der Behandlung natürlicher Arten (natural kinds) bzw. Sorten (sortals). Zusammen mit der Unfähigkeit, unter vier Jahren einer anderen Person falsche Überzeugungen zuzuschreiben, besitzt ein Kind das Vorurteil der gegenseitigen Ausschließlichkeit. Das bedeutet, dass es nicht einsehen kann, dass ein Ding zur gleichen Zeit eine Sache (ein Vogel) und eine andere (ein Tier) sein kann. Das Kind jedoch hat keine Schwierigkeiten damit, dass ein Ding ein Ding (Vogel) sein kann mit einer weiteren nicht arthaften (nonsortal) Zuschreibung (z.B. gelb). Kreuzklassifikationen sind für Kinder unter drei Jahren also dann nicht zu schaffen, wenn es sich um Sor-

---

[110] DAVIES/STONE *Folk psychology* 8-11.
[111] PERNER *False belief and the perspectival relativity of sortals.* Vgl. QUINE *Natural Kinds,* in: TT, BOYER *Pseudo-natural kinds*!

ten handelt. Das Phänomen der gegenseitigen Ausschließlichkeit hat eine wichtige Folge für das Sprachlernen: „[it] is not seen as a word learning heuristic but as resulting from the inability to consider two different perspectives created by two different sortals". Eine Lerntheorie bedarf also der Reifung wichtiger Vermögen und kann nicht ausschließlich aus der Beobachtbarkeit erklärt werden (s.u. domänenspezifische Wahrnehmung). Das ist ein wichtiges Argument gegen eine behavioristische Lerntheorie, wie Quine sie in *Word and Object* und *The Roots of Reference* entwirft.

Durch den *False-Belief-Task* und die „gegenseitige Ausschließlichkeit" ist deutlich geworden, dass der Begriff des Verstehens als Genusbegriff aufzufassen ist, der verschiedene Vermögen in sich einbegreift. Nur eine dieser Fähigkeiten besteht darin, jemandem falsche Überzeugungen zuschreiben zu können. Mit der Hervorhebung der Simulation soll nicht die Fähigkeit diskursiven, schlussfolgernden Denkens außer Kraft gesetzt werden. Die Zielrichtung liegt darin, die geschmähten oder übersehenen analogen Formen des Verstehens in ihr Recht einzusetzen und aufzuwerten neben jenen Aussagen, die zu Bestimmtheiten gelangen. Je nach Gegenstand, der verstanden werden soll, sind manche Operationen wichtiger als andere. Für das Verstehen des Fremden ist es sehr viel wichtiger, simulative Verstehensvollzüge zu beherrschen.

Quine begreift dank des Übersetzens, dass die Sprache des Eingeborenen, die menschliche Sprache, zu eng gefasst ist, wenn sie mit der Theorie der Natur gleichgesetzt wird. Seine Simulation ist eine doppelte: zum einen simuliert der Gedankenexperimentator sich selbst im Feldforscher. Zum anderen simuliert der Feldforscher in seiner zweiten Phase (§§15,16) den Eingeborenen. Zur letzten Simulation, die auf der Feldstudienebene vorliegt, gehören das Zweisprachigwerden, das Siedeln und Zanken.

2.3.3 Bilingual-Simulation

Was ist die *differentia spezifica* zwischen dem Verfahren des Kindes, das eine Sprache lernt, und dem Verfahren des Feldforschers, der übersetzt?[112] Dazu wird eine Simulation herangezogen, die versucht, das Kind im Feldforscher zu internalisieren. Quine selbst verwendet den Begriff Simulation in *Word and Object* §15. Es geht in dem Paragraphen um den heiklen Übergang der bisherigen Anstrengung des Feldforschers in eine neuartige Phase: die Gewinnung analytischer Hypothesen. Heikel ist an den analy-

---

[112] Zuletzt hat MODÉE *Observation Sentences and Joint Attention*, Quines Darstellung des kindlichen Spracherwerbs mit heutiger Lernpsychologie verglichen. Seine philosophischen Argumente nehmen Davidsons Kritik auf, Quine vertrete mit seiner Stimulus-Erkenntnistheorie eine Privatheit und fordert stattdessen eine vorgängige Partizipation mit der Umwelt und „gemeinsame Aufmerksamkeit". Dies ist jedoch genau das, was Quine in *Three Indeterminacies* mit der elterlichen „Empathie" beschreibt. Der wichtige Aufsatz bleibt unberücksichtigt.

tischen Hypothesen, dass sie kleine Einheiten aus den Eingeborenen-Äußerungen isolieren und als Wörter deutschen Wörtern bzw. komplexeren Ausdrücken in einer Liste zuordnen. Dieser Schritt kommt damit der Inanspruchnahme der verfemten Intensionen im Kapitel bisher am nächsten. Er ist entscheidend und heikel, weil hier die Grenze zwischen empirischem Forschen und Deuten der Daten durch außerexperimentelle Regeln austariert wird. Und gerade um diesen Übergangsbereich zu bearbeiten, bedient sich Quine des Modells der Simulation.

Vergegenwärtigen wir uns den Stand des Gedankengangs zu Beginn der Simulation: Der Gedankenexperimentator, dessen Perspektive als die leitende aus dem Paragraphenanfang hervorgeht, fasst Ergebnisse des bisherigen Übersetzens von Gelegenheitssätzen sowie komplizierteren Ausdrücken zusammen (WO 68). In jedem Übersetzungsschritt wurden schon längst analytische Hypothesen angewandt: Mittels der Analogiebildung, der Suche nach funktionalen Entsprechungen und der Projektion vorgängiger Sprachgebräuche in das Dschungelische ist der Feldforscher von Anfang an am Werke. „[T]he most notable thing about the analytical hypotheses is that they exceed [!] anything implicit in any native's dispositions to speech" (WO 70). Die analytischen Hypothesen gehen über das Beobachtbare stets hinaus. Sie lösen den gesuchten empirischen Spielraum unserer Sprache ein. Das Hinausgehen über die Disposition zeigt an, dass alles, was in einer behavioristischen Theorie des Geistes erfasst werden kann, prinzipiell nicht ausreicht, das Übersetzen aufgrund analytischer Hypothesen zu erklären. Das Hinausgehen der Hypothesen ist nicht einfach sukzessiv in der Weise, dass es auf das Beobachtete folgte. Es ist synchron oder anders gesagt, den Beobachtungs- und Gelegenheitssätzen innerlich. Jede Grenzziehung in Bereiche der Empirie und Transempirie verliert dadurch ihre Relevanz! Das wird ganz deutlich durch die Gleichsetzung des Theoretisierens mit der erstmaligen Aneignung der Welt im Lernen der Muttersprache (vgl. WO 72). Spracherlernen und Weltentwerfen sind dasselbe.

Die klassische Grenzziehung der Metaphysik anhand von empirischer und transempirischer Gegenständlichkeit wird unerheblich im Sprachmodell. Das Übersetzen ist ein Sprachmodell für das Verstehen. Daher ist die neue Grenzziehung im Medium Sprache keine in Bezug auf die Referenz, sondern auf die Intension. Die *adaequatio intellectus rei* hat ausgedient wegen des prinzipiellen Hinausgehens des Sprechers über das Beobachten. Die genannten Sprechoperationen (Analogiebildung, Suche nach funktionaler Entsprechung und Projektion vorgängiger Sprachgebräuche) sind Beispiele für diesen nicht herauszudestillierenden Sprechüberschuss. Oder besser gesagt, dass der „Überschuss" noch immer das „meta" birgt, in dem sich in einem referentiellen statt rhetorischen Verstehensmodell der Mehrwert ausdrückt, ist gemäß dem Übersetzungsparadigma der Sachverhalt, dass jeder Satz über das reine Abbilden hinausgeht. Das ist meines Erachtens die nötige Deutung der Unbestimmtheit: Sie ist die Differenz im Sprechen zur Abbildung. Dabei ist die Abbildung längst eine Unmöglichkeit und konturiert den Gedanken der Unbestimmtheit nur noch vom Alten her. Seit der These der Unerforschlichkeit der Referenz ist das Abbilden keine Möglichkeit mehr. Die Unbestimmtheit darf nicht mit einer Widerlegung der metaphysischen Grenzziehung verwechselt werden. Sie ist vielmehr ein andersartiges Bild. Sie legt den Überschuss nicht in die Schichtung einer verschieden gegenständlichen Welt, sondern gleichsam in die Vermischtheit jeder einzelnen Äußerung eines Sprechers.

Ganz deutlich wird dieser Gedanke aus der vierten Ursache für die Nichtwahrnehmung der Unbestimmtheit. Von der unkritischen mentalistischen Ideentheorie heißt es: „each sentence and its admissible translations express an identical idea in the bilingual's mind" (WO 74). Dies hat mit der Bilingual-Simulation zu tun, weil es ein hartnäckiges (stubborn) Gefühl gibt, das ein wirklich Zweisprachiger in einer Position sei, aus der er Übersetzung und Übersetztes richtig zusammensetzen könne auf die richtige, "wirkliche" Art. Es gibt keine unvermischte Position. Die Sprache bringt den Zauber in jede Äußerung. Dadurch wird sie unbestimmt aus dem alten Blickwinkel einer sauberen Zwei-Phasen-Trennung.

Zugleich verdeutlicht die Vermischung jeden Satzes, dass eine Zweiteilung der Wirklichkeit in *fact of the matter* und *soft facts* nicht möglich ist. Denn schon Übersetzungen von Äußerungen über die materielle Welt unterliegen der Unbestimmtheit. Die Unbestimmtheit bezieht sich nicht nur auf die gestaltete Welt der Menschen. Selbst wenn es sinnvolle Kriterien und Kontexte geben mag, zwischen *fact of the matter* und *soft facts* zu unterscheiden, in Bezug auf die mangelnde Bestimmbarkeit ihres Gehaltes sind sie gleich. Das heißt, sie können nicht verglichen oder erforscht werden durch irgendeine Prozedur, die verdiente, Wissenschaft genannt zu werden.

Betrachten wir den Versuchsaufbau der Simulation:

„Thus suppose, unrealistically to begin with, that in learning the native language he [our bilingual] had been able to simulate the infantile situation to the extent of keeping his past knowledge of languages out of account. Then, when as a bilingual he finally turns to his project of a jungle-to-English manual, he will have to project analytical hypotheses much as if his English personality were the linguist and his jungle personality the informant; the differences are just that he can introspect his experiments instead of staging them" (71).

Das Aufstellen einer Theorie oder einer Übersetzung und andererseits der kindliche Spracherwerb sind prinzipiell darin gleich, dass keine Bedeutungsintensionen in ihnen vorkommen, weil beide ihren Ursprung in einer Simulation haben: Wenn der Feldforscher gleichsprachig würde, dann könnte er den Eingeborenen in sich selbst simulieren. Denn durch einen Blick des muttersprachlichen Feldforschers in sich selbst auf den Teil des Dschungelischkundigen würde er das Manual erstellen können. Doch selbst wenn der Feldforscher das Sprachlernen des Eingeborenensäuglings simuliert, indem er zweisprachig wird, so geht das nicht ohne analytische Thesen vonstatten, die er als jemand, der bereits einer Sprache mächtig ist, anwenden wird, wie unbewusst auch immer: „the truth is that he would not have strictly simulated the infantile situation in learning the native language, but would have helped himself with analytical hypotheses all along the way" (ebd.). Wir haben es aber eben mit einer Mischform von Simulation und Theorie zu tun. Schon in *Speaking of Objects* bemerkte Quine: "It makes no real difference that the linguist will turn bilingual and come to think as the natives do – whatever that means. For the arbitrariness of reading our objectifications into the heathen speech reflects not so much the inscrutability of the heathen mind, as that there is nothing to scrute" (5). Dort wird das Zitat allerdings fortgeführt, indem die Intersubjektivität der Sprachgemeinschaft und ihr Einfluss in der Bedeutungsfestlegung ausgeführt wird: „We have been beaten into an outward conformity to an outward standard". In *Word and Object* ist hingegen die Begabung des Sprechers zu theoretisieren im Vordergrund. Obgleich diese Bilingual-Simulation auf Feldstudienebene spielt und ausschließlich mit Feldstudienpersonal bestückt ist, ist sie eine Simulation, da der Feldforscher sich selbst zum Gegenstand macht und auf seine „jungle-personality" reflektiert. Wegen der Unentrinnbarkeit der Arbeitsleistung von analytischen Hypothesen haben Theorien, selbst empirische, in der gleichen Unhintergehbarkeit ihren Gegenstand in Besitz, wie ein Kind mit seiner Muttersprache die Weltsicht erringt. Selbst wenn es zusätzliche Merkmale gibt, die eine philosophisch realistische Intuition mit einer Theorie verknüpfen, ändert das nichts an der Einsicht Quines, dass Theorien recht zufällige, zu verbessernde, annähernde, praktische, möglichst funktionierende Instrumente und gerechtfertigte Satzmengen sind.

Und das ist der Erkenntniszuwachs der Bilingual-Simulation: Die strukturierten Satzmengen sind unhintergehbar; der kreative Anteil der Sprecher, die eine Theorie bilden, ist nicht sublimierbar. Die Sublimation der Kreativität bzw. der Wahlfähigkeit des Sprechers könnte z.B. naturalistisch probiert werden. Die Simulation entdeckt die analytischen Hypothesen. Aufgrund der analytischen Hypothesen sind mehrfache Register von Übersetzungszuordnungen ermöglicht. Das wiederum ist Grund, von der Unbestimmtheit des Übersetzens zu reden. Diese Gedankenkette zeigt, wie die Simulation mit der Hauptbeweisabsicht des Kapitels II verknüpft ist. Der Mehrwert der Unbestimmtheit, der sich jedem naturalistischen Projekt in den Weg stellt, kann dank des Simulationsmodells erstens entdeckt und zweitens besprochen werden!

Im Fall der intrasubjektiven Simulation, dem radikalen Übersetzen, wird mit der Unbestimmtheit eingeräumt, dass es verschiedene „modes of thinking" und „styles of reasoning" gebe, - dass es eine nicht gemeinsame Welt gibt. Die Unbestimmtheit, die an der Pluralität festhält, insistiert auf einem irrreduziblen Element, das durch keine noch so ideale Sprachbeherrschung auszuschalten ist. Die Unbestimmtheit beharrt auf einer Pluralität, die nicht vom realistisch vorgestellten Kontakt mit den Dingen herrührt. Sie ist die Unschärferelation des Denkens: „The fantasy of irresoluble rival systems of the world is a thought experiment out beyond where linguistic usage has been crystallized by use" (PT 100). Die Simulation der radikalen Übersetzung gebietet der bedeutungsstiftenden Allmacht einer gemeinsamen Sprache Einhalt. Die Intersubjektivität ist als Standard für Bedeutung nicht geeignet. In der radikalen Übersetzung gibt es ja gerade keinen gemeinsamen Sprachgebrauch. Wer Bedeutung in den gemeinsamen Sprachgebrauch auflöst, erliegt einer Verzerrung der Simulation! Er hat nur den Einzelfall des innerkulturellen/intersubjektiven Sprechers vor Augen. Die Übersetzungsunbestimmtheit fordert die Irrreduzibilität der Fremde ein, d.h. sprachphilosophisch: der gemeinsame Sprachgebrauch besitzt keinen ausreichenden Erklärungswert, um das Bedeutungsverstehen jedes Teilnehmers der Sprachgemeinschaft zu erklären.

3 Eine neue Deutung der Unbestimmtheit menschlichen Verstehens

Ob Exposition, Feldstudie oder Gedankenexperiment, - immer geht es um das Aushandeln des Spielraums, den ein Sprecher hat, der über das Unsichtbare spricht und der wesentlich unbestimmt ist. Der letzte Satz des Kapitels II heißt: „It is ironic that the interlinguistic case is less noticed, for it is just here that the semantic indeterminacy makes clear empirical sense". Nur in der Begegnung mit dem Fremden ist eine Situation angegeben, die vor der quineschen Wissenschaftstheorie standhalten kann. In ihr „zeigt sich" die These der semantischen Unbestimmtheit. Der empirisch klare Sinn bezieht sich auf die gefundene Erweissituation der Dschungelszenerie und nicht auf den Status der These von der Unbestimmtheit. Ähnlich hat John Hick[113] mit der postmortalen Situation eine Erweissituation angegeben, in der sich die theistische Theorie falsifizieren kann, ohne dass je jemand die Situation schilderte. Genauso hat Quine eine Situation des Archipel-Settings angegeben, in der die Begegnung mit Fremden erlebbar ist. Quine kann nicht garantieren, dass ein Reisender hinterm Archipel bereit ist, so viel Fremdheit, wie zur Unbestimmtheit gehört, zuzugestehen. So kann Hick nicht notwendig jemanden vom Theismus überzeugen, nur weil seine Theorie gewissen wissenschaftstheoretischen Erfordernissen genügt. Die Unbestimmtheit des Übersetzens ist ein Ergebnis der Simulation, die die Reise als Szenerie auswertet.

3.1 Übersetzen als Modell für Verstehen?

"To learn is to learn to have fun", Quine *Roots of Reference* 28

In diesem Kapitel geht es um Quines Sprachbegriff und seine Folgen für das Fremdverstehen. Es wird gezeigt, dass das Übersetzen kein problemloses Modell für das Wirklichkeitsverstehen ist. Erstens kann es nicht ohne einen Begriff von Sprache aufgestellt werden. Um die Erklärung von Sprache wiederum konkurrieren mehrere Auffassungen. Zweitens sind wesentliche Sprachvollzüge nicht als rein semantische, sondern nur unter Hinzunahme psychologischer Erklärungen zu erfassen (da diese mit unverifizierbaren Prozeduren theoretisch umgehen können). Um dennoch das Sprechen des

---

[113] *Eschatological Verification*, in: BADHAM *A John Hick Reader* 126ff.

Menschen zur Untersuchung seiner Weltsicht zu nutzen, sucht Quine einen objektiven Ausgangspunkt. Er schlägt dazu das Reizmodul vor. In der Beschreibung der Aktualgenese gelangt eine erste Vagheit als Vorstufe der Unbestimmtheit in das Übersetzen. Das Missverständnis seines Vorschlags in Bezug auf die spezifische Differenz von Naturalismus und Semantik (verkörpert in Feldforscher I und II) wird sodann aufgewiesen. Ein Vergleich mit Husserls Überlegungen zur Konstitution von Welt wird die Positivität des Wertes „unbestimmt" bei Quine deutlich machen.

Im ersten Schritt wird das sich wandelnde Sprachverständnis Quines geklärt. Dazu ist das Übersetzen des Feldforschers von dem Sprechenlernen des Kindes abzugrenzen. Quine schließt den kindlichen Spracherwerb an hervorgehobener Stellung im zweiten Kapitel von *Word and Object,* nämlich nachdem die Kapitelfrage exponiert ist und noch bevor der Feldforscher seine Arbeit aufnimmt, aus: "We are concerned here [...] not with the processes of acquisition, whose variations from individual to individual it is to the interests of communication to efface" (WO 27). Quine führt als ersten Grund für den Ausschluss das Interesse der Sprache an Kommunikation und Öffentlichkeit an. Sprache ist für ihn: "a complex of present dispositions to verbal behavior, in which speakers of the same language have perforce come to resemble one another". Es fällt auf, dass diese dispositionale Sprachdefinition einerseits Verschiedenheiten der einzelnen Sprecher außer Acht lässt und zweitens der gegenwärtige Stand der Sprachbeherrschung hervorgehoben wird. Es ist nach dem Interesse hinter dieser Auslassung und hinter dieser Festlegung zu fragen.

Im Lernen geht es einerseits um die erkenntnistheoretische Frage, die Quine naturalistisch beantwortet: auf welche Weise stellt das Erlernen der Beobachtungssätze die „Verbindung"[114] mit dem physisch-psychischen Apparat eines Menschen her. Das Übersetzen ist in der Rolle dieser gesuchten Verbindung. Andererseits geht es im Übersetzen als Aneignung einer Sprache um eine linguistische Fragestellung. Der Konflikt zwischen Erkenntnistheorie und Linguistik ist vorprogrammiert. Der Spracherwerbstheorie beim Kind, die Quine aufgestellt hat,[115] stellen sich Stolpersteine in den Weg. Einer ist das Dilemma von mentalistischer Begrifflichkeit in einer behavioristischen Theorie der Sprache. Quine versucht das Dilemma mit dem Ausschluss des Spracherwerbs zu lösen (§7): Wahrnehmungen sind subjektiv und Urteile über die Ähnlichkeit von Wahrnehmungen auch, und die Aneignung geschieht ebenfalls in einer individuellen Erwerbsgeschichte. Wissenschaft hingegen ist objektiv (als ideale Wissenschaftssprache ist alles in physikalischen Prädikaten auszudrücken) bzw. zumindest intersubjektiv als die jeweilige Sprache einer *scientific community*. Die philosophische Frage, die an das Übersetzen zu stellen ist, lautet: Ist Sprache als Fähigkeit auf Seiten des Subjekts zu beschreiben (1) oder als Symbolsystem einer Sprechergemeinschaft (2)? Jede Beschrei-

---

[114] *Interview Tomida* 8f: "link".
[115] In: OR 6ff, WO §§ 3,4. *Roots of Reference* et.al.

bung kann wiederum in einer Version vorgelegt werden, die mehr die Objektivität oder entgegengesetzt mehr die Subjektivität vertritt: 1) Wenn die Sprache eine Fähigkeit ist, so kann sie eine angeborene Veranlagung sein mit kulturübergreifenden Bausteinen (a) oder individuell chaotisch, so dass sie nur teilweise theoretisch darzustellen ist (b). 2) Wenn die Sprache ein öffentliches System ist, so kann sie wiederum entweder grammatisch-semantisch allgemeine Gesetze verwirklichen (a) oder ein schwankender Durchschnitt von Wortverwendungen in einer bestimmten Subgruppe sein (b). Je nachdem welche dieser vier Versionen stark gemacht wird, steht das Übersetzen unter anderen Anforderungen. Um zu sehen, welche Version Quine vertritt, muss seine Sprachauffassung über die Schlüsselbegriffe Reizmodul und Disposition gedeutet werden. Das Gedankenexperimentatorkapitel wird seine spätere Gebrauchsbedeutung von Sprache und ihren konstitutiven Begriff Intersubjektivität verfolgen. Das Ergebnis zeigt, dass die Unbestimmtheit des Verstehens mit einer vergegenwärtigenden Sprachauffassung in Zusammenhang steht.

Ergebnisse der empirischen Entwicklungspsychologie sprechen für interkulturell weitgehend gleiche angeborene Fähigkeiten: „the evidence is that young children begin successfully to *explain* what someone with a false belief has done at about the same age at which they first become able to make *predictions* from false-belief attributions, for example (Wellman, 1990) - there is no developmental lag, here, with explanation trailing behind prediction, of the sort to which simulationism is committed".[116] Damit ist die mögliche Andersartigkeit der Übersetzungen begrenzt. Es scheint für das Erklären, in dem sich Verstehen ausdrückt, einen Reifezeitpunkt zu geben, von dem an es ermöglicht ist. Im zweiten Kapitel von *Word and Object* geht es um eine Theorie des Verstehens für erwachsene Sprecher. Quine mag von der gleichen Einsicht geleitet sein wie Davies und Stone: „In order to give any more specific answer to the developmental question raised by Wimmer and Perner's experiment, we need to have some idea of the nature of adult's folk-psychological ability".[117]

3.1.1   Kritik des Versuchs, über Reizbedeutung Objektivität zu gewinnen

Quine sucht einen objektiven Ausgangspunkt für seinen erkenntnistheoretisch genutzten Sprachbegriff in der Reizbedeutung. Sie ist das semantische Äquivalent der Oberflächenreizung. Das heißt, sie ist die Informationsmenge, die einen Sprecher zur Zustimmung oder Ablehnung eines Satzes bewegt. Die kleinste begrenzte Einheit der Reizbedeutung ist das Reizmodul: "a working standard of what to count as specious present" (WO 28). Denn der Feldforscher kann anfangs nur von *tatsächlichem* Verhal-

---

[116] BOTTERILL/CARRUTHERS *Philosophy of Psychology* 84.
[117] *Folk Psychology* 3.

ten ausgehen ("the going concern of verbal behavior and its currently observable correlations with stimulation" (WO 28). An die Stelle von Sprache als Disposition ist ein „tatsächliches Verhalten" getreten. Handelt es sich noch um das gleiche Sprachverständnis? Disposition ist eine Abkürzung für die Menge aller Sätze, die zu äußern ein Sprecher geneigt ist unter dem Einfluss bestimmter Reizeinflüsse. So ist die Disposition ein Konstrukt aus einem ins Innere der Blackbox zurückverlagerten, ehemals beobachteten Verhalten, das nun zu einem Moment vergegenwärtigt wird.

Hinsichtlich der Synchronie drängt sich ein Vergleich mit einer anderen Theorie der Weltaneignung auf: mit den Analysen der Weltkonstitution Husserls. Der phänomenologische Ansatz wird oft für eine Theorie der Fremdheit in Anspruch genommen. Husserl selbst wird jedoch kritisiert. Seine *epoche* in Bezug auf den Selbststand der Dinge führt auf das Ur-Ich, indem alle Dinge als dessen Vorstellungen betrachtet werden. Nach Waldenfels ist das Ich somit Vorlage und „Original für das Fremde; und Eigenes und Fremdes treffen sich ihrerseits auf dem Boden einer allgemeinen Vernunft, die zu den Präsumtionen jeglicher Erfahrung gehört".[118] Hier klingt der kantische Vernunftbegriff durch. Alles, was außerhalb seiner Gesetze liegt, gilt als nicht denkbar und sinnlos. Für Waldenfels besitzt dieses hermeneutische Axiom die Kehrseite, den „Schock" des Fremden aufzufangen und als Folge, den Charakter des Fremden zu negieren. Sundermeier[119] kommt zu dem Urteil: Husserls „radikale Egologie kennt den anderen nur als Spiegel des Ich. Eine echte Alterität kommt nicht in den Blick".[120] Auch Nakamura[121] illustriert, wie Husserls Konstitution von Intersubjektivität das Fremde verkennt und nur als Andersheit setzen kann. Das Fremde verliert sich in der Konstitutionsaporie und ist nur noch ein Anderes. Es wird vom „Subjektzentrum" (129) lediglich als Fremdes inszeniert. Im vorprädikativen Aneignen der Welt jedoch tritt mit der „Hemmung" bei Husserl Fremdheit auf. Hemmung meint das, was einen Reiz auslöst, ohne dass die gewohnte Mechanik der Konstitution darauf anwendbar wäre. Damit soll die Eigenheitskonstitution unterlaufen werden.

Die Einführung des Reizmoduls bei Quine gleicht Husserls Bemühungen in der *Phänomenologie des inneren Zeitbewusstseins*, die Länge der Gegenwart zu beschreiben. „Der Ton ist derselbe, aber der Ton, 'in der Weise wie' er erscheint, ein immer anderer" (91). So wie es bei Husserl mannigfache Erscheinungsweisen gibt, so gibt es bei Quine viele mögliche Übersetzungen. Und doch gehen sie auf den gleichen Ton und das gleiche Reizmuster zurück. Husserl kommt in seiner Rekonstruktion des inneren Zeitbe-

---

[118] *Erfahrung des Fremden in Husserls Phänomenologie* 53.
[119] *Den Fremden verstehen* 56-60.
[120] *Den Fremden verstehen* 60. Ebenso urteilt JAMME ‚*Gott an hat ein Gewand*' über den Husserl, der noch nicht von der Frage nach dem Wesen des Mythos (30er Jahre) in Anspruch genommen ist (56).
[121] *Xenosophie* 51-72.

wusstseins zu einer ähnlichen Bestandsaufnahme wie Quine in der Gavagai-Simulation. Im Zitat wird sein Ringen um die Gleichheit des Gegenstandes deutlich, so wie für Quine die "reification" in der Ontologie eine grundlegende Rolle spielt. Beide sprechen von einer Variation in der Gleichheit. So wie für Quine das Netz der wissenschaftlichen Theorie erhalten bleibt, das durch einfachste Beobachtungssätze und Verallgemeinerungen Knoten gebildet hat, so bleibt für Husserl der Ton derselbe über die Stadien von Wahrnehmen, Erinnern und Gerade-noch-im-Sinn-Haben hinweg. Beide haben variierende Gegebenheitsweisen oder Manuale. Beide setzen bei der Wahrnehmung an und hegen lediglich Zweifel an einer 1:1- Übertragung. Dass aber von daher Gehalt komme, also Bedeutung letztlich am empirischen Gehalt hänge, ist ihnen gemeinsam; sei es dass das Netz der Überzeugungen nur am äußersten Rand auf Beobachtungssätzen aufruhe, sei es dass das Bewusstsein Konstitutionsprinzipien bereithält.

Husserl und Quine handeln sich Schwierigkeiten mit dem Phänomen der Vagheit in der Aktualgenese ein. Von der Fragehinsicht her, wie sich die Evidenz bildet, aufgrund derer ein Urteil gefällt wird, ist die Fluidität des Gegenstands aufgetaucht. Die Temporisation, die das Reizmodul vorzunehmen versucht, dient dem Zweck, eine klar umrissene und nicht vage Gegenständlichkeit herauszuschneiden. Dies muss scheitern, denn um die Reizbedeutung vollständig zu bestimmen, müssen die situative Reaktion und die Geschichte des Sprechers unterschieden werden. Inwiefern das zweite Element ein Empirisches noch zulässt, ist zu prüfen. Die Ausgrenzung des Reizmoduls ist eine Mischung aus erwünschter Messbarkeit und vorurteilsvoller Einstellung, die zu wissen vorgibt, wie viel aus der Vergangenheit eines Sprechers in ein Modul hineingehört. Das Übersetzen jedoch ist eine sprachliche Prozedur, die wesentlich mit der Vagheit in Berührung kommt, denn ihr Gegenstand ist ein Gebilde, das nicht nur aus Wissenssätzen besteht, die den Axiomen der klassischen Logik gehorchen, sondern auch aus semipropositionalen Äußerungen.

Es ist interessant, dass der Vergleich mit Husserl an der Stelle sich aufdrängt, wo es um die Bewertung des Sprachverständnisses Quines geht.[122] Ist die „Disposition" eine Art von Bewusstsein? Quine schreibt: "Recon a man's current language by his current dispositions to respond verbally to current stimulations, and you automatically refer all past stimulation to the learning phase. Not but that even this way of drawing a boundary between language in acquisition and language in use has its fluctuations" (WO 62). Die Frage nach der Dauer des Augenblicks ist ein typisch bewusstseins-philosophisches Problem. Husserl löst die Grenzziehung mit den Ausführungen zu Protention und Retention. Am ersten Satz des Zitates von Quine fällt auf, dass der Disposition die Funkti-

---

[122] Quine sagt über sein Verhältnis zu Husserl, dass es ihm nicht gelang, in die "Spielregeln" der *Logischen Untersuchungen* einzusteigen, deren Begriffe ihm "vage" erschienen, während er interessiert ist an der "combination of behaviour and neurology...[Husserl] was interessted in introspection", *Interview Borradori* 34.

on zukommt, alle früheren Reize in der Gegenwart zu halten. Für Quine gehört das Lernen der Sprache zur Vergangenheit der Reize und ist in die Sprache als Disposition eingegangen. Darin wird deutlich, dass die Disposition viel mehr ist als die Fähigkeit der Reaktion. Sie ist ein gestaltendes Vermögen mit Erinnerung. Die Erinnerung nennt Quine euphemistisch "collateral information" (WO 28). Es ist typisch für Quine, dass ein Wissensbesitz (hier: Sprache) durch einen Lernprozess erklärt wird. Die Alternative eines unthematischen Wissens und eines angeborenen Wissens oder die unmittelbare Kenntnis interner Zustände als Grundlage für Zuschreibungen mentaler Zustände scheiden aus. Letztere gehört zum Husserlschen Feindbild der Introspektion. Von daher legt Quine an anderen Orten solche Sorgfalt auf die Rekonstruktion des kindlichen Spracherwerbs. Die zusätzlichen Informationen sind eindeutig nicht als angeborenes Programm bestimmt, sondern als reicher individueller Erfahrungsschatz. Disposition, der wichtige Begriff des Behaviorismus, ohne den diese philosophische Position nicht funktionierte, ist hier dem Bewusstsein und seinem Erinnerungsvermögen zum Verwechseln ähnlich. Diese Aufgabenzuweisung an die Disposition in Quines geläutertem Empirismus ist fragwürdig, denn sie stattet ein Vermögen mit einer Geistigkeit aus, die er durch Beobachtungssätze gerade ersetzen wollte.

Seine Kritik richtet sich gegen die Auffassung Carnaps, einen „reinen Strom der Sinneserfahrung heraus [...] abstrahieren" (WG 19) zu können, der in den Protokollsätzen „ein phantastisch phantasieloses Medium gänzlich ungeschminkter Meldungen" gefunden habe. Sein Argument ist, dass eine so konzipierte, unmittelbare Erfahrung keinen autonomen Bereich ergebe. Sprache hat für Quine immer mit Öffentlichkeit zu tun. Die Begegnung des Feldforschers mit dem Eingeborenen ist ein Paradebeispiel für die Begegnung „im Außen". Weder neuronale interne Realisierungen der Äußerungen sind von Interesse noch bewusste innere Zustände, sondern die Erfahrung, die sich als Disposition niedergeschlagen hat. Durch Ausschluss des Spracherwerbs des Eingeborenen wurde dessen individuelle Geschichte ausgeschlossen und ein Untersuchungsgegenstand für den Feldforscher geschaffen, zu dem er gleichberechtigten Zugang hat. Beide sind in der gleichen Situation, in der ein Hase vorbeiläuft. So kann Übersetzen zustande kommen. In der Dekompensierung des agierenden Eingeborenen zum Reizmodul liegt eine Bedingung für die Art von Übersetzung, aus der Quine Folgerungen schließen will. Denn auch Kinder lernen unter sehr unterschiedlichen Bedingungen ihre Sprache, verwenden sie später aber einigermaßen gleich. Das ist sein Argument, dass für den Begriff des Verstehens der Erwerb zu vernachlässigen ist. Trotzdem ist der Ausschluss des Erwerbs seiner Sprache beim Eingeborenen ein heikler Punkt. Denn der Feldforscher erlernt im Aufstellen des Manuals ja selbst eine Sprache. So hat doch wieder ein Spracherwerb in der Simulation seine Spuren hinterlassen, um nicht zu sagen, das Übersetzen ist ein Spracherwerb. Quines Wunsch, mit dem Spracherwerb vieles, das den Anklang an Semantisches hat, auszuschließen (Erinnerung, Hineinversetzen, Gestaltsehen), um die Reizbedeutung besser zu positionieren, scheitert und entpuppt sich als Wunschdenken.

3.1.2   Kritik an Quines Sprachauffassung und ihrer Reduktion der Fremdheit

Das zweite Kapitel zerfällt in zwei Phasen des Übersetzens: zuerst Beobachtungssätze (§10), dann theoretische Sätze (§§ 14,15). Jede Phase untersteht spezifischen Erfordernissen und Folgen, die theoretisch nachgebildet werden müssen. Es liegt ein steter Reibungspunkt zwischen Quines Empirismus und dem Versuch, das Nichtpositive dennoch zu beschreiben. Quines naturalistisches Interesse schlägt hier durch und verdunkelt den Gewinn der Simulation, im Übersetzen Zugang zum Nicht-Empirischen gefunden zu haben und überschreitet eindeutig die Aufgabe eines Sprachwissenschaftlers. Der Übergang von einer Reizbedeutung zum Verstehen einer Äußerung ist nicht kontinuierlich und nicht mit einer empiristisch-neurologischen Theorie beschreibbar. Trotzdem nähert sich Quine diesem Punkt des Übersetzens immer wieder sozusagen „von unten" an, aus einer physikalistischen Theorie, und stößt sich dann am Phänomen der Bedeutsamkeit von Sätzen. An dieser Stelle greift er dann zu Hilfskonstruktionen, mit denen er beabsichtigt, Bedeutsamkeit zu erläutern, ohne zu viele Konzessionen an eine nicht-empirische Theorie zu machen.

Eine Fremderfahrung kann aber nicht in einem Scheindialog initiiert werden. Wenn lediglich die empirische Experimenteinstellung auf den noch nicht erforschten Gegenstand ausgedehnt wird, tritt er erstens nicht als Botschaft und zweitens nicht als Widerstand und Grenze für meine Ausweitung von Eigenheit mir entgegen. Ich wende nun einen wichtigen Annäherungsschritt an die Fremdheit, wie Husserl ihn sieht, auf die Erforschungsetappen des Feldforschers an. Nach Nakamura[123] wird der Widerstand in dem Ereignis der Hemmung erst dann zur vollständigen Fremderfahrung, wenn ein Dialog mit dem Gegenüber aufgenommen wird, in dem der andere nicht reduziert wird auf eine quantitativ zu beschreibende Entität. In der Phase I des physikalistisch experimentierenden Feldforschens wird die Unbekanntheit noch nicht als Fremdheit erschließbar. Denn „in dieser Anordnung des *trial and error* erscheint die Situation keineswegs dialogisch, der Antwortende ist zugleich der Fragende" (ebd. 126). Dass der Feldforscher ein erstes Widerstreben in der Anwendung seiner Mittel auf den Eingeborenen bemerkt, „verdankt sich offenbar nur einem Geräusch, keiner eindringenden Äußerung. Der Dialog ist ein Scheindialog zwischen einem fragenden Beobachter und einem antwortenden Experiment" (126/127). Den gleichen Fehler, die Bedeutung eines Zeichens auf die Materialität des Zeichens zu reduzieren, kritisiert Putnam an Quines Umgang mit dem Begriff analytisch. In den *Two Dogmas* untersucht Quine, ob die Er-

---

[123] *Xenosophie* 126ff.

setzung eines Wortes *salva veritate* als Erklärung für „analytisch" zulässig ist. Nach Putnams Ansicht wird bei diesem Verfahren ein Ausdruck durch einen anderen ersetzt, der aus einer Menge stammt, „deren Elemente sich dadurch auszeichnen, dass sie von geschulten Gewährsleuten mit gewissen *Geräuschen* bedacht werden: mit ana:lyti*f* oder mit bed[]ituŋspostula:t oder mit synony:m. Letztendlich bleibt 'analytisch' nach diesem Vorschlag ein *unexpliziertes Geräusch*".[124] Putnams Kritik stellt Quines fehlende Einsicht in das Spezifikum des zweiten Syntagmas von Übersetzen und seinen Glauben an eine Methode, die einen quantitativen (physikalisierbaren) Vergleich in der Sprache schaffen kann, bloß.

Der Zwiespalt kehrt in *Progress of Two Fronts* wieder: Quine sagt: "Not that I pictured the translator as neurologizing" (159). Und er erläutert Reize als Reizbedeutung, die das Gleichbleibende zwischen einem Satz und einem anderen sei (dem Eingeborenensatz und dem Übersetzten). Dann bestünde in der Tat kein Problem. Die Schwierigkeit ist, dass vom Feldforscher verlangt wird, nicht einfach zu übersetzen, sondern die Referenz des Eingeborenen einzubeziehen. Quine vermischt das erkenntnistheoretische Anliegen mit einer linguistischen Aufgabe. Übersetzen ist sekundär verwendet. Quine macht aus dem Übersetzen eine ontologische Welterschaffung. Dazu bedarf er des exotischen Kontextes, um der möglichen Fremdheit der anderen Welt in der anderen Sprache genügend Überzeugungskraft zu geben. Das Übersetzen ist somit keine linguistische Tätigkeit, sondern eine theoretische: Der feldforschende Linguist entwirft eine Welt. Durch den Rahmen des zweiten Kapitels von *Word and Object* lässt Quine dem Linguisten keine Chance, sich aus dieser konstruktiven Aufgabe herauszuhalten. Vordergründig scheint es ein rein heuristischer Schachzug zu sein, die Referenz der Eingeborenenäußerungen mit hineinzunehmen. Dadurch kann herausgefunden werden, was der Eingeborene meint, indem von ihm angenommen wird, er beziehe sich auf Episoden seiner Umgebung, die auch dem Forscher offenliegen. Folgenreich jedoch kommt damit die Singularität von Termen hinein. Das wiederum bedeutet, dass die Wahrheitsfunktionalität in einer Korrespondenz von Realität und der eigenen sinnlichen Wahrnehmung vorgestellt wird. Die eigene Wahrnehmung ist ein wichtiges Bindeglied, diese Wahrnehmung auch beim Eingeborenen anzunehmen und dessen Äußerung mit ihrer Referenz verknüpfen zu können. Wenn der Feldforscher bereits ein Manual hätte, mit dessen Hilfe er nur auf die Äußerungen hören müsste, um nach einigem Blättern die Übersetzung aufschreiben zu können, dann läge der semantische Aufstieg gleichsam hinter ihm. In der Feldstudie aber sind die Äußerungen des Eingeborenen, insofern sie Sätze sind *und* insofern sie sich auf singuläre Terme beziehen, Gegenstand. Wenn Quine von der Unerforschlichkeit der Referenz spricht, fragt sich, ob er damit nicht seinen eigenen

---

[124] PUTNAM *Die Bedeutung von „Bedeutung"* 74.

Anläufen Einhalt gebietet, die Linguistik metaphysisch zu verwenden, indem er sie in eine ontologisch-erkenntnistheoretische Betrachtung einschiebt.

Das Dilemma der Beobachtungssätze wiederholt sich an den Übersetzungen: So wie Beobachtungssätze aus Reizbestätigung Bedeutung erhalten und nicht aus dem Netz, so sind in Übersetzungen natürlich nicht die Teile äquivalent, und doch geht die Übersetzung de facto "little by little" (WO 79) vor! Der Widerspruch, dass für ein Einzelnes Bedeutung angenommen wird, ohne noch dessen Umgebung zu kennen, ist auch mit den Übersetzungen nicht aus der Welt. Also sind auch die Übersetzungen für den Gedankenforscher nicht aus der „Zwickmühle" genommen.[125] Das fasst die entwickelte Kritik an Quine zusammen und bestätigt, dass er das Übersetzen nicht anders als das Beobachten behandelt. Die Zwickmühle ist Quines persönliches Problem, gleichsam sein geistiger Fingerabdruck, den er auch 1990 in *Pursuit of Truth* beibehält. Es drängt sich die Frage auf, warum Quine an der für die Bedeutungstheorie nur Schwierigkeiten bereitenden Prämisse, die den Verifikationismus empirisch-realistischer Theorie bevorzugt, festhält. Auch seine Entscheidung für die Prädikatenlogik erster Ordnung in der Art Freges und Russells stört den Holismus gewaltig. Steht doch der These von der Rückführbarkeit aller sinnvollen Aussagen auf atomistische Sätze aus Variablen und Prädikaten die holistische Wahrheitsvorstellung der Bedeutungsgenerierung innerhalb von Satzkontexten entgegen!

Eine Schwierigkeit des Experiments liegt darin, dass es mit den zwei Ebenen von Gedankenexperimentator und Feldforscher zwei verschiedene Interessen verfolgt. Einerseits interessiert Quine Welterkenntnis, andererseits interessiert ihn am Satz „Kaninchen!" nicht, ob er Welterkenntnis liefert, sondern wie er treffend übersetzt wird. Während die eine Frage eine naturwissenschaftliche Antwort anvisiert, geht es der anderen um eine sprachwissenschaftlich nachvollziehbare Lösung. Oder: Die erste Frage verfolgt Wahrheit als Korrespondenz, die zweite vollzieht den semantischen Aufstieg.[126] Nur die zweite Frage kann verfolgt werden, wenn die Feldstudie das Übersetzen thematisiert. Denn die Besonderheit der Tätigkeit des Übersetzens liegt darin, dass das Verb „übersetzen" eines zweiten Syntagmas bedarf, das eine semantische Größe ist: Jemand übersetzt einen Text, ein Gespräch etc. Nicht zum paradigmatischen semantischen Feld von „übersetzen" gehören Lexeme wie: Schallwelle, Lärm, Geräusch usw. Hier erliegt

---

[125] "predicament" taucht am Anfang und am Ende des II. Kapitels auf (WO 34 und 79). An erster Stelle wird es von den Beobachtungssätzen und ihrer Reizbedeutung ausgesagt, an zweiter von der Übersetzungsunbestimmtheit.

[126] Der "semantic assent" ist der "shift from talking in certain terms to talking about them" (WO 271). Der Nutzen ist für Quine ein kommunikativer: Zwei Sprecher teilen mit Sätzen eine gemeinsame Welt, wie unterschiedlich ihre Ontologien auch sein mögen. "The strategy is one of ascending of a common part of two fundamentally disparate conceptual schemes, the better to discuss the disparate foundations" (ebd. 272).

der empirische Linguist der ersten Phase einem Irrtum: Er ist von seinem empirischen Zugang voreingenommen, so dass er das zweite Syntagma in einer *surface irritation* sucht, - in unserem Falle im Hören von „Gavagai", das als Stimulus, als Hörnerv-Reizung, beschrieben wird und nicht als Äußerung.[127] Der Irrtum des Gedankenexperimentators spiegelt sich in der Doppelgesichtigkeit des Feldforschers, der die linguistische Übersetzung in eine neuronale Übersetzung zurückverlagern oder fundieren will. Daran übt Glock Kritik, indem er zeigt, dass sich Verstehen stattdessen in der Fähigkeit zu paraphrasieren oder in angemessener Reaktion ausdrückt. Er kritisiert, dass wir uns nicht dauernd auf die Hintergrundtheorie beziehen, in diese hinein übersetzen und von dort erst verstehen. Das wäre Leibniz' monadologisch vermittelte Vorstellung: Kommunikation geschieht zwischen den einzelnen Monaden nur über den Umweg einer kausalen Vermittlung über die Urmonade Gott. Glock behauptet das direkte Verstehen zwischen Mensch und Mensch. Da Quine einen Teufelskreis in der Unbestimmtheit des Übersetzens sieht, der selbst zu Hause gilt, folgert Glock, Quine vertrete einen semantischen Nihilismus: "we end up not with some form of relativism, but with a semantic nihilism: if there is no fact of the matter as to what we mean, then there is no such thing as linguistic meaning or understanding, and hence no meaningful communication, discourse or argument!".[128] Diese Konsequenz teilt Quine nicht: "The critique of meaning leveled by my thesis of indeterminacy of translation is meant to clear away misconceptions, but the result is not nihilism".[129] Glocks Behauptung "there is no objective fact of the matter" (200) trifft nicht zu. Denn bei Quine bleibt der Bezugspunkt auf eine naturalistisch vorgestellte Welt (fact of the matter) zeit seines Lebens bestehen. Ebenso ist bei Husserl auf der Grundlage der Phänomenologie die Bezugnahme auf die eine Realität der einen Welt trotz des „Experiments der Weltvernichtung"[130] nie aufgegeben. Die Fremde wird bei beiden nicht jenseits der Prämisse ihres Denkens angesiedelt oder auf diesen möglichen Ort verwiesen.

Auch Hacking[131] kritisiert das Übersetzungsmodell und weist die Folgerung der Unbestimmtheit zurück. Sein Gedanke ist, dass das Übersetzen auf die Vorstellung einer Wahrheit fixiert bleibe. Gerade diesen Maßstab gebe es nicht, da Wahrheit (und

---

[127] "[N]ote that the harmony was needed not only in respect of the rabbits, in my example, but also in respect of the utterance of 'Gavagai'. The sound of it was perceptually similar for the native and likewise for the translator" (*Progress on Two Fronts* 161 und in anderen Aufsätzen). In diesem späten Aufsatz glaubt Quine, den einigenden Grund für jede Gleichheit von Ausdrücken in der "Harmonie" der "Höreindrücke" gefunden zu haben. In der dort evolutionstheoretisch motivierten Sicht verstößt die Gegenstandsbestimmung gegen die Erfordernisse des zweiten Syntagmas von "übersetzen".
[128] *The Indispensability of translation in Quine and Davidson* 199.
[129] *Indeterminacy of Translation Again* 9.
[130] Vgl. NAKAMURA *Xenosophie* 127.
[131] *Language, Truth and Reason*.

Falschheit) nur innerhalb eines Stils von Rationalität (style of reasoning) eine Funktion hat. Es kann deshalb nicht darum gehen, ob mehrere Übersetzungen gleich wahr sind, weil „truth-or-falsehood" ein Konzept innerhalb der Feldforschersprache ist und nicht gleichsam zwischen Provinz und Dschungel steht und eine erlaubte Kategorie zur neutralen Beschreibung der Begegnung abgibt.

Quine erkennt eine wichtige Vorraussetzung für die Weitergabe von Sprache: Kreaturen müssen „voneinander wahrnehmen können, dass der andere etwas wahrnimmt" (UW 105). In unthematischer szenischer Form steckt dieses Verhältnis in der Feldstudie von *Word and Object*. Das Initial dieser Urszene ist die Beobachtung des Feldforschers, dass der Eingeborene auf ein Kaninchen reagiert. Er nimmt wahr, dass der andere etwas wahrnimmt. In *Pursuit of Truth* wird diese szenische Ausstattung zur formulierten Erkenntnis, dass dieses Verhältnis eine grundlegende Voraussetzung ist. Gerade diese Fähigkeit ist für den Kontext dieser Arbeit so interessant, weil sie am Boden der Simulation liegt. In § 16 und 24 von *Pursuit of Truth* führt Quine sie aus als „Empathie" (UW 59) und in der Wendung „sympathisierend in die Lage des Dschungelbewohners einfühlt". Wichtiger Punkt ist dabei, dass die Initialfähigkeit (voneinander wahrnehmen können je etwas wahrzunehmen) als Möglichkeit erläutert wird, sich nicht in die eigenen Wahrnehmungen zu vertiefen, sondern sich gerade in die „Assoziationen und grammatischen Gewohnheiten des Dschungelbewohners hinein zu projizieren" (ebd.). Zwei Dinge fallen an dem Zitat auf: statt „wahrnehmen" steht „hineinprojizieren" und anstatt der Wahrnehmungsäußerungen sind seine mit diesen nur verknüpften Assoziationen und Gewohnheiten der Gegenstand, also eine hintergründige Ausstattung des Dschungelbewohners. Dieser Zwischenraum verträgt sich besser mit der simulativen Erklärung als mit jener der Theorie-Theoretiker, denn es werden theoretische Entitäten in Anspruch genommen, die über den öffentlichen Wahrnehmungsraum hinausgehen: Assoziationen und Gewohnheiten.

3.2   Die Unbestimmtheit oder: wie abweichend ist das Fremde?

In diesem Kapitel geht es um die Gegensätzlickeit der Weltdeutungen. Sie ist konstitutiv für die Unbestimmtheit und definiert Fremdheit als radikale Abweichung. Daher ist ein sinnvoller Begriff von Gegensätzlichkeit festzulegen. Quines stärkste Formulierung des Gegensatzes ist die Kontradiktion im Wahrheitswert. Wovon sie ausgesagt wird, ist zu untersuchen: a) von Theorie-Ganzheiten, b) von logischen Strukturen und c) von sprachlichen Mustern. Das Ergebnis wird sein, dass das Sinngefüge als Subjekt des Gegensatzes verglichen mit den drei quineschen Optionen die radikalste Abweichung ermöglicht.

Quines Versuch, über die Jahre hinweg seine Unbestimmtheits-These neu zu formulieren, beweisen einerseits ihre Wichtigkeit und führten andererseits zu Modifikationen, die nach dem Urteil dieser Arbeit einer Aufhebung der Sprengkraft gleichkommen. Mit der Einführung der szenischen Abweichung in dieser Arbeit wird die Unbestimmtheit bis in Quines geistphilosophische Position hinein verfolgt. Die Fremdheit der sinnvollen szenischen Abweichung weitet sich auf einer dem Verstehen des Fremden zugrunde liegenden Ebene aus: Verstehen als solches erscheint als die Abweichung schlechthin. Verstehen weicht von der Geschlossenheit einer physikalistischen Welt ab. Das ist der Anomale Monismus des Leib-Seele-Verhältnisses. Hierin muss der tiefere Grund für die Ausweitung der Unbestimmtheit auf Verstehen allgemein im § 16 gesehen werden. Die Heimanwendung der Übersetzungsunbestimmtheit betrifft nicht Weltbilder, sondern den Geist als solchen. Damit ist das grammatische Subjekt der Gegensätzlichkeit am Schluss gefunden. Das bedeutet, dass erst durch die besondere Vorstellung von Fremdverstehen, die größte Abweichung ins Spiel kommt.

Der Begriff Unbestimmtheit wird im letzten, retrospektiv-revolutionären Paragraphen des zweiten Kapitels von *Word and Object* eingeführt, der bezeichnenderweise mit „Nichtwahrnehmung der Unbestimmtheit" (failure to perceive the indeterminacy) betitelt ist und im Wesentlichen in den Ausführungen über sieben Ursachen für die Verkennung der Unbestimmtheit besteht. Bezeichnend ist, dass die Bedeutung der Unbestimmtheit aus dem „Misslingen" und dem Widerstand gegen sie aufleuchtet. Quine selbst wählt eine philosophiegeschichtliche Perspektive, in der er Gründe eigenen und fremden Irrens aufzählt. Der Widerstand richtet sich gegen die große Umwälzung in den gewohnten Denkstrukturen, die ansteht, wenn ein Philosoph sich in die Denkbegriffe des radikalen Übersetzens exotischer Sprachen einübt. Die Unbestimmtheit ist eine anzueignende Denkweise: "[A t]hinking in terms of radical translation of exotic languages".

Erst nach der Einübung ins Exotische stellt sich die rückgewendete Erkenntnis ein, dass die Errungenschaften in der Fremde genauso das Eigene betreffen: den "empirical slack in our own beliefs" (WO 78). Mit „uns" sind alle Sprecher der wissenschaftlich-abendländischen Zivilisation gemeint. Der Zeitpfeil darf auf keinen Fall umgedreht werden. Erst werden die Widerstände abgeschritten, dann die Unbestimmtheit entdeckt, und schließlich wird sie auf die Heimat des Feldforschers angewendet. Diese Progression unterstützt die Lektüre des zweiten Kapitels als eines narrativen Textes. Denn wie in Geschichten ist die Reihenfolge bedeutsam und nicht in die Gleichzeitigkeit wahrer Aussagen auflösbar wie in anderen philosophischen Textsorten. Hartmann betont, wie wichtig dieses „Prinzip der methodischen Ordnung" ist: „Für die erfolgreiche Realisierung vieler (nicht aller) Zwecke ist die Einhaltung einer bestimmten Reihenfolge von Handlungsschritten nötig".[132] Für Hartmann ist die Praxisherkunft (z.B. beim poieti-

---

[132] *Philosophische Grundlagen der Psychologie* 15f.

schen Handeln) der Grund für die Abfolge-Rücksicht. In der Simulativen Hermeneutik ist die personale Prozesshaftigkeit der Grund. Der Empirist Quine kommt zu Selbsterkenntnis im Aufstieg von Bewusstseinsstufen. Es sind diese beiden Erfahrungsbereiche, die den Paragraphen in Hemisphären teilen, jene der zwischensprachlichen Begegnung und jene der innersprachlichen. Zur zwischensprachlichen Konfrontation zählen nur Sprachen zweier verschiedener Kulturbereiche oder, wie Quine sagt, „unserer" Sprache und auf der anderen Seite einer Sprache „über den finstersten Archipel hinweg" (WG 63). Das Fremde wird in seiner Dunkelheit gekennzeichnet und die Wendung Archipel erinnert an das Vokabular der Entdeckerreisen von Jules Verne bis Magellan. Das Verlassen des innersprachlichen Bereichs, zu dem Überlegungen zu Spracherwerb oder zu künstlichen Sprachen gehören, betritt das zwischensprachliche Feld und kehrt danach erst zur Anwendung des Erkannten auf das Innersprachliche zurück. Quine wiederholt hier in seiner spezifischen Aneignung ein Argument Neuraths gegen die Möglichkeit privaten Bezugs: Das Subjekt ist sich selbst gegenüber in keiner anderen Situation als einem völlig Fremden gegenüber. Es ist gezwungen, die eigenen Äußerungen im Licht öffentlicher Daten und sprachlicher Äußerungen zu interpretieren. Selbst der Gedankengang Quines in *Word and Object* ist wie eine abenteuerliche Forschungsreise Darwins aufgebaut. Mit dem Unterschied, dass Darwins aus der Fremde importierte Ursprungserkenntnis in unser abendländisches Netz der Überzeugungen gründlich eingebaut wurde, während Quine gerade die Inkommensurabilität des Fremden ausruft. Es geht nicht um die Entdeckung, dass die Eingeborenen einen anderen Götterhimmel haben und andere Naturheilverfahren. Es geht um die Grundlagen des Vermögens, das Fremdartigkeit feststellt. Dieses findet keine Quelle mehr, die Priorität hat, Evidenzen für ein „richtiges" Verstehen zu sammeln. Die Unbestimmtheit schließt die mentalistische *und* die empirische Quelle als Beleg bzw. Geltungsgrund aus. Der Ausschluss des mentalistischen Bedeutungsansatzes ist im Prinzip bereits in den *Two Dogmas* geschehen. So erklärt sich der Schwerpunkt von *Word and Object* auf den Ausschluss der empirischen Theorie als Quelle klarer Bedeutung.

Die Exposition kam zu dem Ergebnis, dass die Simulation des Denkens im Begriff der Erstübersetzung exotischer Sprachen am geeignetsten ist, Synonymie zu widerlegen, d.h. Fremdheit einzuführen. Die Unterscheidung Quines baut auf der Grundunterscheidung von faktischer Gegebenheit und dem nicht Faktischen, dem Spielraum, auf. Die Fremdheit im Faktischen untersucht der Feldforscher, die Fremdheit jenseits des Faktischen der Gedankenexperimentator. Die erste Fremdheit ist eine relative. Die Unbestimmtheit, dass ein gegensätzliches Globalsystem beim Eingeborenen zu entdecken ist, hebt Quine mehr und mehr auf. Der Gedankenexperimentator bleibt jedoch mit der Frage nach der Möglichkeit einer totalen weltanschaulichen Abweichung und einer völlig unterschiedlichen Hintergrundtheorie beschäftigt. Die Annahme einer solchen Fremdheit in der Form einer regulativen Idee drückt sich in der These von der Unbestimmtheit aus. Sie gibt die wichtigen Impulse in *Word and Object*: Sie treibt voran, enthält das kritische Potential und schickt in den Dschungel. Auch wenn sie von den Tatsachen nicht gedeckt ist und lediglich ihre Erweissituation empirisch ist, reicht das dem Empiristen Quine aus, die Unbestimmtheit als These zu vertreten. Die Unbestimmtheit ist am knappsten in ihren beiden Komponenten beschrieben: Es gibt eine Mehrzahl von Handbüchern; und die Handbücher sind möglicherweise inkompatibel.

3.2.1 Der mögliche Gegensatz mehrerer Übersetzungen

Im Folgenden wird dem ersten Element der Unbestimmtheit, der möglichen Abweichung und Rivalität der Handbücher Deutsch-Dschungelisch, nachgegangen. Was kann es heißen, dass Übersetzungen „gegensätzlich" sind? Falls keine sinnvolle Verwendung von Gegensatz zu finden ist, würde das bedeuten, dass die wichtige These von der Unbestimmtheit widerlegt ist. Die Pluralität als zweites Element der Unbestimmtheit ist sachlich im Gegensatz mitenthalten. Sie ist sogar die Bedingung für die Gegensätzlichkeit. Denn sonst könnte die Gegensätzlichkeit in Perspektivität aufgelöst werden. Die Einsicht des sachlichen Ineinanders des Satzes der Identität und des Satzes vom auszuschließenden Widerspruch teile ich mit Gloy,[133] wobei es hier gerade um die innere Beziehung der *verneinten* klassischen Grundsätze geht: des Satzes der Pluralität (i.S.v. Nicht-Identität) und des Satzes vom möglichen Gegensatz (i.S.v. nicht auszuschließendem Widerspruch). Insofern ist die Pluralität in einem starken Sinne als Nicht-Identität der Übersetzungen untereinander zu betrachten. Als solche ist sie im möglichen Gegensatz mit behandelt.

Da Quine sich eines zwielichtigen Begriffsfelds bedient, um die Unbestimmtheitsthese aufzustellen, bedarf es einiger exegetischen Arbeit. Eine riskante Frage ist jene nach dem Subjekt des Gegensatzes: wer oder was widerspricht sich. Denn der empirische Gegenstandsbereich ist auf Gedankenexperimentatorebene, um die es nun geht, verlassen. Welche Ontologie gilt dort? Gemeinsam ist allen herausgegriffenen Stellen, dass der Gegensatz im Zusammenhang mit der Unbestimmtheitsthese angeführt wird. Das ist die Berechtigung, mit den angeführten Stellen die Unbestimmtheitsthese zu prüfen. Unter zweierlei Hinsicht muss die Unbestimmtheit des Übersetzens untersucht werden: wie das Konzept Gegensatz ausgestaltet ist und hinsichtlich des Subjekts, von

---

[133] *Versuch einer Logik des Analogiedenkens* 304. GLOYS Begründung der gegenseitigen Abhängigkeit der Sätze lautet: „Allerdings lässt sich die Prioritätenfrage auch umkehren [...] führt doch die Negation des kontradiktorischen Gegenteils von A, nämlich von non A, zur Position A zurück. – Der Prioritätenstreit, der historisch eine Rolle gespielt hat, dokumentiert sachlich die Gleichwertigkeit beider Sätze und damit die Vollständigkeit der Disjunktion".

dem der Gegensatz ausgesagt wird. In den gängigen Darstellungen fehlt meist ein Problembewusstsein für das Konstituens des Gegensatzes in Quines wichtiger These.[134]

Für das Subjekt des Gegensatzes verwendet Quine: Struktur, Manual, Muster, Global- oder Übersetzungssystem, die große synthetische Hypothese (WO 73), great code, Übersetzung, Theorie, Superstruktur[135], Netz von Checkpoints etc. Über ein ähnlich breites semantisches Feld verfügt das Gegensätzlichsein: rivalisieren, gegenteiliger Wahrheitswert, sich gegenseitig ausschließen, mehr als Paraphrasen sein, sich widersprechen, nicht äquivalent sein, zurückweisen, inkohärent, inkompatibel sein etc. Eine Kombination dieser Reihen ist das, was mit Unbestimmtheit benannt wird.

Auf niedrigster Stufe ist der Gegensatz die syntaktische Unterschiedlichkeit von zwei Übersetzungen. In der Wortstellung und der damit gegebenen Betonung, in der Wortwahl und der damit signalisierten Bildung des Sprechers oder seiner Situation und die Variationen in der Pragmatik von Befehl, Bitte, freundliche Bitte lassen eine Kluft in den Übersetzungen auftauchen. Der Geist einer Sprache drückt sich gerade in diesen geringfügigen Abweichungen aus. Sie reichen jedoch nicht aus, eine radikale Fremdheit einzuführen.

Die zweite Stufe der Annäherung an den für die Unbestimmtheit konstitutiven Gegensatz thematisiert ihn vor dem Hintergrund der Aussageabsicht des zweiten Kapitels. Quine will in *Word and Object* vorführen, dass der Begriff der Bedeutung unklar ist. Er ist unklar, weil es keine propositionalen Gehalte gibt und folglich kein Identitätskriterium.[136] In gewisser Weise müssen sich Übersetzungen widersprechen, denn würden sie sich nicht widersprechen, dann wären Übersetzungen identisch. Damit wäre ein Identitätskriterium gefunden dafür, dass zwei Sätze die gleiche Bedeutung haben (i.e. die Übersetzung voneinander sind). Andererseits dürfen sich Übersetzungen nicht widersprechen. Es liegt in der Dialektik des Begriffs Gegensatz, dass er, sobald er angewendet wird, eine Identität des Vergleichens gesetzt hat. Dadurch, dass es ein Kriterium gibt, das den Gegensatz feststellt, sind Bedeutungsentitäten wieder gesetzt. Diesem Sachverhalt der Positivität jeder Negation kann Quine nicht einfach durch die Abmilderung der These entgehen, sie sei eine rein „negative These, die nur dazu gedacht war,

---

[134] GAMM *Nicht nichts. Studien zu einer Semantik des Unbestimmten* paraphrasiert sie z.B.: „Das ist eine starke Behauptung insofern, als unterstellt wird, dass zwei Systeme dann unvereinbar sind, wenn eines erklärt: s bedeute p, und ein anderes: s bedeute q, und p und q sich tatsächlich widersprechen" (162). Im Dunklen bleibt, was „s" sein soll, ob ein Name, ein Satz oder ein System. Ist das System eine Fremdsprache oder zwei verschiedene Wörterbücher einer Sprache? Was darf für q eingesetzt werden? Dass das „nicht Nichts" bei Parmenides als ein gefährliches Fremdes auftauche, ist dem griechischen Text nicht zu entnehmen: DK 28 B 2,3; 6,2: ουκ εστιν. Schon aus der semantischen Opposition mit „sein" geht die normale Verneinung hervor.

[135] Vgl. die "superstructure" *Fact of the Matter* 159.

[136] Vgl. *Interview Borchers* 40.

meine Kritik, meinen Zweifel und mein Abrücken vom Begriff der Bedeutung zu unterstützen" (ebd. 41).

Von dem Gegensatz zweier Übersetzungen kann nur sinnvoll gesprochen werden, wenn eine vergleichende Perspektive auf die Übersetzungen möglich ist. Die vergleichende Perspektive ist ein Identitätspunkt, auf den hin die Differenzen der Übersetzungen bestimmt sind. Die Unbestimmtheitsthese, die den Gegensatz, d.h. die Nicht-Identität, in Anspruch nimmt, steht also entweder der Absicht des Kapitels entgegen, die Bedeutungsintensionen durch die Ablehnung von Identität bzw. Synonymie diskreditieren möchte, oder sie vertritt eine Metaperspektive, die methodisch bedenklich ist, da sie von einer holistischen Position ausgeschlossen ist. Die Metaperspektive wäre entweder eine metaphysische oder eine „dritte Theorie", die bisher nicht konsistent vorgetragen wurde, oder die Metaperspektive bezieht ihre Berechtigung aus einer Ontologie der objektiven Realität. Gerade die Ontologie ist aber unerforschlich und relativiert auf das Beschreibungssystem. Diese methodologischen Schwierigkeiten rühren an die Berechtigung der Unbestimmtheitsthese: Wie ist eine komparative Perspektive im Holismus möglich?

In diese Richtung einer semantischen Unbestimmtheit zielt auch Putnams Konzept der Unbestimmtheit: „a little bit of indeterminacy".[137] Er spricht von der „kleinen" Unbestimmtheit, da er die mit der Referenz verbundenen Dimensionen der Unbestimmtheit von Unerforschlichkeit und fehlendem *fact of the matter* ausklammert. Hintergrund von Putnam ist sein Stereotyp-Begriff, den er in *The Meaning of Meaning* für die Intension aufgestellt hat. Es ist nicht klar, ob zum Stereotyp von Katze das Schnurren und die Vorliebe für Milchtrinken gehört. Vielleicht gehört sie für einen Sprecher dazu, für einen anderen nicht. Es gibt auch keinen kanonischen Kontext, der das Stereotyp bildete. Vielleicht bezieht sich das Stereotyp von Katze auf Katzen, ohne einen Inhalt zu haben, also eine Bedeutung mit Extension, ohne Intension.[138] Putnam kommt zum Ergebnis, dass es keine allgemeine Regel dafür gibt, wann zwei Stereotypen ausreichend ähnlich sind. Auf jeden Fall müssen Bedeutungen auch für Putnam nicht identisch sein. Putnam denkt die Schwierigkeit der Abgrenzung von Stereotypen. Er thematisiert in seiner Bedeutungstheorie jedoch nicht, was der Gegensatz zwischen Stereotypen bedeuten könnte. Daher treten seine Überlegungen nicht mit der Fremde und der Herausforderung des Verstehens vor der Fremde in Kontakt.

Quine hat die These der Unbestimmtheit sowohl in *Word and Object* als auch im Verlauf seines Werkes in mehreren Formulierungen vorgelegt. Es werden nun zuerst Thesenformulierungen aus *Word and Object* diskutiert und dann aus späteren Schriften

---

[137] *Meaning Holism* 417ff.
[138] Vgl. *Meaning Holism* 419 den Vorschlag Dretskes.

Quines. Begonnen sei mit der kanonischen Form[139] aus *Word and Object*, in der der Gegensatz am schärfsten auftritt: Rivalisierende Systeme analytischer Hypothesen könnten völlig disparate Übersetzungen diktieren. Die Disparatheit kann so weit gehen, dass jedes System durch das andere ausgeschlossen ist. Das betrifft dann den Wahrheitswert:

"It is that rival systems of analytical hypotheses can conform to all speech dispositions within each of the languages concerned and yet dictate, in countless cases, utterly disparate translations; not mere mutual paraphrases, but translations each of which would be excluded by the other system of translation. Two such translations might even be patently contrary in truth value, provided there is no stimulation that would encourage assent to either" (WO 73).

Mit diesem Zitat eröffnet sich eine dritte Deutung des Gegensatzes: der Gegensatz im Wahrheitswert. Mit „contrary" kommt diese Formulierung des Gegensatzes dem Widerspruch im logischen Sinne (Kontradiktion) am nächsten. Der Widerspruch im Wahrheitswert ist der Extremfall des Gegensatzes. Er tritt „möglicherweise" auf. Mit den *Two Dogmas* hat Quine die satzweise Verifikation aus seinem philosophischen Instrumentarium ausgeschieden. Wenn nicht ein einzelner Satz, was ist dann Subjekt des Gegensatzes? Das, was sich widersprechen soll, sind Übersetzungen, und zwar, das geht rückbezüglich aus dem Vorsatz "the other system of translation" hervor, Übersetzungen im Sinne von Übersetzungssystemen und nicht von einzelnen Sätzen. Die Kombination „systems of analytical hypotheses" kann ersetzt werden durch „Theorie". Aber auch mit Theorie ist nicht eine aus der Mannigfaltigkeit des Redens herauslösbare naturwissenschaftliche Theorie gemeint, etwa das System analytischer Hypothesen, das von der derzeitigen Biologie oder Kybernetik dargeboten wird. In *Reply to Chomsky* setzt Quine Theorie und Sprache gleich. Das Sprachsystem als solches ist die Theorie und der Gegenstandsbereich, auf den sich die Unbestimmtheitsthese bezieht. Das macht vor dem Hintergrund der Dschungelreise auch Sinn. Der Feldforscher übersetzt ja nicht nur die biologischen Auffassungen des Eingeborenen. Ob es in dieser Art abgrenzbare Forschungsunternehmungen gibt, ist nicht einmal voraussetzbar. Alle Äußerungen werden übersetzt, d.h. die natürliche Sprache des Eingeborenen.

Im obigen Zitat ist demnach deutlich die Gesamtheit, das *holon*, im Sinne von A und A' in Anspruch genommen (s. Gedankengang der Exposition). Kann A aber einen Wahrheitswert haben? Wenn ein Satz S aus A im Vergleich zu S' aus A' den gegenteiligen Wahrheitswert hat, so muss das kein Gegensatz sein, sondern es kann an seiner Stelle innerhalb des Netzes liegen. Die Disparatheit wäre lediglich die Abweichung

---

[139] S. KIRKS *Translation Determined* gute Übersicht über Formulierungen der These in seinem Appendix!

eines Verschobenseins in der Lokalisation.[140] Wie kann ausgeschlossen werden, dass nicht jede Disparatheit von Sätzen, die sich in der zusammenfassenden Benennung der Disparatheit als A und A' niederschlägt, lediglich ein Auseinanderdriften im Sinne der Verschiebung ist? Es macht keinen Sinn, dass zwei Übersetzungssysteme hinsichtlich ihres Wahrheitswertes in offenem Gegensatz stehen. Denn Übersetzungssysteme werden durch die besondere Ausprägung ihrer Struktur individuiert. Als Ganze besitzen sie keinen Wahrheitswert. Auch die Voraussetzung zu diesem Gegensatz im Wahrheitswert, dass kein Reiz motivieren kann, einer von beiden Übersetzungen zuzustimmen, erstaunt, da doch die Ebene der Feldstudie verlassen ist und nur noch Manuale, Übersetzungen vorliegen. Es sind Texte, die verglichen werden. Diese können in ihrer Verknüpftheit sowieso nicht Gegenstand von Beobachtungen sein. Es ist ein alethologischer Fehlschluss Quines, dem *holon* einen Wahrheitswert zuzusprechen. Dem Fehlschluss liegt eine fragwürdige Korrespondenzauffassung von Wahrheit zugrunde. Sie spricht aus Quines Zusatz, der einer Sinnesreizung den Ausschlag für ein Fürwahrhalten selbst auf textlicher Ebene gibt. Solche Schwierigkeiten tauchen in der Anwendung des Wahrheitsprädikats auf Satzmengen auf.[141]

Es ist zudem eine wichtige Überlegung, ob weltanschauliche Aussagen überhaupt wahrheitsfunktional sind. Da bei Quine nicht einmal klar wird, ob die Anwendung des Wahrheitsprädikats nicht vielmehr auf das „Muster" einer Satzmenge erfolgen soll und was für eine Entität ein Muster ist, kann auch diese dritte Fassung des Gegensatzes für eine Übersetzung bzw. Sprache nicht überzeugen, insbesondere da alles darauf hindeutet, dass Quine mit Muster eine logische Theorie anvisiert. Quine spricht im *Interview Borchers* von der „logischen Struktur" und von seinem „globalen Strukturalismus".[142] Das Wahrheitskriterium empirischer Theorien der Prüfbarkeit wird durch die holistische Einsicht kontextualisiert. Wie ist aber ein Kontext prüfbar? An dieser Stelle ist es sinnvoll, „Kontext" als Subjekt möglicher Gegensätzlichkeit zu betrachten. Wenn das Gesamtsystem nicht hinsichtlich seiner Einheit wie bis hierhin angesetzt wird, sondern hinsichtlich seiner inneren Struktur, so ist es vielleicht unter dieser Hinsicht auf Gegensätzlichkeit prüfbar.

---

[140] Die Verschiebung ist eine gängige Weise des Abweichens in der strukturalen Ethnologie. Z.B. kann das Trinken von Blut beim Gemeinschaftsmahl äußerlich betrachtet gleich sein in zwei separaten Kulturen. Durch seine Lokalisation im Überzeugungskontext hat es aber einen abweichenden Symbolwert. Die Symbolwerte gegensätzlich zu nennen, machte keinen Sinn, da die Perspektive des 1:1 Vergleichs ein unangemessener hineingetragener Blickwinkel ist.

[141] Davidson geht in der Phase seiner Wahrheitstheorie anders vor. Die Bedeutung eines Satzes zu verstehen heißt, die T-Konvention zu ihm bilden zu können, also sagen zu können, in welchem Fall er wahr ist. Subjekt der Wahrheitsprädikation ist in der T-Konvention immer ein Satz.

[142] "My global structuralism" *Structure and Nature* 9.

Der Kontext sei näher als Muster der Verknüpfung von Sätzen charakterisiert. Dies erinnert an Winch. Er führt die Grammatik als Struktur einer Übersetzung an: „Aufgrund dieser Grammatik verstehen wir die Struktur und den Sinn der bisherigen Handlungsbeschreibungen, ihre wechselseitigen Beziehungen und den Sinn neuer Handlungs- und Redeweisen, die möglicherweise eingeführt werden. Diese neuen Handlungs- und Redeweisen können natürlich gleichzeitig auch Veränderungen in der Grammatik bewirken".[143] Bei Quine fällt auf, dass prinzipiell zwar das Erarbeiten von Manualen und von einer Grammatik erst die vollständige Aufgabe des empirischen Linguisten ist, er im Kapitel II jedoch von den Manualen handelt und grammatische Überlegungen nur als pseudogrammatische, nämlich logische Überlegungen anstellt (z.B. ob Dschungelisch Junktoren und Quantoren besitzt). Die Grammatik besitzt jedoch eine umfänglichere Strukturierung als nur die logische Verknüpfung. Dazu gehört z.B. die Syntax, die hier in der ersten Annäherung an den Begriff Gegensatz angeführt wurde. Betonungen durch Wortstellungen sind nicht gering zu achten, weil durch sie Bedeutungsnuancen entstehen, die sehr viel mit der Unbestimmtheit von Übersetzungen zu tun haben können. Ein weiterer Vorteil dieser Abweichmöglichkeit von Übersetzungen ist, dass sie nicht differentiell ist. Es geht nicht darum, dass irgendein Junktor und die damit verbundene Denkform fehlt, sondern in dem, was in beiden Übersetzungen übereinstimmt, tritt eine Abweichung auf. Interkulturelle Arbeiten, z.B. durch den Ethnologen Evans-Pritchard, haben gezeigt, dass das Muster nicht als Logizität, sondern besser als Grammatik konzipiert werden muss. Denn oft werden Schlussfolgerungen, die zu logischen Schwierigkeiten führten, aufgrund des praktischen Eingeborenenkontextes nicht gezogen. Der mögliche Gegensatz des Übersetzens taucht daher auf logischer Ebene nicht auf. Die Güte einer Übersetzung über ihre Logifizierbarkeit zu bestimmen ist keine sinnvolle Beschreibung.[144] Wenn also, um zum Ausgang der Überlegung zurückzukehren, das Muster anstatt des Gesamtsystems der Übersetzung auf Wahrheit geprüft werden soll, so ist es nur sinnvoll, es als Grammatik vorzustellen. Wie die MacIntyre-Winch-Auseinandersetzung über das Verstehen von Kulturfremdem in den 70er Jahren zeigte, ist die Grammatik durch die Pragmatik bzw. eine noch weiterreichende Handlungstheorie zu ergänzen.[145]

Neben der Frage nach dem Subjekt des Gegensatzes stellt sich jene nach der Perspektive, in der er erscheint. Wenn Texte bzw. deren Muster sich widersprechen, von welchem Standpunkt aus ist dies zu beurteilen? Wenn Handbuch Dschungelisch A dem

---

[143] *Was heißt „eine primitive Gesellschaft verstehen"?* 98.
[144] Vgl. das Beispiel von der Vererbung der Hexerei bei EVANS-PRITCHARD, in: *Witchcraft, Oracles and Magic among the Azande*, Oxford 1937!
[145] S. WINCH, a.a.O.; MACINTYRE *Läßt sich das Verstehen von Religion mit religiösem Glauben vereinbaren?*, s.a. KIPPENBERG *Einleitung: Zur Kontroverse über das Verstehen fremden Denkens* 41ff.

Handbuch Dschungelisch B widerspricht, so kann das im Deutschen festgestellt werden. Andererseits: es soll nicht um einzelne Abwandlungen gehen, sondern um den Gegensatz der Hypothesenmenge als ganzer. Es ist jedoch schwierig, sich in Deutsch zwei widersprechende oder völlig andersartige Weltanschauungen vorzustellen. Sobald es wie in der Reiseszenerie um ein in der Sprache ausgedrücktes In-der-Welt-Sein geht, hat die Logik, die einzelne Operationen vergleicht, keine Anwendung. Welchen Sinn macht der Begriff Kontradiktion außerhalb der Logik? Die logische Perspektive ist aus einem zweiten Grund zu relativieren. Quine würde dem Vorwurf ausgesetzt, er bezöge einen metaphysischen Standpunkt, d.h. eine Richterinstanz, die globale, sich widersprechende Weltanschauungssysteme überblicken kann. In diese Diskussion über die Idee eines unüberbietbaren „Begriffschemas" begeben wir uns nicht.[146] Denn aus einigen Formulierungen Quines geht hervor, dass er systemimmanent den Gegensatz zu beschreiben versucht. In *Unterwegs zur Wahrheit* bemerkt Quine: So „bekommen wir es im Innenbereich eines solchen Systems zusätzlich noch mit der Unbestimmtheit der Übersetzung zu tun" (141). Nicht der Gegensatz von metaphysischem Standpunkt und einzelnen Sprachen wird in der Unbestimmtheitsthese thematisiert. Es geht um einen Spielraum innerhalb der Sprache, jenen Spielraum, der nicht durch die physische Wirklichkeit bestimmt wird. Macht dort die Rede von Wahrheit Sinn, wo der naturalistische Realismus nicht greift? Quine kann Wahrheit nur mit naturwissenschaftlicher Weltabbildung oder als logische Stringenz denken. Das bringt einen Wahrheitsbegriff ins Spiel, der mit der semantischen These von der Unbestimmtheit nicht vereinbar ist.

Als Fazit ist zu ziehen: Auch die dritte Stufe, die den Begriff Widerspruch aus der Unbestimmtheitsbehauptung über die Kontradiktion im Wahrheitswert klären wollte, führte nicht weiter, da eine Korrespondenz mit einer geistigen Ontologie genauso wenig besteht wie mit logischen Größen. Ein wichtiges Ergebnis der Klärung ist jedoch, dass die Ganzheit als Subjekt des Gegensatzes ausgeschieden ist und die logische Kontradiktion als Charakterisierung des Gegensatzes. Als Subjekte des Gegensatzes können wir

---

[146] Sie wird mit DAVIDSON *On the very idea of a conceptual scheme* geführt. M.E. hatte Quine als Mathematiker die Mengenantinomie, die Russell bei Frege diagnostizierte, zu gut im Kopf, als dass er die „Klasse aller Klassen", in seinem Kontext die „Übersetzung aller Übersetzungen", propagiert hätte. Im Gegenteil, die Unbestimmtheit verhindert eine Mehrzahl von Übersetzungen, für die es eine höhere Entscheidungsinstanz gäbe. Ein Zitat GAMMS zeigt, wie leicht das Missverständnis der Metaebene aus der systmatischen Frage nach dem Gegensatz resuliert: „Der unendlich großen Zahl von sich gegenseitig ausschließenden Übersetzungssystemen korrespondiert ein Inkommensurabilitätstheorem, welches darauf besteht, dass zwei Sprachen oder zwei konkurrierende Theorien so grundverschieden sein können, dass kein Übersetzungsformular mächtig genug ist, beide zu umfassen" (*Nicht nichts. Studien zu einer Semantik des Unbestimmten* 166f). Es ist das gleiche Missverständnis Davidsons. Inkommensurabilität kommt bei Quine intern, während des Übersetzens, ins Spiel, nicht als Hyperschema. Das unterstreicht, wie wichtig es ist, sich über den Gegensatz als Konstituens der Unbestimmtheit klar zu werden.

daher alle Äquivalente für das *holon* aussondern: Global- oder Übersetzungssystem, Theorie und Superstruktur. Dadurch dass bei Quine Globaltheorien ausgeschieden wurden, ist also nicht das Sprachganze bedeutungstragend. Darin ist auch die Gesamtheit der Sprechergemeinschaft, sprich die Intersubjektivität, zurückgestellt.

Die vierte Infragestellung des Gegensatzes greift den Spielraum innerhalb der Sprache auf. Kann in semantischer Perspektive ein Gegensatz aufgestellt werden? Gegensatz tritt hier als „Rivalität" von Übersetzungen auf. Wie kann jedoch in dem nicht empirisch prüfbaren Bereich die Rivalität von Systemen analytischer Hypothesen festgestellt werden? Schließlich hat die Unbestimmtheit des Übersetzens als semantische These einen anderen Sinn als die empirische Unterbestimmtheit und die Unerforschlichkeit der Referenz. Wenn die Referenz unerforschlich ist, dann kann nicht festgestellt werden, ob sich die Handbücher A und A' auf die gleiche Situation beziehen, denn Situation ist nicht mehr ein sinnvoll verwendbarer Begriff. Er ist eine ontologische Entität einer Beschreibung und die Ontologie ist eben relativ zur Beschreibung. Also scheint die Unbestimmtheitsthese zusammen mit der Unerforschlichkeitsthese nicht zu formulieren zu sein, mangels einer Vergleichsmöglichkeit. Entweder ich habe mich auf eine gemeinsame Entität bezogen (dann widerspricht das der Relativität der Ontologie) oder wir beziehen uns auf irgendetwas im Rahmen unserer jeweiligen Beschreibungstheorie (Handbuch A oder A'). Letzteres widerspräche der Unbestimmtheit der Übersetzung, die von der Einheit der Sprache Dschungelisch ausgeht. Die Unbestimmtheit der Übersetzung und die Unerforschlichkeit der Referenz lassen sich demnach nicht zugleich vertreten. Ist die Konsequenz daraus, dass in den „Außenbezirken" (outer reaches) wieder alles völlig bestimmt ist gerade mangels eines Abzubildenden, das verfehlt oder nur ungenau eingefangen werden könnte? Ist im Bereich jenseits der physischen Welt nicht das Land der unbegrenzten Möglichkeiten, - eine Spielwiese für das Toben des Konstruktivismus?

Quine antwortet mit seiner semantischen Holismus-Metapher des Netzes. Die Netzknoten nennt er in den *Quiddities* "checkpoints". Das Teilstück der Sprache, das weiter entfernt ist von der Empirie (den Rändern des Netzes, die auf Erfahrung aufruhen), charakterisiert er dadurch, dass die „checkpoints" weiter auseinander liegen: „The farther we venture from simple discourse about familiar concrete things, however, the farther apart the checkpoints tend to be spaced and the less decisive each checkpoint tends to be" (28). Das spatiale Bild hält an einem Maßstab fest, der Bedeutungszusammenhänge kontrollieren kann. Beim späten Quine der *Quiddities* ist deutlich die Intersubjektivität in die Rolle dieses Maßstabs geschlüpft. Wo es in *Word and Object* noch hieß: vorausgesetzt es gibt keinen Reiz, der Zustimmung zu einer Übersetzung bewirkte, kann es nun heißen: vorausgesetzt, dass die Begriffe nicht anders von der Sprechergemeinschaft verwendet werden. Die Vagheit des intersubjektiven Sprachhandelns hat mit der Unbestimmtheit der anfänglichen *Word and Object*-These nicht mehr viel zu tun.

Die These von der Unvereinbarkeit der Unerforschlichkeit und der Unbestimmtheit, die den Überlegungen bisher entsprang, wird durch eine Äußerung Quines im *Interview Borchers* unterstützt. Er äußert, die Unbestimmtheit des Übersetzens sei irrelevant gegenüber der viel interessanteren Unerforschlichkeit der Referenz: „Ich habe also keinen Sinn darin gesehen, die These der Unbestimmtheit der Übersetzung in meinen späteren Schriften zu wiederholen, im Gegensatz zur These der Unbestimmtheit der Referenz, und die ist kein Gedankenexperiment. Sie kann sehr leicht mit etwas bewiesen werden, das ich Vertreterfunktion genannt habe. Ich glaube, das ist wichtig, weil es klar macht, worauf es in der Nachprüfung wissenschaftlicher Theorien ankommt, nämlich auf die logische Struktur des wissenschaftlichen Systems und nicht auf die Frage, von welchen Objekten es handelt" (41/42). Das Subjekt des Gegensatzes ist die „logische Struktur". Auf sie komme es bei der Verifikation einer Theorie an. Das belegt er damit, dass die Gegenstände, von denen die Theorie handelt, austauschbar sind. Sie sind nicht beliebig austauschbar, sondern eben so lange, wie die „logische Struktur" nicht verändert wird. Anstatt „austauschen" kann für unsere Belange „ersetzen" gesagt werden. Das Ersetzen ist eine Art von Übersetzen. Durch das Auswechseln einzelner Elemente stehen zwei unterschiedliche Theorien nebeneinander, die eine gleiche logische Struktur haben sollen (sozusagen mehrere Individuationen ein und derselben Theorie). Die Ersetzung durch Stellvertreter (proxy functions) zeigt die Irrelevanz der Ontologie. Quine sagt sogar, die Ersetzung „beweise" sie, und das ist der Grund, weshalb die Unerforschlichkeit der Referenz (oder wie Gibson sie nennt, die Unbestimmtheit der Extension) interessanter als die Unbestimmtheit des Übersetzens ist. Die Unerforschlichkeit habe den entscheidenden Vorteil, „kein Gedankenexperiment" (ebd.) zu sein, wie es die Übersetzungsunbestimmtheit ist.

Diese Hervorhebung der Logik ist vorurteilsvoll und inkonsistent. Das Übersetzen mittels der Stellvertreterfunktion geschieht genauso in Gedanken wie das radikale Übersetzen. Das Übersetzen durch Stellvertreter ist nicht radikal, weil es sich vorgeben lässt, welche Operationen gestattet sind (von einem logischen Regelwerk). Es ist kein „gereistes" Übersetzen. Allen Vorstellungen zum Subjekt des Gegensatzes, die eine Struktur annehmen oder ein Muster oder eine Landkarte mit Checkpoints (ein Bild für die Induktion aus Reizereignissen; das ist aber selbst auf neuronaler Ebene fragwürdig, s.u. „Flüchtigkeit"), fehlt es an Reiseerfahrung. Sie haben die Unerheblichkeit der Beobachtung noch nicht realisiert. Zweitens geht es bei der Ersetzung durch Stellvertreter ja nicht um die Referenz, sondern darum, dass die gleiche Struktur der Übersetzung erhalten bleibt (diese ist ja Urteilsgrund der Erlaubtheit für die Ersetzung). Die Unerforschlichkeit der Referenz wird also in dem Kontext nicht durch die Referenz, sondern durch die ungestörte Semantik ausgeführt. Genau diese Semantik von Strukturalität und Muster fällt aber unter die semantische These von der Unbestimmtheit der Übersetzung. So ist die Entwindung aus dem Problem mit dem Widerspruch über seine Verschiebung auf die Unerforschlichkeitsthese nicht geglückt.

Ein weiteres Missverständnis mit diesen Strukturen ist ihr eingeforderter Erhalt (preservation). Zurückgewiesen wird nicht die Strukturalität. Eine Geordnetheit ist transzendentale Bedingung der Erkenntnis. Es geht um die Vielheit der Manuale. In der Vielheit soll sich ein Muster durchhalten. Die Schwierigkeit, diese Forderung zu erfüllen, liegt darin, dass sie nicht erhaltene (preserved) Einzelfälle (tokens) eines Typs sind, sondern verschiedene Typen. Ansonsten könnte die gedachte Abweichung nicht so groß sein, dass sie den möglichen Widerspruch beinhaltet. Woher kommt die Differenz, die den Typos zerstört, und der Gegensatz, der das Übersetzen radikalisiert? Oben wurde Winch zitiert, dass sich die Grammatik sogar verändern könne. Das Problem liegt darin, dass wir so eine Wandlung nicht denken können. Wenn wir übersetzen, übersetzen wir dann den anderen in unsere Rationalität oder unseren Typos? Oder übersetzen wir uns in den Typos des anderen? Ab wann kann es heißen, „wir haben verstanden"? Wenn der andere in unsere Intergration passt oder wenn wir in seine Rationalität uns hineinbegeben haben und innerhalb ihrer erklären? Oder bedarf es drittens einer Metarationalität, die beide umschließt? Die philosophische Fragwürdigkeit liegt darin, ob ein Übersetzer seinen Typos erweitern kann oder ob er, um zu verstehen, das Dschungelische integrieren muss. Das Übersetzen ist radikalisiert, ganz im Sinne Quines, wenn es um diesen größtmöglichen denkbaren Gegensatz geht. Die intrakulturelle Begegnung und der Gedankenexperimentator sind zu Hilfe genommen, um das Gegenbild der gewohnten Rationalität als philosophische Frage formulieren zu können. Daher: ist das Übersetzen radikal? Der gesuchte Gegensatz muss vor vielen Reduktionismen und vorschnellen Fassungen geschützt werden, da davon die Radikalisierung der Übersetzung abhängt und damit die Heuristik der Unbestimmtheitsthese.

3.2.2   Die Rücknahme des Gegensatzes durch den späten Quine

Ein weiterer, bizarrer Gegensatz, den Quine anführt, die Handbuchalternation, ist auszuschließen. Er ist nutzlos, da er eben jenen Zugewinn der Simulation in der intrasubjektiven Begegnung aufgibt und nur noch von einer einzigen Übersetzung handelt. Damit hat er die authentische Unbestimmtheit, die nur im Szene-Modell liegt, verspielt. Den „wirklichen Konflikt" (real conflict) sieht er an jener merkwürdigen Stelle in Folgendem: „If you use the manuals in alternation in translating, and here you have continuous discourse or continuous monologue or dialogue or whatever you are translating. And you use this manual (A) to translate the first sentence, then this manual (B) to translate the second sentence, alternating this way. The result that would be incoherent.

That's the sense in which these are incompatible. The result would be a mixed manual, would be a manual that does not facilitate smooth communication".[147] Damit gehört diese Handbuchverwechslung zum Muster-Modell. Das Muster taucht in diesem Fall als Kohärenz auf. Diese merkwürdige Binnenunbestimmtheit (s.o. „systemimmanent") ist nicht die gesuchte. Sie ist eine banale, konstruierte Verworrenheit, der die Annahme des Deutschen als Metasprache zugrunde liegt, innerhalb derer Deutsch-Varianten inkohärent sind.

Auch in *Pursuit of Truth* (48) führt Quine die Unbestimmtheit in der Alternations-Weise aus. Dort ist noch die Überlegung zu erkennen, die zu ihr führte: Da die Handbücher gleich wahr sind, müssten sie austauschbar sein. Diese Vorstellung von Wahrheit ist jedoch ungenügend, da der wahrheitskonstitutive Kontext unberücksichtigt bleibt und Ganzheiten nicht Wahrheitsprädikate besitzen können (s.o.). Die Einsicht in die Bedeutung des semantischen Umfeldes für den Wahrheitswert eines Satzes hatte Quine in den *Two Dogmas* gefasst. Wenn er nun die Alternations-Unbestimmtheit ausführt, fällt er hinter seinen Erkenntnisstand zurück. In *Word and Object* hatte er die isolierte Bestätigung eines Satzes höchstens den Gelegenheitssätzen zugemessen (64). Die Ausgestaltung des Unbestimmtheitswiderspruchs durch die Manual-Alternation ist mit dem Verblassen der Einsicht in die holistische Verifikation verbunden. Dass die Alternation innerhalb des Muster-Modells angeführt wird, ist umso erstaunlicher, als Quine andererseits im gleichen Werk die satzweise Verifikation zurückweist, weil es keine abgrenzbaren Propositionen gibt. Dies geschieht sogar an äußerst bedeutsamer Stelle im letzten Absatz des Buches: „What the indeterminacy of translation shows is that the notion of propositions as sentence meanings is untenable" (PT 102). Er kommt in *Pursuit of Truth* dazu, den Sinn des Gedankenexperiments in einer Kritik an der satzweisen Verifikation zu sehen. Vermutlich hat der späte Quine die *Word and Object*-These mit jener von *Two Dogmas* vermengt.

In seinem Aufsatz *Gegenstand und Beobachtung*,[148] der die beiden ersten Kapitel aus *Theories and Things* referiert, verlagert Quine den Akzent der sensualistisch formulierten Initialfrage des Kapitels II von *Word and Object* auf die sprachliche Formulierung dieser Frage: „Wir hatten uns zum Ziel gesetzt, die Beziehung zwischen der Wissenschaft und ihrer Stützung durch das Zeugnis der Sinne zu erhellen. Jetzt läuft dies nur darauf hinaus, das Verhältnis zwischen Theorieformulierungen und Beobachtungs-

---

[147] *Interview Tomida* 10.

[148] Die Heimanwendung der Unbestimmtheitsthese hebt Quine in direkter terminologischer Anbindung an WO auf: "Solange wir innerhalb unseres Sprachsystems bleiben, können wir ohne Schwierigkeit voran: Das Wort 'Hase' bezeichnet Hasen und es wäre zwecklos zu fragen: 'Hasen in welchem Sinne von 'Hase'?'" (422). Grund der Aufhebung ist nicht die wesentliche Unbestimmtheit der Lebenskontexte, sondern im Gegenteil der anerkannte Bezeichnungsapparat unserer Muttersprache.

sätzen zu erläutern" (413). Dank der Einführung von Beobachtungskategorialen[149] kann Quine in der Folge zwischen logischer und empirischer Äquivalenz von Theorien unterscheiden. Beobachtungskategoriale folgen aus Theorieformulierungen, machen aber umgekehrt nicht eine Theorie angemessener als eine andere. Deshalb kann es sein, dass zwei Theorieformulierungen zwar logisch die gleiche Menge von Beobachtungskategorialen zur Folge haben, ohne aber dass die Theorien selbst sich in ihren Formulierungen bedingten. Noch deutlicher ausgedrückt besteht zwischen den Theorien überhaupt keine Verbindung logischer oder struktureller Art, obwohl sie in ihrer empirischen Relevanz und Auswirkung bzw. wirklichkeitsgestaltenden Kraft völlig gleich sind. „M.a.W. Theorieformulierungen können empirisch äquivalent sein, ohne auch logisch äquivalent zu sein. Sie können sich sogar widersprechen" (417). Ich zitiere die Stelle, da nun ein weiteres der wenigen Beispiele Quines für „widersprechen" folgt:

Dazu „brauchen wir nur zwei Wörter auszuwechseln, die nicht in Beobachtungssätzen vorkommen – etwa die Wörter ‚Molekül' und ‚Elektron'. Greifen wir uns nun zwei Theorieformulierungen heraus, die wörtlich gleich sind bis auf die Vertauschung. Hinsichtlich der Ureinschlüsse bleiben die Theorieformulierungen völlig gleich, da die fraglichen Wörter in den Ureinschlüssen nicht vorkommen. Die zwei Theorieformulierungen sind also empirisch äquivalent. Trotzdem widersprechen sie sich. Die eine schreibt den Molekülen Eigenschaften zu, die die andere dem Elektron zuschreibt und den Molekülen abspricht" (417).

Quine macht sich selbst den Gegeneinwand, dies sei nur ein Beispiel für zwei Varianten einer einzigen Theorie. Er entkräftet ihn damit, dass er komplexere Beispiele für möglich hält, bei denen die Übersetzung weniger offensichtlich ist. Es ist dann auch schwerer zu sagen, wo die Grenze zwischen Varianten einer Theorie oder verschiedenen Theorien zu ziehen ist. Diese Frage interessiert ihn nicht. „Das Gespenst des Kulturrelativismus beginnt sich zu erheben" (418), wenn gefragt wird, ob beide sich widersprechende Theorien wahr sind. Auch der Relativismus kann aufgelöst werden, da der Widerspruch ja auf logischer Ebene entsteht und nicht empirisch bedingt ist. So kann einfach eine Umbenennung der widersprüchlichen Wörter stattfinden. Man ändere also die „Schreibweise" (ebd.).

Diese Verscheuchung des Gespenstes ist zu kritisieren. Wenn ich zwei verschiedene Schreibweisen habe, besitze ich ja gerade zwei verschiedene Weltbilder. Mit der Umbenennung ist die logische Widersprüchlichkeit vielleicht aufgehoben, die kulturelle Vielfalt aber in der gleichen Entscheidung gesetzt. Zudem ist mitentschieden, dass in der Theorienvielfalt theoretische Unvergleichbarkeit bestehen soll. Quine ist blind für den Kontext nicht empirisch bedingter Theorieformulierungen. Der Kontext ist eine

---

[149] Observation categoricals, „Ureinschlüsse" 416, vgl. auch PT, z.B. „Wo Rauch, da ist auch Feuer".

Mentalität, eine Tradition, eine politische oder religiöse Vorstellung. Diese Beschreibungsmuster sind, wenn auch vage, so doch effektive Kategorien für Weltbilder. Nur weil unter logischer Hinsicht keine Vergleichbarkeit besteht, so ist die Möglichkeit, über diese Kategorien Lokalisierungen in verschiedensten Weltbildern vorzunehmen, nicht aufgehoben.

Solange Quine Globalsysteme (Handbücher) nur als Globaltheorien und nicht in erster Linie als Globallebensformen analysiert, gibt er die Unbestimmtheit preis. Sie wird zermalmt in Konventionen eines von ihm eingerichteten Sprachgebrauchs, der nicht der allgemeine ist, sondern nur jener einer naturalistischen Clique. Das geschieht, obwohl er erkannt hat, dass sein Begriff der Theorie zur Erklärung der hintergründigen Weltanschauung nicht befriedigt.[150] In *Pursuit of Truth* schiebt er die Probleme mit dem Begriff möglicher Gegensätzlichkeit darauf, dass das Gedankenexperiment in einen Bereich einführe, der noch nie besprochen worden sei: „The fantasy of irresolubly rival systems of the world is a thought experiment out beyound where linguistic usage has been crystallized by use" (PT 100). Quine nimmt sein eigenes Gedankenexperiment weniger als Chance der Phantasie wahr als vielmehr einer naturalistischen Metareflexion eines empirischen Experiments. So verschenkt er die Chancen eines Gedankenexperiments. Außerdem taucht das lebendige Gegenüber, der Eingeborene als Handelnder, als jemand, mit dem gezankt wird über die kulturellen, globalen Grenzen hinweg, nur reduziert in einer behavioristischen Psychologie auf.

Ein anderer Schlüssel zur Auflösung der „kosmischen Frage" (cosmic question, PT 100), ob zwei Globalsysteme sich als ganze widersprechen können, liegt in der Interpretation der Handbücher, der Übersetzungssysteme als Übersetzungsrelationen. Die Relation ist eben nicht die Übereinstimmung von einem Satzgehalt des Dschungelischen mit der entsprechenden deutschen Satzproposition. Die Relation hat hingegen eine Beziehung zwischen einer Äußerung und einem beobachtbaren Verhalten hergestellt: „observable behavior are all there is for semantics to be right or wrong about" (PT 101). Gegenstand der Semantik seien nicht: „inaccesible facts and human limitations". Das ist anthropologisch eine Wende. Sprache ist kein metaphysischer Schlüssel zu einer transempirischen Welt. Sie stellt vielmehr Verbindungen her zwischen beobachteten Sachverhalten, die sie äußert. Der quinesche Übersetzer steht nicht schweigend, dichtend oder stotternd vor Unaussprechlichem, sondern mitten in seinem Kontext, in dem „exotische Terme" (alien terms) nicht vorkommen, und wenn doch, so packt er sie mitsamt ihren „exotischen" Kontexten in die „Rumpelkammer" (limbo, PT 98) der Nichtsätze. Die Sprache ist hier ein Instrument im Dienste des Naturalismus. Sie ist nicht das Medium, das über naturalistische Rekonstruierbarkeit hinausgehende Sinnzusammenhänge besprechbar machen könnte. Dass es zwischen der szientistischen Theorie und dem echten Hintergehen der menschlichen Begrenztheit einen Spielraum

---

[150] *Reply to Chomsky* 309.

gibt mit reichem Material für philosophische Überlegungen, das erfährt zwar der Feldforscher, das vergisst jedoch fortwährend der Gedankenexpe-rimentator und Quine in *Pursuit of Truth.*

Das Zitat aus *Pursuit of Truth* klingt so, als erschöpfe sich das Gedankenexperiment der radikalen Übersetzung in der Kritik am Begriff der Proposition. Der heuristische Wert der Feldstudie und ihrer gedankenexperimentellen Supervision bestand nicht nur in zweierlei: zum einen induktiv das über Beobachtung hinausgehende Interpretieren gezeigt zu haben und zum anderen gezeigt zu haben, dass in den einfachsten Beobachtungen analytische Hypothesen beteiligt sind. Aus diesem Ansatz zieht Quine in *Word and Object* noch die Folgerung von der Unbestimmtheit und nicht nur eine Kritik an dem Konzept Intension. Als „induktiv" und „rekursiv" charakterisiert Quine die Manuale wiederholt in *Pursuit of Truth* (68). Ein induktives Vorgehen hat den Wert, empirische Daten vorzulegen. Die Rekursivität der Handbücher meint die Relationalität von Sprache und Beobachtung, die in den Handbücher hergestellt wird und die in der Feldstudie den theoretischen Begriff „Proposition", da sie ohne ihn auskommt, erledigt. Eben der Begriff der Proposition wird durch das relationale Satzgewebe bzw. das Muster berichtigt. So leicht ist es nicht. Der Überschuss des Gedankenexperiments, den das Kapitel II in *Word and Object* erschließt, besteht durchaus. Dadurch dass Quine sich auf eine Deutung des möglichen Widerspruchs von Globalsystemen festlegt, planiert er den Gegensatz der Unbestimmtheit der Übersetzung wieder ein. Aber er hat zeitweise bestanden.

Quine nennt das, was auf die in *Word and Object* §16 euphorisch entdeckte und zu Hause angewandte Unbestimmtheit in seinem Denken folgt, ein „Herunterschmoren" (simmer down PT 100). Die semantische Unbestimmtheit konnte solches Schwanken (vascillation) beim WO-Gedankenexperimentator Quine auslösen, da sie einen Bereich betraf, für den die Sprachgewohnheiten noch nicht herausgebildet waren (out beyond where linguistic usage has been crystallized by use). Wie gehe ich als Naturalist mit meiner Infragestellung um? Ist Beruhigung tatsächlich dadurch wieder herzustellen, dass das Fremde als Theorie betrachtet wird, von der in einem zweiten Schritt überlegt wird, wie sie von meiner Theorie abweichen kann? Ist das Fremde in der Problemfassung über den Begriff Widerspruch dem Exotischen angemessen? Oder ist die Dschungel-Erkenntnis von der tiefen Fremdartigkeit in Überlegungen zur empirischen Äquivalenz und logischen Verträglichkeit von Theorien einzulösen, so wie Quine in *Pursuit of Truth* (§42 „Unauflösbare Unverträglichkeit") es unternimmt?

Es mag durchaus sein, dass sich die euklidische und riemannsche Geometrie durch die Reinterpretation eines Terms harmonisieren lassen (PT 96). Aber ist es nicht absurd, eine „ökumenische" Haltung gegenüber den Globaltheorien einzunehmen, die darin besteht, beide für gleich wahr zu halten und „[to] discourse freely in both"?[151] Der

---

[151] *Empirically equivalent Theories* 328.

Hintergrund der Annäherung an diese Lösung der Weltanschauungsrivalität ist in dem angesprochenen Aufsatz der kulturelle Relativismus, also ein ähnlicher Hintergrund wie in der interkulturellen Begegnung in der Feldstudie. Auch hier hatte Quine Wahrheit in einem Interpretationsschritt auf die jeweilige Hintergrundtheorie relativiert sowie an Verhalten zurückgebunden: „to call a statement true is just to reaffirm it" (ebd. 327). Die Widersprüche meint er umgehen zu können, wenn der Sprecher jeweils durch sprachliche Signale angibt, in welchem Globalsystem er sich bewegt. Dies alles geschieht, um nicht „irrational" (328) genannt zu werden, wenn ich mich für ein Globalsystem anstelle des anderen trotz deren logischer und empirischer Äquivalenz entscheide. Denn dass es keine anderen Belege als die naturalistischen gibt, ist ausgemacht.

Wir haben damit den Fall eines gesplitterten Sprechers, der mal „erkennbare Zeichen" von sich gibt, Theist zu sein, und zwei Stunden später Non-Theist ist oder den einen Tag die riemannsche, den anderen Tag eine euklidische Geometrie bestätigt. Die Begegnung mit dem Eingeborenen ist verblasst. Die Ahnung darum, dass die Andersheit und die Exotik des Eingeborenen darin bestehen könnte, dass er den empirischen Spielraum (empirical slack) mit einer anderen Rekursivität füllt als ich, ist zurechtgestutzt worden. Alle „fremden Kontexte" (alien contexts) werden daran gemessen, ob sie die Vorhersage des Ausgangsglobalsystems erweitern. Ansonsten sind sie sinnlos. Diesem Urteil fallen Begriffe wie Schicksal, Entelechie und Gnade, die Quine beispielhaft nennt, zum Opfer (PT 98). Unklar ist, warum die Vorhersage des Verhaltens eines Hindu nicht dadurch erhöht werden kann, dass ich in meine Theorie Begriffe seines Globalsystems hinzunehme. Oder wäre das der „Fall 1" (PT 97), in dem ein exotischer Begriff „inkorporiert" wird? Ist die Inkorporation z.B. des Begriffs Schicksal erst dann vollständig oder geglückt, wenn ich auch die Überzeugung an ein Schicksal teile oder wenn ich gewisse Merkmale des Begriffs kenne, die auf bestimmte Weise, die mir ebenfalls bekannt ist, das Verhalten des anderen (Eingeborenen) prägen? Gibt es Begriffe, die ich nur inkorporieren kann, wenn ich die Überzeugung selbst vertrete, gleichsam „innehabe"? Wann beherrsche ich den Kontext? Das ist ein klassischer Streitpunkt zwischen Simulationisten und Theorie-Theoretikern. Wir haben die Simulationisten stark gemacht und gezeigt, wie leicht ihr Eingeborenenkontakt verloren geht und der Erkenntniszuwachs mit ihm. Zudem ist infrage zu stellen, ob die exotischen Begriffe oder Kontexte wirklich untauglich sind für das naturalistisch bevorzugte Vorhersagekriterium. Auf jeden Fall ist es wichtig, für eine Psychologie und Handlungstheorie Begriffe wie Schicksal, Gnade etc. einzusetzen.

Ein zweites Problem stellt sich bei diesen von Quine einfach ausgeschlossenen „sinnlosen" Begriffen. Bei seinem Beispiel des Gegensatzes von euklidischer und riemannscher Geometrie wird einfach „Gerade" als „Großkreis" neu interpretiert. Der Bezug auf ein mathematisch-geometrisches Gebilde ist klar und deutlich, und man kann geradezu mit dem Finger auf die Stelle zeigen, wo die Reinterpretation ihre Ersetzung vornimmt. Sie ist nach *Pursuit of Truth* eine „systematische Satz-für-Satz-Relation". Bei dieser Rückgebundenheit naturwissenschaftlicher Theorie an die Beobachtung empirischer Experimente ist eine Reinterpretation viel leichter. Bei hochorganisierten Begriffen wie Gnade oder Schicksal jedoch fehlt die Abgrenzbarkeit über ein empirisches Experiment. Alle seine Überlegungen zur Vereinbarkeit rivalisierender Globalsysteme, seien sie „sectarian" (sektiererisch, sezessionistisch) oder „oecumenical" (ökumenisch, versöhnlich),[152] gehen von einem mehr oder weniger bestimmbaren Muster aus, das in einer Theorie organisiert ist. Wo die weniger bestimmbare „Szenerie" an die Stelle der Globaltheorie gerückt ist, wurde die Unbestimmtheit entdeckt und erhält ihre Relevanz dort eher, wenn sie auch gekrönt wird von abstrusen Gegenstrategien wie von der „Phantasie" (fantasy) eines Dualismus, der zugleich vertreten wird, sozusagen das Innehaben der Rivalität als solcher.[153]

Die Auflösung der Unbestimmtheit erkauft Quine dadurch, dass er nur noch über Wissen sprechen kann, das als testbare Theorie nach dem Vorbild der Mathematik und Naturwissenschaft organisiert ist. Das Ergebnis bleibt gültig, selbst als Quine entdeckt, dass seine eigene deskriptive Ausrüstung die Anforderungen nicht erfüllt: „much solid experimental science fails of testability in the defined sense" (PT 95). Also auch wenn empirisches Wissen einen interpretativ-begrifflichen Überschuss zum beobachteten Wissen hat, so hat es nicht genügend Mehrwert, wie er für eine Hermeneutik der Dschungel-Exotik notwendig wäre.

3.2.3   Szenische Gegensätzlichkeit versus Muster-Abweichung

Wo ist nun die für die Unbestimmtheitsthese konstitutive Domäne radikalen Abweichens? Es wird ausgeführt, dass der Bedeutungszuwachs an Fremdheit nicht nur im gegensätzlich-differenziellen Abweichen geschieht, sondern auch durch ein qualitatives Abweichen unter Handlungs- und Interpretationshinsicht. Bedacht wird weiterhin, welches Abweichen im metaphorischen Sprechen und im Psychischen stattfindet. Die bleibende Unbestimmtheit des Fremden wird schließlich in einer besonderen Gegensätzlichkeit aufgewiesen, die sich in dem „Abweichen der Szene" zeigt. Die Szene ist fremd. Ihre Beschreibung ist eine umfangreiche xenologische Aufgabe. Zur Szenenausstattung gehören Abweichungen auf propositionaler, semipropositionaler und nichtpropositionaler Ebene.

---

[152] In *Reply to Roger F. Gibson, Jr.* und PT bestimmt Quine das Problem mit der Widersprüchlichkeit von diesen beiden Lösungswegen her.
[153] *Empirically equivalent Theories* 329. Das ist die „versöhnliche" Lösung.

Was als Gegensatz empfunden wird, verdankt sich unserem normativen Sinn für unwägbare Evidenz (imponderable evidence[154]). Wir können die zugelassene Rationalität bzw. eine akzeptable Widersprüchlichkeit nur herausfinden aufgrund unserer Fähigkeit, uns in eine andere Situation hineinzuversetzen. Deshalb scheitern die Standarddefinitionen des Gegensatzes, weil es um eine Gegenläufigkeit geht, die nur der Simulationist entdeckt. Es ist ein Vermögen, das jeder Mensch besitzt, der sich in eine Situation begibt. Er ist nicht völlig determiniert von dem, was seine Sprachgemeinschaft für gut hält. In diesem Sinne wird an einer Stelle der Gegensatz situativ, eingebettet in einen Handlungszusammenhang erläutert: „it is just that one translator would reject the other's translation".[155] Die Differenz ist eine interpersonale. Sie ist eine Meinungsverschiedenheit von Übersetzern. Interessant ist an der szenischen Erläuterung des Gegensatzes, dass die Übersetzer untereinander die gleiche Sprache sprechen. Das Gegenbild zum logischen Widerspruch spielt Sprecher ein. Nicht deren Mehrsprachigkeit, sondern ihre unterschiedliche Meinung über eine Übersetzung ist entscheidend. Die Meinung äußert sich nicht als Affirmation-Negation, sondern als Zurückweisung. Sie ist eine Handlungsweise. Damit ist die Möglichkeit gegeben, dass sie aus Handlungsmotivationen geschieht und nicht aus theoretisch darlegbaren Gründen. Diese Sprechweise gehört zum szenischen Modell und setzt sich von jener des logischen Modells ab, die der Wahrheitstheorie des logischen Positivismus untersteht mit geringfügigen Modifikationen.

Diese Ausführung hat die Unterscheidung eingeführt, nach der die mannigfachen Äußerungen Quines zum Gegensatz geordnet werden können. „Rivalisierend" und „ausgeschlossen durch das andere" (excluded by the other, „other" meint ein System, ein Regelwerk, eine Theorie etc., auf keinen Fall jedoch einen Sprecher) gehören zum Muster-Modell. Die Zurückweisung, das Disagreement etc. gehören zum Szene-Modell des Gegensatzes. Es gibt diese zwei Grundformen des Gegensatzes der Unbestimmtheit. Beiden gemeinsam ist, dass sie nicht mehr in der Reizterminologie gefasst werden. Anders als in *Word and Object*, wo der Gegensatz und ineins damit die Unbestimmtheit unter einem Vorbehalt stehen („provided there is no stimulation that would encourage assent to either" WO 73), hat Quine diese Ausflucht in *Pursuit of Truth* verworfen: „[indeterminacy of translation] should all be looked at, not in terms of stimulus meaning".[156]

---

[154] Vgl. PUTNAM *God and the Philosophers* 178 und DEPAUL/RAMSEY *Rethinking Intuition*, eine Untersuchung unseres inneren Sinns für Geltungen.

[155] *Reply to Harman* 297, genauso in PT 48: „each manual might prescribe some translations that the other translator would reject".

[156] *Interview Tomida* 10, vgl. UW 41. Mit Verzicht auf eine besondere Rolle der Beobachtungssätze ist das CP-Modell (Zentrum-Peripherie-Modell) SHERS *Is there a Place for Philo-*

Ein Vorteil von Quines Unbestimmtheit ist, dass sie für das Verstehen des Fremden die Widerspruchsfreiheit als Testkriterium für die Rationalität des Fremden ausräumt. Zu würdigen ist seine Einsicht, wie vorurteilsvoll es ist, unsere Rationalität auf den Eingeborenen anzuwenden. Der reine Gegensatz ist nur ein erster Schritt, denn die Suche nach Gegensätzlichkeit bleibt noch auf der gleichen Ebene. Wir müssen bei den Übersetzungssystemen einer anderen Kultur jedoch mit nicht vergleichbarer Andersheit, sprich mit Fremdheit rechnen. Gegensätzlichkeit ist heuristisch ein Meilenstein. Durch die Suche nach radikaler Abweichung wird ein differenzieller Begriff von Fremdheit festgelegt. Die Art der Fremdheit ist damit nicht inhaltlich-positiv erschlossen. Der differenzielle Fremdheitsbegriff muss nicht im Dienst einer Tiefenhermeneutik der Fremde stehen. Er ist eher ein Symptom und Anzeichen von Fremdheit. Zugleich ist er auch ein Durchgangstadium zu noch abweichenderen Kategorien. Die Abweichung dieser Fremde würde dann mehr durch inhaltliche Verschiedenheit ausgewiesen. Das bedeutet nicht, dass manche fremde Bestandteile der fremden Theorie (des Dschungelischen) nicht auch bleibend als gegensätzlich charakterisiert werden könnten. Es ist nur nicht das einzige und notwendige Merkmal von Fremdheit. Es können sich in der Betrachtung mit dem erweiterten Fremdbegriff auch nicht gegensätzlich aussehende Elemente im Holismus als gegensätzlich entpuppen, da die Bedeutung eines Zeichens wesentlich durch seine Verknüpfung mitbedingt ist. Durch die nun folgende Erweiterung des logischen Gegensatzes in den szenischen Gegensatz treten Vagheit und Unbestimmtheit als Dimensionen des Abweichens auf die Bühne. Sie füllen den Begriff einer inhaltlichen Fremdheit aus, die nicht differenziell, sondern kategorial abweicht.

3.2.4 Die simulierte szenische Abweichung des Fremden

Im zweiten Kapitel von *Word and Object* hat Quine eine Debatte der 60er Jahre in der Ethnologie und Religionswissenschaft vorweggenommen und in bewundernswert antimetaphysischer Weise gelöst: mit seiner These von der grundlegenden Unbestimmtheit im Verstehen des Fremden. Quines Verweigerung der Gegensatzlosigkeit zielt ins Herz des interkulturellen Verstehens. Ist es ein zulässiger Test der Irrationalität des anderen, wenn der andere widersprüchlich ist?

Dazu sei Winchs Position in *Was heißt „eine primitive Gesellschaft verstehen"?* angeführt. Darin kritisiert er Evans-Pritchard[157] und A. MacIntyre, die nach Gegensätzen

---

sophy in Quine's Therory für die Unbestimmtheit in unserem Szene-Modell überholt. Es geht davon aus, dass die Ränder des Netzes (i.e. Peripherie) auf Erfahrung aufruhen.

[157] JAMME ‚*Gott an hat ein Gewand'* 45-54 stellt ausgehend von Evans-Pritchard die Aporien zwischen Relativismus und Eurozentrismus dar, in die der wissenschaftliche Wirklichkeitsbegriff in der Ethnologie gerät.

in der Auffassung des Eingeborenen suchen (z.B. in der Vorstellung der Zande-Eingeborenen von Hexerei und ihrem Vollzug in der Orakelbefragung[158]). Der Gegensatz wird von ihm als logischer Widerspruch und als Widerspruch mit einer zukünftigen Erfahrung konzipiert (86). In Bezug auf Magie jedoch kommt er zu dem Schluss jenseits jedes möglichen Gegensatzes, dass „wir im Grund gar keine Kategorie besitzen, die in irgendeiner Form der Kategorie der Magie bei den Zande gleicht" (106). Da Winch an einem Standard, wenn auch einem gestauchten Standard von Rationalität festhält, verwundert es nicht, dass er zu einer Art von reflektiertem Universalismus kommt: Geburt, Liebe und Tod seien Universalien. Für ihn wird „die eigentliche Idee vom menschlichen Leben durch diese Vorstellungen eingegrenzt" (114).

Damit endet ein Aufsatz, nachdem er über 50 Seiten jedwede noch so kleine Deutung MacIntyres und Evans-Pritchard des Ethnozentrismus verdächtigt hatte. Ist Winch ein Moderner, wie Vattimo sie charakterisiert: ein Kantianer „mit dem entscheidenden Zusatz der existenzialistischen ‚Entdeckung' der Endlichkeit"?[159] Selbst Geburt, Sexualität und Tod sind im Kontext der Xenologie keine Universalien, sondern äquivoke Sammelnamen möglicherweise völlig divergierender Vorstellungen. Es ist sogar denkbar, dass ein Volk ohne sie auskommt. Hier gibt es wieder einen empirischen Überhang. Lebenseintritt und Ende und Zeugung sind Ereignisse in jedem Leben. Daraus kann aber nicht gefolgert werden, dass jede Kultur sie begrifflich ausgrenzt. Es ist wie mit dem empirischen Überhang des Menschen als wahrnehmendem Menschen. Nur weil wir sechs Sinne haben, muss die Welt nicht aus empirischen Elementarereignissen bestehen. Nur weil jedes Leben Anfang und Ende hat und Nachkommenschaft zeugt, muss es nicht um diese Daten kreisen. Das wäre ein Fehlschluss aus dem Augenschein des empirischen Überhanges. Denkbar ist, dass andere Transformationen in einem System ebenso bedeutsam sind, die für unser Verständnis innerhalb eines Lebens liegen und nicht so fundamental sind.

Ein „erlaubter" Gegensatz kann eingebracht werden, wenn Quines Gleichsetzung von Theorie/System mit einer natürlichen Sprache und den in ihr enthaltenen Meinungen, Überzeugungen, Handlungen etc. zurückgewiesen wird. In der Alltagssprache werden manche Zusammenhänge durch Symbolisieren oder Metapherngebrauch etabliert und nicht lediglich durch Schlussfolgern (induktiv oder deduktiv) wie in Theorien. Das alltägliche Sprechen ist eine umfänglichere Tätigkeit als das theoretisierende Sprechen. Auch kann ein Teil des alltäglichen Sprechens intentional unterschiedlich sein: Es verfolgt keine bestimmte Absicht, sondern vielleicht eine kommunikative Funktion. Es ist also lediglich auf pragmatischer Ebene zu beschreiben, und die inhaltliche Seite ist völlig unerheblich (ob jemand „Hallo" oder „Na, du" sagt, spielt keine Rolle; wie er Kontakt herzustellen versucht, ist kontingent. Und wenn der Sprecher schon die Begrü-

---

[158] Evans-Pritchard hat die Zande „inflagranti" beim Widerspruch ertappt, TAYLOR *Rationality*.
[159] *Jenseits der Interpretation* 24.

ßung mit „hallo" vollzogen hatte, so ist es kein Gegensatz, wenn er dasselbe noch einmal mitten im Gespräch sagt, sondern Signal für eine andere pragmatische Bedeutung, z.B. Wiedersehensfreude, Kontaktherstellen, Übermut). Ein Beispiel ist Abels Zeichen- und Interpretationstheorie des Geistes.[160] Für sie ist Quines Unterbestimmtheit die notwendige Vorbedingung. Nur so sind nicht kausale Zusammenhänge etabliert. Der Prozess des Geistes entspricht einem gelungenen Interpretationsprozess. Die Rationalität kommt über das Erstarken der Praxis ins Spiel. Für die Zeichenfunktion wird ihre Bindung an Handlung und Interpretation leitend. Das Eingespieltsein der erfolgreichen Verwendung entsteht dann, wenn die Handlungs- und Zeichenpraxis getroffen wird. Normativität kommt über die Reflexion und Rekonstruktion der erfolgreichen Praxis ins Feld.

Da der Gegensatz als Kontradiktion und aufgrund von Reizquellen, also logisch und naturalistisch, ausgeschieden ist, bedarf die Übersetzungsunbestimmtheit einer guten semantischen Theorie, die unser sprachimplizites Wissen einbringen kann als ein Feld, in dem Gegensätze vorliegen können. Erst eine Zeichen- und Metapherntheorie kann die menschliche Symbolisierungsleistung ausreichend beschreiben und missglückte Symbole oder spannungsreiche Symbole ausweisen. Für MacCormac z.B. sind gerade Spannung und Gegensatz Konstituens des metaphorischen Sprechens. Eine Metapher schafft Bedeutung „durch die syntaktische und semantische Verbindung ungewöhnlicher Referenten, die sich mit Hilfe semantischer Spannung und unscharfer Wahrheitswerte verstehen lässt".[161] In *Postscript on Metaphor* schwankt Quine, ob er Metaphern nur einen vorläufigen Wert zuerkennen will, der jederzeit von der Realität eingeholt werden kann (z.B. Gas als Schwarm absurd kleiner Körper), oder ob er manchen Metaphern einen bleibenden Erschließungswert zugestehen will. Er nennt die Religion und ihre mystischen Metaphern. Sein Aufsatz endet mit einer Bemerkung, die wie kaum eine andere in seinem Werk den Grundgedanken meiner Quineinterpretation bestätigt: „Cognitiv discourse [...] is an open space in the tropical jungle, created by clearing tropes away" (189). Quine hat zutiefst metaphysisch einen offenen Raum geschaffen, der zuvor unbetretener Dschungel war, doch schlägt er eine Lichtung, die das Fremde mehr und mehr abrodet. Die Tropen werden leicht zu „traurigen Tropen", wenn sie für ein „Mysterium zweiter Ordnung" (second-order-mystery, 188) gehalten werden, deren Metaphorik deshalb unaufhebbar ist, weil sie ohne Kontext und damit ohne Inhalt ist.

Von einem szenischen Widerspruch zu sprechen, heißt gerade einen Gegensatz mit einem Kontext, nämlich innerhalb einer Szene, zu haben. Nicht als logischer Widerspruch, nicht als raum-zeitlicher Gegensatz in der Materie, sondern als Unentscheidbarkeit sollte die Unbestimmtheit gedacht werden. Es ist unentscheidbar, welche Übersetzungs-Deutung richtiger ist. Denn es gibt kein *fact of the matter* da, wo es nicht um

---

[160] *Sprache, Zeichen, Interpretation.*
[161] MACCORMAC *Die semantische und syntaktische Bedeutung von religiösen Metaphern* 106.

einen Sachverhalt der materiellen Welt geht, sondern *life facts* (TerHark), oder wie Hacking sagt, wir sollten auch das als real betrachten, „aufgrund wovon wir handeln" (what we are acting upon), sprich die gedeutete Welt und psychische Gegebenheiten. Für diesen Gegenstandsbereich bildet sich erst langsam eine Nomenklatur heraus. Nach sprachphilosophischen Vorerkundungen gab es das Sprachspiel, performative Sprechakte, eine Normalsprache mit Versprechern, Abkürzungen, poetischen Bildern etc. Wenn der sprachphilosophische Theorierahmen weggenommen wird, jedoch bei Beibehaltung des Gegenstandsbereichs der Lebenswelt, dann entsteht ein Bedarf an Begrifflichkeit. Zum Teil wird sie in der Handlungstheorie geliefert und in dieser Arbeit durch die psychologische Theorie der Simulation ergänzt. Zweitens ist die Unentscheidbarkeit ein guter Ansatz, einen Sinn in der Unbestimmtheit zu sehen, weil sie aus dem Gegenstand der *life facts* folgt. Es liegt im Begriff von Schmerz, uneindeutig zu sein: „the point is that this (philosophical) uncertainty resides in the *concept* of pain and not in some as yet unknown facts within his [so.'s] mind or brain".[162] Ganz anders als in Quines Bestimmung von Metapher als wesentlich vorläufig liegt die Unbestimmtheit für TerHark im Begriff selbst. Von der sprachphilosophischen Bearbeitung der Lebenswelt her ist die semantische Uneindeutigkeit hervorzuheben, von der Begegnung in der Simulation her hat sich die Unentscheidbarkeit der Subjektivität angekündigt.

Diese simulative Fassung szenischer Gegensätzlichkeit hat auch gegenüber phänomenologisch inspirierten Versuchen, Fremdheit über basale Widersprüchlichkeit zu beschreiben, einen Vorteil. Das zeigt sich an Nakamuras Auseinandersetzung mit Husserls Begriff der Hemmung.[163] Da sie als „Widerstreit" und „Widerstand" auf subprädikativer Ebene angesiedelt ist, entgeht sie dem „Intersubjektivitätstheorem und damit der Andersheitkonstitution" (118). Beim Widerstreit kommt es zu sich ablösenden Sinngehalten. Im Fall der Negation überwältigt ein neuer Sinn den ursprünglichen. Bleibt der Widerstreit hingegen unentschieden, so nennt Husserl ihn Zweifel. Beiden Unterformen des Widerstreits ist gleich, dass sie in der Einheit des Bewusstseins, dessen Möglichkeiten sie sind, verbleiben.

Im Unterschied zum Widerstreit bezieht sich der Widerstand auf ein unausdifferenziertes Außen. Der Widerstand des Faktischen als solchem gilt in der philosophischen Tradition als Merkmal von Realität. Denn die Anstrengung der Erkenntnis trifft auf ein Hemmnis, das von außen zuzukommen scheint. In diesem erkenntnistheoretischen Zugehen auf den Widerstand hat dieser mit Fremdheit nur insofern zu tun, als die Ordnung der begegnenden Welt nicht integrierbar ist, d.h. wenn sie nicht nur genetisch, sondern qualitativ abweichend ist. Die widerständige aufdämmernde Welt stellt als Infragestellung des primordialen Ichs und seiner Totalität vor die Entscheidung, in das System eines welthabenden Ichs überzuwechseln oder nicht (131). Wenn sich die Erkenntnis

---

[162] TERHARK *Uncertainty, Vagueness and Psychological Indeterminacy* 210.
[163] *Xenosophie* 117ff.

einstellt, keine Alternative zu haben, sondern Welt konstituieren zu müssen, findet in dieser Radikalisierung und Enttäuschung ein adäquater Zugang zum Fremden selbst statt (132). In der Hemmung als Widerspruch gegen die Allmacht des Ichzentrums und dessen daraus resultierender Verunsicherung löst sich die Vorherrschaft in den Verstehenshorizont auf. Diese im Verstehensprozess des Subjektes aufbrechende Dimension nennt Nakamura „vertikale Fremde", die einbrechende Fremde anderer Deutungssysteme als gleichberechtigter Handbücher „horizontale Fremde". Für das vertikale Fremde verwendet er das „Bild von dem die fließende (Bewusstseins-) Oberfläche unterbrechenden und die Fließrichtung in die Tiefe ablenkenden Strudels" (133).

Die Metapher von der Fließrichtung des Vertrauten und Fremden leitet zum besonderen Zeitfluss des simulativen Fremdverstehens über. Eine wesentliche Dimension der Szene ist ihre Veränderung. Die Simulation ist keine völlig rekonstruierbare Prozedur, so dass bei genügender Kenntnis ihrer Abläufe wieder eine objektive Instanz, ein Maßstab der Interpretationen und alltagspsychologischen Zuschreibungen theoretisch vorgelegt werden könnte. Quine thematisiert nur singulär die Simulationsveränderung: Der Gedankenexperimentator verändert sich ein einziges Mal, indem er die Unbestimmtheit in der eigenen Sprache einräumt. Das Simulieren als Phantasietätigkeit ist jedoch eine andauernde Betätigung und verändert sich fortwährend durch die gewohnten und fremden Begegnungen. Zur Dynamik der Erfahrungsveränderung tritt eine weitere szenische Entzogenheit. Wenn das Fremde übersetzt wird, ist im Simulanten eine nichtpropositionale Deuteinstanz tätig und auf Seiten des übersetzten Gegenstands werden dessen ins Un- und Vorbewusste reichenden Strukturen mitübersetzt. Auf diese doppelte Weise findet zwar eine Verständigung innerhalb der Szene statt, die wegen der wirksamen doch nichtpropositionalen Gehalte[164] jedoch unbestimmt bleibt. Diese Sorte der Unbestimmtheit geht über rein vage Sachverhalte hinaus, dass sie *per definitionem* nicht in den Bereich der bewussten, sich über sich Rechenschaft ablegende Sphäre der Subjektivität tritt. Neben der *terra intermedia* liegt eine unbetretbare *terra incognita*. Sie ist eine nicht darzustellende unerlässliche Dimension des radikalen Fremdheitsbegriffs.

3.2.5 Gegensätzlichkeit als Anomalie: Quines Leib-Seele-Begriff

Der Leib-Seele-Begriff konzipiert das Verstehen selbst als die große Anomalie, d.h. als Fremdphänomen, das auf der Normalität einer materiellen Welt aufruht. Der Fall

---

[164] JUNG *Archetypen* 112 sagt von den Elementen der nichtpropositonalen Ebene: „Sie beziehen sich daher auf nichts Bewusstes oder bewusst Gewesenes, sondern essentiell Unbewusstes. Es ist daher, in letzter Linie, auch gar nicht anzugeben, worauf sie sich beziehen. Jede Deutung bleibt notwendigerweise beim Als-ob. Der letzthinnige Bedeutungskern lässt sich zwar um-, aber nicht beschreiben".

eines Feldforschers, der einen Eingeborenen trifft, ist die Zuspitzung der Frage nach dem Verstehen. Sie ist in der systematischen Perspektive austauschbar mit der Frage nach dem Wesen des Geistes. Quines Leib-Seele-Position hat die gleiche Struktur wie seine semantische Position der Unbestimmtheit.[165] Genauso wie die Mehrzahl der Handbücher in der Übersetzungsunbestimmtheit illustriert seine Philosophie des Geistes mit der multiplen Realisierung erstens eine Pluralität im Leib-Seele-Zusammenhang und zweitens die Grenze der physischen Grundlage für die Wirklichkeitsbildung. Die Übersetzungsunbestimmtheit soll die Spannung des Anomalen Monismus[166] legitimieren, da sie einen erlaubte Gegensatz anführt.

Die Differenz der Übersetzung bringt Quine in *Reply to Putnam* deutlich in den Zusammenhang mit mikrophysikalischen Zuständen unseres physischen Körpers: „let us turn to my notion of a fact of the matter in what was for me its primary application, namely, to translation. Speech is an activity of a physical body, and dispositions to speech are for me actual enduring states of nerves" (429). Darauf folgt eine Formulierung der Unbestimmtheitsthese, in der ganz deutlich gesagt wird, dass der neuronale Erregungszustand eines Sprechers von dem eines anderen ununterscheidbar ist. Wenn sie dann doch anders sprechen, kann zwischen diesen Äußerungen nicht entschieden werden aufgrund physikalischer Forschung:

„My thesis of the indeterminacy of translation can conform to all the same distributions of speech dispositions. But only facts of nature that bear on the correctness of translation are speech dispositions. Thus mutually incompatible manuals of translation can conform to all the same overall states of nature, hence all the same distributions of microphysical states. Yet, being incompatible, both manuals can scarcely be right. Which one is, if either? I say there is no fact of the matter. This illustrates my identification of facts of the matter with distributions of microphysical states" (429).

Von innen (states of the nature) und außen (fact of the matter) betrachtet ist die physikalische Grundlage kein sinnvolles Experimentierfeld. An der Stelle werden Überzeugungen, Einstellungen und Wünsche, wie vordem die sprachliche Äußerung (speech), ausdrücklich in den Geltungsbereich der Unbestimmtheitsthese einbezogen: „The states

---

[165] Vgl. PT § 24ff! Auf die zur Unbestimmtheit proteusartige häusliche Analogie ("protean domestic analogue") verweist Quine bereits in WO: „different neural hookups can account for identical verbal behaviour" (79).

[166] In der von Davidson Anomaler Monismus, auch Token-Materialismus genannten Position ist das Psychische eine bestimmte Weise, physikalische Zustände oder neurologische Reizereignisse zu ordnen. Unsere Weise zu klassifizieren kann nicht auf eine physikalische Ursache zurückgeführt werden. Nur in diesem Sinne gibt es das Psychische (die Anomalie in der Materie) als eigenständiges Phänomen: „Es sind unsere *Klassifikationen* der individuellen Ereignisse in Typen, die das irreduzibel Psychologische ausmachen" (UW 100).

of belief, where real, are dispositions to behavior, and so, again, states of nerves. Similar remarks apply to desires, except that desire has less tendency than belief to grade off into meaninglessness" (ebd.).

Im Spätwerk *Pursuit of Truth* wird auch noch die Anordnung als Pseudonym für Mentalität reduktionistisch aufgehoben. Die Anordnung liegt in der Syntax. Ihr meint er, durch die zitattheoretische Deutung propositionaler Einstellungen de dicto beizukommen. Dahinter verbirgt sich die „Reduktion des Zitierens auf das Buchstabieren" (UW 101). Der springende Punkt des Arguments ist, dass durch die Buchstabenfolge auch die Syntax wieder dem „extensionalen Bereich der Prädikatenlogik" eingegliedert wird. An dieser Behandlung der Syntax ist zu kritisieren, dass die Inhaltskomponente im Gliedsatz 'dass p' einen bedeutungstragenden syntaktischen Mehrwert besitzt. Die Buchstabenfolge ist nicht die Syntax einer Äußerung. Der kleinste bedeutungstragende Teil der Syntax sind Morphem und Lexem. Aus ihnen baut sich eine Äußerung auf. Werden diese noch weiter in Buchstaben zerlegt, landen wir bei den sprichwörtlich schwarzen Tintenflecken auf Papier, von denen Wittgenstein spricht, - der Bedeutungslosigkeit. Das semantische Problem mit der mentalistischen Sprache wird für Quine zur „verbleibende[n] Kuriosität psychologischer Prädikate de dicto!" (UW 102). Der späte Quine nimmt lieber eine Hemisphärenteilung in die Welt des Naturalismus vor, in der diese Kuriosität des Psychischen sich „nicht auf produktive Weise mit den sich selbst genügenden Begriffen und Kausalgesetzen der Naturwissenschaften verzahnen" lässt, und auf der anderen Seite in den Bereich der Sozialwissenschaften und den alltäglichen Umgang der Menschen miteinander. In *Pursuit of Truth* ist er um ein vereinigendes oder vermittelndes Modell nicht mehr bemüht. Mit Reduktionismus und dem Zugeständnis an für ihn „inkommensurable" (102) Phänomene verzichtet er auf wesentliche philosophische Fragestellungen.

Quines Denken kreist in mannigfachen Windungen um die Diversität des Sprechens oder die Unerheblichkeit der Synonymie als Erklärung für Bedeutung. Das spricht aus dem abschließenden Absatz von *Pursuit of Truth*. Die beiden übriggebliebenen Unbestimmtheiten, Unterbestimmtheit und Übersetzungsunbestimmtheit, werden als aneinander gespiegelte Abweichungsfälle gegenübergestellt. Dies geschieht in der gedanklichen Figur, die wir aus den Gedankenexperimenten und aus seinem Token-Materialismus kennen: „On the one hand we have two incompatible but equally faithful systems of translations [...] On the other hand we have two incompatible but empirically equivalent systems of the world" (101). Im Semantischen und Empirischen ist die identische Ausgangsbasis je das Unvereinbare für die geltenden Regeln der anderen Disziplin. So sehr Quine die Dichotomie graduell aufgelöst hat, so bleibt diese Unversöhnlichkeit zwischen empirischer und semantischer Unbestimmtheit ungelöst.

Die Rede von der Unbestimmtheit hat sich als Rede aus dem Munde des Naturalisten entpuppt. Dass sprachliche Äußerungen nicht neuronale Zustände abbilden, ist die eigentliche Einsicht Quines. Dazu hätte es der Dschungelheuristik nicht bedurft. Auch der mögliche Gegensatz thematisiert nicht wie vermutet das große Thema der möglicherweise unüberwindbaren Kulturgrenzen. Der mögliche Gegensatz ist von Quine später wieder auf der Folie mikrophysikalischer Zustände gedacht. Er ist eine Abweichung im Output, die im Zustand des Hirns (der Turing-Maschine) nicht auftaucht. Anstatt aber zu erkennen, dass die naturalistische Vorstellung des Geistes für die Aufklärung von sprachlichen Äußerungen völlig unerheblich ist, ruft er die Unbestimmtheit aus. Die Unbestimmtheitsthese ist die Weigerung, den Naturalismus auf naturwissenschaftliche Themen zu beschränken und zurückzuziehen. Dass jede weltanschauliche These in methodischer Ungebrochenheit zu der Physik stehen muss, spricht bekenntnishaft aus folgendem Zitat: „If telepathic effects established beyond peradventure and they were clearly inexplicable on the basis of the present catalogue of microphysical states, it would still not devolve upon the psychologist to supplement physics with an irreducibly psychological annex. It would devolve upon the physicist to go back to the drawing board and have another try".[167]

„Übersetzungen", die irreduzibel semantische Elemente enthalten, werden deutlich von den „Theorien", die für die materielle Welt da sind, unterschieden. Das holistische Netz ist endgültig in Hemisphären zerfallen. Der Unterschied ist gar nicht so sehr, dass die eine materiell und die andere geistig wäre, im Gegenteil, beide sind materiell, wobei die eine mit kausalen Begriffen rekonstruiert werden kann und die andere mit Anomalien und Akausalitäten. Da die „Elementarteilchenzuckungen" (*Was ich glaube*) die Theorien ersinnen, kann Quine nicht ohne den Geist auskommen. Für die Simulation, die wir als den entscheidenden gedanklichen Horizont Quines in seinen Überlegungen zum Übersetzen und damit Weltverstehen eingebracht haben, ist im folgendem Kontext interessant, dass der Monismus als Ergebnis eines Gedankenganges in § 29 von *Pursuit of Truth* auftaucht, der seinen Ausgang in §16 bei unserer Fähigkeit nahm, die Gepflogenheiten anderer Personen zu simulieren (den „Wahrnehmungsunterstellungen" UW 89). Die Simulation des Geistes des anderen Menschen mündet für Quine in den Anomalen Monismus des Geistes. Das Fremde der Anomalie ist heruntergebrochen in eine Monokausalität. Im wirklichen Simulieren wird jedoch eine unbestimmte Welt, d.h. eine fremde und doch in gleicher Weise wirkliche Welt entdeckt. Um den verstehenden Geist, der das Organ der Abweichung schlechthin ist, zu erkunden, wird nun im zweiten Teil eine allegorische Ebene betreten.

---

[167] *Reply to Putnam* 430.

II DIE SIMULATIVE HERMENEUTIK

Die vorhergehende Deutung des zweiten Kapitels von *Word and Object* ermöglicht nun eine Lesart unter anthropologischem Gesichtspunkt der an der Szene beteiligten Personen und des wichtigsten Inventars.[168] Sie rechtfertigt sich aus den zwei Interessen, die differenziert wurden: dem Interesse des Feldforschers und des Gedankenexperimentators. Daher muss einige Male zwischen den Zeilen gelesen werden, um die eigentlichen Beweggründe darzulegen. Da das Interessanteste am Denken Quines aber sein Wandeln entlang der Begrenzung des Empirismus ist und sein Hinauslangen über das naturalistisch Rekonstruierbare ins Nicht-Positive, halte ich eine Lesart, die das Hinauslangen registriert und verstärkt, um diesen Aspekt quineschen Denkens hervorzuheben, für angemessen.[169] Unter dieser Hinsicht ergänzen die Gestalten sich abwechselnd als hemmende und vorantreibende Kräfte.

Der zweite Teil baut auf den Einsichten des ersten Teils auf: das Fremde bedarf einer besonderen Darstellungsform. Denn 1. war die besondere Erschließung des Fremden durch die Tätigkeit des Simulierens entdeckt worden. 2. Das Simulieren besitzt die besondere Gegenständlichkeit einer alltagspsychologischen Theorie. 3. Die Abweichung in den möglichen, szenischen Gegensatz ist wesentlich für das Fremde.

Um den drei Merkmalen des Fremden gerecht zu werden, steht der Abschnitt „Handbücher" als Haupt über dem Teil II. Handbücher sind das Modell von Theorie, das Quine für das Fremdverstehen vorgeschlagen hat. Inwiefern kann ein Sprachsystem sowohl Theorie sein als auch Ausdruck des größeren Sinngefüges, für das ein theoretisches Format einer Beschneidung gleichkommt?

---

[168] Diese Lesart teile ich mit GLOCK: "The expedition into jungle is a campaign in support of a philosophical anthropology" (*The Indispensability of Translation in Quine and Davidson* 196).
Von der philosophischen Anthropologie ist die kulturwissenschaftliche Anthropologie zu unterscheiden. Besonders im englischen Sprachraum wird Anthropologie häufig gleichbedeutend zu Ethnologie verwendet (vgl. BERG/FUCHS *Kultur, soziale Praxis, Text* 13). In diesem Sinne verwendet z.B. MARTIN *Analytic Philosophy's Narrative Turn* „anthropologist" für Quines „linguist", ohne damit eine philosophisch-anthropologische Auslegung zu meinen. Ebenso LAUGIER-RABATE: "La possibilité d'un point de vue anthropologique sur la logique, question posée clairement dans Word and Object et dans d'autres texts moins connus, et qui permet de rapprocher Quine de notamment, Malinowski et Levi-Strauss" (*L'anthroplogie logique de Quine* 11). Für sie heißt "anthropologie logique", dass die Logik ein Symbolismus ist wie die Literatur und die Psychoanalyse (vgl. WO 249). Erschließungskraft für das Fremde kommt der logischen Anthropologie Quines nach LAUGIER-RABATÉ nicht zu.

[169] Die philosophische „Kritik konzentriert sich auf Quines rigiden Behaviorismus" (GEUKING *Erfahrung und Willkür bei Quine* 122), s.a. KIRK *Translation Determined*, der die Diskussion der 60er und 70er Jahre darstellt.

Dieses andere Format wird der Simulation in dieser Arbeit mit der narrativen Analyse zugewiesen. Dadurch dass das *Word and Object*-Kapitel als Erzählung betrachtet wird, erschließen sich neue Sinnlinien im Text. Sie sind geeignet, die Erscheinungsformen des Fremden und das Eigenleben der Elemente des Gedankenexperiments aufzuschlüsseln. Diese philosophische Auslegung ist die einzige mir bekannte Arbeit, in der die Gattung des IIten Kapitels wahrgenommen wird. Das Kapitel II ist ein kommentierter Erzähltext, keine logische Abhandlung. Es hat einen Spannungsbogen, Aufbau und Stil. Von der Gattung her ist es ein Gedankenexperiment und das Gedankenexperiment seinerseits hat eine ethnologische Feldstudie zum Gegenstand: Ein Experiment im Experiment, eine Geschichte in der Geschichte mit anderen Handlungsträgern und Rollenverteilungen und einem eigenen Spannungsbogen. Das Gedankenexperiment in seiner Gestalt der Simulation ist nicht nur Rahmen, sondern unterbricht immer wieder reflektierend die Feldstudie. Der kognitionswissenschaftliche Begriff Simulation wird sekundär verwendet. Er bezeichnet hier auch eine literarische Gattung. Wichtigstes Gattungsmerkmal ist ein allwissender, eingreifender Erzähler (hier: Gedankenexperimentator) und ein Protagonist, der als vollständige Person, als Mensch, in eine Situation phantasiert wird (Feldforscher). Wenn der Gedankenexperimentator sich nur vorstellte, es sei nichts in seinem Geiste als eine ferne Insel und ein Eingeborener auf ihr ohne Feldforscher, dann wäre das Gedankenexperiment keine Simulation! Es besäße eher die Form z.B. des kartesischen Experiments am Kaminfeuer zu Beginn der zweiten Meditation. Der Gedankenexperimentator bzw. der Meditierende entleert sich, schließt alle Sinne gegen die Welt ab und wendet sich in sich. Der Raum der Phantasie wird geöffnet. Im Unterschied zu Quine gewinnt die Meditation Descartes' nicht die Doppelbödigkeit der Erzählung. Es fehlt die Selbstverdopplung in die Gestalt des Feldforschers. Die Phantasie lässt keinen Protagonisten auftreten, der in eine Handlung verstrickt wäre.

Auf der Simulationsebene liest sich die Spannung folgendermaßen: I. Exposition: Problemfassung, Fragezuspitzung, Vorschlag der Feldstudie zur Problemlösung;[170] II. Hauptteil: Über-Die-Schulter-Schauen beim Feldforscher als erzählerische Perspektive, Kommentareinschübe; III. Schluss: Einsicht in die Unbestimmtheit der Übersetzung - auch zu Hause, Disäquilibrium mit Wandlung des Helden, der alles im Griff hatte; andere Eingeborenenstämme rücken in den Blick (z.B. jene, die von Pelikanen als ihren Halbbrüdern sprechen, WO 144).

---

[170] Die Fragezuspitzung sucht zwar einen nicht-empirischen Spielraum, sein methodologischer Ausweis muss im Naturalismus jedoch empirisch geschehen, daher die empirische Feldstudie. Deshalb wird auf der methodologischen Ebene des Gedankenexperiments das Kompositionsschema von Suche – Erfüllung durch die Stichwortverbindung mit „empirical" geleistet: "we must look for whatever empirical content there may be" am Anfang des Kapitels (26) und am Ende: "here [...] the semantic indeterminacy makes clear empirical sense" (79).

Auf der Feldstudienebene liest sich der Handlungsbogen ganz anders: Dialog mit dem Eingeborenen: a) Beobachten, Zuhören, Empathie, Anlegen eines Handbuchs; b) Nachfragen, Messen, Hypothesen, Empathie, Arbeit am Handbuch; c) Dschungelisch sprechen, falsche Sätze des Eingeborenen erkennen, zanken, siedeln oder zurückreisen. Szene: Reise, Setting mit Tieren, Stämmen, Tageszeiten (Feldforscher fragt einen ganz Tag nach Giraffe).

Wer die behavioristische Sprachtheorie Quines als eine logische Abhandlung rekonstruiert, hat das Wichtigste verspielt. Er hat die Unbestimmtheit verschenkt. Denn diese ist ein Zugewinn gerade dank der literarischen Form des zweiten Kapitels. Quines Sprach- und Erkenntnistheorie, die er als Geschichte vorgelegt hat, muss als Geschichte, und das heißt exegetisch, nicht logifizierbar, besprochen werden.

„Wort und Gegenstand": da die Sprachphilosophie aus erkenntnistheoretischem Antrieb Grund und Boden von *Word and Object* ist, halte ich mich an die Vorgabe und spreche nicht von Personen im Sinne von Subjekten, sondern von Sprechern oder höchstens von Versuchspersonen. Diese und das hierin Erschließbare sind das anthropologisch Zugängliche der Sprachphilosophie. Zum Personal zählen Feldforscher, Gedankenexperimentator, Eingeborener. Als Inventar tauchen auf: der Dschungel, die Oberfläche, Manuale.

4 Das Inventar

In den folgenden Abschnitten werden geistige Prozeduren erarbeitet, die das Verstehen des Fremden leisten können. Oberfläche, Handbuch, Provinz und Dschungel werden zu Metaphern der Reisegeschichte. Aufgrund der Bildhaftigkeit der Feldstudie ist ein analoges Denken in Kraft gesetzt. In ihrer Bildhaftigkeit ähnelt eine Erzählung dem Traum. Ihrer beider Logik unterscheidet sich „grundlegend von der der Wirklichkeit und der in ihr gültigen Sätze: dem Satz der Identität, des auszuschließenden Widerspruchs und des ausgeschlossenen Dritten".[171] Das Analogiedenken ist rational, da Gesetzmäßigkeiten angegeben werden können, wie der Sinn des Fremden, der vom bekannten Sinn abweicht, erschlossen wird.

4.1 Handbücher: die Frage nach der Repräsentation des Fremden

„What I reject is the rigid objectification of sense", Quine *Quiddities* 191

Die Übersetzungs-Handbücher oder Manuale bieten die Weltanschauung in sprachlicher Form dar. In der Allegorie des Manuals steckt die grundsätzliche Frage, ob es möglich ist, die Wirklichkeit in einem System von Sätzen zu wiederholen. Insofern verkörpern Handbücher Theorien. Daher kann anhand von ihnen Sinn und Möglichkeit einer Metatheorie thematisiert werden, das Nebeneinander mehrerer Theorien und die besondere Medialität von Theorie, die in der Verschriftlichung liegt. Es ist zu fragen, wie diese Medialität den Gegenstand formt oder verformt.

Die Handbücher waren in der Feldstudie eng mit Quines behavioristischem Vorgehen verbunden. Sie transsubstantiieren jedoch nicht im Sinne des Behaviorismus. Anstatt einer Kette contrafaktischer Konditionale stellt das Handbuch Deutsch-Dschungelisch Sätze gegenüber. Es übersetzt. Auch wenn das Vorgehen des Feldforschers zeitweise wie am Leitfaden solcher konditionalen Ketten geschieht, so zeichnet er nicht deren Ausschlussgang auf, sondern seine Einsicht in die Bedeutung der Äußerung. Quine sagt, der Behaviorismus sei eine Erklärung, wenn auch nicht "the deepest

---

[171] GLOY *Das Analogiedenken unter besonderer Berücksichtigung der Psychoanalyse Freuds* 291. Ebenso sieht RESCHER *The primacy of practice* 105 das Nicht-Widerspruchsprinzip als regulativ für unser Theoretisieren anstatt als konstitutiv für die Wirklichkeit an.

one"[172], die für einen Bereich wie die Ökonomie völlig unbrauchbar wäre, für die Psychologie im Verhalten des Menschen aber zu einigermaßen aussagekräftigen Regelmäßigkeiten komme.

Die Theorie-Theoretiker Davies/Stone[173] behandeln die Frage, inwiefern die Linguistik hilfreich ist, eine Theorie des Geistes zu rekonstruieren. Die wichtigste Analogie liegt in dem, was Stich/Nichols die „Haupterklärungsstrategie der Linguistik" nennen. Sie nehmen eine innere Struktur von Wissen an, die sagt, wie die unendlich vielen Äußerungen aus wenigen Buchstaben, Silben etc. zu bilden sind. Diese Theorie ist teils unbewusst. Sie ist die Grammatik. Der springende Punkt ist, dass die Grammatik als Regelwerk aufgeschrieben werden kann, also in der Dritte-Person-Perspektive prinzipiell zugänglich ist. Die Analogie zur Alltagspsychologie, die für das Übersetzen so dringend benötigt wird, liegt darin, dass die Alltagspsychologie ein größtenteils nicht bewusstes Wissen ist, das aber als Theorie vorgelegt werden könnte. In diesem Abschnitt über Manuale ist es eine wichtige Frage, ob das Fremde, das Manuale und Grammatik zu repräsentieren vorgeben, in dieser Dritte-Person-Perspektive ohne Verluste erfassbar ist. Eine Grammatik erklärt, wie ein Sprecher in der Lage ist, Wörter und Sätze zu bilden, die er in der Tat bildet. Die Annahme einer Grammatik ist demnach beschreibend anstatt erklärend. Chomsky hat in diesem Sinne geäußert, dass die Vorstellung von unserem Verstehen der anderen als eines stillen inneren Wissens lediglich besage, dass die Handhabe, ein stilles inneres Wissen anzunehmen, mit unseren derzeitigen kanonischen Vorstellungen, was wissenschaftlicher Fortschritt sei, übereinstimme.

Die Handbücher sind die niedergelegte Begegnung. Sie sind im Medium der Schrift[174] nicht mehr Stimme des Eingeborenen. Die Schrift ist das Medium der Theorie. Die unterschiedlichen Manuale für einen sich äußernden Eingeborenen sind unterschiedliche Theorien. Im Bereich der Theorie kann mehreres gleichzeitig vorliegen - nicht so bei der Stimme. Der Eingeborene kann in der Situation eines vorbeilaufenden Kaninchens gleichzeitig nur einen Satz äußern. Für den, der ihn hört, selbst aber einem anderen Zungenschlag angehört, ist nicht klar, was der Eingeborene meint (worauf genau er sich bezieht, was er meint und wie wirklich das, worauf er sich bezieht, ist). Es ist unbestimmt. Im Bereich der Stimme ist die Unbestimmtheit beheimatet. Im Bereich der Theorie liegen ja mehrere Handbücher vor. Dies ist schon eine abkünftige Unbestimmtheit, wenn sie so überhaupt sinnvollerweise bezeichnet werden sollte, denn die Übersetzungen sind Vorschläge, Mutmaßungen, Hypothesen (mal mehr induktiv: Beo-

---

[172] *Interview Borradori* 35.
[173] *Folk Psychology* 8ff.
[174] Von hier böte sich eine Auslegung des schriftlichen Handbuchs als Gewaltanwendung an. So wie Derrida inspiriert von der heidegger-levinas'schen Kritik am Verfestigen eines ehemals Lebendigen oder sich Entziehenden die Schrift aufgreift (grapheme, écriture). Für Quine scheint es mir angebrachter, Schrift als Theorie auszuführen.

bachtungssätze, mal mehr deduktiv: mit Zusatzinformationen und aus ihnen gefolgert (WO 38): Gelegenheitssätze). Übersetzungen sind als Hypothesen unsicher, nicht aber unbestimmt! Quines Endeckung der Unbestimmtheit bedarf neben dem möglichen Gegensatz der lebensweltlichen Ebene der Stimme. Sie tritt gemäß der Allegorie nur im Dschungel auf. Unbestimmtheit ist eine Kategorie der Begegnung, die in der Phantasie des Gedankenexperimentators auftaucht und nicht in seinem Theoretisieren!

Im § 16, der die Unbestimmtheit als letzte Auswertung der Feldstudie einführt, wird wieder vom Gedankenexperimentator gesprochen. Die höchste Stufe des semantischen Aufstiegs erlässt die Theorie - das gleichzeitig Sehbare, die nebeneinanderliegenden Handbücher, die Spatiierung der Objekte zugunsten der sich ereignenden Äußerung, die gehört und verstanden wird, wobei das Verstehen der Äußerung im Moment nicht differenzieren kann, was es versteht, sondern sich mit einer mehr oder weniger unbestimmten Botschaft begnügt. Gerade wenn der Eingeborene noch mehr äußert, ganze Geschichten erzählt, wird der Feldforscher, was den Versuch eines weniger unbestimmten Verstehens anbelangt, immer mehr ins Nachhinein der Handbücher-Hypothetizität vertröstet. Ein Satz wird dem anderen nachgeschoben. Die Unbestimmtheit in gesteigerter Form ist ein Kennzeichen der flüssigen Äußerungsfolge, - das Folgen dieser Äußerungskette ist wie das Hinterherhangeln im Dschungel einzelner Unbestimmtheiten. Somit ist ein Manual die Brücke zum Dschungel für den zu Hause gebliebenen Gedankenexperimentator, der in den Handbüchern die transportabel gewordene, erstarrte Begegnung des Feldforschers mit dem Eingeborenen vor sich liegen hat. Als Abbildung A' ist die Begegnung mit dem Exotischen in die Heimat verschifft. Statik, Hierarchie von Aussagen und ihre gegenseitigen Stützungen sind Kennzeichen des schriftlichen Theoriemediums.

Gloy[175] hat eine Systematik aufgestellt für das Verhältnis von Einheit und Vielheit. Es gibt drei Zuordnungsweisen, die in der Tradition in vielen Abwandlungen auftreten. Danach haben wir es bei der Vielzahl gleichberechtigter Handbücher auf dem Schreibtisch des Gedankenexperimentators mit dem dritten Modell für Differenzialität zu tun. Es denkt Differenz als eine nebeneinander geordnete Einheit und Pluralität: „Einheit und Vielheit werden nebeneinander als gleichberechtigte Glieder angesetzt, deren Vermittlung ein *tertium comparationis* verlangt, das weder durch eines der beiden Gegensatzglieder noch durch beide zusammen bestimmbar ist, also weder als Einheit noch als Vielheit, weder als Ursprung noch als Abgeleitetes angesehen werden kann. Dieses vermittelnde Dritte erweist sich für das Denken als Ab- und Ungrund".[176] Das *tertium comparationis* ist im Unbestimmtheitsfall die Zwischengestalt des Feldforschers. Er ist weder vom Gedankenexperimentator her zu bestimmen, von dem er sich als Feldfor-

---

[175] *Differenz und Vermittlungsmodelle von Einheit und Vielheit – das substanzontologische, das selbstreferentielle und das offen relationale Modell.*
[176] *Differenz* 207.

scher II emanzipiert hat, und auch nicht vom Eingeborenen her, der seine Wandlung zwar veranlasst, aber nicht seine neue Identität wird.

Im bekehrten Gedankenexperimentator **G'**, der die Unbestimmtheit für das eigene System anerkennt, liegt mit den Handbüchern eine Einheit und Vielheit vor. Die Ausweitung der Unbestimmtheit und ihre Integration schafften diese neue Einheit. Der Feldforscher II ist die narrative Gestalt für den simulierenden Anteil des Gedankenexperimentators. Im simulierenden Subjekt ist damit der Abgrund oder Ungrund namhaft gemacht.

Die Handbücher handeln nicht von Termini, sondern von Sätzen (WO 74). Sätze gewinnen ihren Sinn erst durch einen Kontext, der letztlich die globale Struktur ist, also endlos. Daher steht das Handbücher-Erstellen im hermeneutischen Zirkel, denn durch den Kontext ist das Vorverständnis mitgegeben. Ist das Vorverständnis in einer Metatheorie einzulösen und darzubieten? Dazu muss der *great code* und seine Rolle im Holismus geklärt werden (WO §16). Gibt es eine große synthetische Hypothese, in der die Diversität und sogar die mögliche Entgegengesetztheit im Wahrheitswert der Manuale sich zusammenfindet? In diesem Punkt hat Quine seine Ansicht geändert. Während er anfänglich die Philosophie gar nicht als Philosophie, sondern als eine Wissenschaft neben anderen betrachtete, so dass Hacker zögert, ihn überhaupt der analytischen Tradition zuzurechnen,[177] so geht er später nicht mehr davon aus, dass sich alle Wissenschaften in der einen großen Wissenschaft finden: "I have actually tempered the extreme holism of my first writings [...] there isn't only one science".[178] An die Stelle des großen Codes rückt er ein „Bündel von Gesetzen". Die Auffassung hat zwei wichtige Folgen: Erstens impliziert sie, dass es beobachtbare Kriterien geben müsse (um Regularitäten ausfindig zu machen) - damit bleibt sie der Zuständigkeit empirischer Theorie verhaftet, und zweitens bedarf es einer ausreichend großen Kombinationsmöglichkeit der Gesetze (ebd.). Letzteres werde durch das Modell des Holismus garantiert. Der Holismus dient daher nicht mehr dem *great code*, sondern der Kombinatorik, einem quantifizierbaren Anliegen. Ersteres sagt, dass erst beobachtbare Kriterien definieren können, was als beobachtbare Situation zu gelten hat. Im Unterschied dazu möchte Davidson sich gerne auf die Situation direkt berufen, aus der zwei wahrnehmende Subjekte Bedeutung ziehen.[179] Die Situation als "nearest shared cause" lehnt Quine ab.[180] Quines Holismus, der sich die Unbestimmtheit angeeignet hat, gewinnt eine desintegrative Tendenz. Er ist von einem dauernden Kontextzerfall geprägt. Sobald Quine die Vorstellung der Übersetzung in eine Hintergrundtheorie (great code) aufgibt, wird das Prinzip des Wohlwol-

---

[177] *Wittgenstein im Kontext der analytischen Philosophie.*
[178] *Interview Borradori* 38; dagegen DAVIDSON (ebd. 54): "Quine believes in the unity of the science, like the positivists. I do not".
[179] Davidsons Interview *in Borradori* 49.
[180] *Three Indeterminacies* 3.

lens von Wilson verstärkt aufgenommen.[181] Die radikale Übersetzung bei Quine und die radikale Interpretation aufgrund des Prinzips des Wohlwollens bei Davidson sind sich in dieser Perspektive sehr ähnlich: als Manual ungefährer Weisungen. Davidson würde sich wehren, sein Prinzip des Wohlwollens als Manual von Regeln deuten zu lassen.[182] Es ist transzendental gegründet in der Intersubjektivität. Für Quine ist die *Charity*, die wohlwollende Kommunikation, durch ein Manual von Regeln ermöglicht. Duhem ist für ihn der Begründer des Konventionalismus.[183] Quine verbindet mit der Konvention positive Konnotationen. Schon weil die Regelmäßigkeit Vorhersagbarkeit, ein wichtiges Ziel wissenschaftlicher Theorie, garantiert, ist sie positiv besetzt. Während für Davidson die Regelhaftigkeit hinter die wichtigere Gemeinsamkeit einer geteilten intersubjektiven Welt zurücktritt, so ist die Regelmäßigkeit für Quine in der gemeinsamen spürbaren Welt beheimatet. Jemanden zu verstehen heißt zweierlei: seiner Stimme sich auszusetzen und eine Theorie über ihn aufzustellen. Die vieldiskutierte These von Davidsons *Epitaphs* hat Quine im Dschungel vorweggenommen. Davidsons „Übergangstheorie" und seine „Ausgangstheorie" sind das gleiche wie die Manuale, die das nicht Endgültige schlechthin sind und den Primat der Kommunikation verkörpern. Schon Quine hat mit seinen Manualen das Verstehen als die unaufhörliche Mühe, die Theorie an aktuelle Äußerungen anzupassen, beschrieben. Davidson, der den Einzelfall des Verstehens, also die Kommunikation als einzig möglichen Begriff von Sprache ausruft gegen jedes linguistisch fixierbare System, bringt auch in dieser Epitaph-These von der Aufhebung der Sprache zu Quine nichts Neues.

"The farther we venture from simple discourse about familiar concrete things, however, the farther apart the checkpoints tend to be spaced and the less decisive each checkpoint tends to be. We discourse blithely to patiently receptive ears and pick up only an occasional inconclusive indication, if any, that we have communicated our idea (excuse the expression) or perhaps engendered some unintended one. No news is good news. We read the listener's mind by what Neil Wilson called principle of charity. We get an exaggerated idea of how well we have been under-

---

[181] WO 59 Anmk.

[182] *Communication and Convention*.

[183] *Interview Borradori* 36. Es fällt auf, dass Quine nach dem Ursprung holistischen Denkens im "organicism" gefragt, auf diese Quelle nicht eingeht, sondern nur Duhem, die wissenschaftstheoretische Herkunft, anspricht. Die Erkenntnisse von biologischer Seite über das Lebewesen als organisierte Totalität sowie die gestaltpsychologischen Überlegungen zur Irreduzierbarkeit der Gestalt auf ein Ganzes, das den einzelnen Teilen ihre Rolle zuwiese, tauchen nicht auf bei Quine. MAYER führt diese drei als geistige Wegbereiter des Holismusgedankens an; *Semantischer Holismus* 17-25. In *Three Indeterminacies* (4) findet sich jedoch eine von der Sache her gestaltpsychologische Stelle: "We all have an uncanny knack for empathizing another's perceptual situation [...] The knack is comparable, almost, to our ability to recognize faces while unable to sketch or describe them". Sie dient als Bild für die Fähigkeit der Empathie.

stood, simply for want of checkpoints to the contrary. The miracle of communication, in its outer reaches, is a little like the Miracle of transsubstantiation: what transsubstantiation?"[184]

Dieses längere Zitat könnte überschrieben werden mit „Kommunikation in den Außenbezirken". Es ist der heimgebrachte Dschungel. Es wird sehr gut deutlich - mehr als in *Word and Object* ausgeführt, worin die Unbestimmtheit innerhalb der Begegnung mit Sprechern der eigenen Sprache besteht. No news, good news. Das Nachfragen, in dem der Feldforscher sich fleißig übte, wird im „fröhlichen" Diskurs unserer alltäglich-unwissenschaftlichen Auseinandersetzung meist weggelassen („weggelassen" formuliert sich schon wieder vom „vollständigen" wissenschaftlichen Standpunkt her, der genauso wenig der Unbestimmtheit entgehen kann). Der Wunsch nach Bestätigung unseres Verstehens ist exaltiert. Auffallend ist der Übergang im Zitat, den auch die Feldstudie in *Word and Object* aufweist, vom spatialen Aspekt der Ausgangsunterhaltung (the farther...the farther, apart, spaced, checkpoint) zur stimmlich-akustischen Dimension semantischen Verstehens (receptive ears, inconclusive, listener). Es ist interessant, dass die Handbücher einbezogen sind: to read. Das Bild, im Geist des anderen zu lesen, weckt die Vorstellung, dass der Geist wie eine Theorie organisiert sei. Die Transsubstantiation besteht in der Stoffumwandlung des Stimulus zur Stimme. Hacking deutet das als Ausstieg aus dem Begründungsdiskurs: "Plenty of things that we say need no reasons". Das sei: "the core of the discredited philosophical doctrine of observation sentences".[185] Das Ungefähre gehört zur gelungenen Kommunikation.

Sowohl in *Paradoxes of Irrationality* als auch in einem Interview sagt Davidson: "It was Quine's original inspiration to ask, once somebody has got a language and a theory, how do you decide where he has drawn the line".[186] Gemeint ist die Linie zwischen dem Analytischen und dem Synthetischen. Es sei Quines Besonderheit in Kritik an den Logischen Positivisten, ein Element des Pragmatismus in unser Theoretisieren gebracht zu haben: wir suchen, welches Begriffsschema am besten zu unserer Weise, Wissenschaft zu treiben, passt, anstatt auf apriorische Sätze zu stoßen. Deshalb muss die Linie je neu herausgefunden werden. Dass in jeder Sprache eine Ontologie liege, eine Theorie oder auch Mythologie[187], ist mittlerweile Allgemeingut, - Davidson tut nun aber so, als ginge es im Feldexperiment nur darum, wie der Forscher herausbekommt, wo die Linie zwischen real/irreal, seiend/inexistent etc. gezogen ist. Es geht aber nicht nur um die bestehende unbekannte Sprache Dschungelisch, sondern um die in der eigenen Sprache entdeckte Unbestimmtheit. Die Desillusionierung des Feldforschers nach der Rückkehr verschweigt Davidson, obwohl die Wirkung einer Kommunikation auf den, der hört und

---

[184] *Quiddities* 28/29, ein Jahr nach Davidsons *Epitaphs* erschienen.
[185] *Language, Truth and Reason* 49.
[186] *Interview Borradori* 45.
[187] WITTGENSTEIN *Vortrag über Ethik* 38.

verstehen will, entscheidend für ihre vollständige Beschreibung ist. Auch in der Davidsonrezeption wird die Heimanwendung der Unbestimmtheit, das Ergebnis der Dschungelreise bei Quine, nicht berücksichtigt. Diese Verneinung oder Verdeckung tragen sie anhand einer Kritik am Feldforscher aus: Er könne übersetzen, ohne zu verstehen, und dies sei mangelhaft. Mit anderen Worten: der Feldforscher ist so sehr aufs Beobachten fixiert, dass er aufgrund davon die Handbuchregister erstellt, ohne sich emphatisch in die Situation zu bringen. Wir haben ausführlich gesehen, dass das Gegenteil der Fall ist. In der Rezeption Quines ist strittig, ob der Feldforscher Dschungelisch wirklich gelernt hat oder ob er aufgrund von Beobachtungsdaten nur verbale Äußerungen des Eingeborenen mit eigenen Äußerungen im Manual zusammenstellen kann, ohne die Bedeutung der Sätze zu verstehen. Insbesondere wenn Quine als Vorspann zu Davidson abgehandelt wird und mit dem Zweck, Übersetzung durch Interpretation auszustechen, taucht die Auffassung auf, ein Benutzer der Davidsonschen Wahrheitsmaschinerie müsse einen Satz auch verstanden haben, um seine T-Konvention aufzustellen. Das sei eine sinnvollere Erklärung davon, was es heißt, einen Satz zu verstehen, als es bei Quine die Metasprache der Manuale ist.

Einige Davidson-Ausleger übersehen, wie effektvoll Quine mit der intralingualen Begegnung spielt[188] und das Nichtverstehen gerade die Augen bzw. die Ohren für die Unbestimmtheit auch im Wahrheitswert öffnet. Schaedler-Om[189] z.B. verdeutlicht das Erfordernis der Metatheorie am bridge-Beispiel: „bridge" kann in „pont" (frz.) übersetzt werden dank einer Metasprache, die um die Entsprechung der Worte, nicht aber um deren Bedeutung weiß. Dieses Beispiel trifft jedoch nicht die Situation des Feldforschers, der in einer intralingualen Situation übersetzen muss, das heißt immer mit der Möglichkeit völligen Abweichens (z.B. im Zustimmungsverhalten) rechnen muss. Unter diesen Dschungel-Bedingungen kann keine Metasprache wie in Davidsons Wahrheitstheorie erstellt werden. Auch Ramberg unterläuft das Missverständnis, Quine postuliere eine Metasprache: "In insisting on interpretation (as meaningful construal of a language) rather than translation (as the mapping of a structural relation, such as we may glean even when we know neither of the languages so related), Davidson retains his focus on semantics, specifically on the relation between structure and meaning".[190] Quine denkt im Bild des Netzes an das, was die Linguistik Prinzip der Interpretanz nennt: jede natürliche Sprache dient dauernd sich selbst als Metasprache durch den Prozess der

---

[188] Vgl. z.B. der Marsmenschbesucher: "Altogether the equating of stimulus meanings works out far better intrasubjectively than between subjects" WO 48; in Quines eigenwilliger Verwendung meint intrasubjektiv 1. innerhalb eines einzelnen Sprechers, 2. interkulturell in einer Begegnung mit einer fremden Kultur, in der alle Bedeutungsstandards unserer Kultur nicht vorausgesetzt sind. „Intersubjektiv" meint dann „innerhalb einer kulturellen Sprachgemeinschaft".

[189] *Der soziale Charakter sprachlicher Bedeutung und propositionale Einstellungen* 35ff, ebenso: EVNINE *Donald Davidson*, Kap. Interpretation vs. Translation, 98ff.

[190] *Davidsons Philosophy of Language* 81.

türliche Sprache dient dauernd sich selbst als Metasprache durch den Prozess der unbegrenzten Semiose (Peirce). Eine Übersetzung ohne Metasprache ist möglich mit einem „Vergleichsinstrument, das an sich eine Sprache ist [...] aber gleichwohl erlaubt, zwei sprachliche Strukturen zu vergleichen, die für sich genommen inkommensurabel erscheinen".[191]

Woher rührt der blinde Fleck der Davidsonianer? Wenn wir spekulieren, wo der „Schatten der Philosophen" (Merleau-Ponty) liegt, so ist eine Idee, dass sie entdeckt hätten, wie viele der eigenen Einsichten in Quines Simulation bereits errungen sind. Der Empirismus Quines ist intelligent durch das Bewusstsein um seine Grenze, das sich in der Unbestimmtheit ausspricht. Deutung, Projektion, die Suche nach Ähnlichkeit und die Vermeidung von zuviel Mühe etc. sind subjektive Anteile jeder Erkenntnis, auch der scheinbar passivsten Wahrnehmung deutlicher Reizeindrücke.

Schließlich ist das Erstellen von Manualen die Hauptaufgabe des Feldforschers, wozu er die Reise auf sich genommen hat. Übersetzen zu müssen ist geradezu sein Verhängnis. Hinter dieser Bürde steht die Sehnsucht wahrzunehmen, das schwierige Wahre aufzuzeichnen, die Phänomene zu retten und *ad fontes*, ins Dunkle des Un- oder Vorbewussten zurückzugehen. In dieser Beschreibung des Feldforschers werden Schlagworte der Phänomenologie, Psychoanalyse und Geschichtswissenschaft vom Anfang des 20sten Jahrhunderts sichtbar. Der Auftrag des Gedankenexperimentators an den Feldforscher steht in dieser Tradition und verkörpert die andere Seite der Hermeneutik: die große Anstrengung und mögliche Überforderung der unbegrenzten Forderung nach Verstehen des Anderen, sei es des anderen Menschen, des Fremden oder des Dunklen.[192] In der Unbestimmtheit, die diese Seite der Hermeneutika des Jahrhundertanfangs als übertrieben idealisiert bezeichnet, wird nicht nur das empirische, sondern auch das geisteswissenschaftliche Forschen gestoppt. Sie ist wie eine Befreiung des Feldforschers aus der Weisungsbefugnis des Gedankenexperimentators.

4.2 Oberfläche: der sensualistische Versuch, das Fremde zu beseitigen

> *"where everything is neatly sorted out is the surface [...]*
> *So, this is just a practical choice"* Quine *Interview Tomida* 10

In diesem Kapitel wird vorgeführt, wie der Sensualismus in der Erforschung des Fremden schrittweise erweitert wird. Zuerst ist das radikale Übersetzen noch als appro-

---

[191] ECO *Die Suche nach der vollkommenen Sprache* 352ff, vgl. Tab. zur Darstellung der semantischen Unterschiede verschiedener Fortbewegungsarten, 353!

[192] Nach HÖRISCH *Die Wut des Verstehens* 72 stellt jede Hermeneutik das Rätsel, das sie zu lösen vorgibt, allererst her (das „Palimpsest", das sie zu entschlüsseln behauptet).

ximative Gleichsetzung von Reizbedeutungen definiert und der Sinnesapparat gefragt. Dann jedoch, bei so einfachen Äußerungen des Eingeborenen wie jener, dass ein Stammesgenosse auf der Suche nach einer Giraffe sei, hilft keine Oberfläche dem Übersetzer weiter. Die Stimme und das Dialogische mit dem Eingeborenen wird in die Forschungssituation hineingenommen. Schließlich kommt durch die Imagination der Feldstudie der simulative Zugang zum Eingeborenen dazu und dank des ursprünglich zwar reduktiven Sensualismus, bliebt der Simulation eine große Aufmerksamkeit auf die Sinnlichkeit erhalten. Im Unterschied zu einem sensoriellen Verständnis der Sinnlichkeit wird sie von der Simulation eingebettet in eine Szenerie verstanden, d.h. es ist die Sinnlichkeit eines Akteurs und es sind Wahrnehmungen aufgrund seiner Leiblichkeit, die das Fremde erschließen. Dies führt zu einer Einverleibung des Simulanten in den Simulierten, in dessen Umgebung und in dessen Wahrnehmungsordnung.

Geistesgeschichtlich nimmt Quine mit diesen Etappen (auch wenn die letzte, die simulative Phase erst mit dieser Arbeit ausdrücklich gemacht wird) die xenologische Forschung von den 60er bis in die 90er Jahre des 20sten Jahrhunderts vorweg: C.Geertz vollzog in den 70er Jahren einen *linguistic turn*, indem er die Kultur als Text betrachtete und beispielsweise Religon als ein kulturelles Symbolsystem beschrieb. Seit den 80er Jahren übte u.a. J. Fabian Kritik an dieser Konzentration auf Literalität und den Sehsinn. Die Gleichberechtigung des Anderen werde verweigert, so lange das ethnographische Wissen als Repräsentation (in Modellform, Zeichen-, Symbolsystemen...) erachtet wird. Stattdessen etablierten sich Varianten einer dialogischen Ethnologie. In den 90er Jahren wurde auch noch für diese Form der Xenologie eine Sprachfixierung diagnostiziert. Nur die Textfixierung sei aufgehoben, wenn die Expression hineingenommen wird. Erst eine „Ethnologie der Sinne", die fremdartige Wahrnehmungsordnungen berücksichtiget, nehme wesentliche kulturelle Rezeptions- und Produktionsweisen wahr. Hier ist die Torontoer Schule (D.Howes, C.Classen) zu nennen. Diese Skizze insbesondere der ethnologischen Beschäftigung mit dem Fremden zeigt die Entwicklung von der sogenannten „writing-culture"-Debatte hin zum Ansatz der „sensing-culture" – wohlgemerkt einer reicher verstandenen Sinneswahrnehmung als eine bloß sensualistischen. Es ist diese Progression, die sich anhand der sukzessiven Feldforschergestalten im quineschen Gedankenexperiment wiederspiegelt, bereits 1960! Ihr Gang wird uns anhand der Oberfläche, d.h. der wechselnden Verständnisse von menschlicher Sinnlichkeit, vorgeführt.

Rückblickend schreibt Quine gegen Ende von *Word and Object*: „Bemerkenswert ist aber, dass wir selbst dann mehr von Wörtern als von Gegenständen gesprochen haben, wenn es uns eigentlich um die Frage ging, was es wirklich gibt" (466). Warum wird von Wörtern gesprochen, wenn es um die Erkenntnis gehen soll? Zu Beginn des zweiten Kapitels heißt es lapidar: "One is taught so to associate words with words and other stimulations that there emerges something recognizable as talk of things" (26). Es fällt auf, dass „man" (one) unter einem Passiv steht. Jedes Mitglied der Gemeinschaft des Gedankenexperiments, „man", wird geschult. So schickt der Gedankenexperimentator den Feldforscher mit dieser Vorgabe in den Dschungel, Wörter mit Reizen zu verbinden, d.h., so wie er bereits geschult ist, sich weiter schulen zu lassen.

Wer schult? Quine beginnt das zweite Kapitel seines Buches über Wort und Gegenstand mit allgemeinen Überlegungen, "on how surface irritations generate, through language, one's knowledge of the world" (26). Subjekt der aktiven Verbform „erzeugen" sind die Reizungen an unserer Außenfläche. Von daher rührt die Bedeutung der Oberfläche. Wir sind, insofern wir von Dingen reden, Schüler der Reizungen an unserer Außenfläche. Die Reize gehören nicht uns, unsere Außenfläche gehört uns. Insofern wir zu Erkenntnis von Welt kommen wollen, haben wir uns in die passive Hingabe unserer Außenfläche an die Reize zu begeben. Mittels der Sprache werden die Reize von der Außenfläche her verinnerlicht. Die Außenfläche ist die Scheidewand des Sprachlichen zur Welt der Reize. Wenn wir uns außerhalb des Begriffsschemas stellen wollten, wären wir jenseits unserer Oberfläche im Kosmos, der großen Weite ohne Körper begrenzende Flächen. Dieses „kosmische Exil" (WG 474) gibt es nicht. Die Heimat der Erkenntnisrede ist in der Sprache. Analog zu der von Quine gebrandmarkten Überlegenheit dessen, der außerhalb seiner selbst Position beziehen will, können wir von der Unterlegenheit unter unsere Außenfläche/Oberfläche als dem genuinen Platz des erkennenden Sprechers reden. Die sinnlichen Grenzgemarkungen des Ich sind Konstituens seines Erkenntnisentwurfs. Sie werden von Quine nicht als seiner Intrasubjektivität angehörig betrachtet, sondern als extra-subjektiv. Die Oberflächenorgane sind der Gegenentwurf zu den Ideen: Ideen sollen erklären, dass wirklich etwas zwischen zwei Partnern kommuniziert wurde. Quine argumentiert, dass sie nur eine Verdopplung sind. Sie verdoppeln die Forderung nach einem Erklärungsgrund, ohne ihn zu liefern. Die Figur der Verdoppelung weist darauf hin, dass wir eine vermittelnde Leistung brauchen, um Verstehen zu erklären. Ideen tun gerade dies nicht. Sie verarbeiten nichts. Sie sind statisch. Sie können nicht erklären, wie die Beziehung zwischen dem unbekannten und bekannten Gehalt tatsächlich hergestellt wird. Aus diesem Grund ist die Kategorie des Übersetzens für Quine so wichtig. Ein Übersetzen bezeichnet einen transformativen Übergang. Handbücher, in denen beide Seiten (Gegenstand und Erkenntnis des Gegenstandes) zusammengeführt sind, versinnbildlichen diesen Aspekt. Sie sind der Zwischenraum, wie die sinnliche Oberfläche des Menschen dessen vermittelndes Zwischen ist.

Die Realität hingegen kommt da an, wo Bruce Nauman in seiner Videosequenz *Art Make-Up, No. 1-4: White, Pink, Green, Black* (1967/68) die feuchte Farbmaterie aufträgt. Nauman verstreicht auf seiner nackten Brust, auf Hals, Gesicht und Armen mit seinen bloßen Händen Farbe. Erst Weiß, dann Pink, Grün und schließlich Schwarz. Mit jedem Farbauftrag beginnt die Sequenz von vorne, mit unberührter Haut. Nur sein

Oberkörper ist eingeblendet. Es ist diese Haut in ihrer Materialität, die Quine mit der Oberfläche meint.

Bevorzugte Stelle der Außenfläche ist das Sehorgan. Der Feldforscher versucht in den Blickwinkel des Eingeborenen zu treten, seine Außenfläche den gleichen *irritations*, Reizungen, auszusetzen. Seine objektiven Daten sind die Kräfte, die er auf die Außenfläche des Eingeborenen einwirken „sieht" (WO 28). In der ethnographischen Wissenschaftsgeschichte ist die Allianz von Feldstudien und Sehsinn enttarnt. Fuchs/Berg sind der Ansicht, dass die Feldforschung „vor dem Hintergrund einer Geschichte der Bedeutungen des Sehens und der visuellen Machttechniken in der Moderne gesehen werden" müsste.[193] Interessant ist in dem Zitat der Diskurs im Diskurs: das „Sehen" muss vor einem Hintergrund „gesehen werden". Auf Gedankenexperimentebene sind Berg/Fuchs „blind" gegen die interne Erkenntnis vom Sehen als Machttechnik, weil sie es selbst wieder anwenden.

Ein zweites wichtiges Organ der Außenfläche sind die Ohren, denn Sprache bedient sich der Stimme. Das Verhalten des Eingeborenen ist: „vocal or otherwise" (WO 28). Neben dem Hinsehen ist das Hinhören so unerlässlich für das Gelingen des Feldexperiments wie das Nachfragen für den Wechsel des Feldforschers aus der Passivität der Außenfläche in ihre Aktivität. Das eigene stimmliche Verhalten des Nachsprechens (WO 29) ist die Methode im Experiment des Feldforschers, über die er „Ja" und „Nein", also das Bestätigen und Verneinen als wichtigste Bedeutungsstifter herausfinden will. "To check this he takes the initiative [...] and volunteers the sentence himself for the native's assent or dissent. This expedient of query and assent embodies, in miniature, the advantage of an experimental science such as physics over a purely observational science such as astronomy".[194] Das Nachfragen ist noch im Bereich der Physik. Darin zeigt diese Disziplin ihre Überlegenheit über die Astronomie! Diese merkwürdige Begründung einer Disziplinenhierarchie im Recht auf Wirklichkeitserklärung wirft ein Licht auf die Feldstudie als die „Miniatur" des menschlichen Erkenntnisweges! Das Nachfragen darf nicht übereilt für eine semantische Prozedur gehalten werden. Quine selbst lässt in dem genannten Aufsatz die Maske fallen und deutet von der Ebene des Gedankenexperiments her den Studienschritt als Illustration eines naturalisierbaren Vorgangs eben dadurch, dass er ihn der Physik zuordnet. Das Hörbare, Fragen und Zustimmen, verkörpert (embodies, ebd.) die Bedeutung.

So sind Hören und Hörbarmachen wichtige Instrumente des Feldforschers.[195] Interessant ist die Dialektik von Hören und Gehörtwerden zwischen Feldforscher und Eingeborenem: Erstens ist je einer passiv und der andere aktiv, zweitens sind die Außen-

---

[193] *Kultur, soziale Praxis, Text* 26, s.a. 33.
[194] *Indeterminacy of Translation Again* 6.
[195] Bei Davidson wird nach dem Ausbau der Wahrheitstheorie zur Radikalen Interpretation dem „Interpreten" immer häufiger der „Hörer" gegenübergestellt!

flächen chiastisch verbunden: Die Ohren hören auf den Mund, der Mund spricht zu den Ohren. Mit den Ohren ist der Mund (und Kehlkopf sowie alles an der Lauterzeugung Beteiligte, die aber nicht mehr oberflächig sind) unerlässlich. Aufschlussreich ist die Maxime des Feldforschers, seinem Gewährsmann keine „Wörter in den Mund zu legen": "The linguist will at first refrain from putting words into his informant's mouth" (WO 29). Die Berührung wird der Suggestion verdächtigt. So muss die Berührung des Fremden der Verzerrung des Verstehens von Fremdheit verdächtigt werden. Es ist auffällig, dass sich der physikalistische Forscher I einer übertragenen Redeweise bedient, um seine wichtige Regel zu formulieren. Beeinflussung wird in Verbindung mit Berührung gedacht.[196] Die Anthropologie Quines geht mit ihrer Aufmerksamkeit auf das Semantische vom klassischen Sehen der *theoria* zum Hören über. "Actually, of course, we should bring the other senses in on a par with vision" (WO 33). Das Experiment ist zwar auch vom Beobachten, aber wesentlicher vom Zuhören und Befragen gekennzeichnet, - eine in der Rezeption Quines oft übersehene Wandlung des Empirismus. Mit dem Eingeborenen steht ein sprechender Gegenstand dem Feldforscher gegenüber. Die Kommunikation wird zum wichtigsten Verfahren innerhalb des Versuchsaufbaus. Gehörtes wird zum Kriterium der Bestätigung. Das semantische „Ja" und „Nein" löst das sichtbare Kopfschütteln oder Nicken ab, oder was auch immer diesen Gebärden entspricht. Ein Misstrauen gegen Gebärden stellt sich sogar ein, - ein Misstrauen gegen das Sichtbare aus der Erfahrung, dass ein Volk (die Türken, WO 29) sich zu uns fast entgegengesetzt gebärdet. Das Hören ist empirisch schärfer und genauer als das okkulare Beobachten

Isoliert wird „Ja" und „Nein" durch Nachsprechen. Die Erkundung der Welt des Eingeborenen kann mit dem Stimmlichen die Ebene des Gesprächs betreten. Für das stimmlich-lautliche Beobachten wird das „schweigende Entsetzen" (WO 106) des Eingeborenen, durch das er so beschäftigt ist, dass er auf das vorbeihoppelnde Kaninchen nicht lautlich reagiert, zum Problem. Wie das Schweigen dem stimmlichen Beobachten Schwierigkeiten bereitet, so die Dunkelheit dem okkularen Beobachten. Die Reise geht damit nicht nur hinter den Archipel, dessen Finsternis Forschern mit der abendländisch geschulten Außenfläche Probleme macht, die Reise geht mehr und mehr hinter das schweigendste Archipel, in dem Stimmen nur als Geräusche und Laute vernehmlich sind und sich Bedeutung erst langsam aus ihnen herausschält. Der Experimentfortschritt ist ein stimmlicher Fortschritt bis hin zur gedachten Möglichkeit, dass der Forscher der Phase II zweisprachig, gleichsam zweistimmig wird, also hörbar in Deutsch und Dschungelisch.

---

[196] Dieser Gedanke findet sich auch im Buch Jeremia des Alten Testaments: Jahwe legt dem jungen Mann Jeremia seine Rede in den Mund, indem er seine Hand ausstreckt und Jeremias Mund berührt. Die Szene spielt sich in der Berufung ab (Jer 1,9). Das Wort-in-den-Mund-Legen ist die Beauftragung.

Interessant ist, dass das Stimmliche mit in die Reizverursachung aufgenommen ist. Es wird nicht als normaler Reiz betrachtet, sondern tritt zu diesem hinzu. Es wird sogar eine Unterscheidung von „verursachen" und „auslösen" eingeführt, um der besonderen Kausalität des Semantischen, das sich im Stimmlichen äußert, gerecht zu werden. Im Hören einer Äußerung wird ein Gedanke, eine Wirkabsicht oder ein Urteil vernommen, - im Sehen ein sichtbarer Sachverhalt. Die unauflösliche Verknüpfung des Seheindrucks mit emotionalen Reaktionen des Feldforschers thematisiert Quine nicht. Es macht einen Unterschied, ob der Eingeborene auf eine Frage hin „Kaninchen" sagt oder auf einen Reiz hin: "Note that to prompt, in our sense, is not to elicit. What elicits the native's 'Evet' or 'Yok' [Ja und Nein] is a combination: the prompting stimulation plus the ensuing query 'Gavagai?'" (WO 30). Die semantische Größe „Frage" ist hier ein Reiz. Es ist nicht nur der physikalische Reiz ihres Schallprofils gemeint! Bemerkenswert ist daher der Übergang von §7 zu §8. Nachdem das Stimmliche und das Semantische in ihm aufgeschienen sind, wird der Gedankengang wieder angezogen und auf das Sichtbare, scheinbar Empirischere und Zuverlässigere, zentriert. Veranlassend für die Zustimmung ist im Neueinstieg des achten Paragraphen der Reiz und nicht mehr die Frage „Gavagai?" (die semantische Größe) so wie noch am Ende des siebten Paragraphen. Das Intersubjektive wird in der Bestrahlungsgleichheit der Augen gesucht. Dabei war die Triangulation (so nennt Davidson es leider wieder), also der Bezug auf ein Drittes, doch schon mit dem Hören ausgeschlossen. Das Hören ist dual: Gehörtes und Geäußertes. Sein Zwischensprachliches ist nicht unbedingt auf ein drittes Sichtbares bezogen. Das Sehen ist dreifach: der sehende Eingeborene, das Sehen des Eingeborenen durch den Feldforscher und das Sehen des gleichen Reizes wie der Eingeborene durch den Feldforscher.

Der Dschungel wird besonders dort dicht und herausfordernd, wo sich die Äußerungen weit von allem Beobachtbaren entfernt haben. Im Folgenden soll ein Blick in dieses Dickicht geworfen werden, in dem die Oberfläche in ihrer Funktion, beobachten zu können, verloren hat. Die Oberfläche ist das Theorieelement, das der Zugang in den Geist des Eingeborenen ist. Es ist so - um im Bild der Haut und ihrer aus- oder eingestülpten, teils verhornten Sinnesorgane zu bleiben -, dass der Feldforscher durch Mund, Ohren und Augen des Eingeborenen in diesen eindringt und als dessen Sprachäußerung wieder austritt; damit simuliert er, wie des Eingeborenen Eingaben zu dessen Sprachnetz wurden. Dahinter steht die starke Vorstellung von Kausalität als einer Ereigniskette, die nicht abreißt. Der Feldforscher muss diesen Weg gehen, um zu seinem Gegenstand zu gelangen, der in der räumlichen Metapher der Oberfläche des menschlichen Körpers, gleichsam im hintersten Winkel ist.

Davidson schilt Quine wegen seines Cartesianismus. Die Cartesianer wie die Empiristen "agree that what happens in our minds is the point from which we start to build by induction".¹⁹⁷ Die Induktion in der Feldstudie geht für Quine von der Oberfläche aus und nicht vom Kopf. Dagegen hält Davidson: "[there isn't anything] you can call perceptive data, evidence, nervous stimulation, until the point you have thoughts".¹⁹⁸ Gehört die Oberfläche in diese Reihe und ist damit ausgeschlossen als Ausgangspunkt der Bedeutungserklärung? Gedanken setzen Davidson zufolge Intersubjektivität voraus. Über die Bewertung der Oberflächenähnlichkeit als Intersubjektivität sagt Davidson: "This will remain an irreconcilable dispute between Quine and me" (ebd.). Stüber¹⁹⁹ ist der Ansicht, dass Quine Stimuli als Belege bevorzugt. Dazu müsse er die Bevorzugung induktiver Hypothesen vor den analytischen begründen können. Das Privileg der Induktion hält Stüber für die Voraussetzung der Unbestimmtheit! Anders die Deutung der Ursache von Unbestimmtheit bei Ramberg.²⁰⁰ Für ihn leitet sie sich nicht aus der Bevorzugung der Oberfläche ab, sondern ist eine linguistische These. Die Unbestimmtheit verdankt sich dem "free-play" des Übersetzens: Einiges ändert sich, andere Veränderungen neutralisieren sich wiederum durch Verschiebungen an anderen Stellen.

Seit die Retina nicht mehr die wichtigste Oberflächenbeschaffenheit ist, hat auch ein Ideal von Genauigkeit ausgelebt, das aus der Perspektive des Eingeborenen ohnehin zweifelhaft ist. Der Feldforscher I versteigt sich bis zu dem Versuchsaufbau, dem Eingeborenen eine Augenbinde anlegen zu wollen, um besser den Reiz „Kaninchen" als Modul isolieren zu können (WO 32). Der Feldforscher, der mit dem „Augenfälligen" (conspicous 29) beginnt, sieht bald ein: "In taking the visual stimulations as irradiation patterns we invest them with a fineness of detail beyond anything that our linguist can be called upon to check for" (WO 31). Die Sprache des Eingeborenen redet gerade von der Welt, ohne die „Genauigkeit" des abendländischen Feldexperimentators je berücksichtigt zu haben. Bei Putnam findet bereits die Anwendung auf „zu Hause" statt. Philosophen brauchen nicht das Genauigkeitsideal wie der Augenbinden-Feldforscher: „Wir sind doch alle selbst absolut kompetente Deutschsprecher mit einem verdammt guten Gefühl, was an Sprachbeherrschung für uns" zur Bedeutung z.B. von Tiger gehört.²⁰¹ Und trotzdem: "it is stimulations that must be match, not animals" (WO 31).

Ein weiteres Gedankenexperiment testet, wie sehr die Oberfläche zu vernachlässigen ist. Ein Marsmensch wird ausgeschickt, der nur „zu Besuch"²⁰² ist und nicht ernsthaft vorhat, Deutsch zu lernen. Schafft er es, Unbeobachtbares zu ergründen? Sobald eine

---

[197] DAVIDSON *Interview Borradori* 52.
[198] Ebd. 52.
[199] STÜBER *Donald Davidsons Theorie sprachlichen Verstehens* 23ff; ebenso EVNINE *Donald Davidson* Kap. 6: da es Evidenz für Quine nur in Verhaltensbeobachtungen gebe, blieben Übersetzungen aufgrund analytischer Hypothesen unbestimmt.
[200] *Davidsons Philosophy of Language* 12f.
[201] *Die Bedeutung von „Bedeutung"* 71.
[202] „Visiting" WO 47.

sprachliche Äußerung „im Raume steht", ist ein Gemeinsames da, das zwar beobachtungsfern ist und doch beide Oberflächen reizt, die des Marsmensch-Touristen und die des Erden-Eingeborenen. Handelt es sich um eine beobachtungsnahe Äußerung (z.B. „rot", „Kaninchen"), dann gilt: "the uniformity will lie at the surface" (WO 45). Der Marsmensch soll sich um die beobachtungsferneren Gelegenheitssätze kümmern, deren Bedeutung durch Verbindungen mit anderen Sätzen festgelegt wird („ach so", „ist recht"). Obwohl keine Oberflächenirritation auftaucht, könne der Marsianer Reizsynonymie zwischen reizfernsten Gelegenheitssätzen herausfinden, indem er die Verknüpfungen beobachtet. Dieser Versuch, auch die Oberflächen „Mund" und „Ohren" einzuholen, indem die Sprachstruktur rekonstruiert wird, scheitert an Reizen zweiter Intention[203] und an der Individualität der Sprecher. Quine kann die Zusatzinformationen wegen der Vielzahl individueller Lebensgeschichten nicht vereinheitlichen, um sie in die Reizbedeutung zu verrechnen. In *On the Reasons of Indeterminacy of Translation* schreibt Quine: "the old indeterminacy between physical theories recurs in second intension" (179). Dass der Feldforscher an verbalen Reizen zweiter Intention scheitert, ist bezeichnend für sein physikalisches Instrumentarium, in dem Wörter als Referenz nicht vorgesehen sind.

Der Wert des Marsmensch-Gedankenexperiments für die Frage, ob naturalistische oder semantische Faktoren Bedeutung stiften, ist gering. Zwar ist durch die Wahl des Marsianers als Protagonisten ausgeschlossen, dass er aus semantischen Quellen schöpfen kann, also daraus, das Netz zu kennen. Jedoch ist seine Oberfläche kein wildes Tentakelgewirr mit unvorstellbaren Sinnesorganen, sondern eine konventionell menschliche Ausstattung, wie aus der Ausgestaltung des Experiments hervorgeht. Daher hätte ein Marsmensch für das philosophische Argument nicht bemüht werden müssen. „Vorzugeben, wir seien bezüglich der deutschen Sprache in der Position von Marsmenschen, verhilft nicht zu methodologischer Klarheit", schreibt Putnam[204] über die aus dem Boden schießenden Marssimulationen.

Die naturalistische Rekonstruktion der Oberfläche scheitert demnach an Organen ihrer selbst: am Sprechen und Hören. Nur in Anbetracht der Augen, des Sehens und der physischen Reizaufnahme und -abgabe ist sie reduzierbar. Die Simulation durch den Feldforscher I erliegt der Verzerrung: Der Eingeborene wird entmenschlicht zum Bestandstück innerhalb eines Versuchsaufbaus. Der Forscher bleibt von seinem Umgang

---

[203] Z.B. "under what circumstances to apply 'Bachelor', or 'unmarried man'" (47f). Eine Aussage zweiter Intention ist z.B. ein Satz, der ein Wort zitiert, buchstabiert oder in seinem Klang zum Thema macht, um einen Reim zu bilden: "besides consisting of words they are about words" (WO 48). Wenn der Feldforscher das Gespräch zwischen zwei Eingeborenen belauscht: „Was reimt sich auf 'Quelle'?" und der andere Eingeborene antwortet: „Geselle", so wird der Forscher in große Schwierigkeiten geraten, über die Reizbedeutung den Sinn der Sätze zu entschlüsseln.
[204] *Die Bedeutung von „Bedeutung"* 71.

mit dem Untersuchungsgegenstand nicht unberührt. Was der Eingeborene an Menschlichkeit einbüßt, übernimmt der Feldforscher auf seiner Seite. Er wird zum Übermenschen, der durch Apparaturen, die seine eigenen Sinne überbieten, den experimenteingepassten Eingeborenen misst. Sein Glück und sein Pech,[205] den Eingeborenen zu verfehlen, sind maximal ausgelotet. Der Feldforscher erscheint in dieser Wendung wie ein Minimum und Maximum des Experiments selbst. Als größerer Kontext des Experiments, in dem der Feldforscher selbst eingepasst ist, blitzt der Gedankenexperimentator auf. Von der Ebene des Gedankenexperiments her ist auch die Oberfläche des Feldforschers zu einer Apparatur reduziert. Die Begegnung zwischen Eingeborenem und Feldforscher ist in ihrem ersten Zugriff in einem Grade experimentalisiert und die Begegnung so positivistisch dargestellt, dass sie ihre Vernünftigkeit verliert und abergläubisch geworden ist. Die Experimentalisierung beschließt in sich mehrere oben erarbeitete Faktoren: die Temporalisierung der Begegnung durch die dispositionelle Sprachauffassung und die Okkulosierung, die die Konzeption der Annäherung sowie ihre Auswertung steuert.

4.2.1 Der Verlust der gemeinsamen Oberfläche als Erkenntnisbeginn

„Rettet die Oberfläche", Quine, Motto in *Unterwegs zur Wahrheit*

Die Bedeutung der Oberfläche für das Denken Quines wird hintergründig erst durch einen nicht zu unterschätzenden Sachverhalt begründet. In gewisser Hinsicht ist die Oberfläche die verbindende Gemeinsamkeit des Experimentpersonals: Feldforscher, Eingeborener und Gedankenexperimentator besitzen eine Oberfläche. In Verkehrung dieser Einstimmigkeit wird die gemeinsame Körperhabe jedoch zum Grund einer Tragik: ihre Oberfläche ist die gleiche, aber nicht dieselbe. Die Trennung der Rezeptoren, die darin liegt, nicht eines Leibes zu sein, ist der Ursprung der Notwendigkeit von Erkenntnistheorie. Im Verlust einer gemeinsamen Oberfläche liegt das erkenntnistheoretische Geburtstrauma. Wie kommt es zu dieser Krise? Ihren unerlässlichen Ausgang nimmt jede Übersetzung bei den Beobachtungssätzen. Deren semantische Relevanz liegt darin, das Tor in die kognitive Sprache des zu Übersetzenden zu sein. Erkenntnistheoretisch relevant verbinden die Beobachtungssätze zwischen Stimulation und Theorie über die Welt.[206] Der Stimulus ist der gemeinsame Punkt, der die Beobachtungssätze des Sprachforschers und seines Gewährsmannes bewirkt. Eine Übersetzung führt, um ihr Ziel zu erreichen, die Sätze auf die Reizursache zurück und rechtfertigt sich darin. Der Annahme eines Stimulus kommt argumentatives Gewicht zu. Quine untersucht den

---

[205] Vgl. WO 40.
[206] Vgl. *Three Indeterminacies* 2.

Begriff der Reizung: "stimulation [...] is the activation of some subset of the subjects sensory receptors. Since the linguist and his informant share no receptors, how can they be said to share a stimulation?".[207] Weder Feldforscher noch Eingeborener oder Gedankenexperimentator teilen Sinnesorgane. Jeder benutzt seine eigenen. Sind sie dann überhaupt in einer Welt? Können Beobachtungen dann weiterhin die tragende Rolle spielen, die sie spielen? Es fällt auf, dass Quine fortan die Frage immer nur mit dem Personal der Feldstudie formuliert und der Gedankenexperimentator außen bleibt. Dieses Vorgehen kann als ein weiteres Indiz gelten, dass der Gedankenexperimentator mit dem Feldforscher einen Teil seiner selbst verabschiedet hat. Sie teilen sozusagen eine Haut. Mit der Oberflächenzertrennung von Feldforscher und Eingeborenem steht der empirische Ansatz auf dem Spiel.

Besonders Davidson hat Quine in diesem Punkt angegriffen. Er wirft ihm den Fehlschluss vor, eine kausale Ursache für eine epistemische Rechtfertigung zu halten. Solange Quine Beobachtungssätze besonders abgrenze, bleibe er Gefangener im Mythos des Gegebenen, also in der Auffassung, dass Sinneswahrnehmungen Überzeugungen nicht nur verursachen, sondern rechtfertigen: "Justification of beliefs caused by our senses is not yet in sight".[208] Davidson hingegen vertritt die Auffassung, dass nur eine Überzeugung eine Überzeugung rechtfertige, dass also Grund und Begründung den gleichen Status haben müssen. Quine gesteht daraufhin freimütig ein, eine naturalisierte Erkenntnistheorie zu vertreten. Jedoch wehrt er sich gegen Davidsons Darstellung der Feldstudie:

"Not that I pictured the translator as neurologizing. He would just guess his translation of the native's observation sentence in the obvious way, picturing himself in the native's stance and considering what English sentence it would prompt of him. Eventually, he would build his translations of theoretic sentences upon those of observation sentences by what I called *analytical hypotheses*, still no talk of nerve endings. Talk of stimulus meaning and of analytical hypotheses was rather *my* business, my theory of the translator's activity" (*Progress on two Fronts* 159).

Davidsons Kritik eines epistemischen Fehlschlusses weist Quine zurück, da die analytischen Hypothesen die Bedingung, von gleichem Status wie die theoretischen Aussagen zu sein, erfüllen. Davidsons Kritik macht nur für die erste Phase der Forscheraktivität (F I) Sinn, in der die Physikalisierbarkeit die Bewertung von Beobachtungssätzen leisten soll. Davidson reduziert Quine zu einem Reiz-Rezeptor-Naturalisten und verliert dabei das hintergründige Anliegen, das in den Überlegungen zur Rezeptorgleichheit verfolgt wird. Durch die gleichen Rezeptoren soll nämlich nicht die Wahrheitsbedingung der Beobachtungssätze in Kraft gesetzt werden, sondern die Tatsache, in einer

---

[207] *Three Indeterminacies* 2.
[208] *A Coherence Theory of Truth and Knowledge* 312.

gemeinsamen Wirklichkeit zu leben. Das ist der Einsatz des Streits, der für Quine mit der Einnahme des Eingeborenen-Standpunktes gelöst wird, da dieses *Simulieren* die gemeinsame Welt garantiert (picturing himself in the native's stance).

Quine hingegen sieht ein anderes Problem mit der Reizbedeutung innerhalb der semantischen Ebene: "Stimulus meaning was what, theoretically speaking, correct translation of an observation sentence preserved" (ebd.). Welchen Sinn hat hier aber das „Bewahrte" oder Gleichgebliebene, das die Reizbedeutung sichern soll? Die Synonymie sollte gerade überflüssig sein, um die gleichbleibende Bedeutung eines Satzes mit einem anderen zu erklären. An dieser Stelle tritt die bereits eingeführte Oberflächenzertrennung auf: Die Erfüllung der Funktion der Reizbedeutung steht unter einer Bedingung: "[she] calls for sameness of stimulus meaning of the native sentence for the native and the English sentence for the translator, and hence a sharing of stimulations by native and translator. Well, they cannot share neuroceptors".[209] Wenn selbst auf der Reiz-Rezeptor-Ebene keine Einheit bzw. Identität vorliegt, wie könnte die Gleichheit auf der Reiz-Bedeutungs-Ebene verbindlich festgestellt werden? Der Physikalismus, der sonst auch die Fundierungsart zur Verfügung stellte, greift nicht, wo es um Bedeutung geht. Quine erkennt die Grenze und schlägt einige andere Wege ein, die mit dem Naturalismus kompatibel sind.

Der erste Versuch knüpft trickreich an die Oberflächenzertrennung an. Das Problem wird in der Vielzahl der Oberflächen gesehen, und so schlägt die Lösung die Einzahl der Oberfläche vor: ein einzelner Sprecher und seine Aussagen sind Gegenstand.[210] Das hat den Vorteil, dass ein einzelner Sprecher in Rezeptorgleichheit mit sich selbst steht. Damit ist die physikalische Gleichheit einer singulären Oberfläche errichtet und die Frage nach einem Verfahren zur Feststellung von Gleichheit, dem Identifizieren, wird an eine Mehrzahl von Aussagen und eben nicht an eine Mehrzahl zertrennter Oberflächen gerichtet. Die Mehrzahl der Aussagen, wenn ihre Gleichheit einmal hypothetisch angesetzt wird, ist Folge des Umstandes, dass sie nur nacheinander geäußert werden können. Ungleichheit ist in diesem Lösungsweg als chronologische Zertrennung entworfen: "If querying the sentence elicits assent from the given speaker on one occasion, it will elicit assent likewise on any other occasion when the same total set of receptors is triggered".[211] Die verlorene Oberflächengemeinschaft („verloren" im mythischen Sinne; es ist keine Frage, ob sie je existierte) soll durch den einsamen, aber lebenslänglichen Oberflächenbesitz ersetzt werden. Die Rede von der Selbigkeit der Oberfläche ist offensichtlich nicht univok. Die Verteilung auf unterschiedliche menschliche Körper/Sprecher bzw. auf unterschiedliche Zeitpunkte im Leben eines einzelnen Sprechers ist nicht leichterhand gleichzusetzen. Quine räumt ein, dass nur von ähnlichen Reizun-

---

[209] *Progress on two Fronts* 159.
[210] Vgl. Selbstkritik an Äquivalenzformel des Gedankenexperiments in *Reply to Harman* 296f.
[211] *Three Indeterminacies* 3; bereits in TT 25 und wieder in PT dt. 56ff.

gen gesprochen werden kann, und fügt hinzu: "Surely such anatomical minutiae ought not to matter here". Quine will die Trennung zu einem „anatomischen Detail" herunterspielen. Die Wortwahl aus der medizinischen Wissenschaft erweckt irrtümliche Anklänge. Denn die tiefe Getrenntheit unserer Körper stellte sich nicht auf der Ebene der Wissenschaft vom Körper, sondern der Verständigung ein. Quines Ausflucht geschieht in bezeichnender Weise. In semantischer Hinsicht jedoch beginnt mit der körperlichen Trennung ein Problem. Er entwertete die Oberfläche zum anatomischen Detail. Sein wichtigster Begriff Oberfläche, der das Scharnier zwischen Welt und Theorie von dieser Welt bildet, wird in die Anatomie zurückgestuft.

Kurz erwägt Quine eine Homologie der Nervenden bzw. Nervbahnen zwischen einzelnen Sprechern (*Three Indeterminacies* 2). Damit ist der gesuchte Einheitsgrund von den funktional definierten Organen der Sinneswahrnehmung in das neurophysiologisch definierte Gehirn zurückverlagert. Das Problem ist, dass ein Grund für die Homologie in der Ausbildung von neuronalen Netzen angegeben werden müsste. Später schließt Quine diese Lücke durch Versatzstücke der Evolutionsbiologie: Der gleiche Selektionsdruck und der gleiche Überlebensvorteil führen zu gleichen Ausprägungen. Seine Erkenntnistheorie wird evolutionär.[212] Enttarnend ist eine Passage in *From Stimulus to Science*: „So we see a pre-established harmony of perceptual similarity standards. If two scenes trigger perceptually similar global stimuli in one witness, they are apt to do likewise in another. This public harmony of private standards of perceptual similarity is accounted for by natural selection" (21). Die prästabilisierte Harmonie vergegenwärtigt die verlorene Urzeit. Die Urzeit wird naturalistisch überarbeitet als Evolutionszeit. Chaoskämpfe von Drachen und Lindwürmern sind entsprechend jene des Stärkeren und Angepassteren oder zufällig glücklicherweise günstig Mutierten mit dem Verlierer.

Ein interessanterer Lösungsversuch, die Gleichheit physikalistisch zu fundieren, könnte unter die Überschrift „Intersubjektivität" gestellt werden. Quine versucht, die Rezeptorgleichheit, die über die Einzahl des Sprechers über eine zeitliche Zerdehnung hinweg gewährleistet ist, zu einer Sprechergemeinschaft umzuformen, die aus solchen mit sich rezeptorgleichen Einzelnen besteht. Diese höhere Einheit nennt er „Forschergemeinschaft". Ein Beobachtungssatz ist die unterste Stufe, für die ein Abgleich in Bezug auf Gleichheit stattgefunden hat. Der Abgleich ist hier ein innersubjektiver: ein und dieselbe Oberfläche über Zeit hinweg. Quine versucht über die Forschergemeinschaft

---

[212] Siehe *Progress on Two Fronts*; *From Stimulus to Science*, sowie „Homologie" und „Analogie" in biologischen Lexika! Quine behauptet, Homologie nur als mathematischen Begriff zu kennen. Dort meine er die 1:1-Entsprechung. In Bezug auf Nervenbahnen heißt das: sie erfüllen die gleiche Funktion: „homology will mean that for each nerve ending on one subject's surface, there's a corresponding on the other person's surface" (*Interview Tomida* 11).

als Subjekt der Beobachtungssätze die Zuverlässigkeit dieser Sätze zu sichern.[213] Für eine Forschergemeinschaft ist die Gleichheit, die ein Beobachtungssatz braucht, garantiert, wenn jeder Forscher als einzelner die Gleichheit des Reizes in zeitlich unterschiedenen Situationen feststellt. Das Problem ist, dass nicht mehrere Sprecher auf einen Reiz dieselbe Reaktion des Zustimmens zeigen müssen. Aus dem Zeugnis der Forscher (witnesses) folgt ein Relativismus: "The practical notion of observation is thus relative to one or another limited community". Das hat einen Vorteil: "in this way the question of intersubjective sameness of stimulation could be bypassed in studies of scientific method".[214] Dahinter steht die empiristische Favorisierung des individuellen Sinnenwesens gegenüber einer Sprachgemeinschaft, die mangels eines gemeinsamen Sinnenapparates kein Aktant in empirischer Hinsicht sein kann. Quine findet es „dumm" (odd), dass er diese Ersetzung der Intersubjektivität durch „Studien in wissenschaftlicher Methodik" für durchführbar hielt.

Für unsere Deutung von Körperlichkeit ist die Sprache bezeichnend, in der Quine Davidson referiert. Nach Davidson wird die intersubjektive Ähnlichkeit des Reizes, die für das Übersetzen verbindende Funktion hat, folgendermaßen hergestellt: "by locating the stimulus not at the bodily surface but farther out, in the *nearest shared situation* [A.K.] of the pertinent behavior of the two subjects" (3). Mit „weiter draußen" will Davidson die Körperoberfläche in den öffentlichen Raum der Situation hinein verlassen. Angesichts des Verlustes der gemeinsamen Oberfläche ist die Situation das „nächste Geteilte" bzw. „Gemeinsame".[215] Quine wendet ein, dass es schwer ist, der „Situation" einen ontologischen Sinn abzugewinnen. Zumindest verlässt Davidson das Absurde einer Intersubjektivitätsbegründung durch ein Single und spricht wieder von zwei Subjekten. Für den späteren Davidson muss Konsens zwischen Subjekten nicht hergestellt werden durch Übersetzen oder die gemeinsame Situation, sondern er liegt an der Wurzel des Miteinanderredens in der transzendentalen Intersubjektivität des *Principle of Charity*. Damit ist die quinesche Disparatheit aufgelöst: "it all comes at the same time".[216] Der Zersplitterung des Sprechers in Momente seiner Lebenszeit ist widersprochen. Oder - dieses Resümee zieht Ramberg über Davidsons Prinzip der Nachsicht: "There is [...] no need to assume anything about speakers of L other than that they *are* speakers of L and generally speak the truth".[217] In *Pursuit of Truth* hat Quine an die

---

[213] Vgl. WO 31: der „socially inculcated linguistic usage" und UW 6: „die Intersubjektivitätsbedingung ist das Moment, wodurch Wissenschaft objektiv wird"). Das Modell der Bedeutung als Gebrauch tritt in den *Quiddities* in den Vordergrund (zweimal „society" im Eintrag *Communication*).

[214] *Three Indeterminacies* 2.

[215] Beachte die Doppeldeutigkeit von „teilen": a) gemeinsam haben, b) auseinander nehmen.

[216] *Interview Borradori* 50.

[217] *Davidson's Philosophy of Language* 80.

Stelle der „unscharfen" Situation Davidsons die Sprache gesetzt: „Draußen an der Luft haben wir es jedenfalls mit unserer allgemein zugänglichen Sprache zu tun [...] Diese Sprache ist der Ort, an dem Intersubjektivität einsetzt" (UW 63). Die individuellen neuronalen Verschaltungen haben keinen Hauch von begründender Kausalität mehr. Quine hat seinen Naturalismus ein Stück zurückgenommen, indem er den archimedischen Punkt seiner Erkenntnistheorie nicht mehr in einem physikalistisch beschreibbaren Gegenstand ansiedelt. Nun ist also auch Quine nach draußen gegangen, aus der Innerlichkeit an die Luft, von der geteilten Haut zur akustisch-geistig geteilten Sprache. "[T]he correspondence of stimulations is not needed. So, that aspect of Word and Object is obsolete. The way to look at it is truth".[218]

Tiefenhermeneutisch tritt eine Geschichte zutage, in der der Empirismus durch die Idealisierung eines Urzustandes getragen ist. Im Theoriezentrum steht die Gleichheit der menschlichen Sinnesapparate. Der Verlust ursprünglich organischen Zusammenspiels (mit der Mutter) ist eine Tragik. Sie erinnert an die Trennung des zwitterhaften Kugelwesens im orphischen Mythos, den Platon im Symposion erzählt. Eine andere, wenn auch nicht wie hier auf die erkenntnistheoretische Traumatisierung abhebende Rezeption für das Verstehen des Fremden erfährt dieser Mythos bei Sundermeier.[219] Für ihn wird im orphisch-platonischen Mythos das Verhältnis von Eigen- und Fremdheit auf drei unterschiedliche Weisen interpretiert, auch wenn sie alle das Komplementaritätsmodell ausbuchstabieren. In der ersten Interpretation wird Fremdheit negiert. Im Bild des Mythos ausgedrückt ist der Andere das verlorengegangene Ich. Ziel ist seine spiegelhafte Integrierung. In der zweiten Interpretation dient die Begegnung der Erweiterung des Ich im Verwandten. Die dritte Deutung nimmt den Zwischenbereich, der sich zwischen zwei Gegensätzen auftut, wahr. Richtiges Verhalten ist gefragt. Die gemeinsame Anstrengung ist das Tun des Guten. Wie im platonischen Mythos liegt auch im älteren alttestamentlichen Schöpfungsbericht des Jahwisten in Genesis 2 eine vorgängige Einheit und ehemals gemeinsame Oberfläche. Die Frau wird aus der Rippe des Mannes „gebaut". Auch in ihm ist das Zerstreuen die Prämisse dafür, dass sich zwei erkennen können und wollen. Beide Male ist die Zertrennung mit der Schaffung von polarer Geschlechtlichkeit verbunden.

Aber auch im biblischen, priesterschriftlichen Schöpfungsbericht beginnt die Gestaltung mit Trennungen (von Himmel und Erde, Licht – Finsternis, Tag – Nacht, Land-Meer etc.). Bischof fasst diese Mythen zu einer Klasse von Trennungsmythen zusammen.[220] Für Bischof sind Mythen ontogenetisch zu lesen. Sie erzählen die Reifung des Kindes zum Erwachsenen. Der Kontext ist demnach der gleiche wie die Sprachentwicklung in den *Three Indeterminacies*. Die Trennung deutet Bischof als Etappen der Ich-

---

[218] *Interview Tomida* 11.
[219] *Den Fremden verstehen* 51ff, 75ff.
[220] *Im Kraftfeld der Mythen* 259ff, 356ff.

bildung und Trennung von den Elternteilen bzw. dem Elternpaar. Das sich bildende Ich ist eine nach und nach angeeignete Fremdheit. Von der Faszination und Bedrohung des Fremden handelt auch Schäffter. Die Bedrohung liegt in der Trennung: „Das ‚Eigene' ging erst durch ein Heraustreten, durch eine Trennung oder einen ‚Abfall' aus der ursprünglich indifferenzierten Ganzheit hervor, die nun [...] der eigenen Identität die Kontrastfläche bietet".[221]

Die Tragik scheint unaufhebbar für eine Suche nach einer erkenntnistheoretischen Fundierung. Es ist unerheblich, ob sich die Erkenntnistheorie dem Physikalismus verpflichtet hat und so eine nicht abreißende Kette von Kausalitäten[222] im Sinne hat oder ob sie psychische Prozesse annimmt. In jedem Fall muss eine Einheit gebildet werden. Eine Oberfläche haben heißt Rezeptoren, Organe der Sinneswahrnehmung zu haben. Das ist die kontrollierbarste Form, hingegeben an die Welt in der Welt zu sein -, kontrollierbarer als einem sprechenden Eingeborenen auf Gedeih und Verderb ausgeliefert zu sein. Wegen dieses festen Ankers gibt Quine die Oberfläche nie preis, obwohl sie am Grunde aller Probleme ruht:

„Freilich kann man nicht damit rechnen, dass sich ein ontologisches Problem experimentell entscheiden läßt; aber das liegt nur daran, dass solche Probleme auf so vielfältige Weise und durch ein solches Gewirr intervenierender Theorien hindurch mit Oberflächenreizungen verbunden sind" (WG 475).

Mit dieser vor der Oberfläche kapitulierenden Bemerkung endet Quines Hauptwerk! Trotz dieser Probleme kann der Philosoph in seiner „noch abgelegeneren Position" als der Naturwissenschaftler nicht auf die „letztlichen Verbindungslinien von seiner Theorie zu nichtsprachlichen Reizen", die Spürbarkeit der Welt, verzichten (ebd.). Die Oberfläche ist als Teil der Szenerie unersetzbar: "My own acceptance of nerve endings and indeed of rabbits, on the other hand, is part of the naturalistic setting of my inquiry".[223]

Ich fasse zusammen: In *Three Indeterminacies* fällt einmal eine kleine Bemerkung, die auch gleich wieder zugedeckt wird: Hörer und Sprecher "share no receptors, how

---

[221] *Modi des Fremderlebens* 16. Schäffter zitiert in diesem Sinne den vedischen Spruch „Tat twam asi" („Sieh', das Fremde ist ganz wie Du!"). Für ihn folgt aus dieser Dynamik der Fremdbegegnung, dass die Integration des Fremden eine wichtige Funktion für die Identitätsbildung hat.
[222] Vgl. dagegen Quines Skeptik gegenüber dem Begriff der Ursache: "It is an ironic but familiar fact, that though the business of science is describable in unscientific language as the discovery of causes, the notion of cause itself has no firm place in science" (PT 76). Die erklärende Ursächlichkeit der Reizbedeutung wird von ihrer eigenen Wissenschaft her infrage gestellt. Das ist ein Grund, aus dem der Holismus Punkte gewinnen kann.
[223] *Three Indeterminacies* 3.

can they be said to share a stimulation?". Es spricht eine Unerhörtheit an Trennung aus der Geteiltheit der Stimulation: möglicherweise keinen Reiz zu teilen heißt in Quines Denken, dass die Welt abhanden gekommen wäre. Durch den Mangel an einer gemeinsamen Rezeptoroberfläche ist eine Kluft am Grunde der Weltwahrnehmung aufgerissen. Der "flow of evidence" (ebd.) von der sinnesreizenden Welt zu ihrer wissenschaftlichen Ausgesagtheit ist empfindlich gestört. Ich habe Quines Erkenntnistheorie, die auf Erregungsmusterabgleich aus ist, als Folge aus einem verlorenen Einssein erzählt. Mir scheint dies der passende Mythos zu sein, der mit einem Physikalismus korreliert. Denn in der Weise einer Verlust-Erzählung wird kompensiert, was der Reduktionismus meinte über Bord werfen zu können. Erkenntnis ist eine Beziehung zum Abgetrennten. Das Abgetrennte ist eine Fremdheit, die als ursprüngliche Eigenheit vorgestellt wird. Erkennen ist in diesem Sinne ein Verstehen, das Eigenes zurückgewinnt. Zumindest taucht, wenn Verstehen sich selbst zu erkennen sucht, eine Einheitsvorstellung von Eigen- und Fremdheit an der Wurzel auf.

4.3 Dschungel

Den Dschungel zu besprechen heißt eine Frage von Sein und Nicht-Sein zu stellen. Ob es die mit Dschungel charakterisierte Situation gibt, hat Folgen. Der Dschungel ist zuallererst der Ort der Epiphanie der Unbestimmtheit. Mit seiner Möglichkeit steht und fällt der innovativste Begriff von *Word and Object*.

"The indeterminacy that I mean is more radical. It is that rival systems of analytical hypotheses can conform to all speech dispositions within each of the languages concerned and yet dictate, in countless cases, utterly disparate translations [...] Two such translations might even be patently contrary in truth value" (WO 73/74).

Der Dschungel ist der Tatbestand dieser Behauptung. Was heißt es für Quine, dass zahllose *Fälle* eine Übersetzung erfordern können, die sogar einen entgegengesetzten Wahrheitswert haben? Welches Element des „Falls" besitzt „diktierende" Kraft? Ist der Fall ein Fall für die Rationalität? Wird vor dem Gerichtshof der Vernunft eine andere Kohärenz gefordert? Diese Deutung des Falls als Vernunftkontext führt zur Schwierigkeit, die Einheit der Vernunft aufbrechen zu müssen, und verlegt die Behauptung der Disparatheit der Übersetzung, die Unbestimmtheit, lediglich um eine Ebene zurück und nimmt zwei Vernünftigkeiten an. Unter Bedingungen des Dschungels ist die Vernunft insofern plural, als eine Vernunft des Feldforschers und eine Vernunft des Eingeborenen im Spiel sind. Die Pluralität, verstanden als Individuierungen, zielt wieder auf einen einheitlichen Vernunfttypus, dessen Einzelvorkommnisse sie sind. Macht eine Vorstellung von Pluralität Sinn, die mehr Disparatheit fordert? Ist der Übergang von mehreren

Systemen analytischer Hypothesen zur Übersetzung einzelner Sätze hin zur Behauptung mehrerer Rationalitäten, d.h. zu radikaler Fremdheit, berechtigt?

Ist der „Fall" aber eine „Situation" der Welt in unmittelbarer Wahrnehmung, die disparate Übersetzungen erfordert, so liegen in dieser Deutung des Falls alle problematischen Prämissen des Realismus. Das Brisante an dieser Definition von Unbestimmtheit liegt darin, dass, sobald ein Fall verschiedene Übersetzungen „erfordert", ein Bezugspunkt für die Kategorie „passend" oder „unbedingt angebracht" gesetzt ist. Es ist zu fragen, woher diese Atmosphäre des Erfordernisses rührt. Dabei sollte der Begriff Wahrheit, um den Sachverhalt der Unbestimmtheit in einem „Fall" zu beschreiben, vermieden werden. Wenn zwei Übersetzungen (oder mehr) in einem Fall angebracht sind, so ist es, als wären zwei Zuschreibungen gleichzeitig wahr. In der Formulierung mit Wahrheit steht das Nichtwiderspruchsprinzip sehr viel schneller als Gegner auf als in der vageren Formulierung der Übersetzungsunbestimmtheit. Quine schreibt jedoch im Eingangszitat, der Wahrheitswert könne entgegengesetzt sein. Mit der Unbestimmtheit versucht Quine, eine Dimension unserer Wirklichkeit besprechbar zu machen, die in der ständigen Gefahr des Vorwurfs steht, widersprüchlich zu sein. Welchen Aspekt der Wirklichkeit hat er entdeckt, der ihm so wichtig ist, dass er als mathematischer Logiker, als der er seine philosophische Karriere begann,[224] offensichtliche Widersprüchlichkeit auf sich nimmt?

Was ist der Dschungel für ein Fall zwischen Realismus und pluraler Rationalität? Ist er die harmlose Behauptung, dass verschiedene Deutungen der unsichtbaren Wirklichkeit zugelassen sind? Der Hermeneutik wird gerne jene Freiheit zugestanden. Ein Problem bleibt: Interpretationen unterstehen nicht in der Weise der Wahrheitsprädikation, wie Quine es von den disparaten Übersetzungen ausführt. Ist die quinesche Beibehaltung des gegenteiligen Wahrheitswertes der disparaten Übersetzungen aus der Beurteilung empirischer Sätze in die hermeneutischen Sätze hineingetragen? Dann wäre die Unbestimmtheit in ihrer Brisanz hinfällig. Entweder sie ist die unerlaubte Ausweitung einer Begriffsanwendung oder sie meint die Interpretationsfreiheit erzählender Texte.

Mit dem Wahrheitswert ist die Realität einer Sache, also eine ontologische Entscheidung angesprochen, mit der Übertragbarkeit in verschiedene Handbücher sind aber verschiedene Auffassungen darüber vorgelegt, was ich wissen kann, also eine epistemologische Position. Der hohe Streitwert der Dschungelformulierung über den entgegengesetzten Wahrheitswert erklärt sich daraus, dass sie an der Nahtstelle zweier Disziplinen liegt. Je nachdem, ob jemand Quine in den Dschungel folgt oder nicht, wird er seine Welt sehr unterschiedlich entworfen haben. Mit der Unbestimmtheit wird die Möglichkeit, eine neuartige Erfahrung zu machen, bezeichnet. In diesem Sinne ist sie

---

[224] "[M]y true passion" *Interview Borradori* 30; s.a. *Autobiography of W.V.Quine* 3-46 in: HAHN/SCHILPP.

die anthropologische These einer inneren Wandlung. Provinz und Dschungel sind ihre Metaphern.

Die Provinz ist der Ort, an dem der Gedankenexperimentator lebt. Sie bleibt Provinz so lange, wie der Gedankenexperimentator sich nicht auf den Weg in den Dschungel gemacht hat und von dieser Reise gewandelt zurückgekehrt ist (A). Die Geschichte von der Provinz kann genauso gut mit entgegengesetztem Sinn erzählt werden (B): Der Gedankenexperimentator hält sich für den Nabel der Welt. Erst durch seine Reise zu Sprechern einer fremden Kultur und Sprache entdeckt er die Unerforschlichkeit der Referenz, und aufgrund dieser Erkenntnis von der Relativität der Ontologie begreift er Sätze, die er für Grundannahmen hielt, als Provinzgedanken.[225]

Hinter diesen Varianten einer Geschichte verbergen sich entgegengesetzte Bedeutungstheorien. In der Provinz A wird die Unbestimmtheit aus der Bedeutungserkenntnis Quines nicht rezipiert. Ihr Bedeutungsbegriff ist klar und transparent. Aufgrund einer stark behavioristischen Prägung fällt es leicht, mentalistische Konzepte der Bedeutung abzulehnen. Das Gegenprogramm nimmt die Prozedur der Induktion in Anspruch. Im Dschungel oder im heimgebrachten Dschungel des in der Provinz B sitzenden, aber gewandelten Gedankenexperimentators ist Bedeutung unbestimmt. Er ist gerade durch die Erkenntnis anderer möglicher Handbücher provinzialisiert.

Es fällt die Umkehrbarkeit der Lesart auf, die den Ausgangspunkt mal als zentral betrachtet, mal als Provinz und damit das Reiseziel mal als Dschungel und entlegenste Ecke des Erdkreises, mal als Ort der Wandlung und des Wirklichkeitskontaktes sieht, fast als sei es eine intensive innere Erfahrung. Diese Umkehrbarkeit verdankt sich dem narrativen Spannungsbogen der Simulation. Aristoteles spricht von dem Disäquilibrium, das eine Geschichte exponiert und zum Gleichgewicht am Ende führt, wenn die Geschichte eine komische Tendenz hat. Umgekehrt verhält es sich mit tragischen Erzählungen: das Anfangsgleichgewicht geht verloren und endet in Verwirrung und Ungleichgewicht.[226] Der Spannungsgegensatz von Handlungsanfang und -ende ist typisch in Texten, die Handlungen erzählen. Wie wichtig solche Überlegungen sind, zeigt sich in Blick auf die Argumentation des Quine-Auslegers Greimann: Er meint, eine epistemische Lesart sei für das zweite Kapitel angebracht. Grund sei die Asymmetrie zwischen der völlig unbekannten Sprache Dschungelisch und der Muttersprache des Feldforschers, die mitsamt ihren Referenzrelationen als gegeben vorausgesetzt wird (s.Kap.

---

[225] Eindrucksvoll führt Quine das Wunschdenken am Mythos des eindeutig Gegebenen durch. *OR, Was ich glaube* oder *Facts of the Matter:* „at last bodies themselves go by the board – bodies that were the primordial posits, the paradigmatic objects most clearly and perspicuously beheld. Sic transit gloria mundi" (164).

[226] *Poetik 1452 a/b*. Peripetie (Umschlag ins Gegenteil) und Wiedererkennung (Umschlag von Unkenntnis in Kenntnis) in der Fabel (gr. „mythos", Plot, Handlungsgerüst) bewirken Schauder und Jammer.

III von WO). Dass eine „epistemische Lesart" zu wählen sei, meint dann: „es ist epistemisch indeterminiert oder 'unerforschlich', welche Ontologie die Sprecher einer uns fremden kulturellen Gemeinschaft annehmen".[227] Greimann sieht das Ungleichgewicht lediglich in Bezug auf die Unerforschlichkeit der Referenz. Diese Lesart ist unzureichend, da die Unbestimmtheit der Übersetzung das Ergebnis des Kapitels II ist und mehr meint als die ontologische Relativität. Sie beinhaltet insbesondere die Aufhebung der Logik, die Unterhöhlung der Empirie und die Pluralität und Gleichberechtigung holistischer Netze (Manuale). Diese Befunde gehen über die These der referentiellen Unbestimmtheit hinaus.

Das beobachtete Gefälle im zweiten Kapitel ist daher sinnvoller narrativ zu deuten: die Reise in den Dschungel führt zu einer Auflösung der Spannung, indem der Feldforscher erkennt, dass die entdeckte Kultur inkompatibel und gleichwertig ist. Diese Unbestimmtheit wird auf den Ausgangspunkt der Reise angewendet und zu einer These des Gedankenexperimentators, die im Dschungel sowie in der „heimischen Heide"[228] gültig ist! Erst dank der Lesart, die die narrativen Techniken des Kapitels II berücksichtigt und darin eine wichtige holistische Eigenschaft des Netzausschnittes „Übersetzung und Bedeutung" zur Kenntnis nimmt, wird der eigentliche Beweggrund Quines in diesem Text nicht von vornherein ausgeschlossen. Ist die Simulation in der Terminologie des Aristoteles tragisch oder komisch? Nach *Pursuit of Truth* ist die Simulation tragisch: „Sein Ergebnis war negativ: die Unbestimmtheit der Übersetzung" (51).

Die Bedeutung der Unbestimmtheit spricht auch aus ihrer Folge, in Moorescher und Wittgensteinscher Manier eine Frage aufzulösen: Es macht keinen Sinn mehr zu fragen: "what reality is *really* like"[229]! Diese Frage ist "self-stultifying". Quine bringt den einprägsamen Vergleich: "It is like asking how long the Nile really is, apart from parochial matters of miles or meters" (ebd.). Und in *On the Reasons for Indeterminacy of Translation* stellt er die Auflösung dieser Frage in Zusammenhang mit der Unbestimmtheit, wie wir sie aus der abstrakten Simulationsformulierung am Anfang des zweiten Kapitels kennen: "The question whether, in the situation last described, the foreigner *really* believes A or believes rather B, is a question whose very significance I would put in doubt. This is what I am getting at in arguing the indeterminacy of translation" (180/181). Mit A und B ist die Gesamtheit des Netzes einer Theorie gemeint. Eine weitere Verknüpfung liegt in *Word and Object* vor, noch ohne Hervorhebung der aufgelösten Frage nach der Realität! Quine schreibt im ersten Kapitel: "Everything to which we concede existence is a posit from the standpoint of a description of the theory-building process, and simultaneously real [!] from the standpoint of a description of the theory that is being build" (22). Ansetzend bei der ontologischen Realität kommt Quine zu

---

[227] *Quines behavioristishe Theorie der Sprache* 161.
[228] *Three Indeterminacies* 2.
[229] *Structure and Nature* 9.

einem weiteren Grund der Unbestimmtheit: die Simultanität von Standpunkten. Das ist die technischere Formulierung für das, was sich narrativ als die Begegnung von Feldforscher und Eingeborenen abbildet. Das ganze Zitat ist auf der Ebene des Gedankenexperimentators gesprochen, denn nur er hat den Standpunkt, den Theorie-Bildungsprozess zu beschreiben, anstatt lediglich im Innern einer Theorie zu stehen und diese zu bilden. Nur wer die Provinz nie verlassen hat, kann sich dergestalt für das Zentrum halten, dass er seine Weltsicht für die „wirklich" reale hält!

Neben der Provinzialität der Gegenstandsabgrenzung, wie sie in unseren muttersprachlichen Referenzrelationen liegt, ist es die Relativierung der Logik, die in *Word and Object* zum Tragen kommt. Quine erkennt an, dass „ontologische Voraussetzungen provinzielle Spezialitäten" sind (UW 38). Dass die Logik im Dschungel zur Provinz wird, ist eine weitere Konsequenz, die Quine aus den *Two Dogmas* zieht: Die Provinzialität der Logik ist eine späte Folge aus der Aufhebung des Unterschieds von analytischen und synthetischen Aussagen. Richteten sich die *Two Dogmas* vor allem gegen die Fundierungsleistung der analytischen Aussagen, so schlägt deren Gleichordnung mit den synthetischen Aussagen jetzt auf die letzteren zurück: Auch synthetische Aussagen eignen sich nicht zur Fundierung. Das ist in der Begrenzung des Empirismus durch die These von der Unerforschlichkeit der Referenz ausgedrückt. Synthetische Sätze besitzen demnach nicht mehr die empirische Festigkeit und durch verschiedene Verfahren objektivierbare Ausweisbarkeit, sondern sie sind, obwohl objektivierbar, völlig bezugsunklar, und - das sagt die Unbestimmtheit der Übersetzung - sie sind durch Übersetzungen austauschbar, zu denen eine andere Welt gehört, ohne dass ein Unterschied entsteht für den *fact of the matter*.

Die Logik, die fundierend und vorgängig, formal oder transzendental in eine Unberührtheit gesetzt worden war, wird berührt, so wie der Eingeborene berührt wird. Sie ist aus dem Hintergrund hervorgetreten und hat sich vervielfältigt: viele mögliche Provinzen innerhalb eines Reiches sind abgesteckt auf der korrigierten Landkarte des Forschungsreisenden. Diese Wende ist durch die Preisgabe des Analytizitätsbegriffs ermöglicht. Selbst logische Junktoren etc. sind dem Verhalten subordiniert. Sie unterstehen dessen möglicher Veränderung. Glock schreibt: Quines "approach to logic and language is itself based not on formal considerations, but on a certain picture of human behaviour. Logical truths are ultimately those truths which are 'well-entrenched' within human behaviour".[230]

Die „Einbettung" in das Zueinander der wissenschaftlichen Disziplinen und die Rolle der Philosophie und Logik dabei haben eine interessante Deutung bei Sher erfahren.[231] Sie knüpft an Dummetts Vorwurf an, in Quines Zentrum-Peripherie-Holismus lebe die analytisch-synthetisch Unterscheidung fort (492). Das bedeute, dass die These

---

[230] *The Indispensability of Translation in Quine and Davidson* 197.
[231] *Is there a Place for Philosophy in Quine's Theory.*

der *Two Dogmas*, die diese Unterscheidung zurückweist, mit seiner Wissensstruktur aus Zentrum und Peripherie in Konflikt stehe. Sher schlägt dann ein Modell im Anschluss an Quine vor, das wir als Quines eigene spätere Auffassung rekonstruiert haben: „Traditionally, logic and philosophy are regarded as permanently located in the center, 'setting the stage' for the battle against nature rather than taking an active part in it. The NAS[232] methodology represented by the modell changes this tradition. Speaking of logic's role in contemporary physics, David Finkelstein says: '[Logic is a] dynamic ingredient in the physical theory, *an actor rather than part of the stage*" (522). Die Herausforderung, die von der Logik als Handlungsträgerin ausgeht, sieht Sher in der Infragestellung solch fundamentaler Prinzipien wie der Transmissivität und der Bivalenz (523). So wie in unserer Lektüre wählt auch sie die Allegorie der Szene: die Logik betritt die Bühne, sie wird eine aktive Protagonistin, anstatt im Hintergrundbild aufgelöst zu bleiben. Darin drückt auch Sher das aus, was ein enorm kritischer und umstürzlerischer Akt Quines ist: die Provinzialisierung der Logik.

Ein erster Schritt stellt nun die Auffassung Quines zur Logik anhand einer Formulierung dar, die in enger Anlehnung zur Aufstellung des abstrakten Gedankenexperiments am Anfang von *Word and Object* steht. So wie das zweite Kapitel einen gewissen Bedeutungsbegriff aufhebt, so die Formulierung in *From Stimulus to Science* eine gewisse Relevanz von Logik. In ihr greift Quine seine berühmte Formulierung auf, zu sein bedeute, Wert einer Variablen zu sein. Die Formulierung ist insofern trivial, als die Variable in einer bestimmten Theorie steht, die reglementiert, was ist. Das verschiebt die Entscheidung nur und lässt die tiefere Frage, was denn sei, unberührt.[233] Zudem gilt von der Formulierung: "[it] applies directly only to theories constructed within the framework of our classical quantification theory, or predicate logic. Theories with access to other resources present a problem of foreign exchange. Failing translation into my adopted standard, I can only say that the word 'exists' has a different usage, if any, in that quarter. Given translation, on the other hand, that criterion simply carries over" (33).

Die Definition ist trivial und gilt zudem nur im Rahmenwerk der Prädikatenlogik. Die dann folgende Formulierung über Theorien „mit Zugang zu anderen Ressourcen/Vorräten" führt wieder in das Setting der Simulation. Denn durch den Gedanken, von der geltenden Logik (Existenzquantor) abzuweichen, findet die „Radikalisierung" der Übersetzung statt, wie sie für den Archipel konstitutiv ist. Es gibt nun zwei Möglichkeiten. Erstens: Übersetzen funktioniert reibungslos. Nicht die Gegenstandsabgrenzung ist gleich, sondern die dem Naturalismus Quines zugrundeliegende Grenzziehung zwischen Dingen, die existieren oder nicht existieren. Die Übersetzbarkeit liegt also eher in einer Rahmentheoriekompatibilität als in dem Punkt, der mit der Relativität der

---

[232] NAS nennt SHER die „negativ-analytic-synthetic thesis", d.h. „Quine's claim that the analytic-synthetic distinction is unfounded" (492).
[233] Vgl. GIBSON *Quine on Matters Ontological* 3.

Ontologie problematisiert wird. Die Unerforschlichkeit spielt hierfür keine Rolle. Trotz Unerforschlichkeit funktioniert das Übersetzen. Das ist ein weiteres Argument dafür, dass die Unbestimmtheitsthese weitreichender ist als die Unerforschlichkeitsthese. Zweitens: Der theoretisch angenommene Zugang zu anderen Ressourcen als jener des Naturalismus derzeitiger Naturwissenschaft mit ihrer Vorliebe für Nervenden, Quarks, Lichtstrahlen etc. läßt die Übersetzung in den Naturalismus scheitern. Entweder die Grundunterscheidung in Sein oder Nichtsein und damit der Existenzquantor hat eine andere Verwendung oder gar keine.

Die Unbestimmtheitsthese ist zugespitzt: Es geht ihr um die angesprochenen „anderen Ressourcen"! Deshalb ist für die mit der Unbestimmtheit der Übersetzung verbundenen Fragestellungen auch die quinesche Logik nicht weiter von Belang, im Gegenteil: sobald die Prädikatenlogik zum Zuge kommen kann, sind die interessanten Indizien und Eigenschaften des Archipels nicht gegenwärtig, die die These von der Unbestimmtheit allen Übersetzens im vollen Sinn erfordern. Die Relativierung der Logik lässt das Übersetzen erst „radikal" werden. Sie zu denken, ohne im Undenkbaren zu landen, ist die Herausforderung, unter der Quine im Dschungel steht. Und selbst wenn der Feldforscher seine Logik in die Äußerungen der Eingeborenen „projiziert", so immer im Bewusstsein, dass etwas anderes vielleicht angebrachter wäre. Quine formuliert: So umsichtig kontextuell wir auch das „Es gibt" übersetzen mögen, es könnte uns zu „gewaltsam und weit hergeholt erscheinen, um uns zu befriedigen" (UW 38).

Es ist für eine naturalistische Position schon ungeheuerlich, abweichende Gegenstandsabgrenzungen zuzulassen, - im Denken in exotischen Begriffen geht Quine über diese theoretische Eröffnung noch hinaus. Deshalb ist die mit Unbestimmtheit benannte Erkenntnis so schwer zu besprechen. Die Akzeptanz für eine außernaturalistische Deutung und nicht nur eine unterschiedliche innernaturalistische Deutung muss andere „Vorräte" ansetzen. Welche könnten das sein, wenn die ontologischen Präferenzen für Ideen und Propositionen ausgeschlossen sind? Diese Frage lässt sich nur von den Bedürfnissen eines noch undeutlich in Blick genommenen Gegenstandes her verfolgen. Zu dieser pragmatisch klingenden Antwort würde Quine wohl kommen: "we can do no better than occupy the standpoint of some theory or other, the best we can muster at the time" (WO 22). "At the time", „zur Zeit", meint die Dauer der Gültigkeit quinescher Thesen. Es ist so, als würde die Verkündigung der Revidierbarkeit gerade durch Revidierung belegt, als könne sie kein anderes Schicksal als die Bestätigung ereilen. Insofern meint "at the time" nicht, was es sagt, sondern geht in die Richtung der „ewigen Sätze" (WG 35). Beruht aber deren Ewigkeit nicht wieder nur auf Plausibilitäten unserer Gesamtheit der Sätze unserer Sprache? Die Ressourcen werden weiter unten als die *life facts* ausgeführt.

Darin dass Quine andere Vorräte in Blick nimmt, kann der tiefere Grund gesehen werden, dass er in späteren Schriften nur noch die Referenzunbestimmtheit für wichtig hält. In *Pursuit of Truth* greift er die Formulierung auf, dass Gegenstände nur Setzungen (posits) sind, und formuliert diese Erkenntnis auf das holistische Netz hin: "Objects figure as mere nodes of the structure and true sentences [...] are related by structure" (31). Mit den wahren Sätzen sind sowohl Beobachtungssätze als auch theoretische Sätze gemeint. Das heißt, dass selbst in theoretischen Sätzen die Gegenstände zu Knoten des Netzes werden, d.h. zu einem *fact of the matter*. Selbst die Auffassung, dass es Materie, ein physisches *fact of the matter*, gebe, ist ein *posit*, das in einem bestimmten Strukturverhältnis zu anderen steht. Materie ist ein Knoten neben anderen. So ist alles, jeder denkbare Gegenstand ein Knoten im Netz und damit *fact of the matter* in der einzig sinnvollen Verwendung dieses Begriffs. Im Netz ist eine physikalistische Vorstellung des *fact of the matter* nicht mehr ausgrenzbar, weil das *fact of the matter* sogar für den Gedankenexperimentator nur noch ein Strukturverhältnis ist. Wenn in dieser Weise der Unterschied der Referenz von Beobachtungssätzen und theoretischen Sätzen gefallen ist, indem die Frage nach der Referenz unerheblich wurde und alles ein *fact of the matter* ist, dann fällt auch der Unterschied von Referenz- und Übersetzungsunbestimmtheit weg! So weit, wie die Vorstellung vom *fact of the matter* einer wirklicheren materiellen Welt als Knoten/posit entlarvt wurde, so weit sind die beiden Thesen identisch geworden!

Wenn nun einer gleichen Struktur verschiedene Universen zugrunde gelegt werden können, so können Eigenschaften der Struktur nicht weiterhin Wahrheitskriterien im realistischen Sinne sein! Die Logik als Lehre der legitimen Struktur hat ausgedient, nicht insofern sie falsche Gesamtnetze ausscheiden könnte, wohl aber insofern als eine gleiche Logik die verschiedensten Universen unterlegt bekommen kann und nicht referentiell unter diesen zu entscheiden vermag. Die Struktur bildet sich über Jahre im Sprachlernen heraus. Am Grunde des holistischen Netzes der Überzeugungen liegt unberührt aller quineschen Wandlungen der Behaviorismus. Ein augenfälliger Beleg dafür ist seine Ersetzung von Analytizität, Notwendigkeit und Wesenheit in der Formulierung:

„for sentences of the forms ‚If p then p', ‚p or not-p', ‚not both p and not-p'; to have learned to use the particles ‚if', ‚or', ‚and', and ‚not' in violation of such sentences is simply not to have learned them".[234]

Quine kritisiert an Carnap, der den Extensionalismus in der Ausprägung vertritt, dass zwei Terme equivalent sind, wenn ihre Koextensionalität bzw. Wahrheit aus den semantischen Regeln einer Sprache folgt, dass dies nur bei künstlichen Sprachen funktioniere (ebd.). Für solche Sprachen, z.B. die mathematische, müssen verständlicherweise genaue Regeln ausgewiesen werden, aus denen dann andere folgen.

---

[234] *Reply to Bohnert* 94/95.

Jedoch in eben diesen Selbstfundierungskontext fällt Gödels Satz ein und entblößt die Fadenscheinigkeit der Schlüssigkeit oder Analytizität: sie hat weniger mit der Sache und den Daten zu tun als vielmehr mit einer Selbstrechtfertigung. Seit Gödel versucht sich jeder am eigenen Schopf aus dem Sumpf zu ziehen, der aus der Syntax Tatbestände, *facts of the matter*, ableiten will.

Quines logische Auffassungen können nicht dargestellt werden, ohne ein Wort über seine Ablehnung der Modallogik zu verlieren. Quines Zurückweisung der Modalität Möglichkeit geht in *Pursuit of Truth* so weit, dass er sie mit dem Animismus vergleicht, der in einem Stein oder Baum einen Geist denkt (§§30,31). Quines Problem mit den Begriffen „notwendig" und „möglich" liegt darin, dass sie sich der von ihm favorisierten Ersetzbarkeit nicht fügen. Sie besitzen einen intensionalen Gehalt, der dabei verloren ginge. Daraus folgt für ihn aber gerade nicht, dass es wichtiger wäre, zur Kennzeichnung dieses Gehaltes eine Notation zu haben. Stattdessen löst er sie in einen Zweck für die Alltagsrede auf. Das ist der Hintergrund dafür, dass er meint, das subjektive Gefühl, etwas zu können, sei der Ursprung für die Modalität der Möglichkeit, in die sich dieses Gefühl entpersonalisiert und projiziert habe.[235]

4.4 Provinzen

4.4.1 Provinzialisierung der Physik und Mathematik

Es gehört zur Provinz, einige geistesgeschichtliche Traditionen als Gründe anzugeben, die zur Befreiung Quines von der Logifizierbarkeit und von seinem Glauben an eine wissenschaftlich rekonstruierbare Welt, die mehr als pragmatische Berechtigung hätte, beigetragen haben mögen.

Nicht zu unterschätzen ist die Quantenphysik[236] Plancks. Sie steht im Herzen der Wissenschaft, die Quine für die am besten die Wirklichkeit erklärende hält und die mit

---

[235] Ähnlich als Rücknahme von Projektion, jedoch ohne psychischen Reduktionismus, stellt auch C.G.JUNG die Wissenschaftsgeschichte bzw. den Erkenntnisfortschritt dar (*Psychologie und Religion* 86f).

[236] GLOY *Versuch einer Logik des Analogiedenkens* 299 nennt neben der Quantentheorie die Chaostheorie, die fraktale Geometrie und die Mathematik des Verschwommenen als neue wissenschaftliche Disziplinen, in denen klassische Gegenstandstheorie und Logik kritisiert und überwunden werden. MITTELSTRAß *Das Undenkbare denken* 15ff zählt die Quanteneffekte (z.B. die sogenannten Delayed-Choice-Experimente) dem Unvorstellbaren zu, da sie auf der Grundlage unseres gewohnten Umgangs mit makroskopischen Gegenständen „dem Erwartbaren und Vertrauten" nicht vorstellbar sind. Sie sind aber nicht undenkbar, da sie im mathematischen Kalkül erfassbar sind. Angesichts der Rezeption der Delayed-Choice-Experimente in der Leib-

einigen selbstverständlichen Gepflogenheiten der Disziplin bricht, oder wie Quine sagte, sie rückt Sätze, die als zentral, stabil und entfernt vom Beobachtungseinfluss galten, nah an die Revision. In *Word and Object* führt er sie als den „besten [begrifflichen Rahmen], den wir kennen" (WG 23) an. Er erhofft sich von ihr Aufschluss über die physikalischen Voraussetzungen unserer Rede von den Dingen, um, das ist interessant, die „Reichweite der schöpferischen Vorstellungskraft in der Wissenschaft" besser einschätzen zu können. In *Pursuit of Truth* vermag die Revision in der Folge Plancks so weit zu gehen, dass nicht nur die „heißgeliebte Ontologie der Elementarteilchen" bedroht ist und ein „fundamentales Abrücken von der Logik der Wahrheitsfunktionen" verlangt sein könnte; die Revision könnte auf den „ureigensten Sinn der ontologischen Fragestellung selbst" (48f) sich erstrecken müssen, ohne dass eine Reise notwendig wäre. Mit der Quantenphysik bricht der Dschungel inmitten der Gelehrtenrepublik auf. Quine ist jedoch bemüht, den Realismus der Wissenschaften als unantastbar durch solcher Revision zu retten, und spielt die Frage nach einer veränderten Provinz oder den Einbruch des Dschungels zu einer Freiheit unseres Sprachgebrauchs herunter. Er kann sich das Andere nur terminologisch oder höchstens noch sukzessiv vorstellen und nicht als die Gleichzeitigkeit des Gegensatzes (ebd.). Im Satz vom ausgeschlossenen Dritten, der auf Quanteneffekte nicht anwendbar ist, klingt Quines Formulierung der Unbestimmtheit von sich widersprechenden und doch gleichberechtigten Rahmenwerken an.

Eine zweite Erkenntnis des letzten Jahrhunderts besitzt bei Quine auch einen biographisch fest verankerten Platz: das Unvollständigkeitstheorem Gödels von 1931.[237] Quine hatte Gödel, den er als verschlossen schildert, zwei Jahre zuvor getroffen. Seine Reaktion auf den Satz Gödels war Verblüffung:[238] Die Wahrheit eines mathematischen Satzes besteht nicht darin, dass er zumindest prinzipiell beweisbar ist. In diesem Sinne reagierte von Neumann drei Tage nach Erhalt des Unvollständigkeitsaufsatzes in seinem Brief an Gödel vom 20.11.1930, in dem er seine eigene unabhängige Entdeckung der Unbeweisbarkeit von Konsistenz verkündete. Darin ähnelt die Mathematik eher der Naturwissenschaft. Relativ zu einem formalen System kann ein Satz gebildet werden, der wahr ist, ohne dass er aus dem System ableitbar bzw. beweisbar wäre. So wird in einem System ein Satz zum Theorem, der innerhalb des Systems unentscheidbar ist! Der unbeweisbare und doch wahre Satz ist immer relativ auf ein formales System (was als solches gilt, wird durch bestimmte Anforderungen definiert). Und von ihm gilt, anders als von Fermats letztem Satz, würde er bewiesen, so entpuppte er sich als falsch.

Seele-Debatte, um so essentielle Begriffe wie Freiheit und Geist zu ersetzen, scheint Mittelstraß die Neuheit nicht hoch genug zu bewerten.

[237] GÖDEL *Über formal unentscheidbare Sätze der* Principia Mathematica *und verwandter Systeme I*, 1930 in: Monatshefte für Mathematik und Physik. S. QUINE *Kurt Gödel*, in: TT, *Gödel's Theorem*, in: *Quiddities*.

[238] In: *Interview Borchers* 34-37.

Denn seiner Interpretation im Rahmen des Systems als nicht ableitbar wäre widersprochen. Das formale System wird durch seinen unvollständigen Satz erweitert, indem es ihn aufnimmt, und von diesem erweiterten formalen System lässt sich erneut das gleiche sagen (dass ein nicht beweisbarer Satz in ihm bildbar sei, der gleichwohl wahr ist etc.).

Aus diesem Grund kann den Skeptikern nicht ein mathematischer Beweis entgegengehalten werden. Zu diesem Schluss kommt auch Resniks Relevanzprüfung der Unvollständigkeit.[239] Seit dem Skeptiker selbst mit logifizierten Sätzen ein Sachverhalt nicht zweifelsfrei andemonstriert werden kann, sind die Axiome als Hypothesen auszugeben, die weiterer Forschung unterstehen: „Since these opinions are variously supported by appeals to the clarity of the mathematical concept formalized, the existence or non-existence of ‚weird' models for the system and actual empirical experience with the system, this is surely a fruitful area for philosophical research". In dieser Richtung fasst Quine die Bedeutung von Gödels Satz für sich auf. Das Theorem zeigt: „es gibt immer einen weiteren Schritt, mit dem man seinen Horizont erweitern kann".[240] Zukunft, Revision, Vorhersagbarkeit anstelle von Analytizität findet er bei Gödel. Martin führt Quines Maßstab „Eleganz" für die Wahrheit philosophischer und mathematischer Beweisgänge auf Gödels Einfluss zurück.[241] Der Unvollständigkeitssatz verstärkt seinen Abschied vom Logischen Positivismus und bereitet die Freiheit zu Basissätzen vor, die sich nicht der Analytizität verdanken und unableitbar aus dem Hypothesenumfeld sind. Eleganz ist an die Stelle lückenloser Deduktion getreten. Wenn logische Wahrheiten kein letztes Fundament sind, können genauso gut Beobachtungssätze als Ausgangspunkt für eine gute Bedeutungstheorie genommen werden. Darin liegt die Aufwertung empirischer Sätze. Das ist die zweite Anregung, die Quine dem Unvollständigkeitstheorem entnimmt. Der § 20 in *Pursuit of Truth* stellt seine beiden widerstrebenden Tendenzen einander gegenüber: die analytische Suche und die holophrastische. Beide können jedoch keine Vollständigkeit oder ewige Wahrheit generieren. Die Analyse verspricht, zu Termen zu kommen. Dieser Anreiz wird von Quine durch das Theorieelement „Unbestimmtheit des Bezugs" zum Stillstand gebracht. Der Suche nach dem Satzzusammenhang wird von Quine durch die Unbestimmtheit des Übersetzens ein Riegel vorgeschoben. Der Riegel schützt vor der Erwartung, aus dem Kontext eine Bedeutung angeben zu können. Die Unbestimmtheit ist ein Riegel, insofern sie das Axiom eines eindeutigen Zusammenhangs verstellt. Quine verdankt Gödel, dass er die Erkenntnis nicht mehr der Analyse unterwirft und analytischen Sätzen nicht mehr Erkenntniswert zuspricht.

---

[239] *On the Philosophical Significance of Consistency Proofs* 128.
[240] *Interview Borchers* 37.
[241] *Analytic Philosophy's Narrative Turn* 129.

4.4.2   Die „terra intermedia"²⁴² des fremdartigen Traumsinns

Ein dritter wichtiger Einfluss ging von der Psychologie aus. Der psychische Apparat spielt eine bedeutsame erkenntnistheoretische Rolle. Für Quine ist jene experimentelle Psychologie, die über Verhaltensäußerungen mentale Zustände zu identifizieren versucht, relevant. In seiner Einschätzung geht es im Behaviorismus nicht um Erklärung, sondern Entdeckung der Zustände. Die Erklärung ist eher neurophysiologisch und später zunehmend ein Mechanismus innerhalb einer evolutionären Theorie. Wie gesehen ist die Option für die behavioristische Psychologie keine Tiefenhermeneutik, die geeignet ist, mit Fremdem umzugehen.

Daher sei in systematischer Absicht ein Werk der Psychologie herangezogen, das ebenfalls um die Entzifferung eines fremden, exotischen Textes bemüht ist. Das Werk erschien 1900²⁴³ und sollte wirklich eine jahrhunderteröffnende Untersuchung werden. Der Denker, der hier auf Gedankenexperimentator-Ebene viele eigene Feldstudien zur Deutung des fremden Textes ausgewertet hat, heißt S. Freud. Ich werde nicht nur das berühmte VII. Kapitel, sondern ebenfalls ein II. Kapitel, das II. Kapitel seiner *Traumdeutung* heranziehen! Während das VII. Kapitel erstmals den Wegen des Unbewussten nachgeht, behandelt das II. Kapitel die „Methoden der Traumdeutung", sprich das Vorgehen des Feldpsychologen vor unverständlichen Äußerungen eines Träumers. In diesem Sinne nennt Freud die Traumdeutung Expedition in ein „inneres Ausland".²⁴⁴ Verglichen werden der Traum mit dem Eingeborenen und der Traumbericht mit der Übersetzung der Eingeborenenäußerungen. Beide haben einen Kontext, beide sind mit Methoden zu erschließen, die ihre Fremdheit zu bewahren wissen, indem sie die Texte in eine Botschaft verwandeln. Beide werden gedeutet in einem weiteren Text: in einer Theorie. Der Vergleich wird zu dem Ergebnis kommen, dass in das Fremdverstehen ein gewichtiger Anteil Selbstverstehen eingeht, das Gelingen und Reichweite des Fremdverstehens mitbestimmt. Jedes Selbstverstehen ist zum Teil das Verstehen eines Fremden.

Vorweg ein Wort über die Berechtigung dieses Vergleichs.²⁴⁵ Es stellen sich ähnliche Fragen im Anschluss an die Deutung eines Traumes und das Übersetzen. Wird die

---

²⁴² Nach JUNG *Archetypen* 108: „Das gleiche ist der Fall für die Psychologie des Traumes, der eine eigentliche terra intermedia zwischen normaler und pathologischer Psychologie ist".
²⁴³ Bezeichnenderweise erschien es am 4. November 1899, der Verlag druckte jedoch das Jahr 1900 auf das Titelblatt. Der Freudbiograph GAY fasst dies als Sinnbild: so sehr das Werk ein Produkt geistiger Strömungen des 19ten Jahrhunderts ist, prägte es die menschliche Selbstsicht des 20sten Jahrhunderts. *Freud* 11.
²⁴⁴ *Neue Folge der Vorlesungen zur Einführung in die Psychoanalyse* 496.
²⁴⁵ Siehe die Vergleiche von NAKAMURA *Xenosophie* das Kapitel: Das Subjekt als strukturdeterminiertes Wesen. Tiefenhermeneutik am Beispiel der Traumdeutung Freuds 153-181 und

entdeckte Sprache des Traums, der Dschungel, zur Provinz durch ihre wissenschaftliche Bearbeitung? Oder entdeckt die Bearbeitung eine Methode, mit der sie den gerade erst neu entdeckten Gegenstand nicht gleich wieder zudeckt?

Die hier vorgelegte simulative These zu Freud besagt, dass er aus einer Wissensart schöpft, um seinen eigenen Traum zu übersetzen, nämlich aus dem szenischen Erleben seines Traumes und aus der filmischen Reproduktion seines Traumes, die er beide verkennt, wenn er von der Traumbericht-Gattung ausgeht. Auf diese Weise erscheinen die entschlüsselnden Assoziationen als unkontrollierbare Methoden und werden essentialistisch dem Unbewussten angehängt. Doch sollten sie erst einmal als spezifische Eigenschaften des ikonischen, szenischen und filmischen Verstehens betrachtet werden. Sonst kann nicht geklärt werden, ob die entdeckten Traumgesetze nicht eher Gesetze des besonderen Mediums des Films sind und weniger Merkmale des aufgrund davon neu eingeführten und postulierten Vermögens des Unbewussten. Alles, was aufgrund der Medialität erklärt werden kann, muss nicht dem unbewussten Traumgeschehen zugeschrieben werden.

Freud verfolgt zwei Strategien: Zum einen soll die Methode des Assoziierens vor der Vernichtung der Eigenlogik des Traumes bewahren (die Theorie der Übertragungen und des Durcharbeitens standen ihm in der Entstehungszeit der *Traumdeutung* noch nicht zur Verfügung). Das Assoziieren imitiert die Eigenlogik. Sie baut auf den Nachvollzug des unbewusst produzierten Traumtextes, dadurch dass sie der normalen Wachlogik zu entkommen sucht, indem sie Einfällen die Tür öffnet. Damit geht die Macht des Verstehens an die zugrunde liegende Struktur über. Nur wenn ihre Weise, Sinn zu bilden, imitiert wird, können nicht nur die dem Bewusstsein nicht präsenten Zusammenhänge, sondern auch sichtbare Strukturen besser begriffen werden. Das bisherige Deutungszentrum Subjekt ist nicht mehr die höchste Autorität seiner Weltsicht. Nach der zweiten Strategie wird jedes noch so banale Detail möglicherweise bedeutsam. Insbesondere der Widerstand eines Träumers führt zur verdeckten und eigentlichen Deutestruktur. Es ist bezeichnend, dass die Begegnung mit der Fremdheit den einheitlichen Sinnzusammenhang infrage stellt und in seiner Ruhe aufstört. Die innere Folge einer Bedeutungsinflation war schon an Quines Unerforschlichkeit des Bezugs und der Relativität der Ontologie offengelegt und beschrieben worden. Ähnlich führt die Fremdheit des Traumsinns innerhalb des bewussten Kontextes zur Bedeutung jedweden noch so nebensächlichen Zeichens, das zu einem möglichen Hinweis auf den fremdartigen Bedeutungszusammenhang wird.

GLOY *Das Analogiedenken unter besonderer Berücksichtigung der Psychoanalyse Freuds*, KLEESPIES *Das Fremde in mir anhand von Träumen*. Kleespies deutet ganz im Rahmen psychoanalytischer Praxis die Fremdbegegnung des anfangs unverständlichen Traumes als persönlichen Gewinn, wenn sich der Träumer mehr auf seine Schattenseiten einlasse, 82.

Der größte Teil des Kapitels II der *Traumdeutung* besteht in der Auslegung seines eigenen Traums „Irmas Injektion". Dies geschieht so, dass nachdem die Traumschilderung erstellt ist, jeweils ein Satz des Traums wiederholt wird und dann Freud seine Einfälle zu dem Satz notiert. Die Einfälle sind Erinnerungen an Situationen des vergangenen Tages (nur Tagesrest) und an weiter zurückliegende Ereignisse. In den Erläuterungen tauchen auch schon weitere Einfälle zum Zusammenhang der eingefallenen Ereignisse und Erlebnisse oder Gedanken auf. Sie werden in den Einfällen in den nächsten Abschnitten zu fortgeschrittenen Traumsätzen mitverwendet und gehen in sie ein. So sieht der zweite Teil des Kapitels wie ein Lexikon von Sätzen aus, das nur die Sätze des Traums enthält und deren Bedeutung dadurch angegeben wird, dass sie assoziative Einfälle sammeln und unter Umständen in eine Zuordnung bringen. Eine Regel für die „deutende" Zuordnung gibt Freud erst im folgenden, dritten Kapitel an, das seine Kernthese auf nur zehn Seiten angibt (die Wunscherfüllung; sie ist der tiefere Grund für die Entfremdungsarbeit der Zensur). Die Nachordnung dieser regulativen Deuteregel ist wichtig.

Nakamura kritisiert, dass in der Nachträglichkeit des Traumberichtes zum Traum der Traum selbst seine ursprüngliche Fremdheit verliert. Den „Unterschied zwischen der irritierenden Erscheinung und der geordneten Erinnerung daran" ignoriere Freud (167). Dieser Ansicht bin ich nicht. Die Schilderung, wie ein Traumbericht und die dann folgende Deutung erfolgt, zeigt mit dem Deutungstext sogar noch eine dritte Stufe an, die Nakamura nicht unterscheidet. Mittels des Assoziierens geht nach meiner Einschätzung der Deuter wieder in die Präsenz und unter die gleiche Instanz jener träumenden Struktur. Der Bericht steht zwischen dem Schrecken des Traumes und dem Nachlegen des Schreckenden in der Deutung. Insofern das Deuten wie ein Simulieren vorgeht, sehe ich die Fremdheit nicht aufgehoben, sondern wiederbelebt (s.u. Feldforscher, Flüchtigkeit).

Neben diesem Wechsel vom Traum zur Traumdeutung gibt es einen zweiten „Wechsel des Untersuchungsgegenstandes von den Träumen zu den die Träume verursachenden Tiefenstrukturen". Nakamura deutet ihn als „eine Verschiebung der Fremderfahrung, einer Verarbeitungsform, die Freud selbst für die Traumarbeit konstatiert".[246] Die Traumarbeit ist die Zensur des Wunsches, d.h. sie ist das Anliegen, den Wunsch in seinem unbekannten Fremdsein zu belassen. So ist es nur folgerichtig, wenn die Deutung die Entstellung rückgängig macht. Das ist keine zirkuläre Selbstanwendung. Die Fremdheit des Traumes führt zum Bemerken einer Fremdheit einer in mich eingeborenen Struktur. Was für Nakamura eine Anwendung der Tiefenhermeneutik auf sich selbst darstellt, wird hier später als Wendung auf die Autobiografie angesprochen. Das ist ein wichtiger Unterschied. Denn in dem einen Fall ist eine methodologische Struktur (i.e. die Selbstanwendung) das erschließende Verfahren. Hingegen in der Deutung des simulativen Verstehens von Fremdem (fremdem Traumsinn) ist das deutende Subjekt in

---

[246] *Xenosophie* 154.

einer theorietragenden Funktion: *es* simuliert. Daraus erklärt sich die (hier: autobiografische) Wende auf den Deuter.

Wie bei jedem Vergleich scheiden andere Hinsichten als sinnvolle Parallelen zwischen den beiden berühmten zweiten Kapiteln aus. Ein erster Einwand könnte Quines Charakterisierung des Übersetzens als Lexikographie ins Feld führen. Freud schließt nämlich alle Versuche in der Tradition des Traumdeutens aus, die ein Lexikon von Traumsymbolen oder Chiffren aufstellten. Bei Symbolen und Symbollexika von Träumen besteht die Schwierigkeit im methodischen *missing link* zwischen dem Traum und seiner Ersetzung als Ganzes. Der Irrtum der Chiffriermethode liegt darin, die Traumerzählung als Geheimschrift zu betrachten, die nach nur einem einzigen gültigen und festen Schlüssel übertragbar sei. Traumsequenzen haben keine lexikographische Bedeutung, „denn ‚einen Traum deuten' heißt seinen ‚Sinn' angeben, ihn durch etwas ersetzen, was sich als vollwichtiges, gleichwertiges Glied in die Verkettung unserer seelischen Aktionen einfügt".[247]

Diesem Einwand ist mit Quines Verständnis von Lexikographie entgegenzutreten. In §23 in *Pursuit of Truth* werden die Leitlinien der Manualverfertigung ausgeführt: Ein Lexikon stellt weder die Synonymie von Termen (eine ontologische Aufgabe) noch die „kognitive Äquivalenz" (80) von Sätzen fest, sondern es erklärt ein Wort auf mehrere mögliche Weisen. Durch diese Pluralität der Handbücher ist die Einsinnigkeit der menschlichen Wirklichkeitsauffassung ausgeschlossen, - ganz im Sinne Freuds. Zweitens bemühen sich die Handbücher um die Ersetzung der Äußerungen durch den (Sprach-) Handlungskontext und nicht um eine ideale Sprache.

Auch Freud bedient sich der Denkfigur einer Ersetzung. Ein „fremdartiger Text" wird gegen einen „Sinn" ausgetauscht. Quines Kritik in den *Two Dogmas* bestand darin, dass eine solche Ersetzung nicht das Gewünschte, nämlich Bedeutungsgleichheit, erklärt, weil die Ersetzung Legitimität demonstrieren kann, die Gründe dafür aber hintergründig bleiben. Warum X durch Y ersetzbar ist, bleibt unbeantwortet. Dass X und Y die gleiche Bedeutung haben, wenn sie durcheinander ersetzbar sind, ist gewisserweise trivial. Was bei den kritisierten Positivisten der Wahrheitswert ist, das ist bei Freud die gleiche Funktion in der Verkettung seelischer Vorgänge und bei Quine die gleichbleibende Reizbedeutung. Noch aus dem Rückblick schreibt er: „stimulus meaning was what [...] correct translation of an observation sentence preserved".[248] So besitzen Freud und Quine in Bezug auf das Testkriterium der Deutung den gleichen Maßstab.

Nach dem *tertium comparationis* „Lexikographie" wird nun die Auffassung von Wahrnehmung in Betracht gezogen. Wie für Quine die Oberfläche das große welterschließende Sinnesorgan ist, so ist das Bewusstsein das Freudsche „Sinnesorgan": „das Bewusstsein erscheint uns als ein Sinnesorgan, welches einen anderwärts gegebenen

---

[247] *Traumdeutung* 110.
[248] *Progress on Two Fronts* 159.

Inhalt wahrnimmt".[249] Dies ist eine Grundannahme, der die Psychopathologie „nicht entraten kann" (ebd.). So wie der Dschungel für das Gedankenexperiment Quines der wichtige „Entdeckungszusammenhang" ist, so ist die „Dramatisierung" im Krankheitsbild der Freudsche Entdeckungszusammenhang. Beiden gilt jedoch die gewonnene Erkenntnis als allgemeine Theorie – auch „zu Hause" bzw. „im eignen Haus". So mechanistisch Freuds Ansicht vom seelischen Apparat auch ist, er hat zum Zeitpunkt der *Traumdeutung* schon sehr viel mehr bedeutungsstiftende Faktoren beschrieben als lediglich die quinesche Sinnesreizung. Freud spricht von Wunsch, Verschiebung, Verdichtung, Entstellen, Zensur, Konstanzprinzip etc.[250] Verglichen damit verhält sich Quine im Feldforscher exterritorial. Das meint, dass jede Annahme von Einstellungen beim beobachteten Eingeborenen zur Erklärung mancher seiner sprachlichen Äußerungen fehlt.[251] Quine hat keine ausdrückliche Theorie über den Menschen „Eingeborener". Durch seinen Empirismus werden nur Ausläufer des Untersuchungsgegenstands (also das sichtbare Sprach- und Bewegungsverhalten des Eingeborenen) zugelassen. Seine psychologische Metatheorie des Behaviorismus ist ein Metaempirismus. Er verpflichtet gerade auf das Sichtbare. Quine meint, wenn er den Eingeborenen übersetzt, habe er alle ihm erreichbaren Daten, diesen zu verstehen. Damit ist die Frage nach den Gründen des spezifischen Verhaltens auf die eigene Sprache verschoben. Auf Deutsch wird der Eingeborene verständlich. Die Verständlichkeit basiert jedoch auf einer unthematisierten psychischen Selbsterkenntnis des Übersetzers. Er versteht den Eingeborenen ja nicht, weil er ihn beobachtet, sondern weil er von sich und seiner Gruppe her den Sinn kennt. Den Sinnzusammenhang eigenen Verhaltens, der die Möglichkeit und Plausibilität der Übersetzung herstellt, erforscht Quine nicht. Übersetzungen sind daher keine im vollen Sinne erklärende Theorie. Die Definition des Verstehens als Übersetzen (das keine Ideen, Synonymität etc. braucht) ist keine ausreichende Theorie des Verstehens, geschweige denn des Verstehens von Fremdem.

Hier nun kommt ein weiterer Vergleichspunkt in Betracht, der Licht auf die Unbestimmtheit wirft. Er entdeckt eine tiefe Verknüpfung von Unbestimmtheit und Autobiografie. Der erste Schritt besteht darin, einen Kritikpunkt Freuds an der „populären Chiffriermethode, welche den gegebenen Trauminhalt nach einem fixierten Schlüssel übersetzt,"[252] nachzuvollziehen. Freud sagt: „ich bin vielmehr gefasst darauf, dass derselbe Trauminhalt bei verschiedenen Personen und in verschiedenen Zusammenhängen auch einen anderen Sinn verbergen mag" (ebd.). Nicht nur dass der Traumtext durch einen Sinn ersetzt werden soll, nun scheint es so, als sei ein Trauminhalt feststellbar,

---

[249] *Traumdeutung* 157.
[250] *Entwurf einer Psychologie* (unvollendet 1895).
[251] Vgl. Harmans Kritik am II. Kapitel *Translation and Meaning*, auf die Quine in seiner *Reply* überhaupt nicht eingeht.
[252] *Traumdeutung* 118/119.

der, obwohl gleich, durch unterschiedliche Deutungen ersetzt werden muss. Dies ist so weit nicht die quinesche Unbestimmtheit. Denn das Erfordernis einer unterschiedlichen Deutung wird bei Freud aus verschiedenen Zusammenhängen und durch verschiedene Personen motiviert. Quine findet hingegen für einen Eingeborenen, der von einem (oder zwei) Forschern beobachtet wird, mindestens zwei Übersetzungen. Der Kontext und die Person des Eingeborenen sind also nicht unterschiedlich. Besteht hier eine unterschiedliche Auffassung über die Fremdheit des Textes?

In beiden Fällen ist der Sinn nicht durch die exotische Satzmenge vorgegeben. Im Deuten bzw. im Übersetzen muss der Sinn über einen Prozess angeeignet werden. Die Aneignung steht unter dem Erfordernis, in ihren Schlüssen ausgewiesen zu werden. Bis hierher klingt es so, als sei Freud eine eindeutige Sinnangabe möglich, wenn auch unter Berücksichtigung von Zusammenhang und Person. Im Prinzip berücksichtigt aber auch der quinesche Forscher diese Größen: die Person wird in die Intersubjektivität eingebettet, der Zusammenhang ist wichtiger Anhaltspunkt für die Gestaltung der analytischen Hypothesen. Und doch führt Quine die Unbestimmtheit ein. Wie klar ist der Sinn eines Traumes für Freud wirklich? So sehr Freud darauf gefasst ist, in wahrer Forschereinstellung, dass ein und der gleiche Trauminhalt einen anderen Sinn verbergen mag, schwankt er nun und zieht folgende methodische Maxime: „Somit bin ich auf meine eigenen Träume angewiesen".[253] Die Verschiedenartigkeiten von Person und Kontext sind wohl doch keine einholbaren Werte für eine deskriptive Methode. Wie bei Quine, der die intrasubjektive[254] Reizsynonymie in § 11 von *Word and Object* herausstellt und sich auf einen einzelnen Sprecher beschränkt, so führt auch Freud die Selbstanalyse ein. Allerdings scheint sie für ihn der weiteren Sicherung und Erhellung des dunklen Traumgeschehens dienen zu sollen. Sie wird nicht durch eine Art von Unbestimmtheitsthese unterbrochen, die der Erhellung prinzipielle Grenzen setzte. Im Gegenteil, Freud kennt noch weitere Stellen seines Traumes, von denen aus er Gedanken verfolgen könnte (TD 134). Die einzige Art von Abbruch erläutert Freud in diesem Zusammenhang: „aber Rücksichten, wie sie bei jedem eigenen Traum in Betracht kommen, halten mich von der Deutungsarbeit ab" (ebd.).

Der Abbruch wirft die für das Verstehen des Fremden entscheidende Frage auf, ob Freud für sich den Traumtext vollständig durch einen Traumsinn ersetzten konnte, sprich ob das Verstehen gelang oder ob Traumsinn prinzipiell einer vollständigen theoretischen Rekonstruktion entzogen ist, also ob es eine bleibende Fremdheit gibt. Was verbirgt sich hinter den „Rücksichten" Freuds? Falls der Grund eine Intimität ist, so dass Freud für sich persönlich ein vollständigeres Manual vorliegen hatte als das veröffentlichte, ändert sich methodisch nicht viel. Dann ist die Unbestimmtheit keine Parallele zwischen Quine und Freud, denn bei Freud ließe sich der fremde Traumtext vollstän-

---

[253] *Traumdeutung* 119.
[254] Ein Sprecher zu verschiedenen Momenten seines Lebens.

dig in die Deutung übersetzen. Selbst wenn Freud die Bescheidenheitsrhetorik I. Newtons übernimmt, von im Grunde bleibenden Rätseln und Geheimnissen zu sprechen, so hat er diese Einschränkung nicht wirklich innerhalb seiner Theorie untergebracht so wie Quine mit seinem Durchbruch der Unbestimmtheitsthese. Detektivisch lässt sich das Entstellende, Zensierende etc. rückgängig machen.

Anders sieht es aus, wenn die Rücksichten in eine Richtung gehen, die sein Biograph Gay anspricht. Gay sieht in der Freundschaft Freuds mit Fließ, die Freud sehr tief erfüllte, einen von Freud nicht aufgezeigten Kontext des Irma-Traumes. Wenn die Deutung Gays, die zu einem anderen Sinn kommt als Freuds Selbstanalyse, hinzugezogen wird, so verdichtet sich der Dschungel der Texte: Ein Forscher, der nicht Autor des Textes ist, schlägt ein anderes Handbuch als Traumsinn vor als der Träumer und Selbstdeuter. Es geht um die gleiche Person Freud, um den gleichen Lebenskontext Freuds, und doch liegen zwei verschiedene sich widersprechende[255] Manuale vor. Ist dies im selbstanalytischen Kontext eine Autoritätsfrage? Oder eine erkenntnistheoretische Frage, wie Quine sie in der Simulation auffasst? Ist Freud als Träumer dem Eingeborenen vergleichbar und als Deuter seines eigenen Traums ein Feldforscher, der nicht in der Lage ist, auf die Gedankenexperimentatorebene zu kommen (zumindest in der Zeit von 1895, dem Jahr des Irma-Traumes, bis 1899, dem Erscheinen der Traumdeutung, bzw. bis Anfang 1900, der beginnenden Auflösung seiner Freundschaft mit Fließ)? Bleibt Freud im Dschungel, ohne in die Provinz zurückkehren zu können? Die Deutung Gays suggeriert diese Darstellung. Insofern Freud in diese Deutung nach dem Bruch mit seinem Freund einschwenkt, gibt es wieder nur eine richtige Deutung. Es stellt sich die für das Verstehen von Fremdem entscheidende Frage, ob es im Seelischen ein *fact of the matter* gibt, und zweitens, ob es im Erleben von Ereignissen einen Gehalt gibt, der in eine Theorie gegossen werden kann. Dann wäre die Fremdheit, die bei Freud durch die Spaltung des Subjekts in eine bewusste und eine vorbewusste Subjektivität auftritt, wieder beherrschbar.

Nakamura diagnostiziert bei Freuds Umgang mit der Fremdheit eine Rationalisierung des Fremden (ebd. 158). Das eigentliche Fremde (Traum) werde durch eine Erzählung (den Traumbericht) ersetzt, an der sich die Tiefenhermeneutik abarbeiten kann. Was in der therapeutischen Anwendung der psychoanalytischen Theorie zulässig ist, weil es zur Erledigung für das „pathologische Leiden am Fremden" (179) führe, sei auf Theorieebene nicht statthaft, weil sich der Wunsch, den Traum selbst zu erklären, nicht

---

[255] „Es ist als ob er [der Traum] mir gesagt hätte: Du nimmst deine ärztlichen Pflichten nicht ernsthaft genug, bist nicht gewissenhaft [...] Daraufhin hätte sich mir jener Gedankenkreis zur Verfügung gestellt, damit ich den Nachweis erbringen könne, in wie hohem Grade ich gewissenhaft bin" schreibt FREUD in der *Traumdeutung* 134; hingegen meint GAY: „Der Arzt, dessen Gewissenhaftigkeit er mit diesem Traum feststellen wollte, war nicht er selbst, sondern Fließ" *Freud* 100.

erfüllen lässt, so wird er auf das Verstehen der Erzählung verschoben. Die Nicht-Hermeneutik Nakamuras schlägt vor, den Traum von der Deutung auszunehmen, um seine Fremdheit zu bewahren (180). Diese Ausbeute ist gering für ein Verstehen des Fremden. Damit der Vorteil der Simulativen Hermeneutik gegenüber der Nicht-Hermeneutik deutlich wird, sei zuerst eine quinesche Differenzierung im Theoriebegriff gezeigt.

Theorie wird als ein Gebilde aus Sätzen vorgestellt, die einen Gegenstand erklären, in einen Kontext ordnen und die zueinander in einer Hierarchie stehen bezüglich ihrer Kraft, für die Rationalität, die sie aufstellte, Einsichtigkeit hervorzurufen. Ausführlich äußert sich Quine in *Reply to Chomsky* zu seiner zweifachen, auseinanderzuhaltenden Verwendung des Theoriebegriffs. Eine Theorie ist im technischen Sinne eine Satzmenge S. Sie steht unter der Bedingung: „if and only if it consists of some subset S of sentences together with all the further sentences that are logically implied by S and do not exceed the vocabulary of S" (309). Dieser Theoriebegriff verdankt sich Tarski und hat in einem vorgegebenen logischen Rahmen seinen Ort. Für Fragen im Zusammenhang der radikalen Übersetzung, für die eine Unterscheidung von logischem und nichtlogischem Bereich nicht gegeben ist, spielt er keine Rolle. Anders ist daher sein Theoriebegriff in *Word and Object*. Er wird an einen Sprecher rückgebunden: „an imaginary man's theory". Das ist ein typischer Zug quineschen Denkens, auf den wir häufiger gestoßen waren, wenn Quines Ergebnis innovativ war. In diesem sprechergebundenen Sinn hat Theorie einen anderen Sinn: „the class of all those sentences, within some limited vocabulary appropriate to the desired subject matter, that he believes to be true. Next we may picture a theory, more generally, as an imaginary man's theory, even if held by nobody. Theory in this intuitive and somewhat figurative sense is what lies behind Tarski's technical notion; the one goes over into the other when we allow the imaginary man full logical acumen" (ebd.). Der zweite Sinn einer figurativen Theorie ist jener hintergründigen Rationalität, derer sich die Simulation bedient, auf der Spur. Es ist keineswegs zufällig, dass in der Erläuterung dieser Theorieform ein Sprecher/Agent imaginiert wird und die Intuition zur Rekonstruktion dieses Theoriebegriffs des Agenten bemüht wird! In dem „figurativen Sinn" wird neben Sprechergebundenheit und Intuition ein weiteres Merkmal des „szenischen Gegensatzes", den diese Arbeit entwickelt hat, bestätigt.

Auffällig ist, dass sich Quine und Freud an genau dem Punkt des Gedankenganges auf sich selbst zurückwenden, wo es um die Gewinnung der Grundlinien ihrer Theorie geht. Nicht umsonst ist die *Traumdeutung* eine neue Form von „Autobiografie"[256] genannt worden. Nicht unerheblich ist, dass das umfangreichste Buch im Werke Quines seine Autobiografie *The Time of My Life* ist. Die lebensgeschichtliche Einbettung der Gedankengänge hat Theoriewert. Das Ziel des Vergleichs ist erreicht. Der geistige

---

[256] RITTER *Am Seelenende* III.

Vollzug des Verstehens, mag er noch so empiristisch beginnen, weitet sich zur Notwendigkeit einer figurativen Theorie, die anthropologische Dimensionen für ein gelingendes Verstehen einbeziehen muss. Der Rekurs auf psychische Vorgänge liegt innerhalb der Theorie und nicht als subjektiv uneinholbarer Störfaktor außen. Darin unterscheidet sich die hier vorgebrachte Bewertung der Traumdeutung von Nakamura: Fremdheit wird nicht im Verschieben aufgehoben, sondern führt zu einer erweiterten Darstellung der Wirklichkeit. Quine spricht zwar noch von Theorie, wenn auch einer figurativen, aber er sieht die Erweiterung in der Zuschreibung „vollen logischen Scharfsinns" (full logical acumen) anstelle eines semipropositionalen Zugangs.

Einen Vorschlag, wie diese Logik des Verweises von fremdem Traum auf den gedeuteten Traumbericht funktioniert, hat Gloy vorgelegt. Sie wendet ihre analoge Logik auf die Tiefenpsychologie an.[257] Psychische Phänomene gehören zu den überdeterminierten Phänomenen. Das sind zwei- bzw. mehrdeutige. Sie sind zudem nicht einfach Zeichen oder Symptome, sondern besitzen als Symbol einen zweiten Sinn. Sofern es gelingt, für diesen Verweisungszusammenhang Gesetzmäßigkeiten anzugeben, ist seine Darstellung in einer analogen Logik gerechtfertigt. Gloy führt drei Gesetzmäßigkeiten oder Übergangsschemata an: die Gegensätzlichkeit (!), Verschiebung und Entsprechung.

Die Gegensätzlichkeit ist die extremste Form des Analogieverhältnisses, das dank der Selbigkeit eines Musters gelingt. Innerhalb der Ganzheit des Musters wird eine Gegenteiligkeit von Gliedern aufgebaut, sei es als Wechselimplikation oder in einer selbstreferenziellen Figur. Ein Beispiel ist der witzige Spruch: Januar ist der Monat, in dem man Freunden Gutes wünscht, die übrigen sind die, in denen sich dieses nicht erfüllt. Die Ganzheit der Monate des Jahres wird unter einer Hinsicht in Teile zerlegt, die in Spannung stehen. Der zweite verkehrt den Sinn des ersten Teils. Die Paradoxie knüpft sie aneinander. Die Ähnlichkeit liegt daher im Muster, das aus der Selbstbezüglichkeit der Ganzheit entsteht und in negativer oder positiver Form eine Verkehrung der Identität des Musters darstellt. (s.o. Gegensätzlichkeit im Muster). Eine zweite Gesetzmäßigkeit der analogen Logik der Traumdeutung ist die Verschiebung aufgrund von Ähnlichkeit. Hierzu zählen qualitative Manipulationen wie Über- und Untertreibung, Abschwächung und Marginalisierung, die Transformation von Personen in andere (vgl. den Irma-Traum). In diesen Fällen wird eine Abweichung als Fortführung des Ausgangszustandes interpretiert. Weniger Ähnlichkeit weisen Raum- und Zeit-Verschiebungen auf (fliegende Boote, der Träumer als Kind in Jetztzeit) und die Bildhaftigkeit der Träume mit der darin möglichen Simultanität divergenter Aussagen. Ge-

---

[257] *Das Analogiedenken unter besonderer Berücksichtigung der Psychoanalyse Freuds* 274ff sowie der Theorie des Witzes und der Psychopathologie des Alltaglebens. Die Gesetzmäßigkeiten und zusätzliche hat Freud bereits beschrieben. Von Gloy stammt die Systematisierung über den Ähnlichkeitsbegriff, der für sie die Analogie leistet.

rade in dieser Verdichtung und alternativen Sinnordnung wird der Kontrast zur formalen Logik unübersehbar. Gegensätzlichkeit wird im Traum nicht nur toleriert, sondern ist ein sinnvolles Zeichen. Die dritte Gesetzmäßigkeit der analogen Logik psychischer Phänomene ist die Entsprechung. Die Ähnlichkeit, die den Symbolwert einsetzt, wird in einem mimetischen Verhältnis geleistet. Die Mimesis ist das Verhältnis des Abbildes zum Urbild oder die Subordination von zwei oder mehr Gliedern zu einem Vermittlungsgrund. Die Entsprechungen unterscheiden sich entweder in der Gleichordnung oder Stufung der Elemente.

Diese drei Verweisstrukturen sind insofern relevant, als sie auf die Sinnbildung in bildlichen und sprachlichen Systemen angewendet werden können. Fremde Versatzstücke in der Weltanschauung einer vergangenen oder mit dem Abendland unverbundenen Kultur können vielleicht nachvollzogen werden, wenn ihre Entstehung über die drei Gesetzmäßigkeiten erläutert wird. Wir haben in der *terra intermedia* wichtige Verarbeitungsregeln der psychischen Bedeutungsgenerierung kennen gelernt und sind darauf gestoßen, dass das Fremde nicht ohne von wissenschaftlicher Kontrolle begleiteter Selbsterkenntnis verstanden werden kann. Das sind zwei Ergebnisse, die auch durch die junge Wissenschaftsgeschichte der Ethnologie Unterstützung und Differenzierung erfahren.

Bezeichnend ist für die These der Simulativen Hermeneutik zu Freud, dass die Regeln des filmischen Traummediums alle entdeckt werden konnten. Die wichtigste Erkenntnis jedoch, dass es, wenn Gay recht hat, um die Rechtfertigung eines abwesenden Akteurs geht anstatt um Freuds Selbstrechtfertigung, taucht im Traumfilm gar nicht auf. Hier hat der Gedankenexperimentator Gay durch Simulation des Träumers eine Deutung vorgelegt, die aus einem anderem Medium als dem filmischen schöpft. Daher ist das Assoziieren weniger als Methode, das Unbewusste zu erforschen, geeignet, sondern vielmehr dafür, seinen filmisch-szenischen Ausdruck zu rekonstruieren.

4.4.3   Die „terra incognita" einer fremden Sprache in der Ethnologie

Die Ergebnisse dieser vierten Wissenschaft und vor allem die Schwierigkeiten, vor die diese Wissenschaft gestellt war, haben ganz besonders das Gedankenexperiment des zweiten Kapitels geprägt: die Ethnologie.[258] Sie gestaltet die Szenerie wesentlich über den Behaviorismus hinaus aus und ist unerlässlicher Anlass beim Fund der Unbestimmtheit. Für mich ist dieser Einfluss das entscheidende Argument, in der Unbestimmtheitsthese nicht nur die in der Sekundärliteratur umstrittene These von der Möglichkeit empirisch äquivalenter Theorien zu sehen, sondern ein Portal in die Dunkelheit.

---

[258] Zum Begriff Feldforschung/Feldstudie und seiner Herkunft aus der Naturbeobachtung s. BERG/FUCHS *Kultur, soziale Praxis, Text* 26.

Für die Ethnologie hat die Simulation den Vorteil, den Index aller Eingeborenenäußerungen (dass er etwas ganz anderes damit meinen könnte als wir in unserer Kultur) zum Ausdruck zu bringen. Sie ist die passende kognitionswissenschaftliche Theorie zu dem Verfahren, das mit Diltheys „Einfühlung" einen geisteswissenschaftlichen Vorläufer besitzt und das Malinowski in die Ethnologie als „teilnehmende Beobachtung" eingeführt hat. Daran schließt sich seit Jahren eine Debatte um die angemessene Methode der Erforschung und Darstellung ethnologischen Forschens. Bloch benennt epistemische Vorsichtsmaßnahmen, die mit dem Verfahren zu verbinden sind:[259] Der Anteil der „anteilnehmenden Beobachtung" (der „analytischen Hypothesen" Quines) darf nicht in der Darstellung des Fremden unterschlagen werden. Denn sonst werden Ergebnisse als Überzeugung des kulturfremden Menschen dargestellt, die dieser als contraintuitiv versteht. Darin würde der Fremde exotisiert.[260] Ein Beispiel ist das Vorgehen des Ethnographen, der Todesvorstellungen aus Begräbnisritualen gewinnt. Der Ansatz bei Ritualen führt oft zu den contraintuitiven Überzeugungen anstatt zu den tatsächlichen einer Gruppe, weil Rituale gerade eine Kontrastwelt etablieren, die nicht für die alltäglich-normale gehalten wird. Die Simulation des radikal fremden Sinngefüges hat sorgsam auf Simulationsverzerrungen zu achten.

Der in vielen Dingen sehr umsichtige Gibson hat diesen Punkt des Gedankenexperiments außer Acht gelassen. Er ersetzt den Eingeborenen in allen Zitaten, die er aus dem Kapitel II bei seiner Gavagai-Lektüre anführt, konsequent durch „marsian".[261] Ihm unterläuft ein schwerwiegender Gattungsirrtum in Bezug auf das zweite Kapitel. Quine meint keine X-Weltler (vgl. Putnams Science-Fiction) und keine Marsmenschen. Quine nennt seine Bilder „Parabeln" (parable): „[She] typified the role of semantic rules in imaginary artifical languages".[262] In der Feldstudie geht es hingegen um wirkliche Sprachen. Quine kannte solches Datenmaterial. Er zitiert in *Word and Object* die Ethnologen Malinowski, Levy-Bruhl, Lienhardt und Evans-Pritchard. Die Feldstudie ist insofern „virtuell", als sie in ein Gedankenexperiment eingebettet ist, nicht aber was den

---

[259] *How we think they think* vii, *Belief Ascription as an Ethnographic Problem* 2.

[260] Zur Exotisierung und ihrer Deutung als einer darin geschehenden Kolonialzeitverarbeitung des Westens s. VOSSENKUHL *Jenseits des Vertrauten und Fremden* 108. Die Exotisierung kann als fehlgeleitete Form des kaum übersetzbaren „othering" bewertet werden. Vgl. BERG/FUCHS *Kultur, soziale Praxis, Text* 35, die „othering" mit „Verfremdung" übersetzen und die Bildung des Anderen durch Abgrenzung des Beobachters vom Anderen und damit als Selbstbildung erläutern. Eine schlüssige Deutung des Exotismus als Verkennung von Fremdheit ist die Erklärung NAKAMURAS *Xenosophie* (239): Er resultiert, wenn vertikale Deutungsmuster (Aufbrechen des Widerspruchs im Eigenen, Verunsicherungen des Selbstverstehens) auf horizontale Fremdheit (Irritation der Weltkonstitution) angewendet werden.

[261] *Philosophy of W.V.Quine* 65-79.

[262] *Reply to Bohnert* 93.

Status ihres Gegenstandes angeht. Dieser ist eine Normalsprache und keine theoretische Spezialsprache!

Diese Unterscheidung liegt der hier vorgelegten Deutung des *Word and Object*-Kapitels zugrunde. Sie macht Quines Äußerung verständlich: „Something remains to be said, however, of analyticity as a notion of natural semantics: the notion of a sentence true solely by virtue of meaning. There are strong reasons of viewing some sentences in that way".[263] Hier geht es um die Neueinführung des Analytizitätsbegriffs für „natural semantics", also z.B. für das Dschungelische. Für natürliche Sprachen geschieht das aber nur in dieser Form: „there are sentences to which virtually any speaker of the language will unhesitatingly assent" (ebd.). Auf die Wahrheitstheorie der affirmativen Reizbedeutung und den Sinn als Handlungssinn wurde bereits eingegangen. Hier ist interessant, dass diese Bedeutungstheorie durch ein kleines Gedankenexperiment ausgestaltet ist: das virtuelle Ausdenken einer Situation ist konstitutiv für die Verwendung von analytisch in Quines Sinne! Die Feldstudie dient der Einführung überarbeiteter Begrifflichkeit. Nicht abgeleitet aus einer Theorie, sondern aus einer Normalsprache sollen die abstrakten Begriffe ihren Umfang und hermeneutischen Status erhalten. Deshalb ist Quine ein entschiedener Gegner jeder Modallogik. „Notwendig" hat höchstens einen situationsabhängigen Status (occasion-dependent, ebd.). Die Unterscheidung zwischen den geteilten, im Sinne von gemeinsamen Sätzen, die einer Gruppe von „collaborators", also Sprechern, innerhalb eines Kulturkreises als notwendig gelten, und den Sätzen, die Stimmungen meinen (moods) und auszuhandeln sind, ist eine nützliche (utility!) Unterscheidung: „it's dependence of the circumstances of the moment should be borne in mind" (ebd.). Die Begegnung mit dem Dschungelischen soll diese Bedeutung von analytisch, notwendig, wesenhaft in den Geist des Philosophen einprägen. Die Situationen, die virtuell simuliert werden, dürfen nur Gelegenheiten, konkrete Ereignisse zum Material haben, nicht fiktionale Geschichten wie die von Marsmenschen. Die Fiktion eines seinerseits Fiktiven hat keinen Bezug zur Extensionalität.

Nachdem die Gründe für die Bedeutsamkeit des Dschungelischen als einer *natürlichen* virtuellen Sprache dargelegt sind, wird die Wissenschaft, die sich mit solchen natürlichen und fremden Sprachen beschäftigt hat, herangezogen. Quines Szenerie des Kapitels II bildet die gleiche Initialsituation nach, wie Malinowski sie bei den Trobriand-Insulanern angetroffen hat. Initial ist die Situation auch insofern, als mit dieser Feldforschung die moderne Ethnologie begann, die nicht mehr wie noch Frazer vom britischen Schreibtisch aus arbeitete.[264] Bei Freud hatte die Begegnung mit dem Frem-

---

[263] *Reply to Bohnert* 94.
[264] S. STOLZ *Malinowkski*, FUCHS/BERG *Kultur, soziale Praxis, Text* 29-38, KIPPENBERG *Einleitung: Zur Kontroverse des Verstehens fremden Denkens*, besonders 23-31, würdigt, dass sich Malinowski der Projektion westlicher Rationalität in der Beschreibung der Ökonomie der Trobriander widersetzt, nicht jedoch in jener der Magie. Sie wird nach der von Durkheim über-

den zu einem ganzen Universum neuer Terminologie und einer Methode geführt. Quines Begegnung mit einer fremden natürlichen Sprache, die er in einem Handbuch und einer Grammatik niederlegt, reicht als Niederschlag des Fremden für die Bedürfnisse einer ethnographischen Arbeit nicht aus. Anfänglich, bei Malinowski, wurde die „duale Dokumentation" betrieben. Neben der lexikographischen Dokumentation wurde ein Feldtagebuch geführt, das jedes Ereignis notiert, insbesondere die Reaktionen von Enttäuschung, Wut, Angelogenwerden auf Seiten des Forschers einbezieht.

Einen Einblick in sein radikales Übersetzen gibt Malinowski in *The Problem of Meaning in Primitive Languages*. Er behandelt Einzelfragen des intrakulturellen Übersetzens. Er ist der gleichen Ansicht wie Quine, dass eine natürliche unbekannte Sprache mit einer artifiziellen hinsichtlich ihrer Verstehensanforderungen nicht zu vergleichen ist: „Language, and all Linguistic processes derive their power only from real processes taking place in man's relation to his surroundings" (496). Die geschilderte Felderfahrung bei den Trobriander-Eingeborenen in Neuguinea ist nicht Gedankenexperiment, sondern Feldstudie. Wenn es so ist, dass Gedankenexperimente nur Intuitionen entfalten und lediglich durchführbare empirische Experimente zwischen konkurrierenden Theorien zu entscheiden vermögen,[265] dann kommt diesem ethnologischen Material großes Gewicht zu. Für die Behauptung Quines etwa in § 13 über das Übersetzen logischer Junktoren kann hier ein Korrektiv liegen.

Malinowski ist Kulturuniversalist: „man's essential nature is identical and primitive uses of language are the same" (484). Es gibt Grunddimensionen der Wirklichkeit, die sich in den grammatischen Kategorien widerspiegeln: „grammatical categories [...] are the reflection of the makeshift, unsystematic, practical outlook imposed by man's struggle for existence" (483). Es sind nicht logische oder theoretische Zwecke, sondern praktische Ziele, die sich der Sprache als Instrument bedienen und sie geprägt haben (482). Malinowski geht von verbalen und nominalen Wortwurzeln aus, den beiden grammatischen Grundkategorien. Zunehmend entwickle sich Sprache durch Verallgemeinerung, Metaphorik, Analogie und Abstraktion, und die Grenzen zwischen den Kategorien würden durch neue Verbindungen aufgeweicht. Basen und Wurzeln bewegten sich frei über das ganze sprachliche Feld: „The migration of roots into improper places has given to

---

nommenen Dichotomie in natürliche und übernatürliche Rationalität gedeutet. Kippenberg führt J. Goodys Kritik an, diese Unterscheidung verdanke sich einer Verallgemeinerung des Beobachters. Für diesen besteht die Versuchung, dass die symbolische Rationalität für die übernatürliche Wirklichkeit eine „Restkategorie" ist (40): Um nicht verstandene Handlungen des Eingeborenen nicht irrational zu nennen, wird ihnen vom Feldforscher ein symbolischer Sinn zugesprochen. Allerdings bleibt Kippenbergs Fazit vage: „Die Verstehbarkeit fremder Religionen ist wohl eher durch einen Vergleich mit sprachlicher Wirklichkeit als mit wissenschaftlicher Erkenntnis zu begründen" (50).

[265] MAYER *Was zeigen Gedankenexperimente?* 357.

the imaginary reality of hypostatised meanings a special solidity of its own" (495). Aufschlussreich ist Malinowskis Beispiel von der Veränderung der „harmlosen" Adjektive gut und schlecht (bad), die anfänglich die „halbanimalische Befriedigung bzw. Unbefriedigtheit des Wilden" ausdrückten (496). Sie werden sublimiert zu dem Guten und dem Schlechten (Badness) und kreieren in der Folge theologische Welten. Darauf folgt das Bekenntnis, dass der Sprache ihre Kraft nur aus Lebensvollzügen zukomme. In dieser Sicht liegt ein Problem. Von den Vollzügen (real processes) wird auch in späteren, nicht mehr primitiven Kulturphasen angenommen, sie blieben primitiv. Die Sprache hingegen werde differenzierter, entwickle abstrakte Begriffe und sei sekundär zu den tatsächlichen Lebensvollzügen. Was sich hinter der Hervorhebung der wirklichen Lebensvollzüge verbirgt, ist eine realistische Sicht der Dinge und ein Festhalten an Erfahrung. Damit werden abstraktere Sprachverwendungen aus der Realitätssphäre ausgeschlossen oder in eine eigene ferne Realität abgeschoben (abstract entities or ideas live in a real world of their own). Damit hält Malinowski auch für Hochkulturen an der primitiven Wirklichkeitssicht von Realität fest, vertritt aber in Bezug auf die Sprache die Ausdifferenzierung, als sei die Wirklichkeit nicht ausdifferenziert, aber die Sprache und die mit der Sprache verbundene Welt ist, sobald sie ausdifferenziert ist, nur noch ein virtueller Überbau. Diese Abwertung der nicht empirischen, durch Sprache sichtbar gewordenen Welt ist der empirisch-methodologische Irrtum, der auch in Quines Ontologie anzutreffen ist. Zu kritisieren ist, dass die Grenze, die durch ein phantasiertes Primitives, frühes Fremdes vorgegeben ist, kein anderes Argument auf ihrer Seite hat als die Bevorteilung der Heuristik. Weil eine Entwicklung rekonstruiert wird, sei es frühgeschichtlich oder kindheitlich, deshalb ist die „erste" Realität noch nicht die wirklichere.

Die zeitliche Isolation, die den Fremden in eine Vor-Zeit zurückversetzt, ist in der Ethnographie von Fabian[266] als Abbruch der kommunikativen Beziehung stark kritisiert worden. Die teilnehmende Beobachtung ist zu würdigen und gleichzeitig als „defensive Position" zu begreifen, in der ein Gefälle der Überlegenheit und des Nicht-Beteiligt-Seins etabliert wird. Der Beobachter liest und entschlüsselt die fremden Vorgänge. Diese Perspektive geht auf Kosten der Interaktion. Gegen den Subjektivismus der dualen Dokumentation und ihres in Romane oder Tagebücher abgespaltenen Bekennertums richtet sich seit den 80er Jahren die „narrative Ethnographie" (B. Tedlock, ebd. 68f). Ein wirklicher Dialog als Zwischen-Rede soll den Forscher in die interaktive Kommunikation mit den Erforschten hineinbringen. Das bedeutet eine Rücknahme der dominanten Erzählerpersönlichkeit (des G'). Bezeichnend ist, dass für diesen narrativen Ethnographen die Frage auftritt, was er in den Augen der Fremden bedeute.

Es ist ein Verdienst Malinowskis, die persönliche Partizipation als Mittel zum wissenschaftlichen Erkenntnisgewinn genutzt zu haben. Wer sich zu sehr dem Fremden

---

[266] Vgl. FUCHS/BERG *Kultur, soziale Praxis*, Text 73.

aussetzt, greift zu Sicherungen der Eigenheit. Dazu gehörte bei Malinowski u.a. die Idealisierung der Eigenheit zum „anthropologischen Helden",[267] der in die Einsamkeit der Fremde eintaucht. Davon ist einiges in Quines Szenario zu spüren. Des weiteren ist der Held Konstrukteur. Er erschafft den Eingeborenen, wie Malinowski an einer Tagebuchstelle formuliert. Er gibt dem „Skelett" der Stammesorganisation „Fleisch und Blut" (ebd. 30). Das ist eine Form der Einverleibung (s. u. 5.2.). Dieser Körper wird durch das *corpus inscriptionum* ergänzt, das Mythen, Zaubersprüche und typische Formeln sammelt. Aus diesen „stereotypen Formen", die sehr Putnams Bedeutungs-Stereotypen ähneln, erhebt Malinowski den Geist einer Kultur. Dabei schafft er „das Andere als Objekt intimer und systematischer wissenschaftlicher Betrachtung überhaupt erst richtig" (35). Diesen Vorgang nennt die Ethnologie „othering". Statt eines einzelnen Eingeborenen steht der Eingeborene schlechthin abzüglich seines Charakters und seiner individuellen Begabung als „Großsubjekt" (36) vor dem Beobachterblick. Dies geschah bei Quine durch Feldforscher I, indem das Gegenüber als messbare Größe wahrgenommen wurde, und in Feldforscher II, der sich bemüht, über die Sprachäußerungen des Eingeborenen nur dessen intersubjektiv gebildeten Teil wiederzugeben.

Interessant ist eine praktische Folge aus dem Holismus der Feldforschung Malinowskis: Dadurch, dass die fremde Kultur als abgeschlossenes System in sich betrachtet wird, ist es möglich, Abkürzungen einzuführen (z.B. Genealogien, Sozialstrukturen) und die Synekdoche anzuwenden (methodisch von einer Institution ausgehend den Zusammenhang des Ganzen darzustellen). Dieser Holismus führt zu einer Substanziierung der Gesellschaft und der Überbetonung des Strukturzusammenhangs, anstatt dass dieser als unbestimmtes Ergebnis vieler Handlungsentscheidungen und Überzeugungen einzelner angesehen würde. Wenn der Kontext der fremden Kultur in den Mittelpunkt rückt, werden dem Forscher seine eigenen kontextuellen Konstitutionsprinzipien bewusst. In der Distanzierung vom Anderen durch die bewusst gewordene Selbstverortung wird paradoxerweise dessen Würdigung als differenter Aktant ermöglicht und die darin liegende Nähe. Für Fuchs/Berg ist Malinowskis Ethnologie ein paternalistischer Objektivismus.[268] Allein der Wissenschaftler ist schöpferisch. Ein Wechselprozess mit dem Fremden findet nicht statt. Alle Schwierigkeiten in Malinowskis Repräsentations-Modell traten in Quines *Word and Object*-Kapitel auf. Die Zwickmühle von objektiven Sinnesreizen und der Generaldeutung der Analytischen Hypothesen ist in Malinowskis Gegenstandskonzept die Kluft zwischen rohen Daten und der Perspektive der primitiven Gesellschaft auf ihre Welt. Zudem tritt eine Spannung zwischen der situativen Feldforschung und ihren Generalisierungen auf. Für dieses Manko bei Quine wurde der szenische Gegensatz eingeführt. Schließlich bleibt die Doppelrolle der Forschers als

---

[267] FUCHS/BERG *Kultur, soziale Praxis, Text* 31.
[268] FUCHS/BERG 37, vgl. die durchgängige Verwendung von „native" bei Malinowski und Quine.

Feldforscher und Gedankenexperimentator, zwischen dem Beobachter und dem Autor, der die Erfahrung des Beobachters repräsentiert, ein Zwiespalt. Die Protagonisten-Unterscheidung dieser Arbeit ist die theoretische Reaktion auf diese Verwicklung.

Wir sahen im Dschungel der psychoanalytischen und ethnologischen Begegnung mit der Fremdheit, dass eine Rückwendung auf das Subjekt stattfindet. Das Subjekt kann im Sinne der Unbeweisbarkeit der Konsistenz eines Systems als außersystemische Größe hinzutreten. Der einzige und große Unterschied zur neuzeitlichen Funktion des Subjekts liegt darin, dass das Subjekt keine fundierende Rolle haben kann. Die kartesische Selbstvergewisserung ist ein Theorem, das die Weltsicht des Mannes, der vor dem Kaminfeuer sitzt, unvollständig macht, anstatt antiskeptische Wirkung zu entfalten. In diesem Sinne ist es nicht notwendig, das Subjekt in den innersystemischen Lücken des Holismus in postmoderner Manier aufzulösen, sondern es ist wichtig, seinen kreativen, aber keinen Fundierungsausweg anbietenden Charakter zu sehen.

Für Platon war der Deuter der Verrückte. Im *Phaidros* erzählt Sokrates vom gestürzten Seelengespann, um die *mania* des Philosophen zu erklären. Für Freud ist der Träumer der Verrückte, dessen Fremdheit der Deuter und Analytiker aufklären kann. Für beide sind in Widerstreit geratene tiefere Regungen die Ursache dafür, dass verspieltes Glück gesucht werden muss. Während der platonisch nach Erkenntnis Strebende den Abfall vom Urbild simuliert und sich folgerichtig als manisch zurückerobernd charakterisiert, simuliert der Freudsche Klient den Abfall von den Eltern und sich als Selbsteroberer. Durch die Erkenntnis von der Oberflächenzertrennung ist Quine der platonischen Variante zuzuordnen.

5 Das Personal

Unsere Lesart des zweiten Kapitels von *Word and Object* legt nun noch eine Bedeutungsebene der Begegnung von Feldforscher und Eingeborenem hinter die bisherige Geschichte. Auf dieser Ebene wird eine Geschichte über eine erwachsene Rationalität (kindlicher Spracherwerb ist ja ausgeschlossen worden), die in die Finsternis reist, erzählt. Nach der Rekonstruktion des Settings wird nun der Plot, das Handlungsgerüst mit seinen Handlungsträgern beschrieben. Die Geschichte ist nicht der Typus des Fremden, der in meine Welt eindringt (Figuren sind: Händler, Feind, Flüchtling, Tourist, Gast etc.), sondern die Geschichte einer Gestalt, die sich dem Fremden aussetzt (Missionar, Gesandter, Eroberer, Verbannter, Ethnologe, Exilant, Reisender). Durch die Wahl eines Typus und einer Gestalt (hier: Feldforscher) ist ein gewisser erwarteter Kontext vorgegeben Die Allegorie kann ihrerseits in verschiedene Richtungen entfaltet werden, je nachdem mit welchen Deutungen die Handlungsträger besetzt werden. Auch der Dschungel und die Dunkelheit, die bisher nicht zum personalen Inventar gehörten, können nun als belebte Handlungsträger aufgefasst werden! Denn die Gestaltung des zweiten Kapitels aus der Erzählperspektive des Gedankenexperimentators ist so sehr reflektiert worden, dass die Versachlichung des Dschungels als dessen Taktik durchschaut ist. Die Funktion dieser Taktik hat erst in der jetzt möglichen Lesart eine Chance auf Thematisierung.

Endlich kann die Ausweitung der Unbestimmtheit auf das Verstehen seiner selbst behandelt werden: „Das Erscheinen des Fremden im Eigenen macht das Eigene ausdrücklich".[269] Selbstverstehen geschieht „nicht in der Weise der Reflexion, sondern in der Erfahrung des Verstehens direkt: dadurch, dass sich ein Spielraum eigenen Lebens am Fremden bildet, daß fremde Welt in der eigenen präsent wird und so die Welt ausdrücklich zur Geltung kommt. Die Übersetzung ist gleichsam eine Doppelbelichtung, in der Welterfahrung und Weltbild wie Tiefe und Oberfläche einander ergänzen" (ebd.). Im „Personal" der Begegnung ist die geforderte „Direktheit" der Erfahrung gegeben. Den Deutungs-Spielraum unseres Sprechens, den Quine mit der Ausgangsfrage des zweiten Kapitels von *Word and Object* sucht, haben wir in der Fremde gefunden. Die nun folgende Lesart der Geschehnisse „hinterm finstersten Archipel" bringt Bewegung in die Deutung des zweiten Kapitels und begreift das Gedankenexperiment Quines als

---

[269] Figal *Der Sinn des Verstehens* 109.

dynamisches Geschehen, im wörtlichen Sinne als Reise. Denn „zunächst kann nur die Metapher die neue Ordnung umreißen".[270]

5.1   Der Eingeborene

Im Folgenden werden Handlungsträger als allegorische Gestalten gelesen, die für Stufen der Annäherung an das Fremde stehen. Dies ist mit einer Kritik an Gibson verbunden. Daraufhin zeigen kognitionswissenschaftliche Ergebnisse über unsere domänenspezifische Wahrnehmung, dass jede Theorie des Fremden angeben muss, welche Sprache sein fremdes Gegenüber spricht und welche Theorie des Geistes er innehat.

Der Eingeborene gehört einem „unberührten" Volk an (untouched, WO 28). Er selbst macht sich nicht zum Unberührbaren, denn er redet mit dem Feldforscher. Der Feldforscher hat Glück. Die Mission, die Unberührten zu übersetzen, wäre gescheitert, wenn die Eingeborenen Unberührbare wären. Anders simuliert Hegel die Fremde. Er trennt die fremdartige Umwelt von der feindlichen Umgebung ab. Der Umgang mit Fremden entstamme einem evolutionären Sicherungsverhalten gegen feindlich-bedrohliche Umwelt. Erst wenn das gefährliche Unbekannte zurückweicht, kann Neugier an die Stelle von Angst treten: „Theorie setzt die Freundlichkeit des Fremden voraus".[271] Auffälligerweise reist der Gedankenexperimentator nicht selbst. Er schickt den Feldforscher und damit wieder einen Mittler aus. Der Gedankenexperimentator spricht vom Extremfall, konstruiert aber ein Zwischen. Der Eingeborene lässt den Feldforscher an seiner Seite zu, ihn zu beobachten und zu belauschen. Das Angelogenwerden, unter dem Malinowski litt, oder andere Möglichkeiten des Eingeborenen, sich dem Zugriff zu entziehen, sind bei Quine nicht erwähnt. Wenn der Feldforscher die Fähigkeit erlangt, zwischen wahren und falschen Eingeborenensätzen zu unterscheiden, dann sind die falschen Sätze nicht Sätze, in denen der Eingeborene lügt, sondern in denen er irrt. Er irrt, weil er entweder von der Beobachtung des Feldforschers abweicht oder weil er als Einzelner sich sprachlich abweichend von seinem Stamm verhält. Mit dem ersten Grund ist ein realistisches Wahrheitskriterium und mit dem zweiten Grund das intersubjektive etabliert. Es scheint, als habe das realistische Vorrang. Es ist auf jeden Fall das erstere, mit dem die Erforschung des Fremden ansetzt. Es ist vorrangig, insofern es das Intersubjektive immer schlägt, sobald es Evidenzen vorbringen kann. Das an einem einzelnen Beobachtete steht stets unter dem Vorbehalt, zufällig dem „Kohelet" oder „King Lear" des Stammes begegnet zu sein. Die Lektüre ethnologischer Literatur steht unter

---

[270] *Postscript on Metaphor*: "only metaphor can begin to limn the new order" 188, dt. 227.
[271] HOGREBE *Die epistemische Bedeutung des Fremden* 366 rekonstruiert HEGELS These in *Philosophie der Geschichte*, dass der griechische Geist aus der Zusammenführung fremdartiger Nationen entstanden sei.

dem Vorbehalt, im Beobachter diesen Gestalten begegnet zu sein. Wie viel des Unberührten theoretisiert eine Theorie des Fremden auf der Grundlage des sinnlich Erschließbaren und wie sehr ist sie diesem Zugang (Access-Überlegungen) verpflichtet? Und wie viel theoretisiert eine Theorie des Fremden, ausgehend vom simulativ erschlossenen Bereich?

Die Unberührtheit birgt viele Anklänge: die Kaste der Unberührbaren, die unberührte Frau, das unberührbare Heilige etc. Diese Charakterisierung des Eingeborenenvolkes streckt seine Fühler in verschiedenste Kontexte aus: das religiös Sakrosankte, das kulturell Sakrale und ethisch Reine gehören in den Kontext und scheinen als Bezüge auf. Quine räumt ein, dass die radikale Unberührtheit eines Volkes auf der Erdkugel in der Praxis nicht vorkomme. Malinowski hat oft beklagt, dass seine Eingeborenen schon vor seiner Feldstudie von christlichen Missionaren bearbeitet worden sind. Normalerweise hat der Feldforscher von seinem Ort aus über eine Kette von mehr oder weniger schlechten Dolmetschern eine Verbindung zum Eingeborenen (WO 28). Obwohl demnach kein Eingeborener von Kommunikation unberührt ist, nimmt Quine einen solchen Extremfall an (ebd. extreme form). Das Interessante des Gedankenexperiments, das am Extrem etwas Wichtiges zu erkennen hofft, ist, dass der Feldforscher aufbricht, einen unberührt gedachten Eingeborenen zu berühren. So wie der Eingeborene eine extreme Form ist, so auch der Feldforscher. Damit hängt zusammen, dass er ausdrücklich nicht zu den Dolmetschern[272] (interpreter), also zu den Sprachvermittlern, gehört. Der Feldforscher kommt nicht als Fremdsprachensekretär, sondern mit wissenschaftlichen Ambitionen. Er ist Linguist. So wenig wie der Linguist Dolmetscher ist, genauso wenig gehört er zu den „Grenzbewohnern" (marginal persons across the darkest archipelago). Diese Spezies an der Schwelle zum finstersten Archipel ist für unsere Lesart wichtig. Grenzbewohner auf vorgelagerten Inseln des hintersten Archipels haben Kontakt mit Eingeborenen und anreisenden Feldforschern. Sie bewohnen im Setting der Feldstudie ein Zwischen, das aus dem unberührten Eingeborenen einen Berührten macht und aus denen selbst durch die anlandenden Feldforscher Dolmetscher werden. Die Frage ist, ob aus dem Feldforscher während eines Stadiums seiner Reise selbst ein Grenzbewohner wird oder ob er wie der Marsmensch ein kurzer Besucher bleibt (WO 47) oder ob er wie in der Simulativen Hermeneutik gefordert einer weiteren Gruppe angehört, den Simulanten.

---

[272] Dt. „dolmetschen" < etymolog. Mhd. *tolmetsche* von ung., osman.-türk. bis hin zu mitannisprachig: Mittler (zwischen zwei Parteien); engl. von lat. interpres, -etis, m.: „Vermittler, Unterhändler z.B. bei Kaufverhandlungen"; engl. „interpret" < etymolog. "Zwischenhändler" zu pretium (preti-ios „gleichwertig" zu preti „gegenüber") verweist auf den Begriff des Äquivalents! Wäre dann urspr. „zwischen zweien Leistungen und Gegenleistung festsetzen, den Vermittler spielen".

Hinter diesen Namen der Reisegeschichte stehen allegorisch Stufen der Nähe zum Eingeborenen: Jener, der im Zwischen wohnt, der Interpret und der Randbewohner, kennt kein völlig Fremdes. Auch das Dunkelste wird von ihm schon berührt. Anders hingegen die Gestalt des Feldforschers: Er ist fern dem Eingeborenen und hat anfänglich keine kulturelle Verbindung. Der Gedankenexperimentator will das Extrem: keine Kette sich annähernder Verbindungen mit den Unberührten; er will sofort und unmittelbar die Untouchables.[273] Das Extrem besitzt eine weitere Voraussetzung für das Verstehen des Fremden. Der Feldforscher II ist schon als „teilnehmender Beobachter" anderen Beobachtern bzw. Gestalten im Zwischen überlegen, insofern er besonders sensibel ist für seine Vorurteile. Das ist der Grund, weshalb er auch als Siedler beim Eingeborenen von den Randbewohnern unterschieden bleibt. Als Simulant steigt er in die Oberfläche des Fremden ein, d.h. in dessen sinnliche Situation.

Eine dritte Gestalt taucht innerhalb des Gedankenexperiments auf: der „Marsmensch auf Besuch" (WO 47). Er ist der Eingeflogene, der im Urlaub nicht die Absicht hat, Heimat zu finden im Zwischen. Er gehört zu einer Geschichte in der Geschichte und ist nicht Personal der Feldstudie. Ihn kennzeichnet die größte Distanz. Sie überschreitet die kulturelle Unverbundenheit des Feldforschers noch dadurch, dass nicht einmal die Absicht auf Verständigung besteht. Das ist ein wichtiger Punkt: Er entpuppt den Willen zur Simulation als unentbehrliches Element jeder Theorie des Verstehens. Allein auf Reisen zu sein genügt nicht. Das Extremdesign des Gedankenexperiments bedeutet nicht, dass der Empathiewunsch fehlen darf. Die Unterscheidung der drei Stufen der Nähe zum Fremden schützt vor Verwechslungen der Versuchspersonen.

Wie wichtig das ist, zeigt eine Verwechslung Gibsons[274] in seiner Behandlung des Kapitels II. Er hat die letzten beiden Stufen von Feldforscher und Marsmensch auf Besuch nicht unterschieden. Er ersetzt den Eingeborenen konsequent durch „Martian". Die Urszene des radikalen Übersetzens zitiert Gibson als: „ ,A rabbit scurries by, the ... {Martian} says ‚Gavagai', and the linguist notes down the sentence ‚Rabbit' (or ‚Lo, a rabbit') as tentative translation [...]' (WO, 29)" (66). Er bestimmt irrtümlich die Gattung des Kapitels als Fiktion anstatt als ethnographisches Experiment. Denn Gibson ist der Ansicht, „Quine's point about indeterminacy is unaffected by considerations about how much or how little the linguist and his subjects have in common" (66). Gemessen an seiner eigenen hermeneutischen Maxime, dass der Naturalismus der Schlüssel zu Quines Thesen ist, begeht Gibson einen Irrtum: Er vernachlässigt die nichtverbalen behavioristischen Daten, die bei der Übersetzung einer menschlichen Sprache herangezogen werden können, obwohl er sie erwähnt. Diese Daten stehen einem menschlichen

---

[273] Auch hier erinnert Quines Zugehen auf seinen Gegenstand an Husserl, der nicht die von Apriorität oder anderen Strukturen gesicherte Gewissheit philosophischer Prozeduren suchte, sondern den Gegenstand in seiner unmittelbaren Gegebenheit, die sich aufdrängende Lebenswelt.
[274] *Philosophy of W.V. Quine* 65f Anmk.

Forscher zur Verfügung, nicht aber dem Marsbesucher. Daher ist seine Argumentation nicht nachzuvollziehen, der Unterschied zwischen menschlichem und Marsmenschgegenüber sei dadurch beiseite zu legen, dass er ihn erwähnt: "Consequently, perhaps we can agree to overlook the ‚greenness' of our Martian now that we have noted it" (66). Die „Grünheit" des Marsianers macht die Simulation unmöglich. Denn mit „Grünheit" ist die Abgeschnittenheit des Marsianers von der geteilten Lebensform niedergelegt. Dieses Verständnis von „Radikalität" des radikalen Übersetzens ist zu extrem. Es liegt auf der ausgeschlossenen Stufe III der Ferne vom Eingeborenen. Da sie die Vorbedingung der Simulation, das geteilte Leben, fallen lässt, muss sie für die Deutung des Kapitels II zurückgewiesen werden. Quine spricht selbst von „field experiment" und „field study" und nicht von einer Raumschiffreise. Für Gibson sind die praktischen Herausforderungen der Ethnologie des letzten Jahrhunderts vor unzähligen Eingeborenenstämmen nicht präsent: „a true case of terrestrial radical translation would be rare" (65).

Einem deutschen Ausleger wäre die Einführung der „Grünheit" des Marsianers wohl deshalb nicht unterlaufen, weil im Deutschen der „Martian" ein „Mars**mensch**" ist und der grüne Marsmensch oder die „grünen Männchen" immer „Mensch" [+hum] als semantischen Marker im Lexem und damit in der Science-fiction-Vorstellung enthalten! „Marsianer", bei dem „-mensch" weggefallen ist, ist ein Kunstwort vom englischen „Martian" her. Das bedeutet für den Eingeborenen, dass er immer theoretisch und praktisch als menschliches Lebewesen entworfen wird. Gibsons Behauptung des „grünen Eingeborenen" (oder des grünen Feldforschers; auf welcher Seite abgeschnitten wird, spielt keine Rolle) widerspricht auch den Thesen dieser Arbeit über den Erkenntnisgewinn der Simulation. Die Prämisse, im Eingeborenen ein menschliches Gegenüber zu haben, ist fundamental. Die Erkenntnis des Fremden, um die es geht, ist die Erkenntnis eines menschlichen Fremden, des fremdesten Menschen. Es ist wichtig festzuhalten, dass die Simulation eine theoretische Form ist, die ein menschliches Gegenüber erschließt. Neben dieser Grenze des Eingeborenen zu einer losgelösten Intelligenz ist die Abgrenzung nach „unten" zu den Tieren zu ziehen.

Die Kategorialität des menschlichen Gegenstandes wird durch kognitionswissenschaftliche Erkenntnisse unterstützt. Dabei spielt zum einen der Begriff des *creature consciousness* eine wichtige Rolle, zum anderen die gebietsspezifische Kognition. Ersterer gehört in die Bewusstseinstheorien.[275] In unserem Kontext ist interessant, dass für manche Philosophen erst das Bestehen des *False-Belief-Task* den Übergang von der *creature consiousness*, die auch Tiere besitzen, hin zu einem repräsentationalen Bewusstsein markiert. Zur Beschreibung der Tätigkeit des Feldforschers sind insbesondere die Erkenntnisse zur gebietsspezifischen Wahrnehmung aufschlussreich. Denn sie verändern Quines Darstellung der Szene. Seine Darstellung gehört zu älteren Theorien, wie z.B. auch Piaget, für die der Gegenstand der Wahrnehmung nicht weiter relevant ist. Ob

---

[275] S. BOTTERILL/CARRUTHERS *Philosophy of Psychology* Kap. Consciousness.

Gesichter, Bäume oder Tiere wahrgenommen werden, spielt keine Rolle, sondern allein die Art der Wahrnehmungen, also z.B. dass sie alle visuell wahrgenommen werden. Die moderne Kognitionswissenschaft hat entdeckt, dass die gleichen sinnlichen Reize Gesichter anders repräsentieren als z.B. ein Möbelstück (nämlich wesentlich differenzierter). Die Wahrnehmung ist „gebietsspezifisch" (domain specific). Es gibt wichtige funktionale Abweichungen zwischen den kognitiven Prozessen hinsichtlich bestimmter Gegenstandsbereiche: „The way children reason, at any stage, depends on the conceptual domain to which the intellectual operations are applied".[276] Diese Domänen treffen in ontologischer Hinsicht starke Annahmen über den Gegenstand: Es gibt physikalische Objekte, handwerklich/künstliche Objekte, lebende Arten, Personen etc. Die Eigenschaften, die wir von Gegenständen aus den einzelnen Domänen erwarten, sind unterschiedlich, so wie die Eigenschaften, die wir geneigt sind zuzuschreiben. Andere Experimente haben gezeigt, wie unsere Tendenz, Eigenschaften zu universalisieren, die wir von einem einzelnen Gegenstand einer Domäne kennen, auch gebietsabhängig ist. Z.B. finden Kinder es unnatürlich, dass Lebewesen zu Elementen einer anderen Domäne umgeformt werden können, wohingegen sie bei Elementen des künstlichen Bereichs eine solche Transformation für möglich erachten. Somit ist Quines Darstellung des Sprach- und Objekterwerbs in *Speaking of Objects* nicht gültig: „the mother, red, and water are for the infant all of a type" (7).[277] Vor diesem kognitionswissenschaftlichen Hintergrund macht es einen gewaltigen Unterschied, ob sich der Feldforscher einem Eingeborenen oder einem Marsianer gegenübersieht. Mensch und Nicht-Mensch sind unterschiedliche Domänen. Die „Grünheit", sprich die Verhinderung, den anderen als belebt und menschlich anzunehmen, macht den Marsianer so uninteressant wie einen Computer oder eine Sprachmaschine.

Die Unerforschlichkeit der Referenz besteht nach kognitionspsychologischen Studien nicht so uneingeschränkt wie Quine sie vertritt. Die Ontologie ist relativ, jedoch nicht einzig auf unsere Sprache hin, sondern auf geistige Vollzüge hin. Diese legen Bereiche fest, die eine völlige Unerforschlichkeit unterlaufen, indem sie eben den Unterschied von lebendig/nicht lebendig, künstlich/natürlich, wirklich/irrtümlich etc. ma-

---

[276] BOYER *Explaining Religious Ideas* 43; dort auch weitere Literatur zur empirischen Psychologie.

[277] GOSSELIN mahnt in ihrer Kritik an Quines Lerntheorie, nach der Kinder erst die Wörter für Ganzheiten lernen, empirische Ergebnisse an, die Gegenteiliges sagen. Quine sei fehlgeleitet, weil er als Nominalist sein konstruktivistisches Vorhaben mit unserer wirklichen Aneignung von Sprache verbinden wollte (*Nominalism and Contemporary Nominalism* 3).

Ein Beispiel für eine von uns abweichende kulturspezifische Domänisierung ist das althebräische Substantiv. Es hat die Oppositionsklassen: menschlich/nicht menschlich, belebt/unbelebt, zählbar/nicht zählbar, abstrakt/konkret. Verbale Verbindungen, semantische Oppositionen und Stilfiguren (z.B. Merismen) werden gemäß diesen Schemata gebildet, vgl. FOHRER *Exegese des Alten Testaments* 69.

chen. In gewisser Weise könnte Quine mit der Behauptung von der Unerforschlichkeit Recht behalten, wenn in der Domänenabgrenzung kulturelle Unterschiede auftreten. Für die Simulationstheoretiker, die auf interne Zustände bzw. Reifestufen bauen, besitzt die kulturelle Vergleichbarkeit stärkeren Anteil. Die Theorie-Theoretiker würden kulturell unterschiedliche Ausprägungen der Domänen weniger erstaunen. Denn die Ausgestaltung mentaler Operationen wird sehr viel mehr vom öffentlichen Raum des Verhaltens und der Sprache mitbestimmt. Die kognitionswissenschaftlichen Ergebnisse zeigen, dass die Formen der Sprache zum Teil von ihnen vorgängigen Strukturen des Geistes abhängig sind. Der Eingeborene ist nicht ausreichend erschlossen, wenn er übersetzt ist. Erst zusammen mit seiner eigentümlichen Theorie des Geistes ist er vollständig für eine Theorie des Fremden. Dabei sollte die Kognitionswissenschaft nicht wieder als Metaphysik des Fremden betrieben werden. Sonst wäre Quines Kritik an Ideen als Bedeutungsträgern lediglich durch eine andere Art von Entität, nämlich Domänen als Bedeutungsträgern, unterlaufen.[278] Durch die Hausanwendung der Unbestimmtheit (§16) wird die Theorie vom Fremden zur Theorie des Verstehens allgemein. Das Fremde in mir oder das Element der Fremdheit im allervertrautesten Gegenüber meiner Hauskultur ist der Erschließungsmehrwert der Simulation. Erzähltheoretisch ist das eine Verfremdung: Ein Handlungsträger transformiert sich vom Fernsten zum Nächsten. Die Verfremdung steigert sich noch dadurch erheblich, dass aus dem Erzählstrang eine erzählte Person in den Erzähler überwechselt. Der philosophische Leser, der sich mit dem Gedankenexperimentator (schon allein durch die Leserlenkung der Wir-Form) identifizierte, erhält eine erweiterte Identifizierung.

5.2   Der Feldforscher

> *"Travelling means crossing cultural and mental boundaries...*
> *Perhaps I, too, am a bit of sailor: a sailor of logic"* Quine *Interview Borradori* 39

Der Feldforscher ist die Pendlerfigur der *terra intermedia*. Im Zwischenbereich, dem Ursprung von Sinn, werden an ihm vier Weisen der Bedeutungsgenerierung aufgeschlüsselt: hinsichtlich der Prozedur (emphatisch oder realistisch) und hinsichtlich des Produzenten (individuell oder intersubjektiv). Die quineschen Versuche, Bedeutung zu gewinnen, fallen in sich zusammen, da seine Theorie des Verstehens von einer zu großen begrifflichen Ausdrücklichkeit der analytischen Hypothesen ausgeht (5.2.1). Erst die drei Elemente Flüchtigkeit, Einverleibung und Unbewusstheit begründen simulatives Verstehen. Prozessualität und Phantasie statt privilegierter Denkoperationen, Ges-

---

[278] Der Theorienstreit von Universalisten und Kulturrelativisten zeigt sich beispielhaft in der Farbnamenforschung des Weltfarbenprojektes der Uni Berkley (www.icsi.berkeley.edu/~kay/).

talten mit Handlungsverstehen statt Erkenntnisgründe gehören zum Simulieren als Erklärungsgrößen, damit die Forderung erfüllt ist, dass Explicans und Explicandum von gleicher Art sind. Der Feldforscher II ist die narrative Gestalt für den simulierenden Anteil des Gedankenexperimentators (5.2.2).

5.2.1   Vier Bedeutungsquellen

Der Feldforscher pendelt zwischen den Welten des Manuale lesenden Gedankenexperimentators und des illiteraten, Giraffen jagenden Eingeborenen, der als das Nichtverstehbare des finstersten Archipels entworfen ist. Der Feldforscher hat alles durchgemacht: den Abstieg zum Physiker, der Augenbinden anlegt und an der begegnenden Haut ein Modul ablesen will, dann aber auch den semantischen Aufstieg mit der Verdächtigung des Analogiegefühls als uneindeutig und der höchsten Einsicht, die ihn gewandelt aus "rabbit country" (WO 40) in die Heimat zurückkehren lässt, von der Unbestimmtheit der Übersetzung. Ihre Erkenntnis ist für den Feldforscher eine grundlegende Korrektur in der Vorstellung seines Ziels und seiner Aufgabe. Im Feldforscher wird Quine zum „sailor of logic", der die Schranke von der klassischen formalen Logik hin zur Logik des Analogiedenkens überschreitet.

Die Simulative Hermeneutik führt bedeutungstheoretisch neben „realistisch" und „anti-realistisch" die Option unbestimmt ein. Die Optionen werden in einem ersten Schritt systematisiert und dann ausgeführt. Ansatz der quineschen Fragestellung und seiner Expedition war die Frage nach einem philosophischen Bedeutungsbegriff. Medium der Bedeutung kann sowohl der Zeichenträger sein als auch einzelwissenschaftlich die neurophysiologische Materialität meinen. Zumindest war die Opposition für Quine klar: dass Bedeutungsgehalte keine Ideen in einer mysteriösen geistigen Sphäre sein sollen. Ideen kommen einer Verdopplung des Gehaltes gleich, ohne jedweden Erklärungswert. Stattdessen taucht in Quines Überlegungen sehr bald der Strukturbegriff auf. Dieser Begriff ist durch seine holistischen Verifikationsgedanken aktualisiert worden. Die Struktur wird mit einem Netz verglichen. Das Netz ist das Geflecht von Verweisen und seine Knoten stehen für Ausschnitte mit Grenzen und einem Bedeutungsgehalt. Es ist ein exzellenter Anknüpfungspunkt für die Begriffe der Szenerie und des Sinngefüges mit ihrer komplexen Vieldeutigkeit.

Daneben gibt es den Kontext der Intersubjektivität, in dem Bedeutung wiederholt thematisiert wird. Einerseits ist die Intersubjektivität als Öffentlichkeit der Bedeutung ausgeführt und steht so noch in der Folge des mentalistischen Bedeutungsbegriffs: Sie ist dessen Verneinung, insofern sie die mit ihm verknüpfte introspektive Privatheit ableugnet. Abhängig bleibt die Öffentlichkeit vom mentalistischen Bedeutungsbegriff, indem sie an der Allgemeinheit des Ideenbedeutungsbegriffs festhält und nicht die Unbestimmtheit annimmt. Andererseits tritt an der Intersubjektivität durch Quines wissenschaftstheoretischen Hintergrund ein positives Charakteristikum auf: die Forschergemeinschaft im Sinne einer Gemeinschaft von Zeugen. Sie bezeugen, was sie sehen. Etwas, das wahrgenommen oder gesehen wird, ist damit erstens vorgeordnet und zweitens wird das, was Subjektivität zur Intersubjektivität zusammenbindet, benannt: sie stehen in der gleichen Welt (Sprechergemeinschaft) und Wissenschaftssituation (Forschergemeinschaft). Die Struktur, die hier die Gemeinschaft zusammenhält, ist somit die Systematik ihres Wissensganzen und die sich vollziehende Wirklichkeit (ihre Faktizität, naturhafte und soziale Vorgänge etc.). Feldforscher II erkennt die Intersubjektivität und den Analytischen Behaviorismus mit seinem Bedeutungskriterium „beobachtbares Verhalten" als unzureichend, da schon Beobachtungssätze deuten. Dadurch tritt mit dem Zeugnis ein irrreduzierbar subjektives Element auf. Von da an konkurrieren Struktur und Subjekt als Bedeutungsstifter. Das macht zwei bedeutungsgenerierende realistische Ordnungen unterscheidbar.

In der ersten Ordnung ist das bedeutungsstiftende Element eine kulturelle oder gesellschaftliche Struktur. In diesem Sinne sieht Lévi-Strauss' strukturale Ethnologie von inhaltlichen Kennzeichen ab und blickt allein auf Beziehungen und Differenzen. In der zweiten Ordnung ist ein subjektives Element Bedeutungsstifter. Es wird mal als dem Subjekt internes, mal als äußerliches Element vorgestellt. A) Interne subjektive Bedeutungsstiftung geschieht beispielsweise durch den Sinnesapparat oder durch die allgemeine Triebstruktur. Letztere wurde über ihre Äußerung als fremder Traumtext untersucht. Das Verstehen dieser Fremdheit gelingt dadurch, dass eine zugrunde liegende Struktur die Hermeneutik für die bewusste Struktur, das Subjekt, liefert. Vom träumenden Unbewussten Freuds bis hin zum „Willen zur Macht" Nietzsches sind hintergründige Instanzen der Deutung angegeben. Nach Turk[279] denkt die Psychoanalyse das Unbewusste als unhintergehbar alterität und wie eine Sprache artikuliert. Der „Wille" bei Nietzsche ist eine fremdgewordene Macht, zu der Nietzsche den zu selbstsicheren Deutungshorizont seiner Kultur wieder in Beziehung setzt und dadurch in seiner Kultur Befremden weckt. B) Eine ebenfalls subjektive, aber externe transzendente Struktur ist bedeutungsstiftend. Das Größere beherrscht das Kleinere: Eine faszinierende, vollendete Struktur beherrscht mein Bewusstsein mit seiner präsenten und unbewussten Struktur. Das können ein Geschichtsplan sein, Gottheiten oder das evolutionär sich entwickelnde neuronale Netz.

---

[279] Ähnlich deutet nach Turk *Alienität und Alterität als Schlüsselbegriffe einer Kultursemantik* 179 Derrida in seinem wichtigen Aufsatz *La différance* die Kultur als Aufschub und Verdrängung. Derrida geht von der Schrift (écriture) aus. Quine nimmt in gewisser Weise 1960 den Neostrukturalismus vorweg, denn die „Unentscheidbarkeit" bei Derrida meint, dass Texten aufgrund ihrer differenziellen Struktur von jeher ein eindeutiger Sinn fehlt. Dies gilt umso mehr bei der Wiederholung ihrer Lektüre.

Der Unterschied von emphatisch und realistisch verstandener Bedeutungsgewinnung wird zwischen dem Sprechenlernen des Feldforschers und des Kindes deutlich. Vom Kind sagt Quine, es beginne mit Beobachtungssätzen. Sie seien sein „Medium".[280] Auch das Kind befindet sich demnach in einem „Zwischen". Dieser mediale Raum wird ohne die Hilfe einer bereits beherrschten Sprache (without help of earlier language, ebd.) betreten. Darin ähnelt das Kind der „extremen Form" des Eingeborenen, der kulturell unverbunden ist, also nicht auf Stufe II von Interpret oder Randbewohnern weilt. Somit gerät er in die schwierige Nähe zu etwas Angeborenem oder, wie Quine sich ausdrückt, zum "quality space". Es ist, als würde anstelle des Bezugs auf eine Idee oder eine andere mentale Größe die Angeborenheit eines neurologischen Musters eingeführt, um den Sprung des Anfangs von Sprache zu erklären. Die semantische Qualität ist damit vorverlegt und aus dem Zustandekommen jeden Satzes selbst des erwachsenen Sprechers herausgenommen. Ob diese Initialisierung verbunden mit der Neurologisierung den Naturalismus eine bessere Erklärung menschlichen Sprechens sein lassen, ist fragwürdig.

In der medialen Spanne der Beobachtungssätze übt sich das Kind in etwas, das klassischerweise Spontaneität genannt worden wäre, von Quine aber infolge seiner behavioristischen Lerntheorie als Nachahmung und fortschreitende Konditionierung eines Mechanismus beschrieben wird. Die Eltern des Kindes spielen eine wichtige Rolle und haben eine intelligente Funktion. Sie übernehmen die Konditionierung und müssen sich dazu in die Perspektive des Kindes versetzen, um kindgerecht die Beobachtungssätze in ihrer Referenz zu erkennen und zu bejahen, zu verneinen, zu korrigieren oder zu verstärken etc. Sind es also die Beobachtungssätze oder ist es die elterliche Empathie, die unsere Verbindung von sinnlichem Reiz mit der Theorie über die Welt herstellen? Interessant ist, dass die Eltern die Rolle des Feldforschers übernehmen. So wie der Feldforscher den Eingeborenen simuliert, so die Eltern das Kind.

Die Empathie wird nicht in neurologische Ähnlichkeit zurückübersetzt. Quine will keine Aussage darüber machen, ob zwei Sprecher, die in einer Situation einen gleichen Beobachtungssatz äußern, ein identisches Erregungsmuster haben müssen. Putnams Argument der multiplen Realisierung mag hier eine Rolle spielen. Quine verweist in seinen Aufsätzen häufig auf das Bild der Büsche, die äußerlich dieselbe Gestalt zeigen, deren Äste aber gänzlich unterschiedlich die Laubhülle bilden (WO 8). Quine interessiert sich nur für die Oberfläche der Blätter und nicht für die innere Verästelung. Einerseits möchte er keine Aussage machen über eine "approximate homology of nerve endings". Andererseits dient der Beginn mit Beobachtungssätzen seinem Realismus. Kann dieser aber aufrechterhalten werden, wenn am Grunde des Gedankengangs nicht eine physikalische, sondern eine emphatische Prozedur liegt? „Wir schlagen vor, die Welt entscheidet" (UW 53). Oder entscheiden die Eltern, was der Beobachtungssatz des

---

[280] *Three Indeterminacies* 1.

Kindes bedeuten darf? Quine ist hier wieder in eine Zwickmühle geraten. Er möchte die von Davidson bei ihm verwarnte Privatheit des Stimulus verlassen und gleichzeitig Empiriker bleiben, der sich einer realistisch konzipierten Wirklichkeit als einziger Belegelieferantin verpflichtet weiß. Das Kind steht zwischen seinen gereizten Sinnen und den Eltern. Wie wir gesehen haben, wird die elterliche Seite an anderen Stellen der Schriften Quines als Öffentlichkeit der Kommunikation bzw. als Intersubjektivität ausgeführt. Die Wichtigkeit des lernenden Kindes ist am besten von dem Hintergrund des kritisierten mentalistischen Bedeutungsbegriffes her zu beurteilen: es kann „mit der Bedeutung nicht mehr auf sich haben [...], als was eine Person mit den gehörigen Anlagen zu lernen und zu beobachten vermag; daher ist der Blickwinkel des Interpreten der aufschlussreiche".[281]

In spärlichen Bemerkungen der Rezeption zur quineschen Anthropologie wird der sinnliche Mensch aufgegriffen. Sein Sinnesapparat lässt ihn in der Welt sein, und die Ratio repetiert die sinnliche Realität mit ihren anderen Mitteln. Davidson beispielsweise kritisiert, dass Fundierungen des Bedeutungsbegriffs durch Belege der Sinnesreize notwendig zu einem „auf Einzelpersonen relativierten Wahrheitsbegriff und zum Skeptizismus" führen. In „ihren Konsequenzen sind sie cartesianisch".[282] Der gleichen Auffassung ist Martin.[283] Durch die Betonung des sinnlichen Ich stehe von Anfang an ein wahrnehmendes Ich einer wahrgenommenen Welt gegenüber. Dieser kartesische Dualismus von Ich und Welt sei Quines Gegenstrategie, um nicht im Holismus unterzugehen: „[in] fear of there being no center [...] Quine arrests the narrative, clearly worried that it might get out of control". Martin ist der einzige Ausleger, der die Dynamik und Sprengkraft der *Word and Object*-„Erzählung" bemerkt. Die Rezeptivität des Ich wird als Input und Output des behavioristischen Modells Quines konzipiert. Das bedeutet für Martin: „[she is] a way of illicitly sneaking a little ‚scrutability' back into a shared world". Hier unterscheidet sich meine Deutung des zweiten Kapitels von Martin. So wie die Unbestimmtheitsthese ausgelegt wurde, lässt sie sehr wohl den Naturalismus außer Kontrolle geraten. Sie spricht gerade diese Kontrolllosigkeit wesentlich aus. Das verhindert auch der sinnliche Anfang des Forschens nicht. Interessant ist der Holismushinweis, der mit Verlust der Mitte umschrieben wird. Quine hat jedoch mit der Unbestimmtheit ein anderes Bild vor sich. Er hat eine Uneindeutigkeit im ganzen Bereich, sozusagen als Schicht in allem, vor Augen. „Verlust der Mitte" ist insofern nicht zutreffend, als Quines Holismus eine Mitte besitzt: jenen Ort, der von den empirischen Rändern am weitesten entfernt ist.

Mühlhölzer setzt genauso an wie Martin. Er bringt das starke Bild vom quineschen Ich als eines Gefangenen im Käfig: "the Quinean subject, studied by the naturalized

---

[281] DAVIDSON *Bedeutung, Wahrheit und Belege* 64.
[282] *Bedeutung, Wahrheit und Belege* 49.
[283] *Analytic Philosophy's Narrative Turn* 129.

epistemologist, is locked in a cage of sensory stimulations".[284] Er kommt zu einer Martin entgegengesetzten Konsequenz: Wegen des Gefängnisses sei die Unerforschlichkeit kein Wunder. Zu Mühlhölzer ist ähnlich wie zu Martin zu sagen, dass er die Erzählung von *Word and Object* nicht bis zu ihrem Ende liest. Auch wenn der Eingeborene teils wie ein Tier im Zookäfig „unberührt" bleibt, so sind dies nur „erste Schritte des Übersetzens", wie Quine selbst den Paragraphen überschreibt.

Diese Kommentare zu Quines Anthropologie erfassen nur den Feldforscher in seiner ersten Phase, der durch die Oberflächentrennung traumatisiert ist und durch übertriebene Messungen und seine eigene Sinnlichkeit den Kontakt mit der abgeteilten Oberfläche (dem nun eigenständig erkennenden Anderen) wieder herstellen möchte. Denn in seiner zweiten Phase betrachtet sich der Feldforscher weniger nach dem Ideal des Physikers, sondern als Forscher innerhalb einer Wissenschaftsgemeinschaft. Sein Korpus ist nicht mehr die geteilte Oberfläche, sondern die Gemeinschaft mit Gleichgesinnten.[285] Verstehen ist sprachliches Verstehen und das Wissenschaftssystem ist wie das Sprachsystem organisiert. Die Sprachlichkeit des Menschen und seine Sozialität unter Sprechern ist Quines Modell für die Ordnung des Wissens. Die Sinnlichkeit, die Berührung mit der Welt herstellt, ist die Garantie des Wissens. Der Mensch ist vom Wesen her ein sinnliches und sprachbegabtes Wesen. Seine Argumente gewinnen von diesen anthropologischen Grundannahmen her ihre Kraft.

Aus diesem Grund kann eine weitere Verwicklung von *Word and Object* jetzt ausgeschlossen werden, die ebenfalls, diesmal von der Seite des Gedankenexperimentators her, die Unbestimmtheit ausschalten möchte. Er möchte die Unbestimmtheit mit dem Wortgebrauch verknüpfen. Der Gebrauch schaffe Bedeutung, semantische Kontexte und besitze eine Pragmatik, die über die Naturalisierbarkeit hinausgehe. Die Aneignung von Bedeutung durch die Sprachverwendung sucht der Gedankenexperimentator zu reduzieren, indem er Verwenden und Gebrauchen behavioristisch ersetzt. Das geschieht in einer Sprachlerntheorie. Da die semantische Größe des Sprachlernens und Verstehens zwar über das Empirische hinausgeht, aber die Unbestimmtheit nicht ausmacht, ist mit dem Ausschluss der Spracherwerbsgeschichte zu Anfang des zweiten Kapitels nichts gewonnen. Der Gedankenexperimentator wehrt, indem er diese Ausführbestimmung ins Setting des Experiments einführt, eine Gefahr für die empirische Arbeitsweise des Feldforschers ab, die aber letztlich nicht die Größe im Experiment ist, die das Projekt der Manuale scheitern und die Unbestimmtheit aufsteigen lässt. Indem der Feldforscher gegen seine Vermutung zur Kenntnis nehmen muss, dass der Eingeborene nicht

---

[284] *Quine and Davidson on Reference and Evidence* 46.
[285] Nachdem der egozentrisch-narzisstische Vorversuch fehlgeschlagen war, zur Gewinnung von intersubjektiver Erkenntnis einen einzelnen Sprecher in verschiedene Momente seines Lebens hinein zu vervielfältigen und diese „Intersubjektivität" als erkenntnistheoretische Grundlegung zu nehmen.

nur naturalistisch theoretisierbare Sätze äußert und er als Forscher diese anderen Sätze trotzdem versteht, tritt ihm mit diesen Äußerungen das Fremde selbst in der eigenen Sprache, die ebensolche Äußerungen besitzt, entgegen. Der Feldforscher wusste bisher nicht, dass er mit seiner Sprache nicht nur an der Unterbestimmtheit wissenschaftlicher Theorie partizipiert, sondern ebenso an der Unbestimmtheit, - an dem Bereich, wo es kein *fact of the matter* gibt, am Bodenlosen. Im Eigensten, selbst im Manual der eigenen Sprache ist keine einzelne Wirklichkeit nachbildbar. Der Boden reißt unter seinen eigenen Füßen auf. Das ist der Dschungel, der ihn fortan auch zu Hause nicht verlässt.

In *Three Indeterminacies* nimmt Quine Anlauf, zu einem, wenn auch luzideren, *fact of the matter* zu kommen: So wie in *Word and Object* die Objektivität des Gebrauchs im Hintergedanken an das Sprachlernen enthalten ist, so verfestigt sich als neue Objektivität in *Three Indeterminacies* die Verhandlung (negotiation, 4) zwischen Feldforscher und Eingeborenem zum *fact of the matter*. Die neue Gegenständlichkeit des dialogischen Geschehens der Verhandlung erfährt durch zwei Kriterien ihre Identifikation: erstens durch ihre Flüssigkeit (fluency of conversation) und zweitens durch ihre Effizienz. Letztere ist als Vorhersagbarkeit, Kohärenz und Plausibilität ausgeführt. Obwohl sie im Zwischenbereich stattfindet, werden auf die Verhandlung die alten Kriterien der wissenschaftlichen Theorie angewendet. Das Problem liegt darin, dass diese Kriterien aus der realistischen Vorstellung von einer materiellen Welt entlehnt sind. Das menschliche Handeln ist unter der Anforderung der Vorhersagbarkeit nicht richtig „nachgebildet". Dann wären nur die Menschen rational, die wir gut vorhersagen könnten. Wenn wir aber nur die richtig Vorhergesagten für einsichtig halten, dann sind wir in einem Zirkel, und der Begriff der Vorhersage dient keiner Klärung, sondern benennt unser Vorurteil.[286] Die Wendung der Nachbildung für das menschliche Agieren zielt wieder auf Theorie. Die Frage ist, was ich über die Begegnung, in der es kein *fact of the matter* gibt, aussagen will. Deutlich wird das aus Quines *Reactions* Anfang der 90er Jahre: „Two observation sentences [...] may be called perceptually equivalent for a community if perceptually equivalent for each individual".[287] Gemeinschaft erscheint reduziert als Rückbindung an das Individuum. Nur so bleibt die Naturalisierung der Erkenntnis garantiert.

Die Wissenschaftsgemeinschaft, die Gruppe derer, die in gleicher Weise Zeugnis ablegen von der Welt, wandelt sich zunehmend zur Sprechergemeinschaft. Sprache als Öffentlichkeit und Gebrauch spielt hier eine wichtige Rolle. Alltägliche Äußerungen werden berücksichtigt (s. *Quiddities*). Jedoch ist Quine so sehr Naturalist, dass er sein eigenes Konzept von Intersubjektivität wieder weiteren Reduktionsversuchen aussetzt. Sehr erstaunlich für Quine ist seine Behandlung von Intersubjektivität in *Facts of the*

---

[286] Vgl. das Argument bei STICH/NICHOLS *Cognitive Penetrability, Rationality and Restricted Simulation* 321f.
[287] In LEONARDI/SANTAMBROGIO *On Quine. New Essays* 349.

Matter. Intersubjektivität wird in ihrer wissenschaftskonstitutiven Bedeutung aus zwei Gründen infrage gestellt: Zum einen gibt es bleibende Meinungsverschiedenheiten, zum anderen gebe es „Slogans", die eine Gesellschaft ergreife. Darüber hinaus revidiert er seinen binalen Verifikationismus, indem er neben Zustimmung und Ablehnung nun auch Enthaltung und Zögern zulässt! Diese geläuterte Sicht der Wissenschaft stammt in der Tat von einem ergrauten, weise gewordenen „veteran speaker" (157). Der Veteransprecher ist eine neue Gestalt in der Szene der Bedeutungsbegriff-Erkundung. „Veteris" meint zwar lediglich „alt", doch würde die deutsche Übersetzung mit „alter Sprecher" die Assoziation von „versehrt" außer Acht lassen, die gerade bei der amerikanischen Begriffsverwendung mitschwingt (z.B. die Veteranen von Vietnam). In Quines Verwendung von Veteransprecher sind die vielfachen Lädierungen der naturalistischen Bemühung durch all die Begegnungen, die seine Ausgangsrationalität als unzureichend erwiesen, eingegangen. Die Verwendung des Veteransprechers ist mit erweiterten pragmatischen Dimensionen im Verstehen von Äußerungen mit einem Wahrheitsanspruch verbunden: Es kann sein, dass der Eingeborene nicht zustimmt oder ablehnt, sondern zögert oder sich enthält. Die Versehrtheit des Veteransprechers liegt in der schrittweisen Rücknahme der szientistischen Ideale des Verifikationismus. Sie geht allerdings nicht so weit, die Intersubjektivität als vollgültige Sozialität zu beschreiben.

Experimente der Kognitionswissenschaft[288] zeigen, dass schon Vorschulkinder zwischen moralischen und sozialen Grenzüberschreitungen unterscheiden. Moralische Regeln sind z.B. Fairness, andere nicht zu verletzen. Unter das Soziale fallen Regelverletzungen mit Sanktionen, z. B. eine andere Mode oder eine andere Art zu grüßen. Cummins schreibt: „children treat moral rules as unconditioned obligations towards others and social conventions as context-specific rules based on authority and consensus" (20). Die Fähigkeit zur Repräsentation der inneren Zustände anderer (z.B. dass ein Kind einem anderen eine falsche Überzeugung zuschreiben kann) erlaubt 1. größeres Mitgefühl und 2. ein Verständnis sozialer Codes, die über soziale Normen hinausgehen (ebd.).

Die Geisttheorien Simulationstheorie und Theorie-Theorie mit ihren grundlegenden Unterscheidungen von Hineinversetzen und Regelanwendung können auf Sprechergemeinschaften und nicht nur auf einen einzelnen mentalen Agenten angewendet werden. Sie tragen dann zur Unterscheidbarkeit verschiedener Grade oder Qualitäten von Sozialität bei: „This distinction between a social code grounded in prescriptive rules and one grounded in appreciation of others" (20). Nur die Simulation kann erklären, dass ein Agent in höherstehenden, komplexeren Symbolsystemen sich verordnet. Der Simulierende kann den Begriff des Respekts und der Schätzung eines anderen verwenden und leistet daher das Verstehen des Sozialen besser.

---

[288] CUMMINS *How the Social Environment Shaped the Evolution of Mind*.

Quine spricht zwar auch von der Intersubjektivität. Sie besitzt bei ihm jedoch lediglich die Funktion zu normieren. Die Intersubjektivität soll Quelle eines einigermaßen fest umrissenen Bedeutungsbegriffs sein. Diese Sicht des Sozialen ist reduktionistisch. In seiner Anthropologie hat die soziale Dimension einer Gemeinschaft keinen Eingang gefunden. Hier liegt eine Grenze seines Denkens. Begrenzt ist dadurch die Chance, psychologische Elemente zu erklären. Wiederholt hatte sich jedoch die Notwendigkeit dieses Verstehens für eine Theorie des Fremden aufgedrängt. Auch wenn Quine die sensualistische Vereinzelung verlässt und die Sprechergemeinschaft einführt, kommt er nicht zu einer Gemeinschaft von Agenten in ihrer psychisch-mentalen Ganzheit. In der Prüfung des Übersetzens als Modell des Verstehens von Fremdheit stand die dispositionale Sprachauffassung im Mittelpunkt. Nun hat sich gezeigt, dass auch die intersubjektive Gebrauchsbedeutung der Sprache wirklichkeitsreduzierend ist. Selbst wenn die Gebrauchsbedeutung zum sprachphilosophischen Modell erhoben wird, kann sie die Fremdheit nicht in ihrer mehrdimensionalen Beschaffenheit zugänglich machen.

Immer wieder versucht Quine, alles Vorwissen und alles, was nicht rein aus dem Beobachtbaren kommt, zu reduzieren. Immer wieder lässt er im Experiment ablaufen, wie jemand sich Erkenntnis aneignet, und sucht die aus diesem Blickwinkel fast magisch zu nennende Grenze zwischen Unwissen und Wissen, zwischen der *tabula rasa* und dem Gehalt einer Proposition. Als folgenreiches Experiment ziehe ich nochmals die Bilingual-Simulation aus dem zweiten *Word-and-Object*-Kapitel heran. Die Simulation wird dort versuchsweise so vorgestellt, dass der Feldforscher F die Sprache des Eingeborenen lernt, und zwar nicht als jemand, der bereits eine Sprache besitzt wie Feldforscher F1, sondern als Feldforscher F2, der zu Folgendem in der Lage ist: „to simulate [!] the infantile situation to the extent of keeping his past knowledge of languages out of account" (WO 71).

Die F2-Simulation ist zugegebenermaßen „unrealistisch" (unrealistically). Ihr Zweck ist heuristisch: sie verdeutlicht die Argumente für die Unumgänglichkeit analytischer Hypothesen für jedes Übersetzen, d.h. den Anteil des Deutens an jedem Verstehen. F2 wird im Dschungel über kurz oder lang zweisprachig. Neben seiner muttersprachlichen Persönlichkeit F1 („english personality") besitzt er eine Dschungelisch-Persönlichkeit F2 („jungle personality"). Die Frage ist: Welche kommt zum Zuge, wenn er sein Projekt, Handbücher aufzustellen, verfolgt? F2 kann nun die Aufgabe des F1 verfolgen, indem er in sich selbst schaut: „he can introspect his experiments instead of staging them" (ebd.). In unserem Gedankenexperiment über den Vergleich des erwachsenen und kindlichen Spracherwerbs liegt hier der Übergang von der On-line- zur Off-line-Simulation! Die On-line-Simulation mit dem Feldforscher F1 und dem Eingeborenen nennt Quine das primitivere Paradigma. Die Off-line-Simulation des Feldforschers F1 und F2 birgt das Problem für Quine, dass F1 nicht wirklich F2 werden kann. Er kann insofern F2 werden, dass er zweisprachig wird. Er kann aber nicht insofern F2 werden, dass damit das Eingeborenenkind und die *tabula rasa* seines Geistes im strengen Sinne simuliert ist. Wenn F1 sich selbst als F2 in einer Off-line-Simulation inszeniert, so bringt das zwei Errungenschaften: F2 hat ein „notable inside track of non-observational occasion sentences", und zweitens „he will tend to feel his analytical hypotheses as obvious analogies when he is aware of them at all". Dies ist der bereits vorgebrachte große Vorteil der Simulationstheorie. Die Theorie-Theorie hat lediglich analytische Hypothesen in expliziter Form. Der Simulationist F2 hingegen teilt die Lebensform (so deute ich das Gespür für Gelegenheitssätze[289]), und zweitens: er teilt mit der Lebensform die Rationalität, so deute ich das Analogiegefühl, das Gefühl für Stimmigkeit und Plausibilität bis hin zu dem Gefühl für das, was in einer Lebensform als Rechtfertigung gilt.

Quine irrt, wenn er die Off-line-Simulation mit der Introspektion gleichsetzt. Die Simulation kann viel zu viel Personal und Szenerie aufweisen, als dass sie auf die gleiche Weise in die subjektivistischen Schwierigkeiten der Introspektion geriete. Denn sobald F1 und F2 da sind und ein F1, der weiß, dass er F war, dann stellt sich der Feldforscher nicht nur sich selbst vor, sondern hinzu noch eine Szenenausstattung des Raumes und des personalen Inventars. Die Theorie der Simulation ist mit zwischenmenschlichen und umweltlichen Elementen bestückt, die der Introspektion fehlen. Gerade aufgrund des Simulierens verfällt der Forscher nicht in den hermeneutischen Fehlschluss, *alles* als Deutung zu betrachten. Wie sollte es je anfangen, wenn das ganze Deutungsnetz schon vorausgesetzt ist. Daher kommen die Auflösung und der Verlust der Subjektivität (F) in der Bilingual-Simulation. Die Gedeutetheit der analytischen Hypothesen ist eine zu stark ausgearbeitete Begrifflichkeit. In ihr ist die vorbegriffliche Vertrautheit verkannt.

Zusammenfassend lässt sich sagen, dass Quine die Struktur als Bedeutungsquelle favorisiert: als holistisches Netz, als Datenmenge mit logischen, beobachteten und vermuteten Verschaltungen und als Sprachsystem. Ihn interessieren Übersetzungsverstrebungen als Gegenstand, an dem sich Fremdheit festmachen lässt. Die Referenz der Unbestimmtheit ist auf Feldforscherebene ein Übersetzungssystem. Über die sprachlich-syntaktische Gestalt hinaus wurde es hier als Sinngefüge ausgeführt. Hinzugekommen sind nichtverbalisierbare Symbole, insbesondere die Leiblichkeit, und nur bedingt verbalisierbare Symbolisierungen wie das Körperwissen und intentionale Kognitionen, die bereits nach Brentano irreduzibel sind. Dies ist die umfänglichste und antireduktionistischste Entität, an der Fremdheit zu beschreiben ist. Dank der Entität „Sinngefüge" kann die Unbestimmtheit des Übersetzens am abweichendsten konzipiert werden, abweichender als in den quineschen Varianten seiner These. Denn in den gängigen Auslegungen besagt die starke These der Unbestimmtheit den Widerspruch im Wahr-

---

[289] Zu den unüberwindlichen Übersetzungsschwierigkeiten dieser Sätze für Marsmensch und Feldforscher I s. WO § 9, 11.

heitswert, und die schwache These der Unbestimmtheit hat eine ontologische und eine syntaktische Form.[290] Ihre Gegenständlichkeiten erreichen nicht den Grad qualitativer Abweichung wie die Unbestimmtheit im Sinngefüge!

5.2.2 Das nicht-theoretische Format des Fremdverstehens

Quine hat zwei Merkmale der Bilingual-Simulation entdeckt, die er abwertend beurteilt, die meiner Meinung nach aber ambivalent sind. Gerade sie verdeutlichen den Gewinn des simulativen Verstehens gegenüber dem klassisch interpretativen Verstehen. Beide Merkmale drücken den unausdrücklichen Wirklichkeitszugang des Simulierens aus und sind daher Bestandteile der Unbestimmtheit. Es sind die Merkmale:
Flüchtig sein (fugitive) sowie nicht völlig bewusst sein (aware, „when he is aware of them at all") und die Einverleibung.[291] Beide knüpfen an diese Äußerung Quines an:

„[the linguist] will tend to feel his analytical hypotheses as obvious analogies when he is aware of them at all [...] What with [...] the fugitive nature of introspective method, we have been better off theorizing about meaning from the more primitive paradigm: that of the linguist who deals observably with the native informant as live collaborator rather than first ingesting him" (WO 71).

Es ist erstaunlich, dass Quine die Off-Line-Simulation für anspruchsvoller hält als die On-Line-Simulation der Feldstudie. Denn er lehnt deren gerade genannten Merkmale eher ab und bevorzugt das unmittelbare On-line-Beobachten. Die Charakteristika, die in unserem Kontext als Merkmale der Off-line-Simulation auftauchen, sind wesentliche Eigenschaften des Verstehens der Lebensweise eines Fremden. Quine meint, nicht nur aus Gründen des vielfältigen Personals gebe es viele Übersetzungen, sondern prinzipiell wegen unserer Vorliebe, Welt in Theorien verstehen zu wollen. Theorien nämlich sind ein weites Feld, in dem viele Aussagen aus Geschmack an einer bestimmten Plausibilität anstatt an einer anderen gewonnen wurden und selbst wieder Grundlage solcher Auswahl sind. Auf diese Weise generiert das weite Feld in sich einen Stil von Vernünf-

---

[290] Die ontologische Form der Unbestimmtheit ist erst an der Übersetzung von „gavagai" als „Kaninchenteil" und „Kaninchenheit" verdeutlicht worden, später dann durch das Stellvertreterargument (proxy function: verschiedene Ontologien können aufeinander abgebildet werden). Beispiel für die syntaktische schwächere Unbestimmtheit ist das Übersetzen Japanisch-Englisch, wo drei Wörter in der einen Sprache ein einziges in der anderen sein können. Daher kann die Syntax nicht die logische Struktur abbilden und Unbestimmtheit nicht verhindern.
[291] Von Schulte/Birnbacher WG 134 mit „einzuverleiben" übersetzt („ingesting", „ingest" heißt: zu sich nehmen, aufnehmen z.B. von Nahrung).

tigkeit, der sich über die Ausgangssätze erhoben hat.[292] Es ist der gleiche Prozess, den Quine aus Gödels Unvollständigkeitsüberlegungen kennt: Ein logisch-mathematisches System wird erweitert durch in ihm unbeweisbare Sätze usw. Als einen „Stil" von Vernünftigkeit beschreibt auch Hacking die Aneignung eines anderen Systems.[293] Vom Beispiel der Alchemie und Astrologie sagt er, dass jemand nicht ein Übersetzungssystem als Satzmenge lernt, sondern bestimmte „chains of reasoning". Die Aufgabe des Feldforschers ist daher mit einem Manual und einer Grammatik nicht erschöpft. Eine Beschreibung der Mentalität, wie die Ethnologen es nennen, gehört dazu. Der Theoriebegriff des Manuals ist unzureichend, wenn kulturelle Repräsentationen nicht in einem „theoretischen Format" sind.[294] Für den Fortgang der Theorie des Verstehens von Fremden werden die Einverleibung, Flüchtigkeit und vage Bewusstheit als geeigneteres Instrumentarium ausgeführt.

Das Gegenteil der Einverleibung wäre der Umgang mit dem Eingeborenen als einem „live collaborator" (WO 71). Der Gegensatz liegt in der Lebendigkeit des einen und dem Totsein des anderen, der einverleibt wird, - im Wortsinn von „ingest", der „aufgegessen" wird. Es fällt Freuds *Totem und Tabu* ein, in dem Totenmähler als Wiederholung des kannibalistischen Einverleibens des Urhordenvaters gedeutet werden. Letzteres Ereignis, das Freud eingestandenermaßen als spekulativ und nichtsdestotrotz als historisches Datum auslegte, galt ihm als Beginn von Gruppenbindungen (der ödipalen Söhne). In unserer Untersuchung diene dieser Klassiker als Anregung, den Frageweg in Richtung der Einstellungen des Feldforschers gegenüber dem Eingeborenen einzuschlagen. Das Außerkognitive der Einstellungen und die Verborgenheit der eigentlichen Motivation, die in einigen Äußerungen der Eingeborenen-Satzmenge zur Sprache kommen, aber eben nicht vollständig, treten hervor. Sie ist in der Simulation mitzuvollziehen, d.h. einzuverleiben.

Was hat einen Übersetzer, der nicht einen Eingeborenen vorstellt, sondern aus seiner eigenen Zweisprachigkeit schöpft, zu der Einverleibung bewogen? Ist z.B. das Instrumentarium eines axiomatischen Systems wie der Logik eine Einverleibung, da sie in gewisser Hinsicht genau dies tut, nämlich ohne weitere Zuhilfenahme eines anderen aus sich heraus alles zur Lösung des Problems zur Verfügung zu stellen? Auch wenn die Existenzberechtigung der Logik nicht als sensualistischer Akt erzählt werden muss oder überhaupt als historisches Ereignis, so bleibt es sinnvoll zu fragen, welche semipropositionalen Einstellungen am Grunde dieser Form von Rationalität liegen.

---

[292] Falls man die Geschichte so erzählen will, dass es einmal objektivere oder irgendwie ursprünglichere (protokollierende oder beobachtende) Sätze gab. Das ist eigentlich die Zeitauffassung urzeitlich orientierter mythischer anstatt wissenschaftlicher Geschichten.
[293] *Language, Truth and Reason* 60.
[294] BOYER *Explaining Religious Ideas* 49.

Eine andere Variante wäre die Einverleibung der Welt durch das sensualistische Subjekt. Es muss niemanden fragen, sondern hat seine Eindrücke, wie F2 sein Dschungelisch besitzt, ohne Eingeborenen-Bekanntschaft. F2 hat den Eingeborenen vergessen, sobald er zweisprachig wurde. Was treibt eine Vernunft, die alles aus sich selbst heraus klären zu können vermeint? Trägt sie eine Urschuld, um es im Bild Freuds zu formulieren? Wie lässt sich philosophisch danach fragen? Verlöre sie ihre Berechtigung, die Evidenz, die zu ihrer Ausführung gehört, wenn sie sich nicht fortwährend und als einzige betätigte? Wenn das Einverleibte wieder als eigenständiger Leib neben sie träte, was geschähe? „We would simply accept the other theory and incorporate [!] it into our own as an enrichment" (PT 97). Diese Integration einer beliebigen Geschichte in eine andere ist zweifelhaft, denn die Handlungsträger haben unterschiedliche Interessen. Sofern diese nicht integrierbar sind, können die Fabeln nicht ineinandergefügt werden. Dazu passt auch das Bild vom Schössling, der so lange einer Pflanze aufgepfropft wird, bis nur noch das Exotische da ist (WO §15). Das Einverleiben wird in dem Bild als Verwachsen ausgeführt. Das Fremde verwächst so vollständig mit der veredelten Pflanze, dass es zu deren Organismus gehört. Jedoch hat diese Allegorie die umgekehrte Pointe: das Verwachsen geschieht, bis nur noch das Exotische zu sehen ist. Anders als die Theorie, die in unseren Überzeugungskorpus integriert wird, wird der Feldforscher im Bild des Schösslings von der fremden Welt aufgenommen. Er hat sich mit „Schwungkraft" ins Exotische „hineinkatapultiert" (ebd.) und ist nun nur noch dies.

In den 50er und 60er Jahren bestand für einige amerikanische Ethnologen (Hall, Carpenter, Métraux, Mead) ein Teil der Feldforschung darin, die eigene Sinneswahrnehmung an die fremde Wahrnehmungshierarchie anzupassen, d.h. zwei Sensorien zugleich innezuhaben. Auf diese Weise „verkörpern" die Forscher tatsächlich die andere Kultur. Aus der so gearteten Simulation ist zu schließen, dass für jene Ethnologen die Welt des Eingeborenen als Netz von Beziehungen aus den Wechselwirkungen der sinnlichen Wahrnehmungen betrachtet wird. Das ist eine umfänglichere xenologische Gegenstandsbestimmung als jene, die die Welt als Text annimmt. Zu entscheiden ist, ob die Einverleibung des Forschers in die fremdartige Welt ihn bi-sensoriell macht oder ob er wie im Bild des Schösslings monosensoriell in der fremdartigen Sinnesordnung aufgeht. Manche bestreiten schon die Möglichkeit, eine fremde Sinnesordnung restlos zu erlernen. Andere sehen eher der Bisensorialität empirische Grenzen gesetzt. Die Simulative Hermeneutik, die eine Wandlung des Gedankenexperimentators annimmt, umgeht auch in diesem Fall die Polarisierung des radikal Fremden als einer zweiten daneben stehenden Sinnesordnung. Jemand, der sich der fremden Sinnesordnung in der Simulation des Fremden aussetzt, wird anschließend nicht mehr derselbe sein. Seine eigene Sinneshierarchie und ihre Verweisungen haben sich verändert: verschüttete Sinne sind ausgegraben, andere Sinne geschärft und unter Umständen durch ein erweitertes Vokabular benennbar geworden. Wie vollständig auch immer die fremde Sinnesordnung rekonstruiert wird, durch die Simulation und ihr kommunikatives Geschehen hat ein Austausch stattgefunden, in dem sich der Forscher, vielleicht auch die Eingeborenen, denen er vorrangig begegnete, geändert hat. Dass der Feldforscher mit dem Sinngefüge des Eingeborenen verwächst wie ein Schössling mit der veredelten Pflanze, kann im Einzelfall passieren. Ein Forscher, der auf wissenschaftliche Auswertung aus ist, wird sich jedoch eher in der geschilderten Weise verändern, da und so lange als mit Wissenschaft eine Niederlegung der Ergebnisse verbunden ist, so dass der Forscher auf seine heimatliche Sprache verwiesen bleibt.

Verblüffenderweise finden sich zwei Stichworte Freuds wortwörtlich in der so besonnenen-kognitiv klingenden Erkenntnistheorie Quines: die Urschuld und die Historisierung eines imaginierten Ereignisses.[295] Die Urschuld ist die Verwechslung von Zeichen und Objekt: „Confusion of sign and object is original sin" (OR 15). Diese Einschätzung erlaubt ihm die Spekulation über den Beginn der Ontologie in der Kindheit der Rasse: "the early beginnings of an ontology of attributes in the childhood of the race" (OR 15). Hier wird Quine zum Mystiker, der in seiner Rekonstruktion das Einheitserleben, die Symbiose des Säuglings mit der Mutter, beschwört und zum Ausgangspunkt nimmt. Dieser Abschnitt über die Einverleibung ist das positive fehlende Gegenstück zur Oberflächenzertrennung, die als das Geburtstrauma der Erkenntnistheorie freigelegt wurde. Wagner/Warner sehen hingegen im Naturalismus folgende Zweiteilung angelegt: „[the] bifurcation into ontology and epistemology". Quine spricht kritisierend von dem Einssein der Einverleibung. Es ist, als wolle er diesen Prozeß rückgängig machen: „we have a stubborn tendency to reify the unrepeated matter by positing an attribute, instead of just talking of words" (OR 15). Wir sollten wieder einsehen, dass wir nur von Worten reden. Worin liegt der Fehler? Der archaische Vorläufer (archaic precedent) der ontologischen Fehldeutung der Worte ist das Brabbeln des Kleinkinds. Zu der Szenerie der Antwort gehören das Kind, das Aufscheinen eines Gegenstands (looming of the object) und das Wort, das das Kind sich selbst brabbeln hört (heard by the child from his own lips). Das Unerhörte dieses Ereignisses ist für Quine der geschlossene Kreis des reizverursachenden Objekts und des reizwahrnehmenden Objekts: Es ist ein und dasselbe. Die Lippen sind das Objekt, das das Wort äußert, der Hörsinn ist die Oberfläche, die es hört. Der Kreis ist geschlossen ohne Bezug auf ein Objekt. Dieses zeichnet sich erst undeutlich ab (loom). Quines Beschreibung deckt sich mit Winnicotts Deutung der Realitätsbildung beim Säugling.[296] In der Phase vor der sprachlichen Weltbildung sind z.B. Hunger oder Bauchschmerzen die Reizverursachungen, die bei Quine die eigenen Lippen des Kindes waren. Sie sind die vorgängigen

---

[295] Obwohl FREUD das Erklärungsmodell der Historisierung, seit er die Verführungstheorie aufgab, abgelegt hatte, greift er in *Totem und Tabu* seltsamerweise wieder auf es zurück.
[296] WINNICOTT *Übergangsobjekte und Übergangsphänomene*.

Regungen von „unangenehm" und „angenehm", die zunehmend zu Gefühlen wie Aggression, Befriedigung, Scham etc. ausdifferenziert werden.

Nun zur Flüchtigkeit. In gewisser Weise kann die Simulationsfähigkeit die Erinnerungstätigkeit ersetzen. Vieles wird nicht neuronal gespeichert, sondern im Augenblick je neu hergestellt durch Hineinversetzen (mit Phantasie und Empathie). Bei der Gedächtnisaktualisierung besteht für viele Fälle, die sie in Anspruch nehmen, das Problem des *missing link*: wie gelangt man von der Situation zu der richtigen Information im Speicher? Das bedeutet für die Fremdheit: Ein Hindernis, das viele neuartige Begegnungen überlagert, das Gedächtnis, das Ähnlichkeit zu Situationen herstellt, ob diese nun bestehen oder nicht, ob dieses Ähnlichkeits-Merkmal wesentlich ist oder nicht, fällt weg bzw. wird in seiner Bedeutung stark reduziert. Die erkenntnisleitende oder stark beeinflussende Rolle des Gedächtnisses ist eingeschränkt. Die Simulationstheorie ist eine elegante Erklärung für viele Fälle: sie ist synergetisch, sie muss keinen Zugriffs- oder Abrufapparat erläutern, sie ist modulierbar auf eine bestimmte „Szene" hin. Die Flüchtigkeit ist nicht nur erkenntnistheoretisch für das Erinnern interessant, sondern auch zeittheoretisch für die Gegenwartsart. Gegenwart ist eine spontane Figuration. Die gegenwärtige Szenerie ist bedeutungsentscheidender als die Aktualisierung von Erinnerung, vieles, das wir für erinnert halten, ist tatsächlich neu erlebt. Es geht schneller und es ist genauso effizient manches praktische Wissen je neu zu bilden anstatt es aus dem Gedächtnis hervorzuholen. Wir denken nur, wir hätten es aus der Erinnerung, weil wir schon oft in ähnlicher Situation gehandelt haben. Dabei ist es nicht nötig, sogar überflüssig, es im Geiste zu behalten, da wir es neu herstellen. Diese Gegenwärtigkeit nenne ich flüchtig. Manche beschreiben sie als dispositional im Unterschied zu einem anstrengenden rekursiven Erinnern. Sie ist eine Ökonomie des Gedächtnisses. Die Betonung der Flüchtigkeit ist für die Xenologie wichtig, weil sie ein spontanes Einheitserleben erhellen kann, für das die Simultanität von Faktoren und nicht ihre kausale Sukzessivität kennzeichnend ist.

Eine weitere Art von Flüchtigkeit wird hier nur angesprochen und bleibt Aufgabe für die Zukunft. Wiederholt wurde von einer non-propositionalen Schicht oder Dimension oder sogar einem Gehalt gesprochen. Gerade letzteres klingt wie ein Selbstwiderspruch. Was für eine Größe hat man sich unter der non-propositionalen vorzustellen?[297] Zum einen gibt es das Problem der Repräsentation: Sobald ein Beispiel genannt ist, wird das non-propositionale Phänomen dargestellt, unter Umständen sogar verbalisiert. Kann es sich dann überhaupt um einen non-propositionalen Gehalt gehandelt haben? Es wäre möglich, solche non-propositionalen Phänomene von anderen non-propositionalen zu unterscheiden, die noch nicht bewusst oder dargestellt sind. Im Moment der Bewusstwerdung bzw. Repräsentation wären sie dann ausgesagt, also propositional. An dieser

---

[297] Vgl. die Beiträge „Nonpropositionale Formen des Wissens" beim XVIII. Deutschen Kongress für Philosophie, in: MITTELSTRAß *Die Zukunft des Wissens* 523-604.

Stelle hat sich bereits neben der Vertextlichungstradition die Bewusstseinstradition eingeschlichen, die beide über Existenz oder Nicht-Existenz eines Sachverhalts klassischerweise entschieden haben.

Es ist ein interessantes Gedankenexperiment, ob es eine sinnvolle Hypothese von einem non-propositionalen Phänomen gibt, das prinzipiell nicht darzustellen ist und auch nie bewusst wird. Letztere Bedingung ist für eine wissenschaftliche Erforschung kaum sinnvoll. Besser ginge das Gedankenexperiment von einem non-propositionalen Phänomen aus, das zwar nicht darzustellen ist, wohl aber in irgendeiner noch näher zu bestimmende Form von Bewusstheit rückt oder zeitweise rücken kann. Die Darstellbarkeit muss auch näher gefasst werden. Bezieht sie sich lediglich auf die Unmöglichkeit eines Darstellens in einer literarischen Gattung (Theorie, wissenschaftlicher Text...) oder auf Textlichkeit oder Sprachlichkeit überhaupt? Soll eine bildliche oder symbolische Notierung möglich sein, ohne die Non-Propositionalität aufzuheben? In dieser Arbeit ging die Suche in Richtung der leiblichen Kommunikation des Simulanten in einer Umgebung. Es wurden in der Inkorporation in Aktivität befindliche Beherrschungen vermutet, die in ihrer Spontanität und Selbstverständlichkeit nie vortreten und thematisch werden. Hier wird auf die Non-Propositionalität von zwei Seiten zugegangen. Sie ist ein Vermögen des Simulanten und zugleich als methodische Beschreibungsebene angenommen.

5.3 Der Gedankenexperimentator

"I'm very keen on travel, from way back", Quine *Interview Borradori* 39

Der Gedankenexperimentator ist eine auswertende Gestalt. Die personale Kennzeichnung der Ebene darf nicht eliminiert werden, da das Auswerten eine Kommunikation ist, denn das Verstehen der Fremden besitzt kein theoretisches Format. In den vier Jahrzehnten nach Word and Object ist der Gedankenexperimentator Quine immer wieder auf seine xenologische These von der Unbestimmtheit zurückgekommen. Sie wird als Unwägbarkeit psychischer Einschätzung ausgeführt. Mit TerHarks Begriff der life facts (Sinngefüge) wird die Gesamtheit der bewussten und unbewussten Äußerungen benannt und als umfänglichster Gegenstand, der unbestimmt ist, ausgegeben (5.3.1). Daraufhin können die bereits bekannten Grundbausteine des Fremden bewertet werden (5.3.2). Sodann werden mögliche Abläufe des Fremdbegegnens simuliert und in vier Schemata systematisiert. Es handelt sich gleichsam um mögliche Autobiografien des Gedankenexperimentators (5.3.3). Vom mittlerweile gewonnenen Standpunkt aus werden Positionen anderer Gedankenexperimentatoren kritisiert (5.3.4).

5.3.1   Das unbestimmte Wägen im unwägbaren Sinngefüge

In Quines Darstellung der Übersetzungsunbestimmtheit von 1987 finden sich immer noch ungelöst und unverbunden die Reduktion und die Setzung des Spielraums. Reduktionistisch setzt Quine das Sprachlernen des Feldforschers und des Eingeborenen gleich in Bezug auf die ihnen zur Verfügung stehenden Belege: "Jungle is inaccessible through any known languages as way stations, so our only data are native utterances and their concurrent observable circumstances. It is a meager basis, but the native speaker himself has had no other".[298] Die Auffassung, dass die magere Basis des Beobachtbaren wirklich das einzige zu beachtende Kriterium des Spracherschließens sei, kann angegriffen werden. Vorkenntnisse spielen beim Verstehen eine große Rolle und führen zu unterschiedlicher Auffassung mancher Äußerung. Quine führt diesen Punkt selbst an, wenn er das Gedankenexperiment in einer erneuten Form erzählt, dass nicht nur einer, sondern zwei Feldforscher im Dschungel verschwinden und mit Manualen herauskommen: "two radical translators, working independently on Jungle, would come out with manuals acceptable to both. Their manuals might be indistinguishable in terms of any native behavior that they gave reason to expect, and yet each manual might prescribe some translations that the other translator would reject. Such is the thesis of indeterminacy of translation". Als Grund dafür wird angegeben: "the procedures involve weighing incommensurable values".[299]

Die wichtigste Erkenntnis, die meines Erachtens mit der Gestalt des Gedankenexperimentators verbunden ist, ist jene von der Unbestimmtheit unserer psychologischen Einschätzungen, - eben jenes „Wiegen unwägbarer Werte". Die menschliche Sprache und die Manuale und Grammatik sind also nicht unbestimmt, weil sie noch nicht in die „bestimmte" naturalistische, z.B. neurophysiologische Sprache gebracht worden wären. In diesem Sinne kritisiert TerHark den Philosophen Feigl: „the criteria for distinguishing between mere pretence and genuine feeling are never stateable in terms of necessary and sufficient conditions. Feigl's conclusion that therefore overt behavior is only a symptom of underlying and as yet inaccessible states and processes expresses his commitment to determinacy of sense and the attendant denigration of concepts with indeterminate boundaries".[300] Die Unbestimmtheit unserer psychologischen Urteile sollte nicht mit einer mentalen Verborgenheit erklärt werden. Vielmehr ist die Unbestimmtheit psychologischer Einschätzungen prinzipiell und nicht nur graduell, wie es sonst die meisten Ergebnisse Quines sind.

Hierin liegt auch der Grund, weshalb nur die Narrativität des Dschungels, die von einem ausgewachsenen radikalen Übersetzer ausgeht, dem Feldforscher, den Durch-

---

[298] *Indeterminacy of Translation Again* 5.
[299] Ebd. 8.
[300] *Uncertainty, Vagueness and Psychological Indeterminacy* 211.

bruch zur Unbestimmtheit psychologischer Einschätzungen schafft: An einem Kind ist die ausgebildete Beherrschung des psychologischen Knowhows nicht deutlich genug. Es fehlt die Frequenz seiner Erfahrung und die Deutlichkeit seiner Kontexte. Es gibt wichtige Merkmale der psychischen Muster, die ihre Unbestimmtheit und Kontext-Abhängigkeit verstärken. Für Gesichtsmuster gilt z.B., dass es keine endgültige Antwort gibt, welche Typen oder Elemente (z.B. Stellung der Augenbrauen, Lidstellung, Mundwinkel) zu den Gesichtsmustern von Freude oder Trauer gehören (ebd. 212). Dasselbe gilt für das Muster der Täuschung, z.B. als Vortäuschung eines Gefühls oder als Lügen. Sie haben unscharfe, indeterminierte Begriffsumfänge und sind mit anderen Mustern übergänglich verwoben (213). Auch für die szenische Dynamik der Muster (z.B. wie viele Sekunden eine Emotion verzögert ist, die vorgetäuscht wird im Vergleich zu einer echten) kann keine zeitliche Bestimmtheit ermittelt werden.

Weil die meisten psychischen Begriffe vom Erzählen und Handeln des Agenten abhängen und dies nur aus dem weiteren „irregulären" Kontext ihres sprachlichen und nichtsprachlichen Verhaltens entnommen werden kann, deshalb gilt für die Evidenz unserer Zuschreibungen von semi- und nonpropositionalen Ausdrücken, dass sie nicht auf internen oder externen Fakten beruhen, sondern auf der „irregulären Umgebung" und dem „zeitlichen Kontext" (vgl. 214). Das erklärt sehr gut, dass selbst die Bekanntheit mit einer Person Fehleinschätzungen nicht vermeiden kann. So kann auch die Meinungsverschiedenheit erläutert werden. Aufgrund der Unbestimmtheit ist die Evidenz „unabwägbar".[301] TerHark folgert die kategoriale Differenz von psychologischen Begriffen und jenen, die physische Fakten beschreiben. Die Unbestimmtheit und die unscharfen „Ränder der Evidenz" können auch durch vertiefte Forschung nicht aufgehoben werden. TerHark argumentiert sprachphilosophisch: „For if certain form of life facts would not be the case the corresponding linguistic practice would not exist [...] Therefore by playing a neurolanguage-game we should not be getting precisely what we now get at only imprecisely" (216). Der Gedankenexperimentator wird mit einem überarbeiteten Übersetzungsmanual den Eingeborenen nicht besser verstehen. Das Verstehen eines mentalen Agenten bleibt unbestimmt aufgrund des setzenden Merkmals „unbestimmt" in seinen psychologischen Mustern und, werden diese erweitert um semi-und nonpropositionale Größen, in seinen *life facts*. Denn es gilt vom Wert „unbestimmt": „this grammatical feature of certain psychological concepts resides in the form of life fact that psychological patterns, upon which psychological judgements are based, are indeterminate" (216). Mit den *life facts* bietet TerHark einen kognitionswissenschaftlich überarbeiteten Begriff von Sprachspiel. Daher sind seine *life facts* für die Simulative

---

[301] Imponderable, 215. TerHark bezieht die Formulierung aus Wittgensteins *Philosophischen Untersuchungen*.

Hermeneutik als der allgemeinste Gegenstand, der unbestimmt ist, so sinnvoll. *Life facts* sind hier mit Sinngefüge übersetzt.[302]

Für Rorty sind wir unumgänglich ethnozentrisch, weil wir mit dem, was wir wissen, anfangen müssen. Das impliziert, dass der anthropologische *status nascendi* ein Wissen sei. Quine zeigt, dass der Feldforscher gerade mit dem, was er nicht weiß, anfängt: fremden Äußerungen einer fremden Kultur, vermuteten Referenzen. Die Unwägbarkeit des Abwägens besteht für ihn in dreifacher Hinsicht:[303] a) als psychologische Vermutungen (psychological conjectures), b) als Einschätzung dessen, was vernünftig ist, - „vernünftig" in dem Sinne, dass es zur erschlossenen Rationalität des Eingeborenen passt (stand to reason), c) als Bewertung dessen, was mit der beim Eingeborenen beobachteten Lebensweise übereinstimmt (consonant with the native's observed way of life).

Diese Belege oder Kenntnisse fehlen dem kindlichen Spracherwerb. Quine kommt es in der Feldstudie darauf an zu zeigen, dass im Vorgang des Übersetzens zu keiner Zeit und an keiner Stelle Bedeutungen miteinander identifiziert werden. "But it is only radical translation that exposes the poverty of ultimate data for the identification of meanings".[304] Selbst die beobachtbaren Daten sind kein letzter und höchster Gehalt, der das Übersetzen stützte. Bereits die Übersetzung von Beobachtungssätzen wird regiert von psychologischen Vermutungen. Im Vergleich von Feldforscher und Kind lässt sich festhalten: der Spracherwerb mag sehr unterschiedlich sein; solange keine Identifikation von Bedeutung in die Rekonstruktion eingeht, verdeutlichen sie Quines semantische These: es gibt keine Bedeutungsentitäten, denen Übersetzungen angeglichen würden oder die ein Kind erfasste.

Die Unbestimmtheit steht zwischen der Unterbestimmtheit durch das Sichtbare auf objektiver Seite und zwischen dem Unabwägbaren psychischer Einstellungen auf der Seite des Feldforschers. Das Übersetzen nimmt daher beide Quellen in Anspruch. Festschreibung im Handbuch erhalten die Übersetzungen dank des Sinns, den ein Satz im Verband mit anderen Sätzen hat. Der Holismus ist die einzig positive semantische Größe. Wahrnehmung und Einfühlung bleiben spekulativ. In diesem Grenzgang wird Qui-

---

[302] Das Problem mit der „Bestimmtheitsgarantie des Wissens" und mit der Grenze des Theoretisierbaren, die den Überstieg in die praktische Vernunft für einen weiterhin gehaltvollen Begriff von Wissen notwendig machen, ist für GAMM die Parallele zwischen Quines Denken und dem postkantischen Idealismus (*Nicht nichts. Studien zu einer Semantik des Unbestimmten* 9). Was sich im Gedankenexperimentator spiegelt, hat Gamm in eine Anthropologie der Moderne eingebettet. Das „Unbestimmt- und Reflexivwerden aller Bestimmungen des Wissens und Handelns (Ambivalenz, Überdeterminiertheit, Fraktalität, Unberechenbarkeit usf.) scheint eine wichtige Dimension modernen Selbst- und Weltverhältnisses zu sein" (7).
[303] *Indeterminacy of Translation Again* 7.
[304] Ebd. 7.

nes Behaviorismus lädiert. Der Gedankenexperimentator kommt mit einer psychischen Unabwägbarkeit in Kontakt, in der die semantische Uneindeutigkeit des Feldforschers noch überschritten wird: „Translation is not the recapturing of some determinate entity, a meaning, but only a balancing of various values".[305] Die Theorie des Fremden ist kein Gefangennehmen, sondern ein Ausbalancieren von Sinngehalten. Bei Sundermeier wird das Wägen von Unwägbarem „kontrolliertes Erfinden" genannt: „Der Ethnologe kehrt nach der Feldforschung an seinen Schreibtisch zurück. Nun muß er [der „Gedankenexperimentator" in dieser Arbeit] die *Rückübersetzung* üben. Seine Wissenschaft ist ja nicht nur Nacherzählung des Gelernten und Erforschten [...] sondern Neuschaffung, vielleicht sogar ein Erfinden, jedenfalls ist es ein kontrolliertes Erfinden".[306] Zu der Unwägbarkeit gehört die Psychologie des Anderen, seine Rationalitätsart und seine Lebensweise.

Eine Weise, in der Quine das Unwägbare ausformuliert, ist die Pragmatik. Sobald jedoch pragmatische Gründe für Erkenntnis angeführt sind, ist die kantische Überzeugung von Kategorien der Erkenntnis aufgegeben. Quine spricht von der Mühe, die wir aufzuwenden haben, um uns den anderen anzugleichen. Wenn uns vor allem die Unerforschlichkeit des Eingeborenengeistes vor Augen steht, so haben wir die beste Übersetzung verfehlt. Wenn hingegen die große Ähnlichkeit der Rede des Eingeborenen mit unserer auffällt, so haben wir unsere provinziellen Auffassungen „gründlicher" (thorough, WO 77) in seine Rede „hineingelesen". "How much grotesqueness may we allow to the native 's believes"?[307] Mühe oder Zufriedenheit mit der Übersetzung (satisfaction, WO 29), "linguistic ingenuity or lucky coincidence" (WO 77) und Gründlichkeit eines Sprechers von A bzw. A' sind Kriterien für den Grad der Bestimmtheit, der erreichbar ist. Die Kriterien sind praktischer und subjektiver Art. Quine definiert Freude und Leid als Nervenimpulse und gesteht ihnen so einen Platz in seiner physikalistischen Ontologie zu. Geuking handelt in seiner Rekonstruktion quinescher Ethik diese Beeinflussung unter der Überschrift „Selbstwahrnehmung" ab: „Es ist ein Großteil menschlicher Wahrnehmungen auf die Wahrnehmungen des eigenen Ich bezogen [...]. Die von ihm [Quine] angeführten Theorieauswahlkriterien Simplizität im Sinne von Bequemlichkeit und Konservatismus beziehen sich auf subjektive Phänomene".[308] In diesem Sinne verbirgt sich hinter dem Naturalismus Quines ein krasser Subjektivismus.

Das Unwägbare führt auch dazu, dass Quine seinen Begriff der Disposition einer Korrektur unterzieht: Ein Weiterleben der Innerlichkeit von Ideen sieht er - Chomskys Kritik annehmend - in seinem Konzept von der inneren Disposition zu verbalem Ver-

---

[305] *On empirically equivalent systems of the world* 322.
[306] *Den Fremden verstehen* 187.
[307] *Indeterminacy of Translation Again* 8.
[308] *Erfahrung und Willkür* 164.

halten.³⁰⁹ In behavioristischer Manier jedoch ist die Disposition keine Angeborenheit, sondern ein aus Erfahrung gebildetes Vermögen, eine Art kreativer Speicher der Wahrnehmung. An dieser Stelle tritt ein Element hinzu, das schon im Paradox des zu wägenden Unwägbaren lag: die Disposition ist ein apriorisches Vermögen (prior, ebd. 306). Das Paradox liegt darin, dass ein konditioniertes, habituelles Vermögen folgende postulierte Fähigkeit besitzen soll: "on the subject's part to treat one stimulation as more nearly similar [!] to a second than a third" (ebd.). Quine postuliert einen Ähnlichkeitsmaßstab im Vorvermögen des Sprechers. Er findet zwar, dass Postulat ein „hässliches" Wort ist, das einzige Gegenargument ist jedoch sein Hinweis, dass die Vorgängigkeit der Disposition völlig offensichtlich (obviously) sei und dass dieser Tatbestand wohl Chomskys, nicht aber sein Problem (307) sei.³¹⁰ Sollen die Vorkenntnisse dessen, der eine Sprache lernt, objektiviert werden in die Vorgängigkeit einer Disposition? Die Richtung einer Vorgängigkeit liegt auch in der angeborenen Neigung, die Quine dem Linguisten zuschreibt: "he is bound to lay great weight upon innate endowments"³¹¹. Der strittige Punkt ist der gleiche wie zwischen Simulationisten und Theorie-Theoretikern. Es ist vielsagend, dass Quine da dogmatisch wird, wo es um die Ähnlichkeit (vgl. similar) geht. Nicht umsonst ist das Gedankenexperiment selbst ein Gleichnis und zieht viel Aussagekraft wiewohl Verwirrung aus der similitudo, die die Erzählung herstellt. Der Erfolg des Gedankenexperiments kann daran bemessen werden, ob eine Disposition die Ähnlichkeitsbewertung von Reizen vollziehen kann, also ob ein behavioristisches Surrogat eine mentale Operation ersetzen darf.

Ein anderer Vorschlag, den Dispositionsbegriff für eine Verstehenstheorie des Unwägbaren bzw. der Unbestimmtheit tragfähig zu machen, stammt von Carruthers: Er geht davon aus, dass es ein phänomenales Bewusstsein gibt (there is something what it is like to be in it; subjective feel).³¹² Er erklärt phänomenale Bewusstseinszustände aus analogen Bewusstseinszuständen, die über eine „Theorie höherer Ordnung" miteinander verschaltet sind. Wichtig ist, dass „analog" ausdrücklich „nicht begrifflich" bedeuten soll. Auf den Vorwurf A. Goldmans, dass Höhere-Ordnungs-Theorien dem infiniten

---

³⁰⁹ Vgl. *Replies* 306f, in: DAVIDSON/HINTIKKA.

³¹⁰ Vgl. auch die Entschärfung und Banalisierung seiner behavioristischen Position, die er in seiner *Reply to Harman* (ebd). vornimmt: "disposition, in turn, is a hypothetical state of the internal mechanism [...] I am not sure what philosophical behaviorism involves, but I do consider myself as behavioristic as anyone in his right mind could be" (296). Er schreibt für LAUENER *Quine* 9: "I am not clear on his reservations regarding my behaviorism. In view of its moderateness, which he perhaps underestimates, I wonder what he would settle for instead". Der Behaviorismus ist für Quine eine alternativlose, unaufgeregte und *right minded* Position.

³¹¹ *Reply to Chomsky* 306.

³¹² Unveröffentlichter Vortrag beim Kongress der European Society of Philosophy and Psychology 2000 in Salzburg. Zur HOT (higher-order-theory) s. BOTTERILL/CARRUTHERS *Philosophy of Psychology* Kap. Consciousness!

Regress von immer höheren Ordnungen verfielen, widersprach Carruthers mit dem Begriff der Disposition. Im Konzept analoger Dispositionen liegt eine Parallele zu Quine. Zur Erklärung von Verstehen kann die Disposition wertvoll genutzt werden, um ein phänomenales Bewusstsein (sprich die Bedingung von Subjektivität) zu erläutern, ohne von einer Introspektion oder einem inneren Gefühl oder Sensorium (inner sense) Gebrauch zu machen. Introspektive Theorien wären empirische Varianten einer Subjektivitätsbegründung. Das ist eine verblüffende Wendung, da sie eher mit idealistischen Vorwürfen (Problem einer inneren Schau etc.) überhäuft worden wären, so wie die Theorie-Theoretiker es mit den Simulationisten machen. Eine Disposition in Anspruch zu nehmen ist für Carruthers keine empirische Theorie, sondern eine Theorie darüber, was es heißt, einen phänomenalen Bewusstseinszustand zu haben.[313] Quine könnte von dieser Wendung profitieren, wenn er unsere Fähigkeit, Bedeutung zu verstehen, in diesem Sinne als dispositional anstatt behavioral oder angeboren bezeichnete. Auf Gedankenexperimentatorebene geht es nicht um eine Theorie über Objekte, sondern darum, wie jemand einen anderen versteht.

Wenn wir uns erinnern: Schon in der abstrakten Problemformulierung Quines im zweiten Kapitel "Translation and Meaning" wird über einen Unterschied in der Bedeutung bei gleichbleibender Disposition und Übereinstimmung in der verbalen Äußerung nachgedacht. Durch die Idee eines Unterschieds bei gleichbleibendem Sachverhalt, also durch die Idee einer Pluralität von Bedeutungen bei unveränderter Faktizität innerhalb der behavioristisch und empirisch zugänglichen Gesamtrealität ist der erste Schritt zur Aushöhlung des *fact of the matter* getan! Langfristig muss diese Denkrichtung in einen Bereich vorstoßen, in dem die Bedeutsamkeit des *fact of the matter* ausfällt. Denn ein Unterschied im Bereich des Faktischen ist in der Ausstattung des Gedankenexperiments nicht vorgesehen. Wenn das Faktische aber keinen Unterschied macht, so wird es unerheblich für eine Bedeutungstheorie.

Diese Darlegungen wollen nicht zeigen, dass sich in dem Gedankenexperiment der Behaviorismus Quines ad absurdum führe. Eine oft zu lesende Kritik an Quine besagt, die Unbestimmtheit folge trivialerweise aus den Voraussetzungen, i.e. die Beschränkung auf behaviorale Evidenz. Diese Gegner haben das Gedankenexperiment nicht sorgfältig gelesen. Denn unbestimmt im Sinne von semantisch uneindeutig wird die Übersetzung durch die analytischen Hypothesen, den Deuteanteil, nicht durch die Defizienz der behavioristischen Daten. Wenn überhaupt, so hätte diese mit der Unterbestimmtheit von Theorien durch empirische Daten zu tun. Was soll demnach aus dem Gedankenexperiment gefolgert werden? Die Folgerungen aus Gedankenexperimenten sind umstritten. Es kann gelten: „So weisen die wenigsten Gedankenexperimente prima

---

[313] S. auch CUMMINS *How the Social Environment Shaped the Evolution of Mind* 22. Er versucht es mit einer „biological preparedness" anstelle von eingeborenen Modulen (wie Quine und die Theorie-Theoretiker).

facie *Inkonsistenzen* in einer Theorie auf, obwohl viele von ihnen als reductio ad absurdum *rekonstruiert* werden können".[314] Quine hat ausdrücklich Stellung bezogen: es gebe solche, die die „Feldstudie" (er ist sich nicht bewusst, auf der Stufe des Gedankenexperiments zu sein) als Bestätigung des Behaviorismus sähen, und andere, die sie gerade als Widerlegung dieser Position betrachteten. Quine unterstützt mit Nachdruck erstere Ausleger: die Feldstudie sei eine Ausformulierung des Behaviorismus: "There is nothing in linguistic meaning, then, beyond what is to be gleaned from overt behaviour in observable circumstances. In order to exhibit these limitations, I propounded the thought experiment of radical translation".[315] Was Quine hier Gedankenexperiment nennt, ist richtiger die empirische Feldstudie. Auf Gedankenexperimentebene hat er in seiner Auswertung ja die Unbestimmtheit festgestellt. Da Quine fortwährend sein eigenes Ergebnis aus den Augen verliert, ist es nur folgerichtig, dass er in der jüngsten Äußerung zum zweiten Kapitel von *Word and Object* 1997 die Unbestimmtheitsthese für die uninteressantere hält.[316] Statt ad absurdum geführt zu werden, verschiebt sich das Interesse: Die Unerforschlichkeit der Referenz sei viel wichtiger! Und er führt sie in der mathematisierteren Form der Stellvertreterfunktion (proxy function) aus. Es ist überhaupt nicht zu verleugnen, dass Quine von ihm selbst entdeckte Argumente, die sein Naturalisierungsprojekt gefährden könnten, immer stärker verneint. *Word and Object* ist gerade dadurch so interessant, dass es die Grenzen seiner Position in einer später nicht mehr zugelassenen Hellsichtigkeit darlegt.

Ich vermute, dass es durch die narrative Ausgestaltung seines Gedankengangs für ihn möglich wurde, an hermeneutische Assoziationen heranzukommen, die andere Anläufe nicht hergeben. In seinem Aufsatz *On the Reasons for Indeterminacy of Translation* (1970) wird das sehr deutlich: Er klärt darin erneut die Unbestimmtheitsthese. Der Aufsatz hat zwei Teile: die erste Hälfte stellt die Unterbestimmtheit physikalischer Theorie wissenschaftstheoretisch dar. Der zweite führt aus, dass dies mit der Unbestimmtheit gemeint sei. Anstelle der Handbücher im Dschungel ist ein anderer Gegenstand eingesetzt: physikalische Theorien. Mit diesem Gegenstand ist ein großer Verlust verbunden: Im Wechsel wissenschaftlicher Theorien ist die Sprachlichkeit bei weitem nicht so thematisierbar wie in dem stärker semantischen Projekt des Übersetzens. Zudem ist im Reise-Setting aus der zu übersetzenden Sprache noch kein Bereich ausgegrenzt. Wenn Quine wissenschaftliche Theorien als Sprachganzes unterstellt, hat er einen stärker beschnittenen Gegenstand vor sich als der Linguist, der mit dem Eingeborenen vor einem anderen Menschen steht. Neben dieser spezifischen Art des Gegenstandes der Simulation (nämlich Übersetzung zu sein) ist der weitere Umfang des Gegenstandes der Simulation (nämlich *alle* Lebensäußerungen des untersuchten Gegenstandes „Eingeborener"

---

[314] MAYER *Was zeigen Gedankenexperimente?* 359.
[315] *Indeterminacy of Translation Again* 5, übernommen in PT §14.
[316] *Interview Borchers* 41.

aufzuzeichnen) entscheidend. Er ist ein zweiter Grund, dass die Simulation den späteren Behandlungen der Unbestimmtheit durch Quine überlegen ist.

Auf den letzten Seiten habe ich einige Aufsätze Quines zum zweiten Kapitel von *Word and Object* aufgearbeitet. Zum Teil haben sie einzelne Punkte verdeutlicht, zum großen Teil aber reichen sie an die gedankliche Tiefe der selbst zu Hause geltenden Unbestimmtheitsthese aus der Feldstudie von 1960 nicht mehr heran. Der späte Quine reduziert das Fremde auf das Unbekannte. Er radikalisiert den Revisionsbegriff, indem er in *Pursuit of Truth* einräumt, es könne eine zukünftige wissenschaftliche Theorie geben, in der so etwas im Moment Undenkbares geschieht, wie dass sie ohne Existenzquantor auskommt. Diese in Zukunft möglicherweise andere Theorie ist jedoch nicht synchron gedacht, so dass es zu dem für Unbestimmtheit nötigen Gegensatz nicht kommt. Sie ist daher eine Andersheit, einbegriffen in den wissenschaftlichen Fortschrittsgedanken, der zur Eigenheit des Naturalismus gehört, und keine Fremdheit.

5.3.2 Anforderungen an das Instrumentarium einer Xenologie

Wir sind auf das Paradox des Wägens von Unwägbarem gestoßen. Die Simulation, will sie eine xenologische Hermeneutik sein, hat dafür geeignete Prozeduren vorzuschlagen. Von dem erhöhten Problem- und Methodenbewusstsein des Gedankenexperimentators werden Folgerungen aus der Urszene der Begegnung mit Fremdheit gezogen: 1. ihr empirischer Ansatz entpuppt sich als anthropologisches Generale des Kulturvergleichs; 2. die Methode der Imagination und die Radikalisierung des Plots haben eine unerlässliche heuristische Funktion; 3. zu den Prämissen der Methode des Übersetzens gehört, dass sprachlich-morphologische Grenzziehungen auch im ontologischen Sinne Gegenstände setzen; 4. bedeutungstheoretische Entscheidungen: semi- und nonpropositionale Gehalte dürfen nicht ausgeschlossen werden, wenn kategorial Fremdes behandelt werden soll. Das Repräsentationsmodell des Geistes ist der simulativen Theorie des Geistes nicht überlegen.

In der Vorstudie *Speaking of Objects* zu *Word and Object* Kapitel II gibt es einen ersten vagen Schritt zum Verständnis des Unbekannten, bei dem die eigenen Muster nicht oktroyiert werden müssen. Zur Demonstration denkt Quine sich in einem Gedankenexperiment einen Reisenden aus, der zu einem Volk kommt, dessen Sprache unbekannt ist. Wenn der Reisende einen Zusammenhang zwischen einer Äußerung von jemandem aus dem Volk und einem Vorgang in der sichtbaren Welt entdecken kann, dann kann er ganz „vorsichtig" (cautious, OR 2) in seiner Sprache sagen, was wohl die Äußerung des Fremden meint. Die Garantie (warranted) dafür, dass er das Unbekannte ohne eigenes Hineinlesen versteht, ist hier die offensichtliche sinnliche Wahrnehmung. Es geht nicht darum, ob Quine Empirist ist (also dass nur jene Erkenntnisse innerhalb der eigenen Sprache Wissen sind, die induktiv sind! Diese Legitimationsstruktur könnte dem Sinngefüge des fremden Volkes fremd sein). Die Sinnlichkeit ist das anthropologische Generale des Kulturvergleichs. Denn die Sprache, in der sich auch die Sinneserfahrung ausdrückt, ist eine Kraft, die die Wirklichkeit je schon „heruntergebrochen" hat (breaking reality down, OR 1)! Die Ambivalenz des sinnlichen Menschen ist bezeichnend. Sie ist die Brücke, dass das Übersetzen mit Beobachtungssätzen beginnen kann, und zugleich ein Abbruch der Wirklichkeit.

Im zweiten Punkt wird den Charakteristika Imagination und Radikalisierung in Quines Modell des Verstehens von Fremden im *Word and Object*-Kapitel sowie in *Speaking of Objects* nachgegangen. Mit der Imagination (imagine, OR 1) einer Szenerie größter Fremdheit soll das Sprachverstehen nachgestellt werden. Fällt damit nicht das unthematische Verstehen und die Leichtigkeit des Verstehens weg? Reicht es aus, den Index „es könnte ganz anders sein", an das bekannte Instrumentarium zu heften? Gerade diese Alltäglichkeit der Sprach- und Verstehenspraxis verfolgt Quine in den *Quiddities* („meaning", „communication": we blithely discourse; no news is good news). Vorverstehen, Vagheit, Situationsverstehen, Handlungswissen, geteilte Lebensform etc. sind wichtige Theorieelemente einer Bedeutungstheorie. Ist Quines Ansatz dann sinnvoll, normales sprachliches Verstehen mit dem Modell des Fremdverstehens („radikales Übersetzen") zu erforschen? Oder verhält es sich andersherum: Gerade durch die Eigenschaften einer imaginierten Szenerie sind die imaginativen Quellen des Verstehens der anderen Sprecher integriert und bearbeitbar geworden. Weil sich der Reisende in die Situation des anderen hineinbegibt, stehen seiner Erklärung die Begrifflichkeiten von Handlung, Wirkabsicht, praktischem Zweck, Prozess, Reizreaktion, Emotionalität etc. zur Verfügung.

Nach Holenstein[317] war folgende Vorstellung lange der dominierende Typus des Kulturvergleichs: „Im Idealfall sind die beiden Kulturen [...] durch sich kontradiktorisch ausschließende Eigenschaften entgegengesetzt". In diesem Idealfall ist das, was „eine Kultur von einer anderen unterscheidet, [...] eine unterschiedliche Hierarchie von Eigenschaften" (137). Seiner Ansicht nach kann der Gegensatz genauso gut als „intrakulturelle Variation" angesehen werden. Wenn Quine nicht den feldforschenden Reisenden erfunden hätte, würde dem zum Verstehen herausfordernden Gegenstand „Eingeborener" keine so radikale Andersartigkeit anhaften. Grundsätzlich ist auch die Radikalität unter die Vorsicht zu stellen, nicht das formal radikalste Abweichen zu sein.

---

[317] *Menschliches Selbstverständnis* 139. Die neuere vergleichende Kulturwissenschaft betont den Austausch, der immer schon stattgefunden habe, vgl. TENBRUCK *Was war der Kulturvergleich, ehe es den Kulturvergleich gab?*: „Der Kulturvergleich ist eben eine stets unvermeidliche und lebensnötige Praxis aller Gesellschaften gewesen" 14.

Ein dritter Problemkreis tritt mit der Kernprozedur des Übersetzens im Gedankenexperiment auf. Es ist das Paradigma der Suche nach unvoreingenommenem Verstehen.[318] Ich habe eine Sprache verstanden, wenn ich sie in andere Worte, Sätze übersetzen kann. Dabei passiert innerhalb einer Muttersprache nichts Auffälliges. Es gilt dort eher als Test, der immer durchführbar sein müsste, wenn jemand etwas verstanden haben will. Das Unbekannte gelangt in das Medium, in dem es verstanden werden kann, wenn ich es in meiner Sprache ungefähr ausdrücken kann. Die Sprache stellt erst einmal nur einen Zusammenhang zwischen dem fremden „mara" und dem eigenen „Bitterwasser" her. Sie ist noch nicht in ihrer Unumgänglichkeit, zu zerlegen und zu differenzieren, thematisiert. Sobald wir reden, sei es über „illustrativere" (OR 1) physikalische Objekte oder über abstrakte, haben wir Gegenständlichkeiten etabliert. Das ist so, obwohl Verstehen Übersetzen sein soll, Übersetzen ein sprachliches Geschehen ist und kein ontologischer Diskurs. Doch unumgänglich ist jedes sprachliche Geschehen in sich strukturiert und hat somit Abtrennungen, also Gegenstandsschöpfungen, bereits vorgenommen. Für das Fremdverstehen erhebt sich die Frage: Kann jemand übersetzen, ohne seine eigenen Gewohnheiten zur Wirklichkeitszerlegung in Wörter zu verwenden? Der Gedanke, dass ein rhetorisches Verfahren ontologische Grundentscheidungen fällt, findet sich auch bei Gloy. Für sie hängt von der platonischen *Diairesis* (Phdr 265f) die binäre Logik und Abgrenzbarkeit von Objekten ab:[319] Gegen solche Bewertungen ist einzuwenden, dass sie die Sprachphilosophie zur Metaphysik machen. Das geht nur über eine Beschneidung der Phänomene und der ungreifbaren Sprache. Platon z.B. kennt ja nicht nur eine dichotomische Begriffszerlegung, sondern er kommt oft zu drei oder mehr Gliedern (z.B. die Laute werden in Vokale, stimmlose und stimmhafte Konsonaten unterteilt).[320] Daher sollte das diairetische Verfahren nicht mit der Dichotomie gleichgesetzt werden.

Ein Kapitel seiner Autobiografie über die Sprachentwicklung seines Sohnes in den ersten drei Lebensjahren ist aufschlussreich, denn es fällt in die Entstehungszeit von *Word and Object*. Vielleicht fehlt im Kapitel II von *Word and Object* die Simulation von bestimmten Überzeugungen, False-Belief-Zuschreibungen, und der Übergang von wunschbasierten Handlungen zu überzeugungs- und wunschbasierten Handlungen etc., weil diese erst ab einem bestimmten Alter auftreten, für das der Sohn zu jung war, um entsprechendes semipropositionales Anschauungsmaterial zu liefern. Quine erwähnt die Verwechslung von zwei sich ähnelnden Bekannten durch seinen Sohn, und wie dieser Dampfer „Tuuut-Boote" nannte, nachdem er auf einem ein lautes Tuten erlebt hatte. Solche Beobachtungen werden Quines behavioristische Erklärungen erhärtet haben. Da,

---

[318] Verstehen ist im quineschen Kontext austauschbar mit „Übersetzen" (als Beleg diene die disjunktive Parataxe: process of understanding or translating the alien sentences, OR 1).
[319] *Versuch einer Logik des Analogiedenkens* 302ff.
[320] Vgl. HEITSCH *Phaidros* 141-151.

wo in *Word and Object* der §16 mit der Unbestimmtheit einsetzt und die Simulation beendet, gehörte systematisch eine Auseinandersetzung mit dem Übersetzen der Eingeborenen-Einstellungen hin. Harman erspürt dieses Vakuum und auch, dass dieses Thema in der inneren Folgerichtigkeit des Gedankenganges des Kapitels II läge. Er greift es in seinem Kommentar zu dem Kapitel ausführlich auf. Bezeichnenderweise antwortet Quine nur auf Harmans „Additional remarks", mit denen jener seinen Kommentar abschloss. Er greift Harmans Verbesserungsvorschlag freimütig auf, verliert jedoch kein Wort über das Übersetzen propositionaler Einstellungen. Beobachtungssätze, Gelegenheitssätze übersetzt er in den ersten Paragraphen *des Word-and-Object*-Kapitels, von Beobachtung gelöstere Sätze sind zumindest in ihrer Bedeutung bei einem einzelnen Sprecher eingrenzbar (§11), logische Verknüpfungen können erschlossen werden, - dann, bevor es um Einstellungen geht, hört Quine auf. Ihn interessiert nur die naturwissenschaftliche Theorie. Überlegungen zu Einstellungen führten zu einer Komplexitätsexplosion. Quine zahlt einen hohen Preis durch das Fehlen eines „dritten Teils" im zweiten Kapitel von *Word and Object*, der vom Übersetzen von Einstellungen gehandelt hätte. Letztlich wird er seinem lebendigen Gegenstand, dem Eingeborenen, nicht gerecht. Denn Magie, Religion, Traditionen und das Zusammenleben sind durchaus Themen der ethnologischen Theorie und Übersetzungen.

Quine hat ein Gebiet angeschnitten und eröffnet, dass mit einer Philosophie der Psychologie weiterverfolgt werden müsste. Doch auch in dieser Disziplin sind Missverständnisse auszuräumen, wenn es im vierten Punkt um die xenologische Bedeutungstheorie geht. Botterill/Carruthers z.B. behandeln Quine unter der Überschrift: Philosophische Argumente zur Verteidigung der Rationalität.[321] Ihre Bevorzugung einer realistischen Repräsentationstheorie anstelle einer Unbestimmtheitstheorie sei nun kritisiert. Quines Angriff auf die Unterscheidung von analytisch und synthetisch meine, dass es kein Kriterium gebe, zu unterscheiden, welche Elemente konstitutiv für die Bedeutung eines Ausdrucks sind und welche nicht. In der Tat ist die Frage nach der Unterscheidbarkeit von Bedeutungsgehalten der engere Kontext des zweiten *Word and Object*-Kapitels. Botterill/Carruthers sehen damit den Begriff Bedeutungsintension infrage gestellt. Sie argumentieren mit Fodor gegen die Aufhebung dieses Begriffs, um den Grad, den die Irrationalität annehmen kann, zu begrenzen. In der Formulierung wird sichtbar, wie es ihnen um das gleiche geht wie Quine mit seinen Überlegungen zum möglichen Gegensatz der Übersetzungen: wie viel Spielraum ist dem Gegenbild der Rationalität einzuräumen? In der Rettung des Bedeutungsgehaltes schließen Botterill/Carruthers sich Fodor an. Es gebe einen „repräsentationalen Gehalt": „each particular belief has the content it has in virtue of its distinctive causal relationship with the world" (115). Dies nennt Fodor die Atomizität des repräsentationalen Gehaltes. Die kausale Verbindung mit der Welt ist jedoch eine andere Punktualität des Ereignisses als

---

[321] *Philosophy of Psychology* 115.

die Punktualität des kleinsten Bausteins in einem Sprachsystem. Das Morphem als kleinster Bedeutungsträger hat in der Linguistik noch keinen Gehalt, obwohl es schon unterscheidbar ist. Es führte zu falschen Folgerungen, den Atomismus der Elementarereignisse in sensualistischer Hinsicht mit den Elementarelementen in der Ökonomie eines Sprachsystems zu verwechseln. Hinsichtlich ihres Gehaltes sind sie, wie gezeigt, nicht vergleichbar. Mit der Überwindung des Feldforschers I hatte Quine an sich die Suche nach punktuellen Reizereignissen fallen lassen. Er vollzieht als Feldforscher II die Perspektive des Eingeborenen nach, dass er Tiere unter der Rücksicht ihrer Genießbarkeit oder Gefahr für ihn einschätzt. In der Feldstudie hat sich somit die Frage von jener, ob Synonymie vorstellbar ist, auf jene verschoben, wie ich den Unterstellungen meiner Kultur entgehen kann. Wie kann der Feldforscher erkennen, ob der Eingeborene Kaninchen für ein Ritual braucht, so dass es um einen spirituellen anstelle eines jägerischen Kontextes geht? Und wie kann er wissen, ob es richtig ist, von einem spirituellen Kontext zu sprechen, wenn er es mit einer vormodernen, nicht ausdifferenzierten Gesellschaft zu tun hat? Fragen solcher Art werden durch das Gedankenexperiment aufgeworfen. Quine ist deren Richtung gefolgt und hat sich dabei von repräsentationalen Entwürfen wegbewegt.

Botterill/Carruthers fahren fort, dass der absurde Holismus Quines, in dem Intensionen aufgegeben sind, einen extremen Fall darstelle, der eine interessante Folge hat: „it must be doubtful if two thinkers can ever both have instances of a shared belief-type" (115). Für Quine ist dieser Fall nicht zweifelhaft: Die Unbestimmtheit lässt keinen Zweifel, dass es nicht vereinbare Übersetzungen gibt. Auf Überzeugungsebene begrenzt Quine die Unbestimmtheit, indem er praktische Kontexte hinzunimmt. Dadurch dass die Möglichkeit besteht, dass der Feldforscher beim Eingeborenen siedeln kann, kann er zu dessen Verstehen kommen. Ob er dann den gleichen Überzeugungstyp vertritt, ist eine alte überholte Fragehinsicht, da es ja mehr als des miteinander Auskommens und einer normal funktionierenden Kommunikation nicht bedarf. Ist es zufriedenstellend, die Frage nach einem Gehalt von Überzeugungen auf den Kontext zurückzuverweisen? In den vier Etappen, die Sundermeier[322] für die verstehende Begegnung mit der Kulturfremde aufzählt, wäre dies legitim. In der zweiten Phase, die auf die analysierende und aus der Differenz zur Fremdartigkeit lebenden Phase folgt, geht es um die teilnehmende Beobachtung, die über Sympathie in das Beobachten einsteigt und Beobachtung auf der Zeichenebene kontextualisiert. Erst auf der dritten Ebene, die über Empathie zu einer Teil-Identifikation mit der fremden Ordnung gelangt, etabliert sich ein Symbolverstehen des Fremden. Zu ihr gehört es wesentlich, dass propositionale Gehalte nicht mehr verwendet werden müssen. Daher ist der Einwand von Botterill/Carruthers auf die kontextualisierende zweite Ebene zu verweisen. Zur Rekonstruktion des Zeichensystems

---

[322] *Den Fremden verstehen* 153ff.

sind Repräsentationen wichtige Erklärungsbausteine, nicht mehr jedoch für das simulative Verstehen.

5.3.3 Simulative Kompetenz in Biografien der Fremderfahrung

In Quines Autobiografie *The Time of My Life* wird die Chance auf Fremdbegegnung durch das Reisen nicht erfüllt. Sie ist ein Orts- und Name-Dropping mit einer Beschreibung des jeweiligen Domizils. Man erfährt viel über Flugzeugverspätungen und wenig über seine persönliche oder philosophische Entwicklung.[323] Wer so schreibt, möchte entweder Persönlicheres nicht mitteilen, oder es gibt nichts Persönlicheres. Von welchem Interesse, meint Quine, könnte dieses Buch für einen Leser sein? Er selbst benutzt es im Interview mit Tomida als Nachschlagewerk für Jahreszahlen. Als Beispiel für einen Bericht, der weder Andersheit geschweige denn Fremdheit in Gestalt des Numinosen kennt, kann seine Beschreibung eines griechischen Tempels und seiner Ägyptenreise herangezogen und symptomatisch gedeutet werden: Quine bleibt dem begegnenden Phänomen äußerlich verhaftet (316ff). Ein Europäer kann das Thema Kultstätte kaum anschneiden, ohne über den Status der Gewalten nachzudenken: sind sie Seelenkräfte, eingeborene Götter, ferne Beweger oder Phantasmen? Quine ist davon „unberührt", ein Eingeborener nach seiner eigenen Charakterisierung des Eingeborenen.

Da Fremdheit sich im geistigen Deuten der Welt niederschlägt, muss das Deuten verstanden werden. Die hier vorgelegte philosophische Grundlegung der Xenologie hat sich für die Simulationstheorie entschieden, die sie für die zur Zeit angemessenste Verstehenstheorie des menschlichen Geistes in all seinen Regungen hält. Die Simulationstheorie beschreibt, wie Verstehen und Deuten geschieht. Davon zu unterscheiden ist ihre Anwendung, d.h. das Simulieren in bestimmten Situationen. Es kommt nicht zu allgemeinen Ergebnissen, sondern bleibt gemäß der Einsicht in den Verstehensprozess wesentlich spezifisch. Eine Folge dieser Wahl ist, dass eine neue Größe in das Erklärungsvokabular aufgenommen ist: die simulative Kompetenz. Mit dem Begriff der simulativen Kompetenz wird die Abhängigkeit des Ergebnisses von dem Simulanten bezeichnet. Seine Erfahrung, seine geistige Ausdifferenzierung und seine aktuelle Situation (befindlich wie umweltlich) konturieren das Ergebnis und den Verlauf des Verstehens. Letztere Hinsicht ist, wie die narrative Analyse der Fremdbegegnung aufgewiesen hat, wesentlich. Im Zuge des Verlaufs kommt es zu einzelnen Thesen und Erkenntnissen, die gültig bleiben für die Phase der Begegnung. Sie können dem Endergebnis widersprechen, das unter narrativer Hinsicht nicht mehr bedeutet, als das „letzte" Ergebnis

---

[323] Dazu ist seine *Autobiography*, in: HAHN/SCHILPP, nennenswert. Bekenntnisse wie die des Augustinus oder Rousseaus, wie in den Tagebüchern Wittgensteins, den Philosophischen Lehrjahren Gadamers und anderen Werken dieser Gattungen sind bei Quine nicht zu erwarten.

der Reise zu sein. Da kulturelle Systeme sich verändern, sind weder das letzte noch die Abschnittergebnisse als endgültig zu betrachten. Die simulative Kompetenz kann daher auch während der Begegnungsphasen wachsen oder nachlassen. Es gehört zum Narrativ des Fremden, dass erst mit einer Gestalt, die zu einer gewissen Identität sich entwickelt und Eigenheit gefunden hat, das Fremdartige thematisiert werden kann. Es nimmt im jeweiligen Sinngefüge seinen Ausdruck an.

Es werden in narrativer Perspektive nun mögliche xenische Begegnungsabläufe beschrieben. Sie stehen in innerster Abhängigkeit von dem Entwicklungsgrad der Eigenheit. Über den Begriff der simulativen Kompetenz wird die xenologische Anthropologie fundiert. Dabei wird die große Nähe der narrativen Verlaufsbeschreibung der simulativen Kompetenz zum biografischen Beschreibungsprojekt aus der Sicht des Beobachters (F) und zur Autobiografie durch die Sicht des Auswerters (G, **G**') deutlich. Die folgenden Schemata[324] könnten detaillierter entfaltet werden, wenn von einer bestimmten Gestalt des Fremden ausgegangen würde, z.B. dem Fremden als Äußerung des Unbewussten im Traum oder in einer psychischen Krankheit (etwa dem Wahn) oder das Fremde als Text einer heiligen Schrift.

Im ersten der vier Schemata leistet die simulative Kompetenz ein Einheitsgefühl mit dem tragenden und umfangenden Grund des eigenen Seins. Dieser Erfahrungsmodus spielt sich in einem Zwischenbereich zwischen der Gestalt und ihrer Umwelt ab. Dort ist er in vielen Ursprungsmythen lokalisiert. Der Lindwurm Leviathan, Schlangen und Drachengestalten drohen mit dem Schauder des Andersartigen die anfängliche Identitätsverfestigung aufzulösen. Wir kennen diese Übergänglichkeit in die der Identität entgegengesetzte Fremdheit vom Einschlafen her. Das erste Schema spricht von Erlebnissen, in denen sich Eigenartiges und Fremdartiges zeitweilig überlagern. Die Fremdheit als „Resonanzboden des Eigenen"[325] lässt sich trotz der Ursprungsnähe des Erlebens zur Eigenheit nicht in ein übergreifendes Sinngefüge „einverleiben".[326] Nach Schäffters Ansicht begründet diese zwielichtige Transzendenz des Erfahrungsmodus von Fremdheit, dass „Einfühlung, Sympathie und emphatisches Verstehen [...] weiterhin voraussetzungsvolle Deutungsmuster im Umgang mit Fremdheit" bleiben (17). Es fällt auf, dass die simulative Kompetenz (qualitativ erweitert durch Sympathie) für

---

[324] SCHÄFFTER *Modi des Fremderlebens* hat diverse Beobachtungen und Argumentationsgänge der interdisziplinären Fremdheitsdebatte sehr übersichtlich und erhellend dargestellt! Er benutzt eine populär-psychoanalytische Tiefenhermeneutik. Seine vier Ordnungen sind besonders für das Kulturfremde und das Fremde innerhalb der Ich-Entwicklung gedacht. NAKAMURA *Xenosophie* 133-138 bettet seine Nacherzählung der Fremdbegegnung philosophiegeschichtlich ein.

[325] SCHÄFFTER *Modi des Fremderlebens* 16.

[326] Die simulative Kritik an der Einverleibung und die Geschehnisse um das erkenntnistheoretische Geburtstrauma der Oberflächentrennung werden für die Überlagerungs-Fremde des ersten Schemas aktiviert.

Schäffter bereits ein Deutungsmuster ist, also eine Form des Fremden und nicht nur seine Erschließungsprozedur. Der Schluss von Eigenschaften der Erschließung von Fremdem auf Eigenschaften des Fremden selbst ist schwierig. Deshalb wurde für die Simulative Hermeneutik das Verstehen zunächst allgemein als simulativ beschrieben und nicht aus der Fremdbegegnung abgeleitet. Gemäß dem ersten Schema wird das Fremde als ursprünglicher Erfahrungsgrund zur Wiederentdeckung eigener Bedingtheit relevant. Als eigene Ursprungstranszendenz der *conditio humana* ist die Fremdheit des ersten Schemas ein transkulturelles Universale.

In die Übergänglichkeit dieses Zwischenbereichs des ersten Schemas gehören mystische Beschreibungen der Gottes- bzw. Fremdbegegnung. Das Bewusstsein ist nichtdualistisch. Eigenes und Fremdartiges überlagern sich. Die Überlagerung und die in diesem räumlichen Bild gemeinte Einheit der Welt wird erfahren. Die Einheit ist für den Menschen erlebbar, der sich dadurch in seiner Identität nicht bedroht fühlen muss: „Weil in mystischen Erfahrungen der Zwang zur Ich-Stabilisierung durch Identitätsstreben aufhört, da die Identitäts*gewissheit* als an-kommende Gabe oder Gnade erfahren wird".[327] Wendet man das Bild der Einheit durch Überlagerung auf das quinesche Gedankenexperiment an, so liest sich die Einheit des Gedankenexperimentators als Überlagerung von Feldforscher und Eingeborenem. Das Übersetzungsverhältnis der Überlagerung ist als „unbestimmt" gekennzeichnet, weil ihre Pluralität (die Zweiheit von Eigenem und Fremdem) ursprünglich ist und daher nicht reduziert werden kann und weil sie möglicherweise gegensätzlich ist, d.h. hier, dass Fremd- und Eigenheit gleichberechtigte, nicht unter ein weiteres Prinzip zu stellende Elemente sind. Eine Streitfrage kann sein, ob eine Eigenheit Fremdheit erlebt oder ob ein Gedankenexperimentator Überlagerung erlebt. Der Unterschied könnte dadurch formuliert werden, dass im ersten Falle in das graduell thematische und in seiner Ausdrücklichkeit schwankende Ich-Erleben ein Erlebnisgehalt von Fremdheit eingefügt ist, und im zweiten Falle Ich-Erleben zwielichtiges Erleben ist. Die Frucht dieser Unterscheidung liegt in der Anwendung, wenn sich diese beiden Varianten als unterschiedliche Abbildungsverhältnisse z.B. in der Religionsphilosophie oder Psychologie wiederfinden lassen. Vielleicht führt die Besprechung der Einheit und Vielheit im Zusammenhang mit Eigenem und Fremden aber auch auf gedankliche Abwege.

Das zweite Schema verdeutlicht, was passiert, wenn das Fremde völlig kontrastiv entworfen wird. Dahinter steht ein zu starker Wunsch nach Eindeutigkeit, Kohärenz und Naturalisierbarkeit, der das Fremde auf einen bestimmten Szenenablauf festlegen will. Wird das Simulieren von diesem Wunsch verzerrt, kann das simulierte Fremde nicht ausreichend gewürdigt werden. Quines Dschungelreise konzipiert Fremdheit stark als Gegenbild. Durch die intensive Rücksicht auf die Gegensätzlichkeit erhält das Fremde den Charakter des Ausgegrenzten. Das kann zwar die Identität der Eigenheit verstärken

---

[327] V. BRÜCK *Gibt es eine interreligiöse Hermeneutik?* 289.

und ihre desintegrierten Elemente zur Integrierung bringen, im Rücken der Identität steht jedoch die Bedrohlichkeit des Ausgeschlossenen. Für den primären Horizont der Eigenheit ist die Fremdheit deren Negation. Sie ist in der Form einer „mitlaufenden Selbstreferenz" des Ich stets präsent.[328] Das Fremde ist gleichsam das Spiegelbild des Innenraumes. Das äußert sich in der stark dualistischen Ausgestaltung der Szenerie: Traum- oder Wachbewusstsein, Rationalität oder Psychisches, naturhaft oder subjektiv. Diese szenische Gestaltung hat die Funktion, das Fremde auszugrenzen. Typisch ist nach Schäffters Beobachtung auch die Metaphorik für die Gegenbild-Fremde von unrein, vermischt, schwach, krank. Für das Fremde bleibt nur der Abschaum, wenn die sich überbetonende Eigenheit sich zu einem vollkommenen Selbstausdruck bringen möchte. Oft findet ein Umschlag statt, da das abgelehnte negative Fremde (der Schatten) faszinierender wird als das Eigene. Meist ist die Begegnung mit dem zur Eigenheit spiegelbildlich idealisierten Fremden eine Enttäuschung: Das reale Fremde ist nicht so böse und gegenbildlich, wie es gemäß seiner Funktionalisierung sein müsste. Als Reaktion, um die Gegenbildlichkeit zu bewahren, wird es dann nicht mehr im Dschungel angesiedelt, sondern nimmt seine Ausflucht in die Zukunft und wird in die Sterne gestellt: Science-Fiction und Utopien jeder Art bieten einen zeitlichen Ausweg, wenn die Abspaltungs-Fremdheit die saubere Eigenheit in die Stagnation ihrer Authentizität geführt hat.

Nach dem dritten Schema ist Fremdheit nicht kontrastierend, sondern ergänzt den Individuationsprozess der Eigenheit. Fremdheit ist der externe Spielraum, der - wird er genutzt - latente Potenzen des Ich freisetzt und es aus der Begegnung mit einem der jeweiligen Phase korrelierenden Außen zur Entfaltung bringt. In diesem Modell drückt sich die simulative Kompetenz darin aus, dass sie die jeweilige Ergänzung für die anstehenden Schritte der Selbstveränderung aufspürt. Sie kann an äußere Gestalten delegiert werden: ein Meister, ein Weiser oder sonstiger Lehrer übernimmt die Funktion, das Fremde als Leerstelle der Entwicklungsrichtung aufzuzeigen. Die Simulation wird von Wissensdurst und Abenteurergeist angetrieben. Sie erscheint im dritten Schema als Kompass, der über die Integration anstehender Fremdheit auf einen geglückten Lebensweg leitet. Wird die simulative Kompetenz überfordert, so erwächst der Identität Bedrohung von innen. Die Selbstentfremdung driftet in außer Kontrolle geratene Zweige der Eigenentwicklung ab oder wird als Sinnverlust spürbar. Auf die Kulturbegegnung angewandt lässt sich nicht vorentscheiden, ob eine Bereicherung oder Überfremdung bewirkt wird. In letzterem Fall ist die Dynamik auf die Sicherung der Eigenheit, z.B. über die schroffe Abgrenzung aus dem zweiten Schema, zurückverwiesen.

In der vierten Typologie der Dynamik tritt Fremdheit komplementär auf. Die simulative Kompetenz äußert sich darin, dass sich die Eigenheit durch das Fremde bestimmen lässt. Die Welt ist zu einzelnen Bereichen zerfallen, von denen keiner den dominieren-

---

[328] SCHÄFFTER *Modi des Fremderlebens* 19.

den Kontext bereitstellt. Auch die Übersetzung des Wissens der einzelnen Bereiche in die anderen ist nicht durch eine Metaebene gesichert. Seit alle Ordnungsgefüge sowohl inner- als auch interkulturell provinziell sind, herrscht ein Wechselverhältnis gegenseitiger Fremdheit. Sobald solche Kulturen oder Diskurszusammenhänge in Kommunikation treten, findet im Übersetzungsverhältnis eine gegenseitige Transformation statt. Zum Teil ist die Simulation verzerrt. Der Andere wird vereinfacht, um ihn in die komplementäre Identitätsbildung einzugliedern.[329] Eines seiner Merkmale wird verabsolutiert, um die Differenz zur eigenen Praxis besser zu benennen (*die* jüdische Ethik, *der* islamische Staatsbegriff). Wird diese Gefahr vermieden, liegt in der komplementären Transformation die Chance des Simulierens. Kulturelle Lösungen werden beidseitig entwickelt.

Innerhalb eines jeden Schemas ist die Fremdheit eine Abfolge von sich ineinander verwandelnden und ablösenden Fremdheitsgestalten. Darin verdeutlicht sich ein weiterer Sinn der Rede von der Unbestimmtheit der Fremdheit: Aufgrund des szenischen Charakters der Begegnung ist die Fremde kein fester Gegenstand, sondern eine sich transformierende Dimension. Das Fremde ist unbestimmt, weil es der Prozess von übergänglichen Fremdfiguren ist, aus dem sich keine einzelne Gestalt herauslösen und als die wahre Fremde bezeichnen lässt. Unbestimmte Fremdheit wird auf der Ebene des Gedankenexperimentators, der seine Erfahrung einholt, als Korrelat der Eigenheit sichtbar. Wenn jedoch eine nicht relationale Fremdheit den Hauch einer Denkmöglichkeit annimmt, dann ist der Relationsbegriff aufzugeben. Sobald die simulative Kompetenz als Möglichkeit der *Gestaltung* der Korrelation erfasst wird, ist mit der Freiheit die Verantwortung in der Gestaltung mitgesetzt. Von hier an ist die Xenologie nicht mehr ohne ethische Überlegungen zu verfassen.

Die Schemata haben den Vorteil, dass der Fremdheitsbegriff Fleisch und Blut bekommt. Das aktiviert jedoch die Vorsichtsmaßnahmen, die die Simulative Hermeneutik angesichts der „Einverleibung" entwickelt hat. Eines Leibes zu sein ist ein Mythos, der nicht alleinige Gültigkeit beanspruchen kann. Sobald sich Bewusstheit darüber eingestellt hat, eine Erzählung vor sich zu haben, ist die Möglichkeit anderer Erzählweisen da. Zu diesen gehört eine Erzählung des Fremden, die es nicht der Entwicklungsgeschichte von Eigenheit unterwirft. Vielleicht ist die Individualisierung eine Einverleibung. In allen Schemata ist die Fremdheit stark vom Subjekt her entworfen. Seine Identitätsentwicklung führt in der Erkenntnistheorie dazu, dass Verstehen ein Identifizieren ist, das Eingliedern eines Sachverhaltes, auf den man stößt, in eine bekannte Theorie. Die Simulation ist gerade ein Ansatz, wo schon in der Identitätsentwicklung ein Hineinversetzten in das andere das Beschreibungsmodell ist, so dass auch in der Erkenntnistheorie der Wert „unbestimmt" anstatt „identisch" tragend ist. Es ist zu prüfen, in-

---

[329] Es ist nachzuvollziehen, dass v. BRÜCK wegen dieser Vereinfachung das Begegnende „anderes" und nicht „fremd" nennt (*Gibt es eine interreligiöse Hermeneutik?* 298f).

wieweit das Subjekt hier lediglich das *sine qua non* einer Thematisierung ist oder ob es verzerrend seine Gehalte ins Fremde einspielt, das nur noch seine Leinwand ist.

V. Brück nennt zwei Bedingungen der Fremdheit, die unter der erwähnten Ambivalenz stehen und zu prüfen sind: 1. Fremdverstehen bedarf der „kontrastierende[n] oder analoge[n] Korrespondenzerfahrung in der eigenen Sozialisation". 2. Abhängig von individualpsychologischen sowie politischen Vorgegebenheiten darf Fremdes nicht in seiner Identität bedrohen, da es sonst ausgegrenzt wird.[330]

Die erste Bedingung stellt das Fremde unter eine subjektive Bedingung. Es ist eine Bedingung, unter der das Simulationsparadigma für das Fremdverstehen ebenfalls steht: Die Fremdwahrnehmung ist an die Reife des Simulanten gebunden. In der Simulation ist diese Bedingung in der Szenerie untergebracht: die psychisch-kognitiven Informationsverarbeitungssysteme werden in der Phantasie ablaufen gelassen, - versehen mit dem Index „von mir unterschiedene Situation", „fremdartige Situation" oder „völlige Fremde", - je nach Feineinstellung. Dass die Verarbeitungssysteme sowohl von vorgegebenen mentalen Grundfähigkeiten als auch von persönlicher Prägung und Geschichte ausgemacht werden, ist die subjektive Bedingung des Fremden. Darin liegt auch eine Grenze der Simulation, dass mancher Simulant nicht in der Lage sein wird, Fremdes zu simulieren. In der Fremdheitsthematik scheint es ein allgemeines Subjekt nicht zu geben. Die Simulanten-Persönlichkeit hat Theoriewert. Das liegt wesentlich daran, dass der Zustand eines reifen Fremdwahrnehmers umstritten ist. Wenn dieser Zustand bestimmt wäre, dann könnte er als Standard gesetzt werden, ähnlich einer allgemeinen Vernunft im Sinne Kants. V. Brück ist zuzustimmen, dass Subjektivität eine stärkere xenologische Bedingung ist als lediglich ihr *sine qua non*. Die stärkere Bedingtheit wurde in dieser Arbeit schon über die notwendigen Dimensionen der Subjektivität als zeitlich, flüchtig, empfindsam, szenisch ausgeführt.

Ein neuer Wert kommt nun in das Bedingungsverhältnis hinein, wenn es inhaltlich charakterisiert wird, wie beide Bedingungen von v. Brück es tun: Das Fremde ist kontrastierend, analog, korrespondierend und nicht zu bedrohlich (sei es als bedrohliches Faszinosum oder bedrohliche Übermacht). Kontrast und Analogie wurden im möglichen Gegensatz und den Grundoperationen analoger Logik bereits in die Simulative Hermeneutik eingegliedert. Die korrespondierende Erfahrung des Fremden, eine im Wortsinne „gegenseitig sich antwortende" Begegnung mit Fremdheit, geht weiter, da sie bereits eine kooperative Fremde annimmt. Wenn mit der Korrespondenz des Fremden gemeint ist, dass mit der Fremdheit eine Erfahrungsabfolge erlebt wurde, so dass aus dem Ablaufwissen, dass bedrohliche Etappen nicht dauerhaft sind, sie ausgehalten werden können, dann wäre das ein wichtiger Inhalt der simulativen Kompetenz.

In Bezug auf die Bedrohlichkeit des Fremden muss unterschieden werden, ob jeder Simulant unter der Bedingung steht, zu stark bedrohliches Fremdes nicht zu simulieren,

---

[330] *Gibt es eine interreligiöse Hermeneutik?* 299.

oder ob es einzelne gibt, deren Wahrnehmung von Bedrohlichkeit keine Grenzen gesetzt sind. Sodann ist zu klären, ob Bedrohlichkeit formal am Maßstab der Identitätsgefährdung zu bestimmen ist oder ob die Fremdheit ein grauenvoller und nicht aushaltbarer Inhalt ist und was letzteres heißen kann. Wenn Fremdheit nicht nur als formaler Begriff bestimmt werden soll, so müsste die Bestimmung in die Richtung von Bedrohlichkeit und Faszination gehen.[331] Fremdheit ist ein angespannter Inhalt, kein schleichend vertrauter und ex post als fremd erkannter Gehalt. Bedenkenswert ist, dass die inhaltliche Charakterisierung hier in Prädikaten geschieht, die subjektrelativ und emotional sind. Macht Bedrohlichkeit als inhaltliches Merkmal nur Sinn, wenn die Fremdheit einer Identitätsbildung untergeordnet ist? In deren Rahmen ist nachvollziehbar, dass Fremdheit für die Eigenheit vorrangig bedrohlich ist. Das allerdings ist weniger eine Eigenschaft des Fremden als ein Erleben der Eigenheit. Es ist nicht zulässig, eine reaktive Qualität zur positiven Kennzeichnung des Fremden zu machen.

Andererseits, wenn Fremdheit ein Zwischenbereich ist, so lassen sich die Überlagerung von Eigen- und Fremdheit nicht sinnvoll trennen. Genauso wenig Sinn macht es jedoch, jede Eigenschaft von beiden zu prädizieren. Bedrohlichkeit ist keine verallgemeinerbare Eigenschaft der Fremdheit, sondern von der Eigenheit her hineingebracht. Das bringt v. Brücks zweite Bedingung folgerichtig zur Sprache, da sie das Fremde in einer „Hermeneutik der Identität" anspricht.[332] Die Frage nach inhaltlicher Bestimmung der Fremdheit wirft die Frage auf, ob eine xenologische Hermeneutik denkbar ist, die durch einen Inhalt die Fremdheit nicht unzulässig vergegenständlicht oder narrative Eigenschaften der Begegnung von Eigen- und Fremdheit allein der Fremdheit anhängt.

An dieser Stelle tut sich eine weitere Bedeutungsfacette des Prädikats „unbestimmt" auf: das Fremde ist unbestimmt, weil es nur im Zwischenbereich der Begegnung zu beschreiben ist, nicht aber als es selbst. Das Fremde kann gleichsam nur „in Bewegung" Gegenstand der Xenologie sein und nicht an sich. Wenn auf diese Weise mit der Unbestimmtheit des Fremden umgegangen wird, dann ist darin die entzogene Fremdheit gewürdigt. Denn wovon die Xenologie redet, ist ein Anblick, den Fremdes bietet, sofern es sich freiwillig in Sichtbarkeit und Welthaftigkeit verstricken lässt. Dadurch wird, wie sich im letzten Satz andeutete, eine Redeweise möglich, die vom Fremden als einer

---

[331] Während beim numinosen Fremden Bedrohlichkeit und Faszination genannt werden, so beim ästhetischen Fremden vorrangig die Faszination.

[332] *Gibt es eine interreligiöse Hermeneutik?* 298f. Das numinose Fremde kann in diesem Rahmen als eine „zu realisierende Möglichkeit des Eigenen" (ebd.) bezeichnet werden. In Erzählungen über den Besuch eines Gastes, der sich als Gottheit entpuppt (z.B. die ehemalige Göttertrias zu Besuch bei Abraham und Sarah, Genesis 18), sieht v. Brück das „Motiv des ambivalenten *anderen*". Die Eigenheit hat sich in der Begegnung so zu bewähren, dass sie über sich hinausgeht und sich der neuartigen Situation gewachsen zeigt. Das ist dann die identische Vorgangsbeschreibung mit „'Gott' gebührend empfangen" (ebd.).

Macht mit eigenen Plänen spricht. In der Einleitung wurde Nakamura zitiert, der das Fremde an die Stelle des grammatischen Subjekts stellt und mit voluntativen und intentionalen Verben verbindet. Dieses Besprechen wurde als mythische Redeweise kritisiert.

Aus dem gerade erst entwickelten Gedankengang spricht einerseits der Durchbruch zu einer Unbestimmtheits-Bestimmung des Fremden im Begegnungsprozess, und zugleich scheint das Fremde in dem Moment, da es als eigenständige Macht getrennt von der Eigenheit agiert, wieder zu deutlich als Person entworfen zu sein. Personsein ist vom Blickwinkel der Eigenheit die größtmögliche Abweichung, da auf allen Dimensionen gleichrangige und doch unverbundene Bewusstheit und Wahl auftreten (vgl. die sich selbst als Natur schöpfender Idee im Übergang vom ersten zum zweiten Teil in Hegels *Wissenschaft der Logik*).

Wir sind hier an einem wichtigen Punkt der Xenologie angelangt. An ihm fällt die Entscheidung, ob die gegensätzlichste Fremde jene ist, die dem denkenden Wesen, das auch die Theorie der Xenologie denkt, entgegengesetzt ist. Ist also das Fremdeste nicht das Negative, sondern jene Entität, die es am gleichwertigsten mit der Eigenheit aufnehmen kann – also eine andere personale Macht? Ist das nicht eine Simulationsverzerrung, die in der sich selbst überbetonenden theoretischen Bewusstheit liegt? In dieser Simulationsverzerrung übersieht der Geist, dass er zwar momentan das aktive Vermögen ist, aber längst nicht das einzige Vermögen des Simulanten darstellt. Deshalb ist er nicht berechtigt, sich zum Paradigma der Fremdbestimmung zu machen (sei es über die *via negativa* oder *emminentia* wie bei der personal-mythischen Charakterisierung). Aus diesem Grund sind die Autobiografien zwar aufschlussreich, jedoch nur mit dem Vorbehalt, lediglich ein Seite des Fremden zu erfassen.

5.3.4 Kritik der Simulativen Hermeneutik an aktuellen xenologischen Gedankenexperimentatoren

Durch das Beispiel der radikalen Übersetzung darf nicht übersehen werden, dass es nicht nur um das Kulturfremde geht, sondern dass das Fremde auch ein Pseudonym für andere Unbekanntheiten und Widerstände gegen die aktuelle Rationalität ist. Deshalb wird als Ziel eine Theorie des Verstehens von Fremdem und nicht der Verständigung mit dem Fremden anvisiert, - auch wenn die Möglichkeit, das Fremde zu *verstehen*, nicht allgemeiner Konsens ist. Viele interessiert das Fremde, um ethische Rahmenbedingungen für die Begegnung der Kulturen herauszufinden.[333] Ginge es nur um den

---

[333] NAKAMURA *Xenosophie* 250, FINK-EITEL *Die Philosophie und die Wilden* 299ff. SUNDERMEIER *Den Fremden verstehen* hat den Respekt vor der Menschenwürde des anderen im Blick und schließt mit einer theologischen Perspektive der Einladung des Fremden, nachdem er das

fremden Menschen einer anderen Kultur, wäre es sinnvoll zu überlegen, ob nicht eine Kommunikationstheorie weiter führt und schneller in der Lage ist, auf die ethischen Herausforderungen der Fremdbegegnung zu reagieren. „Übersetzungsverhältnisse sind deshalb um so wichtiger, je mehr eine Kultur durch Selbstverstehen und Selbstverständigung geprägt ist. Deshalb tritt das Übersetzen als Grundzug der Moderne hervor".[334] Für Figal folgt daraus, dass die Moderne nicht vereinheitlichen und universalisieren möge. Die Herausforderungen sind nicht zu bewältigen, wenn Identität und Fremdheit bildende Abweichungen wegfallen. Das Netz der Verbindungen verdichtet sich immer mehr zu einer „globalen Weltinnenpolitik". Die ethisch entscheidende Frage lautet, ob das Netz der Weltsichten dehumanisiert ist wie bei den Neostrukturalisten oder gerade auf Anerkennungsverhältnissen beruht, die Figal u.a. fordern. Damit letzteres kein Lippenbekenntnis bleibt, ist die Anerkennung der Fremdheit ein nötiger Lernschritt, und nur dann ist das Übersetzen „ein Freisetzen, in dem herauskommt wie wir eigentlich sind" (111). Dazu gehört im Verständnis dieser Arbeit, dass dies nur gelingt, wenn der unbestimmte Anteil mitgeführt wird. Im Folgenden wird die Simulative Hermeneutik unter aktuellen Positionen zur Hermeneutik der Fremde verortet.

Für Nakamura ist „Xenologie" erst auf der Grundlage einer Anti-Hermeneutik möglich. Er stellt einen fünfstufigen Plan auf, der das methodische Vorgehen der Xenologie, d.h. der wissenschaftlichen Erkundung des Fremden, darstellt. Gleich im ersten „phänomenologischen" Schritt geht es um das Absehen vom *Verstehen* des Fremden zugunsten einer Beschreibung der Situation seines Auftauchens. Der zweite „anti-hermeneutische" Schritt sucht die vertikalen Momente der Fremderfahrung auf, also jene, die zum Bestand der Eigenheit gehören. Auf dritter Stufe wird jene Eigenheit tiefenhermeneutisch beschrieben, die von der Fremderfahrung gewandelt wurde. Die vierte Stufe bewahrt die Differenz von Andersheit und Fremdheit. Andersheit wird rehabilitiert, indem Fremdprojektionen zurückgenommen werden. Zulässig für die Fremdheit sind Figuren, die das Fremde inszenieren und darin ein Wissen um das Virulente der Fremderfahrung bewahren. Das Fremde wird geschützt durch des Deuters „'Sensibilität' für die Verletzung des Fremden, für dessen Schmerz aufgrund meiner Deutungszuweisung" (248). Für Nakamura ist daher das Verstehen vom Nicht-Verstehen her zu entwickeln.[335] Für eine solche Metaphysik der Fremdheit sieht er die Chance, die kreativen Seiten des Irritiertseins, mit der die Postmoderne umgeht, aufzugreifen. Denn die Epoche, in der Krisen durch große Erzählungen bewältigt werden, sei vorbei. Auf fünfter transzendenz-hermeneutischer Stufe ist seine *Xenologie* lediglich die Eröffnung eines Spielraums interner oder immanenter Andersheit unterhalb einer

---

Gastrecht als wichtiges Kulturgut, mit Fremdem umzugehen, ausführlich diskutiert hat. MALL *Philosophie im Vergleich der Kulturen* 64.
[334] FIGAL *Der Sinn des Verstehens* 110.
[335] NAKAMURA *Xenosophie* 263.

prinzipiell nicht verstehbaren Fremdheit. Nakamuras Xenologie hält an der xenosophischen Entscheidung für die Nicht-Hermeneutik fest. Es ist nachzuvollziehen, sich der Fremdheit über die fortschreitende Abweichung vom Vertrauten anzunähern, was Nakamura begrifflich von Hemmung bis Widerspruch äußerst präzise verfolgt. Doch auch mögliche Gegensätzlichkeit wird nicht zur Eröffnung der Fremde, sondern hat das Fremde „zu einem Satz des laufenden Sprachspiels transformiert" (249). Die Begegnung mit Fremdheit wird zu einseitig als Verwundung charakterisiert. Die Ambivalenz mit der Faszination, die ebenso gut für religiöse, kulturelle und ästhetische Kontexte belegt ist, fällt unbegründet weg. Nakamura gelingt es zwar, so unterschiedliche Ansätze wie Ottos Religionstheologie, Lyotards Neostrukturalismus (*Le différent*), Bubers Religionsphilosophie und Husserls Phänomenologie zu moderieren. Er bringt sie ins Gespräch, ohne eine setzende Theorie der Fremdheit, wie sie in der Unbestimmtheit liegt, anzuschließen. Mit vertikaler und horizontaler Fremdheit führt Nakamura hilfreiche Begriffe ein. Horizontal fremd sind gleichberechtigte alternative Deutungssysteme. Ihr Widerspruch gegen den Solipsismus des vertikalen „Anspruchs des Fremden" aus dem Eigenen löst die „Präsenz" der horizontalen Fremdheit ein. Diese Innovation ist jedoch mit einer Innen-Außen-, Subjekt-Welt-Dichotomie belastet. Durch Nakamuras phänomenologische Herkunft behält die Deuteinstanz das Zentrum inne. Die Zweiteilung in ein reines Verhalten gegen Fremdes in der „Philosophie des Fremden", das dieses durch Verzicht auf Auslegung würdigt, und in das vermischte, von Praxiszwängen begrenzte Verhalten gegen Fremdes in der „Lehre vom Fremden" ist eine Folge seines Ideals von Unmittelbarkeit. Das Dilemma, dass die deutende Vernunft entweder nicht tätig wird und dann nicht versteht oder, wenn sie tätig wird, verzerrt, löst sich nicht auf. In Nakamuras Problembestimmung gibt es Nicht-Verstehen oder Missverstehen. Hier führt das Verstehen als Simulieren weiter. Zu würdigen ist Nakamuras Umgang mit dem Fremden im Habitus der Diplomatie. Das ist „die vorsichtige und umsichtige Ausdrucksfindung für die Regelung eines Konflikts auf der Ebene einander heterogener Diskurse" (260).

Einen Fremdheitsbegriff zu haben, der prinzipielles Nicht-Verstehen ausdrückt, halte ich nicht nur für überflüssig im Sinne des Ockhamschen Rasiermessers, sondern auch für falsch, da wir eben so viel verstehen wie wir verstehen. Wird das „wir" individuell aufgefasst, so gibt es Differenzen in der Verstehensleistung von einzelnen Menschen, ohne dass wir sagen würden, weil ein Kind die Pythagorasgleichung nicht versteht, sei dies Fremdheit für das Kind. Wird das obige „wir" als allgemeine Vernunft aufgefasst, so macht es ebenfalls keinen Sinn irgendetwas als prinzipiell nicht verstehbar auszugeben. Was sollte das sein? Dahinter liegt die Vorstellung, es gebe eine Art Landschaft von verstehbaren Sachverhalten und wir seien nur noch nicht über einen weiteren Berg gestiegen, hinter dem Fremdheit liege. Eine von Fremdheit umfriedete Welt des Erkennens ist eine fast mythisch zu nennende Vorstellung eines von Nebel ringsum umwobenen Landes bzw. einer Scheibe, an deren Seite man herabfällt. Diese Form von Nicht-Hermeneutik gegenüber der Fremdheit ist realistisch geprägt. Was sollte prinzipielle Fremdheit sein? Ist die Trieblehre der Psychoanalyse oder das *world wide web* für einen Menschen des 8. Jh. prinzipiell fremd, so dass zukünftige Erfindungen grundsätzlich fremd genannt werden könnten für uns jetzt?

Der Religionswissenschaftler Sundermeier hingegen fordert eine „Differenz-Hermeneutik" und jenseits des Verstehens die Haltung der Anerkennung. Er bleibt somit im Rahmen einer Theorie des Verstehens. Die klassische „Vereinnahmungs-Hermeneutik", die so viele Verstehenshilfen liefert, bis sich der Leser als Autor des fremden Textes verstehen könnte, und die „Verschmelzungs-Hermeneutik", die er mit Husserl und dessen Begriff der Horizontverschmelzung verbindet, sollen von der Differenz-Hermeneutik abgelöst werden, die „das Differente verstehen lehrt, ohne es zu vereinnahmen, die praktische Hilfe bietet, die Nähe des Zusammenlebens einzuüben, und zugleich die richtige Distanz bewahrt, die die Identität des Fremden respektiert und die uns allen gemeinsame Menschenwürde achtet. Das Verstehen ist ein langer Lernprozess".[336] Das Verstehensziel liegt jedoch außerhalb der Reichweite. Die Hermeneutik des Fremden und Differenten ist notwendig offen. Sundermeier spricht in seiner „praktischen" Hermeneutik von drei Schritten in der Begegnung mit dem Fremden: das Aus-sich-Herausgehen, das Wieder-zu-sich-Einkehren und eine aktive Teilnahme, die beides miteinander verbindet.[337] Die Synthese ist nicht notwendig ein Verstehen, sondern ein Handeln, das auf der höchsten von insgesamt vier Ebenen Respekt und Ehrfurcht vor dem Anderen ausdrückt. Es ist Sundermeiers Ziel, der Verachtung des Fremden zu entgehen und die narzisstische Selbstreflexivität zu überwinden.[338] Seine Vorschläge sind eher eine ethische Wunschliste als eine sozialwissenschaftliche Handlungsanleitung, die in der Feldforschung gewinnbringend ist.

Ganz anders wird der psychische Wunsch der Selbstverständigung bei Schurz verstanden. Seine „negative Hermeneutik" ist das "Aufbegehren gegen die Macht der Wirklichkeit gegen das Individuelle. Im Nicht-Verstehen ist damit die Angst vor der eigenen Unwirklichkeit aufgegeben".[339] Darin mag sich die Fremdheit des Chaotischen widerspiegeln, die erst von dem Moment an integriert werden kann, wenn das Realitätsgefühl nicht mehr damit verknüpft ist, kognitive Übersichtlichkeit liefern zu müssen. Die „Macht der Wirklichkeit gegen das Individuelle" bedeutet dann eine Übermacht der theoretisch hergestellten Wirklichkeit gegenüber einem Lebewesen, das sich vorgängig in seiner Lebenswelt erfährt. Dass das Verstehen das Erleben eigener Unwirklichkeit verhindern soll, ist nachvollziehbar, aber nicht verallgemeinerbar.

---

[336] SUNDERMEIER *Den Fremden verstehen* 13f.
[337] Ebd. 183.
[338] Ebd. 128.
[339] SCHURZ *Negative Hermeneutik* 212.

Hogrebe hält eine „Negative Erkenntnistheorie" für die geeignetste philosophische Disziplin im Umgang mit Fremdem, deren Frage lautet: Wie kann der Mensch mit dem, was er (noch) nicht weiß, fertig werden.[340] Für Hogrebe ist Hegels Einsicht in der *Philosophie der Geschichte* zentral, dass das Fremde immer nur Fremdartigkeit des Geistes in ihm selber und daher Geist von seinem Geiste ist.[341] Die menschheitsgeschichtlich erste Reaktion, die natürlichen Zeichen der naturhaften Umwelt zu deuten und das Fremdartige auf diese Weise auszuschalten, sei ein Kategorienfehler, Mantik anstatt Semantik. Im Lauschen auf die Natur wurde im Altertum ein nahendes Zukünftiges vernommen, Vorboten oder schicksalhafte Folgen aus vergangenen Verflechtungen. Der Fehler liegt darin, dass nicht Natur mit Natur und Vorstellungen mit Vorstellungen verglichen werden, sondern Natur als geistvolles Geschehen angesehen wird. Diese Selbstprojektion hält Hogrebe für „anfänglich notwendig".[342] Als Rückzug von Projektionen hat neben Hegel auch C.G.Jung den Fortschritt von Kultur beschrieben. Wer bei Hegels Modell ansetzt, wird ähnlich wie Hogrebe die Geistesvergessenheit als erstes Entfremdungsmodell bestimmen müssen. Das bedeutet aber auch, dass Fremdheit teleologisch aufzulösen ist und aufgelöst werden kann. Kritisch ist anzumerken, dass sich im Fortschreiten eine Eigenschaft der bewussten, zumeist kognitiven Vorgänge ausdrückt, die jedoch in anderen Denkoperationen oft nur zur begleitenden Denkerfahrung gehören. In Hogrebes negativer Erkenntnistheorie hat eine Idealisierung von Bewusstheit die Fremdheitsvorstellung verformt. Dabei werden ebenso gängige Bewusstseinserfahrungen wie die Erfahrung des Entgleitens der Bewusstheit und der Erstreckung eines Sachverhalts in andere nicht durchgängig und gleichzeitig thematische Kontexte unterschlagen. Werden diese Erfahrungen durch unbestimmte xenologische Verhältnisse in der Simulationstheorie eingebracht, zeigt sich der Mangel einer Negativen Erkenntnistheorie, die an der Bestimmtheit durch Negation festhält.

Hartmann entwickelt einen „Methodischen Kulturalismus".[343] Durch die Rückbindung an die Praxis will Hartmann die Axiome um die abendländischen Begriffe von Leib und Seele auflösen (das identitätstheoretische, emergentische und eliminative). Die Axiome leiten sich aus einem Vergessen ab. Sie universalisieren und ontologisieren Terme, deren Beschreibungsleistung sich nur auf einen bestimmten Aspekt im Hand-

---

[340] *Die epistemische Bedeutung des Fremden* 365.

[341] Ebd. 359. Für MOHANTY *Den Fremden verstehen* ist das nur die eine der zwei Grundweisen des Fremdverstehens: „Entweder man versteht das Selbstverständnis als eine Art von Verstehen des anderen oder das Verstehen des anderen als eine Art von Selbstverstehen" (115). Diese Systematik sagt nicht eigentlich etwas über Fremdheit aus, sondern expliziert Intentionalität, eine Eigenschaft des Bewusstseins. Dies kann auch zu Hegel gesagt werden.

[342] *Die epistemische Bedeutung des Fremden* 368.

[343] *Philosophische Grundlagen der Psychologie*. Er gehört zum Erlanger Konstruktivismus wie sein Lehrer P. Janich.

lungskontext bezieht. Dadurch kommt es zu fehlgeleiteten Fragen wie der nach der Neurophysiologie von Erinnerung. Bei diesen Scheinproblemen wird übersehen, dass „es das erkenntnisleitende Interesse der Praxisstützung ist, das – so indirekt und vermittelt dies auch immer sei – sowohl die *Rechtfertigungs-* als auch die *Geltungs*kriterien für naturwissenschaftliche Theorien liefert".[344] Eine weitere verhängnisvolle Folge ist der Realismus, der Geltung als Korrespondenz von Theorie und Wirklichkeit ansieht. Die von Hartmann „geforderte ‚kulturalistische Wende' in der Philosophie beinhaltet nicht nur die Überwindung des Naturalismus, sondern auch die Rückgängigmachung der im Gefolge des Logischen Empirismus eingetretenen Verengung philosophischer Erkenntnistheorie zu bloßer Wissenschaftstheorie und systematischer Kulturkritik zu bloßer Wissenschaftskritik".[345] In der vorwissenschaftlichen Welt gibt es keine physikalischen Teilchen, kein Es und Über-Ich. Der Status theoretischer Gegenstände ist von dem der Phänomenebene bleibend zu unterscheiden. Die Fremdheit erscheint in Hartmanns Perspektive als das Außerwissenschaftliche, im Sinne des Vorwissenschaftlich-Praktischen. Es ist fremd, weil es nicht im Kontext von Verstehen herangezogen wird. Praxis und ihr erkenntnisleitendes Interesse wird übersehen oder abgewertet. Im Realismus liegt die Abwertung darin, dass Wirklichkeit nicht durch sie gesetzt ist. Der Kulturalismus führt weniger eine interkulturell sich verordnende und gewandelte Vernunft ein, als dass er das Erkenntnisinteresse zurückbindet an die Praxisinteressen, die als grundlegender bewertet werden. Der Methodische Kulturalismus gleicht in manchem der Bekehrung des Gedankenexperimentators G zu **G'**. Allerdings drückt sich in der Grundopposition von Theorie und Praxis, Term und Phänomen erst eine anfängliche Phase der Begegnung mit einer Theoriealternative aus. Sie erinnert an die Gegenbild-Fremde, die noch stark über Entgegensetzung zu ihrem „Ursprungsgegenstand" konzipiert ist. Zudem kann die Simulative Hermeneutik durch ihren dreigestuften Gegenstandsbereich Sinngefüge mehr erkenntnisleitende Interessen angeben als nur das Handeln.

Wichtige Impulse gibt auch die Ethnopsychoanalyse, die bei Freud noch Völkerpsychologie hieß, für die Xenologie. Filet[346] gehört zu jener Herkunft der Ethnopsychoanalyse aus den praktischen Anforderungen des Analytikers angesichts von Klienten aus fremden Kulturen. Daneben steht die Ethnopsychoanalyse in der Tradition der Geisteswissenschaft, die Kulturleistungen als Produkt der Seelentätigkeit deutet und weniger als historisch, geographisch, ökonomisch usw. bestimmte Produkte. Nach Filet sind die sprachliche und die psychosexuelle Entwicklung des Menschen untrennbar verwoben. Deshalb können zwei verschiedene Sprachen „niemals dieselbe soziale oder psychische

---

[344] Ebd. 325. Diese Einsicht findet sich bereits bei MALINOWSKI *The Problem of Meaning in Primitive Languages*: "Thought, on the contrary, having to borrow from action its tool" (484).
[345] *Philosophische Grundlagen der Psychologie* 7.
[346] *Kulturen, Sprachen und das Unbewusste als Problem in der Psychoanalyse*.

Realität repräsentieren" (170). Neben diesem Bedeutungspluralismus findet sich auch der mögliche Gegensatz aus der Unbestimmtheit bei Filet: Der Psychoanalytiker sei mit der Aufgabe des Übersetzens betraut, weil nur die „Diskrepanz" (171) und die Spannungen in den Repräsentationen dargestellt werden können. Nicht dargestellt werden können die Kulturen als solche jede für sich (monadisches Fremdverstehen) oder als gemeinsame Kultur verschiedener Ausprägung (universales Fremdverstehen). Stattdessen baut der geforderte Pluralismus als dritter Weg die regressive Angst ab, die vor unvertrauten und deshalb unheimlichen Überzeugungen entsteht. Schon für die Ausbildung des Analytikers fordert Filet, dass Lehranalytiker verschiedener Schulen beteiligt sind. So nur kann die Doktrin, der blinde Fleck der eigenen Schule, gesehen werden (Darin ähnelt er **G'**). Interessant ist, dass Filet das Fremdverstehen als Übersetzen bestimmt. Dabei ist weniger das zwischensprachliche Übersetzen gemeint, als vielmehr die Umkehr der „Anwendung" von Psychoanalyse auf Symbolsysteme (Kunst, Literatur, Wirtschaft). Aus den Zeichensysteme wird in den verborgenen psychischen Sinn rückübersetzt. Seine Ausführungen zeigen, dass er damit Internalisierungsvorgänge meint. Das Unheimliche eines Signifikanten zeugt von einem Objekt, das noch nicht verinnerlicht ist. Dahinter scheint die angstreduktive Funktion des Verstehens als Prämisse auf. Wegen einer solchen psychologischen Erkenntnistheorie muss Filet keine Metatheorie kultureller Bedeutungen entwickeln. Auf kulturbeschreibender Ebene bleiben die Spannungen und die Diskrepanz zwischen Symbolisierungen. Dieser dritte Weg Filets löst sie subjektivistisch auf. Der Analytiker gleicht im ethnopsychoanalytischen Kontext dem Simulanten, der zwischen den Welten wandelt, ohne zu einer höheren zu kommen und der seine Ausgangsgestalt durch die Internalisierungen („Einverleibungen") unwiederbringlich verändert. Es fehlen jedoch die situativen Elemente der Simulation. Übersetzen ist nicht ausschließlich eine psychische Leistung, sondern auch eine Einsicht in die historischen, ökonomischen, religiösen, neurologischen Daten jeder Bedeutungssetzung. Die Fremdheit einer Kultur wird zu leicht als Widerständigkeit für die Selbstwandlung benutzt, wenn sie nicht auch die aufgezählten Elemente berücksichtigt.

Am stärksten finden sich Einsichten der Simulativen Erkenntnistheorie bei Sauter.[347] Ein Feldforscher hat nicht nur in einem Forschungskolloquium seine Ergebnisse darzustellen, sondern ebenso eine Forschungssupervision zu vollziehen, in der die forschungsbezogenen Übertragungsprozesse analysiert werden. Auf diese Weise wird aufgedeckt wie die intrapsychische Situation des Feldforschers die Forschungssituation verändert. Sauter stellt sich gegen die sozialwissenschaftliche Praxis der 70er und 80er Jahre, die eigene Gegenübertragung im Forschungsbericht zu analysieren, so dass Aus-

---

[347] Der Forscher als Mentor. Gedanken über die intersubjektive Praxis der Feldforschung. Sauter bezieht sich auf Devereux, der das Übertragungsmodell auf die selbstreflexive Ethnologie angewendet hat, Angst und Methode in der Verhaltenswissenschaft (1967).

wertungen zum Vorwand eines Selbstberichtes werden. Die Selbstklärung wird in die Supervision verwiesen. Für Sauter gehört das Übertragungsgeschehen zur Szenerie der Fremdbegegnung. Der Aushandlungsraum zwischen Feldforscher und Eingeborenem ist wesentlich als Übertragungsraum angelegt. So kommen die „idiosynkratischen und kulturellen Übertragungen" (89) als gemeinsamer Schöpfungsgrund zum Tragen, der auch den Teilnehmern erlaubt, mehr von sich und ihren Entwürfen zu zeigen. Durch Sauters methodologische Neubestimmung der Feldforschungsszenerie wird der Verstehensbegriff im Sinn der Simulation bestimmt. Dies scheint zuerst im Verständnis des Feldforschers auf: Er "versteht sich dabei nicht nur als teilnehmender Beobachter. Er ist nicht nur Zuhörer oder Hervorbringer narrativer Gespräche, nicht nur nachträglich fallrekonstruierender Hermeneut, sondern er ist ein am Dialog selbst teilnehmender Forscher, der sein Verstehen und Nichtverstehen einer Forschungsgruppe ansprechen kann, bearbeitet und dadurch zu der Bildung eines *alle* Beteiligten miteinbeziehenden, selbstreflexiven und aufklärenden Diskurses beitragen kann" (91). Die wichtige Erkenntnis Sauters wie die der Simulation liegt darin, dass die Forschungspraxis ein verwandelnder Verstehensprozess ist. Die Szene ist ein gemeinsam zu verantwortender Raum und in ihrer Ausgestaltung nicht einer theoretischen Überstülpung durch die Forschervernunft überlassen.

6 Resümee zu Inventar und Personal des Gedankenexperiments

6.1 Retrospektive auf die Prozesse der Simulation

Die Skizze verdeutlicht, dass sich das Gedankenexperiment nicht in der Feldstudie erschöpft. Die Rückkehr des Feldforschers zum Gedankenexperimentator und dessen Auswertung der Manuale und seine darauf folgende Wandlung zu **G'**, also die Erweiterung der Unbestimmtheit auf die Provinz, gehören wesentlich zur Feldstudie hinzu.[348]

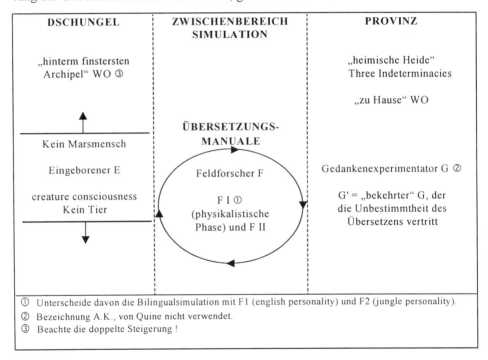

---

[348] Gleiches gilt von den in die Feldstudie eingelagerten anderen Gedankenexperimenten (z.B. Bilingualsimulation, Marsmenschbesuch), Beispielen (Münze etc.) und Kommentaren. Sie führen zu Nachbesserungen der Experimentbedingungen bei laufender Feldstudie (hierzu gehört insbesondere der Übergang des Feldforschers von Phase I zu Phase II).

Die Feldstudie ist ein Zwischenbereich, der für Gedankenexperimentator und Eingeborenen ein Begegnungsfeld eröffnet. Das ist notwendig, da es sich bei den Übersetzungen um einen Gegenstand handelt, der angeeignet werden muss, im Gegensatz zu Gegenständen, die beobachtet werden (z.B. Sternenbewegungen). Der Feldforscher ist die Gestalt der Sprachaneignung. Er ist ein lernfähiger Agent und gibt sich modulierbar in die Begegnung. Der Eingeborene muss zuerst von einem tierhaften Lebewesen und von einer übermenschlichen Lebensform abgegrenzt werden. Entscheidend ist, dass der Eingeborene nicht von sich, sondern durch die simulative Fähigkeit des Feldforschers (der den False-Belief-Task besteht) als eigenständiger mentaler Akteur im kommunikativen Kontext konstituiert wurde. Die Abgrenzung zum Hypermenschen geschah in der Diskussion um den Marsmenschen und seine „Grünheit". Der Eingeborene hat in dieser Begrenzung von unten und von oben an exotischer Fremdheit eingebüßt. Er ist nicht die wilde Bestie, der Wilde oder Affenmensch. Die Fremdartigkeit ist auf menschliche Dimensionen „zusammengestaucht".

In der Skizze ist unübersehbar, was dadurch gewonnen wird, dass nicht nur zwei Ebenen (Feldstudie und Gedankenexperiment) ausgeführt werden (schon das überschreitet Quine), sondern diese als zwei Gestalten personalisiert sind. Dadurch wird eine „Bekehrung" ermöglicht. G' ist einer anderen Anordnung oder Realisierung von In-der-Welt-Sein begegnet. Die Begegnung ist keine Konfrontation. Sie ist vielmehr ein subversiver Vorgang, der das Zeichensystem des Verstehenden nachhaltig verändert. Die Bekehrung kommt in „G'" zum Ausdruck. Sie ist die Wandlung des Gedankenexperimentators zu jemandem, der die Unbestimmtheit auf seine Sprache und das eigene Verstehen anwendet. Der Gedankenexperimentator, der die Geschichte zur Illustration seiner eigenen philosophischen Überzeugungen erzählt, entdeckt in der allegorischen Gestalt des Feldforschers einen Anteil seiner selbst, der ihn belehren und korrigieren kann und der einen Eigenstand gegenüber dem Geschichtenerzähler entwickelt, dank dessen der Feldforscher ihm das Dunkle des Eingeborenen und das Dunkle des ihm Eingeborenen erschließt. Die philosophische Studie in *Word and Object* ist eine Gratwanderung des Sich-selbst-Denkens und des Verstehens von Fremdheit. Die Wandlung besteht in einem erworbenen Wissen, das man praktisch nennen könnte, wenn diese Unterscheidung von praktischer und theoretischer Vernunft nicht ihren Sinn verloren hätte, seit die ahistorische und ubiquitäre Vernunft von ihrem Sockel herab und in einzelne Kulturen hineingestiegen ist. So sollte es nach seiner Herkunft eher simulatives Wissen genannt werden.[349]

---

[349] Für die Debatte der Ethnologie um die ethnographische Repräsentation ist festzuhalten, dass die Simulation durch den gewandelten G' von der teilnehmenden Beobachtung Malinowskis, die weder die Selbstveränderung annimmt noch eine alternative Sinnesordnung erlernt, unterschieden ist. Die simulative Erkenntnis ist kein kulturelles Vergleichen oder eine ähnliche Ableitungsoperation. Die Simulation als Methode hat Zugang zur Lebensform und hintergründi-

6.2 Inventar und Personal: Medien und Kommunikation

Die Ergebnisse zu Inventar und Personal des Gedankenexperiments geben Aufschluss über die Medien, in denen sich radikale Fremdheit präsentiert, und über die Kommunikation, die eine Verständigung über den Fall radikaler Fremdheit ist. Das Gedankenexperiment radikaler Fremdheit sei abschließend medien- und kommunikationswissenschaftlich ausgewertet. Diese Betrachtungsweise ist durch die Methode der Simulation ermöglicht. Das simulierende Verstehen erst involviert sich in die Kommunikation und benutzt dabei Medien, in denen die Eingeborenenwelt sich selbst ausdrückt und die für nicht-simulative Zugänge keine mediale Funktion annehmen würden.

Das mediale Inventar steht für verschiedene Zugänge zur Fremdheit und für verschiedene Darstellungen von Fremdheit. Die Handbücher stehen für den Modus der Literalität, sowohl was die Rezeption des fremden Eingeborenen angeht, die besonders die Sprachäußerungen wahrnimmt, als auch was die schriftliche Darstellung des erforschten Fremden angeht. Darüber hinaus ist das Medium des Handbuchs, insofern es eine statische Struktur besitzt und eine einfache binäre Zuordnung von Deutsch-Dschungelisch-Sätzen vornimmt, ein Beispiel für die Repräsentation von Wissen in Theorieform. Typisch ist, dass die Theorieform dynamischen Phänomenen wie dem zunehmenden Verstehen des Feldforschers nicht gerecht werden kann. Typisch ist auch, dass die eigentlich interne Dynamik im Rezipienten in ein zeitliches Außen verlagert wird und statt als Wandlung des Rezipienten als Sukzessivität revidierter Theorien beschrieben wird. Rückkoppelung kann nur sukzessiv durch ein neues Handbuch einbezogen werden. Das liegt an Quines wissenschaftstheoretischer Position, die klassifikatorisch ist. Sie war für absolute Größen (meist Zahlen und Mengen in Logik und Mathematik) gedacht und nicht für relationale Größen, die sich nur in einem Prozess und einer Umgebung erschließen (z.B. Kommunikation und andere Gegenstände der Sozialwissenschaften). Hieraus ergaben sich zwei Forderungen: erstens nach einem geeigneteren Medium der Repräsentation von Fremdem als dem theoretischen Format und zweitens nach der breiteren Rezeption des Fremd-Phänomens und nicht nur der Rezeption seiner Sprachlichkeit.

Weiterreichend als die Sprachlichkeit des Eingeborenen ist seine Wahrnehmungsordnung. Diese wurde im zweiten Abschnitt des Inventars in dem Medium der Oberfläche besprochen. Die Haut des fremden Eingeborenen bzw. seine sensorielle Ausstattung wurde erst eingeengt von F I als Reizempfänger konzipiert. Aus dieser Reduktion der menschlichen Körperlichkeit auf ein Stimulus-Response-Modell trat Feldforscher II

---

gen Rationalität eines Sprechers. Darin ist sie der Theorie-Theorie überlegen, die in ihren Erklärungen nur auf ausdrückliche Regeln zurückgreifen kann und damit immer im Binnenbereich einer Lebensform bleibt, ohne auf die hintergründige Vernünftigkeit und ihre Medialität zu stoßen und sie reflektieren zu können.

heraus, indem er den Eingeborenen befragte. Indem F II in einen Dialog eintrat, konnte die Körperlichkeit des Fremden in ihrer Fähigkeit, zu hören und eine Stimme zu haben, wahrgenommen werden. Für diese Rezeption des Mediums Oberfläche durch den Feldforscher wurde die Diagnose gestellt, dass die Suche nach einer gemeinsamen Oberfläche mit dem Fremden sich als Erfüllung sensualistischer Genauigkeit zwar ausgibt, dass sich in ihr aber hintergründig der Wunsch nach medialer Verschmelzung ausspricht. Daher ist sie genau das Gegenteil jener Inkorporation, die als Zielvorgabe des simulativen Fremdverstehens gilt, da sie ein In-die-Haut-des-Anderen-Schlüpfen ist, jedoch nicht um sich zu vereinigen, sondern um ein abweichendes zweites Sensorium, die fremdartige Sinnesordnung zu erlernen neben der eigenen. Der Dschungel ist das Medium der naturhaften Umgebung der Fremdheit, das Um-bild, die Kontextualität, durch die Fremdheit fremd ist. Die Provinz kommt nur durch die Reflexion des Gedankenexperimentators hinein. Die Feldstudienebene geht völlig im Dschungel auf. Sie ist gerade nicht relational zur Provinz, für die Rückkoppelungseffekte beschrieben wurden.

Durch das Personal des Gedankenexperiments kann die Kommunikationsweise beschrieben werden, in der sich radikale Fremdheit erschließt und welche Wirkung die Begegnung mit dem Fremden hat. Zunächst fällt auf, dass der Eingeborene „leibhaftig" mit dem Feldforscher (Medium Oberfläche) kommuniziert und im Medium der Literalität mit dem Gedankenexperimentator. Für den Gedankenexperimentator wird somit der Eingeborene in einem nicht körperlichen Medium vermittelt. Zudem verdoppeln sich Feldforscher (F I und F II) und Gedankenexperimentator (G und G'). Das Kommunikationsmodell kann die Prozessualität der simulativen Wandlung darstellen.

Es geht daher längst nicht mehr um die Beschreibung eines Prototyps radikaler Fremdheit, der einen definierten Gehalt hat. Das radikal Fremde ist ein Sinngefüge, das sich nur in einer Situation zu erkennen gibt, die durch einen gewissen Kommunikationskontext ausgezeichnet ist und sich besonderer Medien bedient. Radikal fremd ist eine Situation als ganze und nicht ein herauslösbarer Bestandteil, z.B. der Eingeborene. Unerlässlich damit eine Situation radikaler Fremdheit entsteht und deren Sinngefüge erfasst werden kann, ist die Reflexions- und Simulationsebene des Gedankenexperimentators. Das Sinngefüge ist nicht in einer Repräsentationsform (sei es eine Theorie, eine Übersetzung oder ein Modell wie das holistische Netz) radikal fremd, sondern in einer Verstehensform. Erst in der Simulation hat sich der Forscher in die weiteste Beschreibbarkeit des Gegenstandsbereiches begeben, um durch die Inkorporation in die Eingeborenen-Wahrnehmungsordnung dessen abweichendes Sinngefüge zu verstehen. Dieses Verstehen wiederum im Ausgangssinngefüge des Feldforschers darstellen zu wollen, macht keinen Sinn mehr.

Durch die subjektabhängige Selektivität findet zwischen Eingeborenem und Feldforscher kein Austausch eines identischen Informationsgehaltes statt, wie es F I im Stimulus-Response-Modell beschrieb. Auch die Einbeziehung der Selektionsfaktoren von

Aufmerksamkeit, Verstehensintention, ihre Beschwerlichkeit und der Einfluss der Situation durch F II sind für die Theoriebildung des Fremdverstehens nicht ausreichend. Denn F II ist noch immer der Auffassung, dass das, was er versteht, in einem Handbuch niedergelegt werden kann, dass demnach ein Gehalt kommuniziert wird, der als Information dargestellt werden kann. Erst wenn die Begegnung von Feldforscher und Eingeborenem nicht mehr als Tausch eines identischen Informationsgehaltes beurteilt wird, sondern als Fähigkeit, mit Abweichung umzugehen, wird die Theorie der Selektivität der Wahrnehmung, der unterschiedlichen Zeichenvorräte, des Feedbacks, der Assymmetrie und Prozessualität der Fremdbegegnung gerecht. Diese Reflexivität besitzt der Gedankenexperimentator, der die Dschungelerfahrung durch die Unbestimmtheitsformulierung in ein System zweiter Ordnung erweitert.

Die Simulation besitzt eine ganz besondere Medialität. Ob als On-Line-Simulation in der realen Feldforschungssituation oder als Off-Line-Simulation in Gedanken, jedes Mal imaginiert der Feldforscher den Eingeborenen. Es ist eine wichtige Erkenntnis, dass auch die Feldforschung vor Ort mit einer Fiktion verbunden ist. Das Bilden der abweichenden Szenerie (des Eingeborenen) im Simulieren abstrahiert von faktischen Daten und begründet ein neuartiges Medium, das für die systemische Größe Sinngefüge ausgezeichnet ist. Das Sinngefüge des Eingeborenen ist in einem Code vermittelt, der in der Imagination des Feldforschers zwischen faktischer Beobachtung und fiktiver Erfindung wirklichkeitskonstruierend ist.

SCHLUSS: DAS UNBESTIMMTE VERSTEHEN DES FREMDEN

Wir sind zu der Einsicht gelangt, dass es eine sinnvolle Verwendung des Begriffs radikaler Fremdheit gibt. Sobald jemand eine Szenerie simuliert, die in logischen, sinnlichen, sprachlichen oder rationalen Grundüberzeugungen abweicht, inkorporiert er sich in ein radikal fremdes Sinngefüge. Von diesem Sinngefüge kann sinnvollerweise gesagt werden, es sei radikal fremd. Die Simulation ist das Hineinversetzen eines Menschen in die unbekannte Szenerie eines anderen Menschen, indem dessen Sprechen, seine Körperlichkeit (expressiver Ausdruck, Handeln, Sinnesordnung) und seine Vorliebe für bestimmte Medien, Symbolordnungen und Kommunikationsweisen nachgeahmt, nachempfunden und erlernt werden. Das Sinngefüge setzt sich aus diesen und weiteren Elementen zusammen. Es kann je nach Beschreibungszweck anders unterteilt werden und wurde in dieser Arbeit auch anders unteteilt, z.B. in propositionale, semipropositionale und nicht propositionale Ebenen. Das Ergebnis eines solchen Simulierens ist, dass dessen Repräsentation, bezogen auf die Darstellbarkeit des erlernten radikal fremden Sinngefüges, *unbestimmt* ist.

Die Unbestimmtheit bezieht sich im engeren und ursprünglich quineschen Sinne auf Übersetzungen der Sprache einer mit uns nicht verbundenen Kultur. Diese Übersetzungen sind deshalb unbestimmt, weil es mehrere gleich gute (d.h. durch Empirie gleich gut gedeckte) Übersetzungen gibt. Der Unterschied und die Mehrzahl der Übersetzungshandbücher sollen nicht bloß syntaktisch gedacht werden, sondern gehen bis in die mögliche Kontradiktion der Übersetzungen zu unseren logischen, grammatischen und wissenschaftlichen Überzeugungen. Daran knüpft sich das Gedankenexperiment des Dschungels, ob eine solchermaßen radikale Abweichung überhaupt möglich ist (möglich im weitesten Sinne von denkbar, darstellbar, verstehbar, sinnvoll, real vorkommend).

Als Begriff der Simulativen Hermeneutik bezieht sich „unbestimmt" nicht nur auf Übersetzungen, sondern auf das Sinngefüge einer fremden Kultur, d.h. nicht nur auf ihren sprachlichen Ausdruck, sondern auch auf weitere Elemente wie nonverbale Zeichensysteme der fremdartigen Szenerie, fremdartige Sinnesordnungen und Kommunikationsweisen.[350]

„Unbestimmt" bedeutet in diesem Sinne, dass der Forscher, der das Simulierte zu verschriftlichen unternimmt, drei Eigenschaften des radikal Fremden berücksichtigen

---

[350] Dabei ist der Begriff der Szenerie eine offene Menge. Welche Dimension zukünftig methodisch gehoben werden kann, so wie man einen Schatz hebt, ist offen. Schließlich ist es noch nicht lange her, dass die performative und die mediale Dimension erforscht werden und dass rationale „Entscheidung" modelliert wird. Andere Felder, die bislang als subversive oder beiläufige Linien mitliefen im großen Gang der rationalen Durchdringung, könnten hervortreten. Ein solches Hervortreten sehe ich in der vermehrten Aufmerksamkeit auf das Körperliche.

muss, die sich zum Teil der Verschriftlichung entziehen. Das radikal fremde Sinngefüge bleibt in der Repräsentation im Sinngefüge des Forschers an die Szenerie des Fremden und an die in ihr komplexe Kommunikationsstruktur gebunden. Es kann kein Gegenstand herausgelöst und einzeln als fremd bezeichnet werden (z.B. ein Ritual, eine Maskenbemalung, eine Verhaltensweise, eine Melodie). Zur Szene gehören noch viel mehr Elemente, die ausgeführt wurden, z.B. das Medium der Stimme, welche in der Repräsentation der Schrift schon verzerrt ist. Zudem bleibt die Darstellung des radikal fremden Sinngefüges möglicherweise gegensätzlich zur Weltanschauung des Forschers, was sie unbestimmt im Sinne von ambivalent, mehrdeutig oder sogar unverstehbar macht. Schließlich ist die Rekonstruktion des radikal fremden Sinngefüges als Ergebnis eines simulativen Verstehens selbst ein simulativer Vorgang. Dessen Unbestimmtheit liegt darin, dass etwa ein körperliches Wissen in der Theorieform nicht angemessen niederzulegen ist.

„Unbestimmt" bezieht sich demnach auf zwei Fälle: auf das Fremde und auf das Bekannte. Ein Sinngefüge ist als unbestimmt und fremdartig definiert, wenn es radikal abweicht. In Bezug auf das bekannte Sinngefüge kann gesagt werden, es sei unbestimmt, auch wenn es z.B. in einem anderen Sprecher meiner Muttersprache verkörpert ist und nicht radikal abweicht. Denn zur Unbestimmtheit gehören auch die beiden Faktoren szenisch und simulativ. Sie sind der interpretative Anteil in jedem Verstehen, so dass Quines Aussage, die Unbestimmtheit des Übersetzens gelte auch zu Hause, in diesem Sinne gilt.

Zu einer der wesentlichsten Einsichten der Simulativen Hermeneutik gehört, dass ein Simulant mehr versteht als er repräsentieren kann. Das liegt daran, dass er nicht nur Vermögen bemüht, um die fremde Umwelt zu erfassen, denen die Schrift- bzw. Sprach- und Theorieform nahe liegt, sondern dass er auch mit Vermögen aktiv die fremdartige Umwelt erkundet, die nie eine Teleologie auf Bewusstwerdung besaßen (etwa bei Begehungen der Raumwahrnehmung oder Rollenannahmen in der Befindlichkeitsatmosphäre einer Gruppe). Zum ersten ist methodologisch festzuhalten, dass mit der Simulativen Hermeneutik psychologische Thesen verbunden sind. Zum anderen heißt das, dass Verstehen nach der Simulativen Hermeneutik nicht ausschließlich das Ergebnis von Identifizierungen ist. Verstehen ist das Herstellen von Abweichung. Diese erkenntnistheoretische These steht im Herzen der Simulativen Hermeneutik.

Der xenologische Wert „unbestimmt"

Auch diese Arbeit muss sich fragen lassen, ob sie Quine in der Weise einer Vereinnahmungshermeneutik auslegt oder nach eigenen Maßstäben simulativ ist. Gleich zu Anfang wurde Quine als Gedankenexperimentator eingeführt, der die Unbestimmtheit entdeckt. Die vorgelegte Arbeit ist eine Simulation dieses Gedankenexperimentators, der sich auf die Suche nach der verstehbaren maximalen Abweichung macht. Dazu wird die Entwicklung seines Denkens ernst genommen und das Ungesagte, nur Angerührte in der These von der Unbestimmtheit stets mitgeführt, um von diesem Schatten her auf das Ausdrückliche zuzutreten.

Das Selbstverständnis der Simulativen Hermeneutik knüpft an die Vergeschichtlichung der Wahrheit bei Quine an. Dadurch gibt sie jeden Anspruch, eine Metatheorie sein zu wollen oder nicht sein zu wollen, auf. Bei Quine wird der Ort der Bedeutungsstiftung zum Platzhalter. Denn er läßt den Behaviorismus als Bedeutungstheorie des Naturalismus hinter sich und nimmt die jeweils erklärungsstärkste der zeitgenössischen wissenschaftlichen Disziplinen zur Bedeutungstheorie des Naturalismus. Das ist ein folgenreicher Einschnitt. Denn die „Erklärungsstärke" wird von der Wahrheitsfrage losgekoppelt, die eine ungeschichtliche Wahrheit im Sinn hat, und stattdessen an pragmatische Geeignetheit gebunden. Unbestimmtheit meint in diesem Kontext, dass der Wechsel der erklärungsgeeignetsten Disziplin auch nicht teleologisch eine ewige Wahrheit in Anspruch nimmt. In diesem Sinne ist Quines Äußerung zu verstehen, dass nicht einmal die Diktate unseres eigenen Analogiegefühls zu in sich Eindeutigem tendieren (WG 136). Es entstehe lediglich eine „Atmosphäre von Bestimmtheit".[351] Wenn selbst in der Zielperspektive Wahrheit und die Vorstellung einer Bestimmtheit außerhalb des Kontextes jeden Forschungstreibens wegfallen, dann ist mit der simulativen Bedeutungstheorie, die Unbestimmtheit einsetzt, der Naturalismus verlassen und die Hermeneutik hat begonnen. Das drückt sich bei Quine darin aus, dass er im Unbestimmtheitsparagraphen (WO § 16) die analytischen Hypothesen, die anfänglich normale wissenschaftstheoretische Thesen waren, nun als Hypothesen „in unvollständigem Sinne" (WG 137) bezeichnet. Der Grund liegt darin, dass sich der Bezugspunkt geändert hat und sie nicht als Aussagen über eine empirische Welt, sondern über die gedeutete Welt verstanden werden müssen. Die Bekehrung des Gedankenexperimentators G' relativiert nicht einfach die Sprachsysteme, sondern wandelt ihren Status. Sie sind von nun an Deutungen. Im Unterschied zu relativistischen Positionen ist der Folgeschritt in die Hermeneutik keine Abwertung. Die Hermeneutik der Unbestimmtheit gibt Wahrheit allgemein als interpretativen Akt aus. Auch Vattimo, obgleich er in einer ganz anderen philosophischen Tradition steht, führt als Implikation einer solchen Hermeneutik die Vagheit an.[352] Am Beispiel Cassirers und Hegels weist er zugleich auf die Gefahr hin, dass die Beschreibung des eigenen Interpretierens auf einer Metaebene wieder als wahre, nicht interpretierende Form gesetzt wird. Dann wäre der interpretative Charakter der

---

[351] Vgl. UW 47 über die Rolle der Analogie im wissenschaftlichen Erkenntnisweg und WG 40f über den begrenzten Nutzen der Analogie in den Wissenschaften: Sie biete nur „kärgliche" Informationen z.B. über Moleküle.

[352] *Jenseits der Interpretation* 18. Interessanterweise gilt die Vagheit nach Vattimo für die Ebene des Seinsverständnisses besonders (ähnlich Quine in der Relativität der Ontologie).

Wahrheit nur vorläufig, da sie sich letztlich wieder in die einzig wahre und transparente „Beschreibung der Struktur der Symbolisierungsaktivität füg[t]e" (20). Die Weise des Interpretierens darf aber nicht zur Weise der Wirklichkeit werden. Auch Quine sucht lange nach einer geeigneten Bedeutungstheorie, die er seinem Naturalismus assoziieren könnte. Erst mit der These von der Unbestimmtheit wird die Suche nach Eindeutigkeit beendet. Eindeutigkeit ist mit der realistischen Bedeutungstheorie verknüpft und ihrer leitenden Vorstellung einer so und nicht anders beschaffenen Wirklichkeit. Erst mit der bedeutungstheoretischen Wende der Unbestimmtheit ist diese Form von Eindeutigkeit nicht mehr Bedingung für sinnvolle und genaue Auslegungssysteme.

Die häufigste Reduktion der Unbestimmtheit in der Rezeptionsgeschichte Quines besteht darin, dass nur die Vorläufigkeit unserer Theorien (ihre Geschichtlichkeit) gesehen wird. Dass wir „unterwegs zur Wahrheit" sind, ist kein Gebäudeabriss, sondern eine Grundsteinlegung. Die antirealistische Wende wird selten gesehen. Zwei Reaktionen sind möglich, wenn Theorien nicht ewige Wahrheiten, sondern Hypothesenmengen und kulturelle Erfindungen sind: Die pragmatische Reaktion wählt jene aus den synchron gegebenen Erfindungen aus, die für bestimmte praktische Zwecke am dienlichsten sind. So erklärt sich der Siegeszug der Vorstellung von physikalischen Objekten anstatt von homerischen Göttern, weil physikalische Objekte den Strom der Erfahrung am handlichsten machen. Die zweite Reaktion betrifft eine Geschmackssache. Plausibilität wird eher dann empfunden, wenn die Objekte aus einer metaphorischen Wirklichkeit heraus in eine begriffliche Realität projiziert werden. Diese Verkürzung der Unbestimmtheit unseres Weltsystems zeigt deutliche Spuren der wichtigsten Quine beeinflussenden Quellen: wissenschaftstheoretische Überlegungen der Logischen Positivisten und des Pragmatismus. Verkannt wird die zweite Hälfte. Es liegt nicht allein an der Uneinholbarkeit einer Wahrheit und dem kreativen Teil unserer Systematisierungen von Welt, dass unsere Weltsicht unbestimmt ist. Die Unbestimmtheit der Übersetzungen (i.e. der Ordnungen von Welt) ist die positive Aussage, dass es Vorgänge und Beschaffenheiten gibt, die „unbestimmt" sind. Jede nicht-naturalistische Ontologie geht sogar vorrangig mit unbestimmten Bedeutungen um. Diese xenologische Unbestimmtheit ist abweichend, szenisch und simulativ.

Die Ergebnisse des simulativen Zugangs

Simulation bezeichnet eine Theorie, die das alltagspsychologische Verstehen und Agieren eines Menschen beschreibt. Im Unterschied zur entwicklungspsychologischen Theorie-Theorie des Verstehens versetzt sich der Simulierende in der Phantasie in die Situation seines Gegenübers, lässt „dort" seine eigenen Verstehensprozesse ablaufen und wertet sie aus.

In diesem Eigenversuch verschränken sich der thematisierte Gegenstand, also das fremde Sinngefüge, und das Mittel der Thematisierung, der Simulierende selbst. Im Folgenden werden sie als Perspektiven unterschieden nach Darstellungsebenen des Sinngefüges (1), Symbolisierungsleistungen in ihrer Systematik (2) und nicht identifizierende Prozessualität (3).

1. In der Simulation wird weniger vom Gegenstand her gedacht. Die analoge Logik lokalisiert die Unbestimmtheit immer noch beim Gegenstand (eben dem über- oder unterdeterminierten Phänomen). Die Simulation hingegen geht in die Prozesse des Verstehens und an die Wurzel des Projizierens, durch die Gegenständlichkeit überhaupt erst ins Spiel kommt. Die Simulation erweitert nicht primär den Phänomenbereich um unbestimmte Sachverhalte, sondern die Entwurftätigkeit des Geistes um Prozeduren, die intrinsisch nicht nach der Maßregel der Bestimmtheit verlaufen. Für die Charakterisierung dieser unbestimmten Prozeduren muss man auf jedwede Assoziation mit Ungenauigkeit, Vorläufigkeit etc. verzichten. Es werden nicht wirklich stattgefundene Erfahrungen oder kognitiv einstmals erarbeitete Zusammenhänge aus dem Gedächtnis aktualisiert, sondern es finden spontane Figurationen statt. Diese Flüchtigkeit hat für die Kulturwissenschaft die Folge, dass sich ihr Gegenstand ändert. Das „kollektive Gedächtnis" ist z.B. als Bestimmtheitsform weniger in einem Denk- oder Tradierungsmuster anzusetzen, wie M. Halbwachs und in seinem Gefolge J. Assman es tun, sondern als spontane szenische Setzung.[353] Auch Taylor weist auf ein Manko im Instrumentarium der kulturbeschreibenden Theorien hin. Normalerweise würden nur Rationalitätsannahmen unterstellt wie Kausalität, Wahrhaftigkeit, Identifizierungen von Raum und Zeit, Gegenstände und Personen sowie Universalien (z.B. ein kohärentes Überzeugungssystem). Dabei fehle genau die Ordnung, die man lieben könne.[354]

Oft heißt es, der Kontext erhelle die Bedeutung einzelner Handlungen oder Versatzstücke des Sinngefüges. Aber ähnlich wie in der Verhärtung des flüchtigen kulturellen Herstellens hin zur Annahme eines Erinnerns und Tradierens wird eine Szene zum Konzept „Kontext" verhärtet, die eigentlich einen irregulären Kontext und nichtmals einen „Text", sonden ein „Um-Bild" darstellt. Durch diese Verzerrung des szenischen Kontextes wird seine mögliche Verwendung zur Bedeutungsklärung zerstört. Die Kennzeichnung „irregulär" bringt zum Ausdruck, dass wir oft nicht wissen, welche Ausgestaltungen der Szene zum Vorgang bedeutungsprägend gehören und durch welche paradigmatischen und syntagmatischen Reihenelemente sie austauschbar sind. Hierhin gehört auch die Infragestellung des Kohärenzbegriffs. Es gibt Schichten des

---

[353] Diese Ausführungen zur Simulation und ihren Folgen im Erinnern sind durch kognitionswissenschaftliche und psychologische Erkenntnisse untermauert, vgl. BOYER *Tradition as Truth and Communication* über den Begriff der Tradierung in Kulturen und BLOCH *How we think they think*.

[354] „[An] order that could be loved" *Rationality*.

Sinngefüges, auf denen er sogar kein Kriterium dafür sein darf, einzelne Zusammenhänge und gegenseitige Stützungen von Sätzen auszusortieren. Das gilt bei ambivalenten Zuständen von bestimmten kognitiven (ästhetischen, ethischen) Zuständen und von emotiven sowie motivationalen Hintergründen.

2. Bedeutungstheoretisch antwortet die simulative Hermeneutik auf eine Anforderung, die in Quines Sicht nicht vorkam. Bereits zu Anfang war klar, dass sich der Gegenstand des Fremden nicht auf eine fremde Ordnung des Denkens beschränken lässt. Das Fremde geht über eine alternative Anordnung und Strukturierung propositionaler Wissensgehalte hinaus bis in ein Wissen, in Überzeugungen und Einstellungen hinein, die nur teilweise oder gar nicht propositional sind. Schwirig für Simulationen ist die Dokumentation. Das Problem ist weniger, den Fremden nicht verstehen zu können und auf das Verstehen daher verzichten zu müssen, als vielmehr das Fremde simulativ zu verstehen, aber nicht darstellen zu können bzw. teilweise nur schwer und teilweise gar nicht darstellen zu können. Denn wenn ich etwa durch meine leibliche Ritualteilnahme einen fremden Kult *online* simuliere, so beherberge ich die semipropositionale Bedeutungsebene des fremden Kultes in meinem Körperwissen, kann es aber noch lange nicht dokumentieren. Ein Ritual ist kein Skript und muss nicht notwendig ein Drehbuch als mythologische Erläuterung besitzen.

Die Simulation gelangt an den neuartigen Gegenstand Sinngefüge heran. Das macht die Berücksichtigung der Person als jener Entität, die überzeugt und eingestellt ist, für jede Untersuchung des Verstehens des Fremden notwendig. Die Simulationstheorie kann in diesem Punkt *nicht* in der postmodernen Tradition der Entindividualisierung und sogar Enthumanisierung des Systems stehen. Durch die Ganzheit im Handlungsverstehen, in der Emotionalität und Assoziationsfähigkeit des Simulanten steht auf beiden Seiten, der des Simulierenden und der des Simulierten, die ganze Bandbreite der Deuteinstanzen zur Beschreibung bereit.

3. Das Verstehen von Fremdheit ist prozesshaft. Aus diesem Grund fiel die Wahl auf die prozessorientierte Simulation als Theorie des Verstehens anstatt auf die theoriegeleitete Erklärung unserer Alltagspsychologie. Fremdheit, ganz gleich in welcher Form, verlangt eine Veränderung des Verstehenden in seiner Eigenheit. Die Wandlung des verstehenden Protagonisten, die ja auch in normalen Biografien ohne Begegnung mit fremden Kulturen stattfindet, ist xenologisch betrachtet nicht nur sichtbares Erkennungsmerkmal wirklicher Fremdbegegnung, sondern auch *per definitionem* ein Element des Verstehens von Fremdem. Denn ein Verstehen, das nicht über Identifizierungs-Verfahren, sondern durch Simulation hergestellt wird, versetzt den Verstehenden in einen fremden Kontext, dem er ausgesetzt ist und den er nur „analog" verstehen kann. Er macht daher auf jeden Fall eine neue Erfahrung. Dies ist mit der Verwandlung gemeint. Wie einschneidend sie erlebt wird oder wie stark sie sich in kognitiven Systemen der Überzeugungen niederschlägt, das ist individuell unterschiedlich.

Im Verstehen von Fremdheit findet keine Binnenerweiterung der Erkenntnis statt, sondern sie wird in ihren Grundaxiomen hintergangen. Fremdheit erfasst den Erfahrungsgrund und reißt ihn auf. Darin erscheint der doppelte Boden oder gleichviel eine Bodenlosigkeit des bisher Eigenen. Die Unheimlichkeit und Irritation des Fremden muss nicht lebensweltlich erfahren sein, denn sie ist nicht lediglich in der Fremde eines abgeschlossenen fernen Raumes, des Dschungels, erfahrbar. Die Fremdheit ist gleichsam die mögliche Bodenlosigkeit, die Infragestellung fundamentaler logischer und deutender Wahrheiten, die darin erst als Gewohnheiten kenntlich werden. Da diese Erkenntnis den weltanschaulichen und den philosophischen Rahmen betrifft, der Niederschlag und Quelle aller Erfahrung ist, kann eine Wandlung in dieser grundlegenden Dimension nicht ausbleiben.[355]

Aufgrund der wesentlich prozesshaften Geschehensabfolge gegenüber fremdartigen Phänomenen muss die simulative Hermeneutik sukzessive Phasen und insbesondere deren Zusammenhang darstellen können. Denn der Zusammenhang besitzt Charakteristika, die Eigenschaften der Verstehenstheorie verkörpern. Um den Text einer Ereignisabfolge zu analysieren, so dass nicht nur die einzelnen Episoden sichtbar werden, sondern in zweiter Ordnung deren Gestalt mit ihren qualitativen Merkmalen erscheint, ist die Methode der narrativen Analyse eingesetzt worden. Mit diesen drei Gründen (nicht zu identifizieren, die Grundaxiome zu betreffen, prozessual zu sein) ist die Notwendigkeit der Wandlung des Protagonisten erwiesen. Wenn aber die Verwandlung des Verstehenden notwendig ist, so ist es auch die narrative Analyse als philosophische Methode, diese Verwandlung zu rekonstruieren und geeignete Kontexte begründet auszusortieren.

Die Simulative Hermeneutik bietet mit der Kernprozedur der Simulation ein Verstehensmodell, das nicht von einem Identifizierungsprozess ausgeht. Das Hineinversetzen ist kein Prozess, in dem Alterität zu Identität wird, sondern in dem Identität zur Alterität fortschreitet. Die Simulative Hermeneutik symbolisiert das mit dem Übergang von G zu G'. Es ist gerade das Konstitutivum der Begegnung mit Fremdheit, dass sie neuartige Verknüpfungen auf den verschiedenen Ausdrucksebenen unseres Sinngefüges anlegt. Sie gleicht darin der Erstaneignung von Welt, dem Kontext, für den die Simulationstheorie entwicklungspsychologisch konzipiert wurde. Das ist ebenso der Grund, weshalb immer wieder Quines Gedanken zum Sprachlernen des Kindes aufgegriffen wurden. Unsere uns mittlerweile geläufige Wirklichkeit ist ontogenetisch eine unbekannte und in diesem radikalen Sinne fremdartige Welt. Es ist nicht sinnvoll, die Möglichkeit der Fremderkenntnis generell zu leugnen, da wir in unserem Heranwachsen in den ersten

---

[355] NAKAMURA beschreibt treffend, wie die Fremdheit in der Postmoderne sich explosionsartig zum Erfahrungsgrund ausweitet und wie Eigenheit und das zeitweise Zustandekommen von Einheiten zum Spezialfall auf dem Boden der Fremdheit geworden sind. Er geht von der Zeichentheorie der Neostrukturalisten aus (*Xenosophie* 236).

Lebensmomenten und Jahren bereits eine Fremderfahrung hinter uns gebracht haben. Ob wir Verstehen als Identifizieren oder als Simulieren bestimmen, sagt etwas über unsere Bereitschaft zur Selbstveränderung aus. Was hat eine dreißigjährige Frau mit sich als vierjährigem Mädchen gemein? Der Spielraum, der ins Auge springt, und die Unfühlbarkeit des vergangenen Selbstzustandes und Lebensmomentes zeigen die Normalität der Selbstveränderung und ihren hohen Grad von Veränderung an. Das Fremdverstehen im Simulieren und die Verwandeltheit von G' sollte in diesem uns längst bekannten Sinne betrachtet werden, damit sie nicht als überzeichnet erscheint.

Die Ergebnisse des narrativen Zugangs

Dank der narrativen Analyse des zweiten Kapitels von *Word and Object* konnten zwei Handlungsfäden voneinander getrennt werden: der Feldstudien-Handlungsbogen und der Spannungsbogen des Gedankenexperiments. Dadurch trat die Erkenntnis von der Unbestimmtheit auf. Denn die These von der Unbestimmtheit des Übersetzens ist eine theoretische Bewertung aus der Perspektive des Gedankenexperimentators. Die Handlungssequenz des Gedankenexperiments lautet: Suche nach einem Spielraum des Deutens (Exposition), Suche und Ausprobieren eines angenommenen Spielraums im konkreten Fall (Feldstudie) und schließlich Finden des Spielraums in der Erkenntnis der Unbestimmtheit. „Suchen, suchen, finden", so lautet die Sequenz des Kapitels II: Sie ist eine verdoppelte Sequenz und geschlossen, da sie an ein Ziel kommt (finden). Die Verdoppelung (zweites Suchen) ist keine folgenlose Retardierung, Erzählstilistik oder verdeutlichende Ausführung, sondern der Einbruch des Fremden. Denn das zweite Suchen ist das simulative Suchen.

Durch die narrative Analyse wird die Erweiterung der Rationalität schlüssig, da sie in der Zwischengestalt des Feldforschers angeeignet wird. In ihm hat sich ein Teil des Gedankenexperimentators von dem Gedankenexperimentator als dem Inhaber der abendländischen Geltungsstandards emanzipiert. Wichtige Merkmale des Fremden können nicht mit der geltenden Rationalität erschlossen werden, da die Geltung selbst in Frage steht. Mit dem narrativen Modell der Phasen des Verstehens von Fremdheit ist ein Modell des Nebeneinanders und Feedbacks entworfen. Eine Gleichzeitigkeit von Ungleichzeitigem kann notiert werden. Der gereiste Gedankenexperimentator **G'** und der in seiner Kultur nach wie vor verwurzelte Gedankenexperimentator stehen nebeneinander. Die Begegnung ist keine Inkulturation, die zur Auflösung oder Umarbeitung des Gedankenexperimentators führt, so dass er am Schluss des Prozesses als unterschiedene Person dastünde. Die Kontinuität von G und G' ist gewährleistet.

Zudem greift die narrative Analyse Ergebnisse der Handlungstheorie auf (z.B. das Prinzip der methodischen Ordnung). Im ersten Teil dieser Arbeit wird mit dem Übersetzen eher der sprachphilosophische Ansatz verfolgt bis hin zur Phase der Gegensätzlichkeit von fertigen Übersetzungen, - im zweiten Teil die Abfolge der Begegnungen auf Handlungsebene. In beiden Teilen tritt die Fremdheit auf: als Aufhebung der formalen Hintergrundtheorie in Bezug auf das Sprachsystem (durch den möglichen Gegensatz) und als Bekehrung des Protagonisten, in der sich die Begrenzung der Unbestimmtheit verschiebt bis ans Ende der Erzählung. Dort etabliert sich die interkulturelle simulative Bedeutungstheorie mit dem Unbestimmtheitsfaktor.

Die Wandlung von **G'** bedeutet tiefenpsychologisch, dass er Verdrängtes integrieren konnte. Die vom radikalen Naturalismus abgespaltene Vagheit und Unbestimmtheit insbesondere psychischer und lebensweltlicher Phänomene wird als Bestandteil der eigenen Welt jetzt anerkannt. Je näher das Abgespaltene dem eigenen Potential ist, desto heftiger wird es bekämpft. Die Wandlung des Gedankenexperimentators in der narrativen Perspektive ist daher eine nicht zu unterschätzende Versöhnung in Quines ehemals kontrastreichem Weltbild (Physik und Rest der Wissenschaften, Natur und Kultur, messbar und ungenau usw.), das nun dynamisch und simulativ ist, geprägt von Anerkennungsverhältnissen.

Auch für Vattimo bildet sich Sinn als „Geschichte": „Was der Hermeneutiker zum ‚Beweis' der eigenen Theorie bietet, ist eine Geschichte, sowohl im Sinne von *res gestae* als auch in dem von *historia rerum gestarum*, und vielleicht sogar auch im Sinne einer ‚Fabel' oder eines Mythos, da sie sich als eine Interpretation präsentiert".[356] Die simulative Bedeutungstheorie gibt eine Geschlossenheit vor, wie die Begegnungsgeschichte wirklich abläuft. Andererseits begründet sie die Unbestimmtheit auffällig *bestimmt* als Simulationserscheinung. Neben der engeren xenologischen Verortung gehört die Simulative Hermeneutik auch in die Postmoderne.[357] Die Fremdheit ist eine Allegorie postmoderner Abgründigkeit, der Bodenlosigkeit im Fehlen verbindlicher Grundannahmen. Die Aufgabe, diese Bodenlosigkeit auch theoretisch einzuholen, anstatt bloß von ihr auszugehen, steht noch an. Dazu ist ein Denken der Differenz gefordert, für das ein Gedankenexperiment zur radikalen Abweichung Wertvolles beiträgt.

Bei Martin ist die Erzählung ein Symbol für die Versunkenheit in eine Rolle und die Unmöglichkeit des Überblicks: „At the end of the day, however, one wonders whether the point is not that there is an aspect of the other that cannot be translated – even if […] this is a side of the story which they [Quine, Rorty, Davidson] have kept secret even to themselves".[358] Die philosophische Nacherzählung des Wirklichen hält zugleich geheim. Selbst ein naturalistisches Projekt wird auf erzählkritischer Ebene als Verbergungsprojekt enttarnt. Verborgen wird die Unübersetzbarkeit des Anderen. Nach Deutung dieser Arbeit findet sie bei Quine durch die Unbestimmtheit des Verstehens einen

---

[356] *Jenseits der Interpretation* 25.

[357] Da hier mehr die ethnologische und analytische Tradition entfaltet wird, verweise ich für die neostrukturalistische Tradition auf Nakamuras Aufarbeitung in *Xenosophie*.

[358] *Analytic Philosophy's Narrative Turn* 127.

theoretischen Niederschlag. Er ist der Kritik Martins daher entzogen. In der Unbestimmtheit liegt nicht die Negierung prinzipieller Übersetzbarkeit, sondern im Gegenteil der Zwang, auf mannigfache Weise den anderen zu verstehen. Dabei wird kein Wesenskern annäherungsweise umkreist. Die Unbestimmtheit lehnt diese Vorstellung eines idealen Gehaltes ab. Was auf Sprachebene die Kritik an idealen Bedeutungsgehalten ist, heißt auf die narrative Ebene übertragen, dass die Protagonisten offene Handlungsträger sind. Es wird nie ein Nachschlagewerk für den Sinn der Handlung eines Protagonisten geben. Hier versagt die Metapher des Übersetzungshandbuchs. Der Sinn ihres Handelns liegt in einer simulativ hergestellten Bandbreite. Darin liegt die narrative Quintessenz der positiven Unbestimmtheit. Es bleibt nur die Chance der Vergegenwärtigung und Demonstration des Fremden im erneuten Erzählen einer Geschichte, für die das Kapitel mit der Simulation schon einige Seiten zurückliegt.

Xenologische Theorie-Anforderungen

Die Simulative Hermeneutik ist speziell für den Gegenstand Fremdheit entwickelt. Es gibt jedoch einen Blickwinkel, unter dem jedes Lernen und Erkennen ein prinzipiell Fremdes erkennt, wenn auch nicht durchgängig in einem so herausgeforderten Sinn wie bei Fremdphänomenen. Denn schließlich ist das Lernen des heranreifenden mentalen Agenten eine Erstaneignung seiner Welt. Diese Unbekanntheit des Anfangs ist ein sinnvoller Aspekt von Fremdheit. Zum anderen tritt mit jeder Erkenntnissituation die Möglichkeit hinzu, mit einem Fremdphänomen konfrontiert zu sein. Drittens ist das gewöhnliche Erkennen dem Fremden ausgesetzt, weil möglicherweise die derzeitigen Beschreibungsarten nicht angemessen sind. Die eigentlichere Beschreibung ist die jetzt noch fremde. Ein paar der grundlegenden Einsichten der Simulativen Hermeneutik werden nun für xenologische Theoriebedürfnisse zusammengefasst. Diese Testfragen sollte jede Theorie des Fremden beantworten können. Mit ihrer Hilfe kann sich jede vergleichende Kulturwissenschaft Klarheit über ihre leitenden Vorstellungen verschaffen und ihr Instrumentarium offen legen (ihre Ontologie, Methodik, Bedeutungsauffassung und ihre ethischen Maximen). Darin erst verantwortet sie die Erforschung des Fremden und schützt die Eigenheit. So wird der Schutz von Eigenheit ausdrücklich und verzerrt nicht als unbewusst wirkendes Element. Kulturtheorien betreffen die gedankenexperimentelle Ebene. Daher sind an sie andere Kriterien als beispielsweise an ethnologische Einzelstudien anzulegen. Eine Folge dieser Trennung in Gedankenexperiment und Feldstudie ist die Unterscheidung von unbestimmter Bedeutung und unbestimmter Bedeutungstheorie. Es wird meist übersehen, dass auf der Ebene des Gedankenexperimentators sich Unbestimmtheit nicht auf Bedeutung, sondern auf Bedeutungstheorien bezieht. Sie besagt dort: Es ist nicht möglich, eine einzige gültige Übersetzung, das heißt nur ein System für einen Phänomenenbereich, anzugeben. Hingegen können Bedeutungen von Wörtern innerhalb einer Sprache ausreichend

tungen von Wörtern innerhalb einer Sprache ausreichend bestimmt werden. Es wäre interessant, ethnographisches Material daraufhin zu untersuchen, ob unsere Unterscheidung in Vertrautes und Fremdes sich in anderen Sprachen wiederfindet. Denn bei so fundamentalen Unterscheidungen wie rational und mystisch, sakral und profan, natürlich und übernatürlich musste die Ethnologie bereits feststellen, dass fremde Völker sie nicht kennen.[359]

Die Fragen sind keine Chronologie der Begegnung mit dem Fremden. Sie entwickeln eine Systematik, indem der Gegenstand Fremdheit mit einer geeigneten Heuristik kombiniert wird.
- Auf welche Gegenstandsart soll sich Fremdheit beziehen (ontologische Frage)?
- Welche Gegebenheitsweise dieses Gegenstandes wird als fremd bezeichnet (phänomenologische Frage)?
- Wie sieht der Umgang mit dem fremden Phänomen aus (erkenntnistheoretisch-narrative und ethische Frage)?

Der fremde Gegenstand

Fremd sind für die Simulative Hermeneutik Sinngefüge. Die Dreiteilung ihrer Dimensionen in propositionale, semipropositionale und nonpropositionale Bedeutungen bemisst sich noch klassisch an der Darstellbarkeit in einer Theorieform. Die drei Dimensionen des Sinngefüges müssen aufgrund ihrer spezifischen Eigenschaften mit spezialisierten Methoden geborgen werden. Die quinesche Urszene untersucht die Fremdheit am Gegenstand „Übersetzungssystem" und wählt xenographisch die Übersetzungshandbücher. An ihnen wird die Theorieform erörtert und die Frage, inwiefern sie für die Darstellung von Fremdheit geeignet ist. Wegen des nicht-theoretischen Formats der Szene des Fremden wurde jedoch dieser quinesche sprachphilosophische Gegenstand als zu eng für eine Xenologie bewertet. Anstelle der Übersetzungshandbücher wird daher begrifflich das Sinngefüge gesetzt.

Mit der Gestalt des Gedankenexperimentators wird die Metaebene zur Fremdbegegnung bearbeitet. Ihr Gegenstandsbereich ist als das Sinngefüge bestimmt. Darunter ist das Überzeugungssystem eines Menschen als Angehörigem einer bestimmten Kultur zu verstehen. Das Sinngefüge verändert sich fortwährend durch Urteile zu lebensweltlichen wie theoretischen Herausforderungen, die durch die Inhaber der Weltanschauung getroffen werden. Diese Urteile sind auf der simulativen Metaebene als Wägen von Unwägbarem wiederzugeben.

Das folgt aus mehreren Gründen: Erstens sind psychische Einschätzungen wie Überzeugungen und Einstellungen, die wesentlicher Bestandteil des Sinngefüges sind, unbe-

---

[359] Vgl. KIPPENBERG *Einleitung: Zur Kontroverse über das Verstehen fremden Denkens* 38.

stimmt. Zweitens ist der Kontext des Handelns als auch der Sprechäußerungen irregulär anstatt regulär wie in Rekonstruktionstheorien, die vom Irrtum der Perfektion gesteuert werden. Darunter ist der hermeneutische Versuch zu verstehen, eine Sinngebung nachzubauen, in der weder Oberflächliches, Inkohärenzen, nicht Beendetes etc. vorkommen. Das bedeutet, dass in der Simulativen Hermeneutik die Systemumgebung des Fremden weder vollständig noch eindeutig beschrieben werden kann.

Drittens stehen keine ultimativen Daten im Kulturvergleich zur Verfügung, aufgrund derer eine Bedeutungsidentifizierung zwischen Sinngefüge und seiner Übersetzung angestellt werden könnte (historische Kandidaten auf ultimative Urteile auf der Metaebene waren insbesondere Verhaltensbeobachtung und neuronale Identifizierung oder repräsentationale Gehalte). Eine normale, mehr oder weniger funktionierende Kommunikation ist Identifikationskriterium genug.

Viertens wurde die Modulation der Disposition bisher unterschätzt. Wird der Lerneinfluss und sein prägender Niederschlag im Sinnessystem ernst genommen, so ist für die Metaebene die Disposition nicht mehr ein Begriff, der unumstößliche Daten vorgeben kann (sei es mittels des Konzeptes der angeborenen Disposition oder der verhaltensbeobachteten Disposition). Und schließlich ist die Produktion des Sinngefüges auf der Metaebene nicht ohne unbestimmte Operationen wie die Mühe, Bequemlichkeit, Sorgfalt oder Begabung des Inhabers eines Sinngefüges zu beschreiben. All diese subjektiven Produzentenfaktoren werden von der Simulationstheorie, die das Fremde rekonstruiert, berücksichtigt.

Die fremde Gegebenheit

Um eine wirklich fremde Gegebenheit zu entdecken, ist das hermeneutische Selbstverständnis der simulativen Xenologie zu überdenken. Denn von der Ansicht, wie und was ich verstehen kann, wird die Erwartung, was der Gegenstand ist, geformt. Normalerweise herrscht die Ansicht, Hermeneutik expliziere, korrigiere und präzisiere immerzu ein *Vorverständnis*.[360] Sie sei eine grundlegende Vertrautheit mit dem Sinngefüge, in das die theoretischen Verzerrungen eingeholt werden müssen. Mit diesem Selbstverständnis ist die Fremdheit darauf festgelegt, völlig unverständlich sein zu müssen. Denn bei grundsätzlicher Vertrautheit gibt es nur ein Ungewohntes und nicht radikal Abwei-

---

[360] Durch dieses unbefragte Verständnis von Hermeneutik (*Xenosophie* 238) gerät NAKAMURA in das von ihm selbst auch so genannte „Paradox" seiner Nicht-Hermeneutik: „Das Fremde ist nur zu bewahren, indem es zugleich verkannt wird" (237). Diese xenologische Lösung ist unbefriedigend. Nakamura steht stark unter einem Erkenntnisverständnis von Husserls phänomenologischer Konstitution. Um über Nicht-Hermeneutik noch reden zu können, wird er „transhermeneutisch" (239) und tritt damit in einen Regress ein.

chendes. Wo Nakamura sich mit dem nicht-hermeneutischen Vorbehalt aus dem Verstehensprozess des Fremden herausnimmt, da lässt sich das simulative Verstehen in die Interaktion mit der Fremdheit involvieren. Der Grundvollzug der Simulativen Hermeneutik ist das Simulieren und nicht das Deuten. Das Simulieren ist als ein phantasiegeleitetes Hineinversetzen in einen anderen Menschen zum einen entwicklungspsychologisch früher als die Fähigkeit des Deutens. Zum anderen ist es die grundlegende Fähigkeit, auf der jedes Deuteereignis aufruht. Das hat folgenden Vorteil: Normalerweise ist der interpretative Akt im Zentrum jeder Hermeneutik. Dies führt leicht zum Kollabieren der Deutekunst: Es gibt keine Beobachtung, die nicht theoriegeleitet wäre in einem basalen Sinne. Weil unsere Aussagen (gerade auch die wissenschaftlichen) Deutungen sind (in einem Kontext, mit einem Vorverständnis, in einer bestimmten Kultur etc.), wird alles zur Deutung. In diesem Fehlschluss wird die nachträgliche Begriffskunst und Präzisierung mit der zugrundeliegenden Wahrnehmung der anderen Menschen und dem Leben mit ihnen verwechselt.

Auch das simulative Verstehen ist „von vornherein" in der lebensweltlichen Offenheit. Diese wird jedoch nicht als Vorverständnis, sondern als Szenerie, die simuliert werden kann, begriffen. Das Simulieren setzt Welt als stete Abweichung, denn seine Grundoperation ist nicht das Identifizieren. Das Hineinversetzen ist ein produktives, Irritation herstellendes Vermögen unseres Geistes. Schon am Ursprung der wissenschaftlichen Entdeckung des menschlichen Simulierens steht die Fähigkeit, eine *Trennung* von Eigenheit und Fremdheit zu vollziehen: Denn im *False-Belief-Task* muss die kontrafaktische Situation gebildet werden. Sie basiert auf der komplexen, nicht reduktionistischen Fähigkeit des Menschen von einem bestimmten Zeitpunkt an, einen anderen Menschen als unterschiedenes Wesen aufzufassen. Der andere hat einen anderen Informationsstand und Ziele. Damit ist die Möglichkeit, im Simulieren zu einer neuen Perspektive zu kommen, erwiesen. Mit dem Simulieren als abweichende Fremdheit setzendem Vermögen gewinnt die Unbestimmtheit des Fremden ihren Sinn. Zu simulieren ist die angemessene Heuristik für die Fremdheit von Sinngefügen. Das Fremde hat keine besondere Gegebenheitsweise, wie viele xenologische Ansätze suggerieren, die zwischen andersartig, exotisch und fremd unterscheiden. Das Fremde hat nur eine besondere Zugangsweise und ist daher eine perspektivische Benennung. Dieser Phänomenalität wird Rechnung getragen, indem seine Gegenstandseigenschaft „fremd" als abweichend, szenisch und simulativ bestimmt ist.

Vom Umgang mit dem Fremden

Die Metabegriffe der Simulativen Hermeneutik (unbestimmte psychologische Einschätzungen, irreguläre Kontexte, unbestimmte Bedeutungsidentifikation, subjektive Produzentenbedingungen, modulierte Disposition) haben Anforderungen an den Umgang mit der Fremde und die Methode seiner Erschließung zur Folge. Die menschliche Sinnlichkeit ist ein Generale, wenn auch nicht als physiologisch verstandener Input wie bei Quine, sondern als Wahrnehmungsordnung, die mit einer ästhetischen Theorie zu untersuchen ist. Durch die Methode der Imagination und Simulation fällt das Übersetzen semipropositionaler Einstellungen nicht wie bei Quine unter den Tisch. Zudem werden über die xenologischen Metabegriffe Flüchtigkeit, Einverleibung und Unbewusstheit auch nicht-propositionale Größen beschrieben: Dank der sinnlichen Seite der simulativen Methode geht der unausdrückliche Wirklichkeitszugang mit in die Rekonstruktion der jeweilgen Fremdheit ein. Der Simulierende ist nicht auf ein rein kognitives Nachvollziehen beschränkt, sondern er kann auch weitere Elemente in die Bedeutungsstiftung einbringen, die sowohl er in seinem eigenen Sinngefüge fortwährend in Anspruch nimmt und die auch der simulierte Fremde benutzt. Dazu gehören Elemente, die über die simulierte Einverleibung deutlich werden wie Bewegungsabläufe, Ekel, Wohlgefallen, Privilegierung des Sehens, Hörens etc. bei Symbolisierungen usw. Durch die Unbewusstheit, die der Simulierende im Vollzug mitbetätigt, werden emotionale Evaluierungen auch der Kognition sowie das Grundgefühl, Sterblichkeit, Sozialität, um nur die wichtigsten zu nennen, einflussreich für das Verstehen und ausgewertet.

Schließlich kann das Simulieren auch flüchtige Bedeutungskonfigurationen wertschätzen und deskriptiv einbringen. Denn die Simulative Hermeneutik ist befreit von der Bevorzugung von Gehalten, die sich zu Zeichen, Worten, Begriffen oder Schlüssen verdichtet haben. Auch vage Einfälle, unthematische Empfindungen, verworfene, abgebrochene Überlegungen oder Handlungsvorhaben sind wesentlicher und aufschlussreicher Teil eines Sinngefüges und daher xenologisch interessant. Das heißt auch, dass ein Teil des fremden Sinngefüges zwar mittels der eigenen Unbewusstheit mit simuliert wird, aber immer unbewusst bleibt, also nicht in der Theorie auftaucht.

Wichtigste subjektive Bedingung im Umgang mit Fremdheit ist die simulative Kompetenz. Sie ist der Kompass in das und durch das Fremde. Der Schutz der Eigenheit im Simulieren ist durch das Implantieren der eigenen psychischen Muster und *life facts* in den begegnenden Kontext gesichert. Der Simulierende bleibt im Eigenen, insofern er seine Prozesse ablaufen lässt. In dieser Art des Verstehens ist die Gefahr der Auflösung des Simulierenden im Fremden und des Verlustes der Ursprungsidentität durch deren sukzessives Vergessen ausgeschlossen. Im Gegenteil: Es taucht für den, der sich auf den Prozess der Simulation einlässt, nach den ersten Malen des Hineinversetzens eine ungeahnte Möglichkeit persönlicher Eigentlichkeit auf. Sie gründet darin, dass die mit der Unbestimmtheit inaugurierte Pluralität vollzogen wird. Es kann z.B. sein, dass ein Christ, der ein jüdisches Überzeugungssystem simuliert, entdeckt, dass er seine Religiosität in einem ultraorthodoxen Synagogengottesdienst ebenso vollzieht wie in seinem favorisierten lateinischen Hochamt. Aus seiner simulativen Kompetenz heraus kann **G'**' die Unbestimmtheit „ökumenisch" auslegen.[361]

Schon Geuking schwebte die Anwendung von Quines naturalistischem Entwurf als „Plattform" für andere Sinngefüge als die naturalistische Weltsicht vor. Er führt Fremdheit als abweichende Binnensubsysteme eines Sinngefüges aus: „Der besondere Reiz dieser Fragestellung liegt darin, dass damit vielleicht Wege sichtbar werden, wie hochspekulative und von vielen Menschen als abstrus betrachtete Aussagen mit einer nüchternen, rein empirisch orientierten Grundeinstellung zu vereinbaren sind. Als Beispiele für solche Aussagesysteme können das Weltbild von sogenannten primitiven Kulturen oder auch in unserer Kultur verbreitete religiöse Aussagen betrachtet werden. Solche Aussagen sind in diesem Zusammenhang besonders interessant, weil sie offensichtlich naturwissenschaftlichen Grundgesetzen widersprechen und seit langer Zeit von vielen Menschen geglaubt werden, die im übrigen Leben durchaus den ‚Common Sense' praktizieren, den auch Quine so hochschätzt".[362] Die Simulative Hermeneutik zeigt für alle interkulturellen und interreligiösen Projekte, dass das Verstehen an das eigene Informationsverarbeitungssystem unaufhebbar gebunden ist. Die Transformation des Simulanten in der Begegnung wird nicht ausbleiben. Doch ist ihr Ziel nicht ein sukzessiv hergestelltes allgemeines Sinngefüge. Simulation ist im Gegenteil die Fähigkeit zur Verständigung durch gewandelte Rückkehr aus dem Hineinversetzen. Denn sie ist gerade als Verstehensmodell für eine Mehrzahl von widerstreitenden Sinngefügen und nicht für die Auflösung von Pluralität entwickelt worden.

---

[361] „Ecumenical" nannte Quine den Fall, der die Gegensätzlichkeit der Übersetzungshandbücher, also der Sinngefüge, durch ihren Wechsel im Gebrauch erklärt. Was für naturalistische Manuale *ad absurdum* führt, das ist im Bereich der Sinngefüge möglich.
[362] *Erfahrung und Willkür bei Quine* 13.

Literaturverzeichnis

Verwendete Abkürzungen in eckigen Klammern. Zitierte Kurztitel sind kursiv.

Literatur von Willard van Orman Quine

- Bibliographie: Bruschi, R.: Willard van Orman Quine. A Bibliographic Guide, Florenz 1986
- Autobiography, in: Hahn/Schilpp 3-48
- Comments, in: Barrett/Gibson
- Empirical Content, in: TT
- Epistemology Naturalized, in: OR 69-90
- Facts of the Matter, in: Shahan/Swoyer 155-169
- From a Logical Point of View, Cambridge Ma. 1953, ^{3}1971 [FLPV]
- From Stimulus to Science, Cambridge, Oxford 1995
- Gegenstand und Beobachtung, in: Henrich, D. (Hg.): Kant oder Hegel?, Stuttgart 1983, 412-422
- Geleitwort von W.V. Quine, in: Lauener 9f
- Indeterminacy of Translation Again, JPh 84 (1987) 5-10
- In Praise of Observation Sentences, JPh 90 (1993) 107-116
- *Interview:* Twentieth Century Logic, in: *Borradori* 27-39
- *Interview* von 1997: Es gibt immer einen weiteren Schritt, in: *Borchers* 31-45
- *Interview* between W.V. Quine and Yasuhiko *Tomida* (1992). www.sortes. hs.h.kyoto-u.ac.jp/quine.html (15.2.00) und Tomida, Y.: Quine and the Contemporary American Philosophy, Kyoto 1994, 4-51
- Kurt Gödel, in: TT 143-147
- Mencken's American Language, in: TT 203-208
- Naturalism; Or, Living Within One's Means, Dialectica 49 (1995) 251-261; dt. in: Schnädelbach/Keil
- On empirically equivalent systems of the world, Erkenntnis 9 (1975) 313-328
- On the Reasons for Indeterminacy of Translation, JPh 67 (1970) 178-183
- On the very Idea of a Third Dogma, in: TT
- Ontological Relativity and Other Essays, New York 1969 [OR]
- On what there is, in: FLPV
- Postscript on Metaphor, in: TT 187-189
- Progress on Two Fronts, JPh 93 (1996) 159-163
- Promoting Extensionality, JPh 98 (1994) 143-151
- Pursuit of Truth, Cambridge Ma.1990, revised ed. 1992 [PT], Unterwegs zur Wahrheit. Konzise Einleitung in die theoretische Philosophie, Paderborn 1995, [UW]
- Quiddities. An Intermittently philosophical Dictionary, Cambridge Ma., London 1987
- Reactions, in: Leonardi/Santambrogio 347-361

- Replies, Synthese 19 (1968)
- Replies (Reply to Smart, Harman, Stenius, Chomsky, Hintikka, Stroud, Strawson, Grice, Geach, Davidson, Follesdal, Sellars, Kaplan, Berry, Jensen), in: Davidson/Hintikka 292-352
- Replies (Reply to Alston, Bohnert, Follesdal, Gähde und Stegmüller, R.F. Gibson Jr., Goodman, Harman, Hellman, Hintikka, Kaplan, Lee, Levison, Nozick, Parsons, Putnam, Roth, Skolimowski, Smart, Strawson, Thompson, Ullian, Vuillemin, Wang, White), in: Hahn/Schilpp
- Speaking of Objects, in: OR
- Structure and Nature, JPh 89 (1992) 5-9
- Theories and Things, Cambridge Ma, London 1981 [TT]
- The Time of My Life. An Autobiografie, Cambridge Ma 1985
- The Roots of Reference, La Salle 1974
- The Web of Belief, zus. m. J.S. Ullian, New York 1970
- Three Indeterminacies, in: Barrett/Gibson
- *Two Dogmas* of Empiricism (1951), in: FLPV
- Was ich glaube, in: UW 151-161
- Word and Object, Cambridge Ma. 1960, [WO], Wort und Gegenstand, übersetzt v. J. Schulte in Zusammenarbeit m. D. Birnbacher, Stuttgart 1980 [WG]

Sekundärliteratur

Abel, G.: Sprache, Zeichen, Interpretation, Frankfurt 1999

Badham, P. (ed.): A John Hick Reader, London 1990

Bargatzky, T.: Die Ethnologie und der Begriff der kulturellen Fremde, in: Wierlacher

Barresi, J., Moore, C.: Intentional relations and social understanding, Behavioral and brain sciences 19 (1996) 107-154

Barrett, R.B., Gibson, R.F. (eds.): Perspectives on Quine, Cambridge 1990

Baudrillard, J.: Agonie des Realen, Berlin 1978

Baumann, P.: *Kommunikation ohne gemeinsame Sprache?* Zu neueren Thesen von Donald Davidson, Kognitionswissenschaften Hamburg 1996

Berg, E., Fuchs, M. (Hg.): *Kultur, soziale Praxis, Text.* Die Krise der ethnographischen Repräsentation, Frankfurt 1993

Bergström, L.: Quine, Underdetermination, and Scepticism, JPh 90 (1993) 331-358

Bischof, N.: *Das Kraftfeld der Mythen.* Signale aus der Zeit als wir die Welt erschufen, München ²2000

Bilgrami, A. et. al.: Lire Davidson. Interprétation et holisme, Combas 1994

Bloch, M.: *How we think they think.* Anthropological Approaches to Cognition, Memory, and Literacy, Boulder, Oxford 1998

Brück, von M.: Gibt es eine interreligiöse Hermeneutik?, in: ZThK 2 (1996) 284-308

Borchers, D., Brill, O., Czaniera, U.: Einladung zum Denken. Ein kleiner Streifzug durch die analytische Philosophie. Gespräche mit W.V.O. Quine, E. Tugendhat, D. Birnbacher, H. Albert, M. Nussbaum, P. Foot, R. Hare, A. Beckermann, C. Malcolm, J. Hintikka, G. Schurz, B. Kanitschneider, G. Vollmer, S. Lem, Wien 1998

Borradori, G.: The American Philosopher. Conversations with Quine, Davidson, Putnam, Nozick, Danto, Rorty, Cavell, MacIntyre, Kuhn, Gins 1991, Chicago 1994

Botterill, G., Carruthers, P.: The Philosophy of Psychology, Cambridge 1999

Boyer, P.: Explaining Religious Ideas: Elements of a Cognitive Approach, Numen 39 (1992) 27-57

- Cognitive Aspects of Religious Symbolism, in: Boyer 1993
- Pseudo-natural Kinds, in: Boyer 1993
- Tradition as Truth and Communication, Cambridge 1990

Boyer, P. (ed.): Cognitive Aspects of Religious Symbolism, Cambridge 1993

Brandl, J., Gombocz, W.L. (Hg.): The Mind of Donald Davidson, Grazer Studien 36, Amsterdam, Atlanta 1989

Bruderer, U.: *Verstehen ohne Sprache*. Zu Donald Davidsons Szenario der radikalen Interpretation, Bern, Stuttgart, Wien 1997

Burge, T.: Philosophy of Language and Mind: 1950-1990, Phil Rev 101 (1992)

Carnap, R.: Der Logische Aufbau der Welt (1928), Hamburg ^{4}1974

- Logische Syntax der Sprache (1934), Wien, New York ^{2}1968

Chomsky, N.: Quine's Empirical Assumptions, in: Davidson/Hintikka

Cummins, D.: How the Social Environment Shaped the Evolution of Mind, Synthese 122 (2000) Sondernr. Rationality

Dasenbrock, R.W. (ed.): Literary Theory After Davidson, Pennsylvania 1993

Davidson, D.: Reply to Quine on Events, in: LePore 1985

- Empirical Content, in: LePore 1986
- A nice Derangement of *Epitaphs*, in: LePore 1986
- *Interview Borradori*, in: Borradori
- Meaning, Truth and Evidence, in: Barrett/Gibson (mit Reply von Quine, 80), dt.: Bedeutung, Wahrheit und Belege, in: Der Mythos des Subjektiven. Philosophische Essays, Stuttgart 1993
- On saying that, in: ders.: Inquiries into Truth and Interpretation, Oxford 1984 (dazu Reply von Quine in: Davidson/Hintikka)
- Paradoxes of Irrationality, in: Wollheim/Hopkins
- Replies, in: Stoecker

Davidson, D, Hintikka, J. (eds.): Words and Objections. Essays on the Work of W.V. Quine, Dordrecht, Boston 1969, ^{2}1975

Davies, M., Stone, T. (eds.): *Folk Psychology*. The Theory of Mind Debate, Oxford 1995
- *Mental Simulation*. Evaluations and Applications, Oxford 1995
Davies, M., Coltheardt, M.: Introduction to Pathologies of Belief, Mind and Language 15 (2000)
DePaul, M.R., Ramsey, W. (eds.): Rethinking Intuition. The Psychological of Intuition and its Role in Philosophical Inquiry, Lanham u.a. 1998
Derrida, J.: Gesetzeskraft. Der „mystische Grund der Autorität", Frankfurt 1991
Eco, U.: A View from Elm Street, in: Leonardi/Santambrogio
- Die Suche nach der vollkommenen Sprache, München 1994
Edmüller, A.: Wahrheitsdefinition und radikale Interpretation, Frankfurt, Bern, New York, Paris 1991
Envine, S.: Donald Davidson, Cambridge 1991
Essler, W.K.: Rudolf Carnap, in: Höffe, O. (Hg.): Klassiker der Philosophie II, München 1985, 385-408
Figal, G.: Der Sinn des Verstehens, Stuttgart 1996
Filet, B.: Kulturen, Sprachen und das Unbewusste als Problem der Psychoanalyse, in: Apsel, R. (Hr.): Forschen, erzählen und reflektieren (Ethnopsychoanalyse 6), Frankfurt 2001
Fink-Eitel, H.: *Die Philosophie und die Wilden*. Über die Bedeutung des Fremden für die europäische Geistesgeschichte, Hamburg 1994
Foellesdal, D: Indeterminacy and Mental States (1990), in: Barrett/Gibson
Fohrer, G. u.a.: Exegese des Alten Testaments, Göttingen ^{5}1989
Foucault, M.: Les mots et les choses. Une archéologie des sciences humaines, Paris 1966
Frege, G.: Sinn und Bedeutung und Der Gedanke, in: Kleine Schriften, hg. v. I. Angelelli, Darmstadt 1967
French, P.A., Uehling,T.E., Wettstein, H.K. (eds.): The Wittgenstein Legacy. Midwest Studies in Philosophy XVII, Notre Dame 1992
Freud, S.: Die Traumdeutung (1900), Frankfurt 1991 [TD]
- Neue Folge der Vorlesungen zur Einführung in die Psychoanalyse, in: Ders.: Studienausgabe I, Frankfurt 1989
Gamm, G.: Nicht nichts. Studien zu einer Semantik des Unbestimmten, Frankfurt 2000
Gay, P.: *Freud*. Eine Biographie für unsere Zeit, Frankfurt 2000
Geuking, W.: Erfahrung und Willkür bei Quine, Sinzheim 1996
Gibson, R.F.: Are there Really two Quines?, Erkenntnis 15 (1980) 349-370
- The Philosophy of W.V. Quine, Tampa 1982
- Translation, Physics, and Facts of the Matter (1985), in: Hahn/Schilpp

- Enlightened Empiricism. An Examination of W.V. Quine's Theory of Knowledge, Tampa 1988
- Quine on Matters Ontological, www.phil.indiana.edu/ejap/1997.spring/gibson976.html (23.11.99)

Glock, H.J.: The Indispensability of Translation in Quine and Davidson, Phil Q (1993) 194-209

Glüer, K.: Bedeutung zwischen Norm und Naturgesetz, DZPh 48 (2000) 449-468

Gödel, K.: Über formal unentscheidbare Sätze der *Principia Mathematica* und verwandter Systeme I (1931), in: Collected Works I, New York, Oxford 1986

Gloy, K.: Das Analogiedenken unter besonderer Berücksichtigung der Psychoanalyse Freuds, in: dies./Bachmann
- Differenz, Phil Jahrbuch 107 (2000) 206-218
- Versuch einer Logik des Analogiedenkens, in: dies./Bachmann
- Vermittlungsmodelle von Einheit und Vielheit – das substanzontologische, das selbstreferentielle und das offen relationale Modell, in: Marquard
- (Hg.): Rationalitätstypen, Freiburg, München 1999
-, Bachmann, M. (Hr.): Das Analogiedenken, Freiburg, München 2000

Gochet, P.: Ascent to Truth. A Critical Examination of Quine's Philosophy, München, Wien 1986

Goldman, A.: Interpretation Psychologized, in: Davies/Stone: Folk Psychology

Gordon, R.: Simulation without Introspection or Inference from Me to You, in: Davies/Stone: Mental Simulation

Gosselin, M.: *Nominalism and Contemporary Nominalism.* Ontological and Epistemological Implications of the Work of W.V.O. Quine and of N. Goodman, Dordrecht, Boston, London 1990

Greimann, D.: Quines behavioristische Theorie der Sprache, Diss., München 1990

Hacker, P.M.S.: Wittgenstein im Kontext der analytischen Philosophie, Frankfurt 1997

Hacking, I.: Why Does Language Matter to Philosophy?, Cambridge U.S. 1975
- The Parody of Conversation, in: LePore 1986
- Language, Truth and Reason, in: Hollis/Lukes

Hahn, L.E., Schilpp, P.A. (eds.): The Philosophy of W.V. Quine. Quines Autobiografie. 23 Critical Essays. Quines Replies to His Critics. Quine Bibliographie, La Salle (1986) ^{3}1988

Harman, G.: Meaning and Theory, in: Shahan/Swoyer
- An Introduction to "Translation and Meaning". Chapter Two of *Word and Object*, in: Davidson/Hintikka
- Quine on Grammar, in: Hahn/Schilpp

Hartmann, D.: Philosophische Grundlagen der Psychologie, Darmstadt 1998

Heitsch, E.: Phaidros. Platon Werke Bd. 4. Übersetzung und Kommentar, Göttingen 1993

Henderson, D.K.: The Principle of Charity and the Problem of Irrationality (Translation and the Problem of Irrationality), Synthese 73 (1987) 224-252

Hörisch, J.: Die Wut des Verstehens. Zur Kritik der Hermeneutik, Frankfurt 1988

Hogrebe, W.: Die epistemische Bedeutung des Fremden, in: Wierlacher

Holenstein, E.: *Menschliches Selbstverständnis*. Ichbewußtsein – Intersubjektive Verantwortung – Interkulturelle Verständigung, Frankfurt 1985

Hollis, M., Lukes, S. (eds.): Rationality and Relativism, Oxford ^{5}1990

Hookway, C.: Quine, Cambridge, Oxford 1988

Humphries, B.M.: Indeterminacy of Translation and Theory, JPh 67 (1970) 167-178

Husserl, E.: Logische Untersuchungen, Hamburg 1992

- Phänomenologie der Lebenswelt, hg. v. K. Held, Stuttgart 1986

Jamme, C.: ‚Und Gott hat an ein Gewand'. Grenzen und Perspektiven philosophischer Mythos-Theorien der Gegenwart, Frankfurt 1991

Jung, C.G.: Psychologie und Religion, München ^{3}1994

- Archetypen, München ^{6}1996

Kippenberg, H.G.: Einleitung: Zur Kontroverse über das Verstehen fremden Denkens, in: ders. , Luchesi, B. (Hg.): *Magie*. Die sozialwissenschaftliche Kontroverse über das Verstehen fremden Denkens, Frankfurt 1978

Kirk, R.: Translation Determined, Oxford 1986

Kleespies, W.: Das Fremde in mir anhand von Träumen, in: Schäffter

Lauener, H.: Willard Van Orman Quine, München 1982

Laugier-Rabaté, S.: *L'anthropologie logique de Quine*. L'apprentissage de l'obvie, Paris 1992

Lenzen, M. : *Der Boden des Naturalismus ist der Hosenboden*. Philosophie mit Minderwertigkeitskomplex: Auch W.V.O.Quine segelt unter falscher Flagge, meint Herbert Schnädelbach, FAZ 8.3.2000, Nr. 57

Leonardi, P., Santambrogio, M. (eds.): On Quine. New Essays, Cambridge 1995

LePore, E., McLaughlin, B. (eds.): Actions and Events. Perspectives on the Philosophy of Donald Davidson, Oxford 1985

LePore, E. (ed.): Truth and Interpretation. Perspectives on the Philosophy of Donald Davidson, Oxford 1986

Lévi-Strauss, C.: La pensée sauvage, Paris 1962,

- Tristes Tropiques, Paris 1955

MacCormac, R.: Die semantische und syntaktische Bedeutung von religiösen Metaphern, in: Noppen, J. (Hg.): Erinnern, um Neues zu sagen, Frankfurt 1988

MacIntyre, A.: Lässt sich das Verstehen von Religion mit religiösem Glauben vereinbaren?, in: Kippenberg/Luchesi

Malinowski, B.: The Problem of Meaning in Primitive Languages, in: Ogden/Richards

Mall, R.A.: *Philosophie im Vergleich der Kulturen.* Interkulturelle Philosophie – eine neue Orientierung, Darmstadt 1995

-, Lohmar, D. (Hg.): Philosophische Grundlagen der Interkulturalität; Studien zur interkulturellen Philosophie I, Amsterdam, Atlanta 1993

Malpas, J.E.: Holism and Indeterminacy, Dialectica 48 (1991)

Donald Davidson in the mirror of meaning. Holism, Truth, Interpretation, Cambridge 1992

Markman, A.B.; Dietrich, E.: Extending the Classical View of Representation, in: Trends in Cognitive Sciences 4 (2000)

Martin, B.: *Analytic Philosophy's Narrative Turn:* Quine, Rorty, Davidson, in: Dasenbrock

Marquard, O. (Hg.): Einheit und Vielheit. XIV. Dt. Kongress für Philosophie, Hamburg 1990

Matthes, J. (Hg.): Zwischen den Kulturen, Göttingen 1992

Mayer, V.: *Semantischer Holismus.* Eine Einführung, Berlin 1997

- Was zeigen Gedankenexperimente?, Phil. Jahrbuch 106 (1999) 357-378

Mittelstraß, J.: *Das Undenkbare denken.* Über den Umgang mit dem Undenkbaren und Unvorstellbaren in der Wissenschaft, Konstanz 1998

- (Hr.): *Die Zukunft des Wissens.* XVIII. Deutscher Kongreß für Philosophie. Konstanz 1999. Workshop-Beiträge, Konstanz 1999

Modée, J.: Observation Sentences and Joint Attention, Synthese 124 (2000) 221-238

Mohanty, J.N.: Den Fremden verstehen, in: Mall/Lohmar

Moore, A.W.: The Underdetermination/Indeterminacy Distinction and the Analytic/Synthetic Distinction, Erkenntnis 46 (1997) 5-32

Mühlhölzer, F.: Quine and Davidson on Reference and Evidence, in: Stoecker

Müller, O.: Synonymie und Analytizität: Zwei sinnvolle Begriffe. Eine Auseinandersetzung mit W.V.O. Quines Bedeutungsskepsis, Paderborn, München, Wien, Zürich 1998

Nakamura, Y.: *Xenosophie.* Bausteine für eine Theorie von Fremdheit, Darmstadt 2000

Naumann, R.: Das Realismusproblem in der analytischen Philosophie. Studien zu Carnap und Quine, Freiburg München 1993

Ogden, C.K., Richards, I.A.: The Meaning of Meaning, London 1994

Ortner, C.: Willard van Orman Quine, in: Nida-Rümelin, J. (Hg.): Philosophie der Gegenwart, Stuttgart 1991

Parmenides in: Die Vorsokratiker I, Hrsg. v. J. Mansfeld, Stuttgart 1983

Parsons, C.: Quine and Gödel on Analyticity, in: Leonardi/Santambrogio

Picardi, E., Schulte, J. (Hg.): Die Wahrheit der Interpretation. Beiträge zur Philosophie Donald Davidson, Frankfurt 1997

Putnam, H.: Meaning Holism and Epistemic Holism, in: Cramer, K. (Hg.): Theorie der Subjektivität, Frankfurt 1987
- Die Bedeutung von „Bedeutung" (1975), Frankfurt ²1990
- God and the Philosophers, in: French (u.a.) 1997
- Meaning Holism, in: Hahn/Schilpp
Ramberg, B.T.: Davidsons Philosophy of Language, Oxford 1989
Rescher, N.: The Primacy of Practice, Oxford 1973
Resnik, M.: On the Philosophical Significance of Consistency Proofs, in: Shanker, S.G. (ed.): Gödel's Theorem in Focus, London, New York ³1990
Ritter, H.: Am *Seelenende*. Die Epoche des Sigmund Freud, FAZ 31.12.1999, Nr. 305
Rosch, E., Mervis, C. B.: Family Resemblances: Studies in the Internal Structure of Categories, in: DePaul/Ramsey
Sauter, S.: Der Forscher als Mentor. Gedanken über die intersubjektive Praxis der Feldforschung, in: Apsel, R.; Sippel-Süsse, J.: Forschen, erzählen und reflektieren (Ethnopsychoanalyse 6), Frankfurt 2001
Schaedler-Om, M.: *Der soziale Charakter sprachlicher Bedeutung und propositionale Einstellungen*. Eine Untersuchung zu Donald Davidsons Theorie der Radikalen Interpretation, Würzburg 1997
Schäffter, O.: *Modi des Fremderlebens*. Deutungsmuster im Umgang mit Fremdheit, in: Ders. (Hg.): Das Fremde. Erfahrungsmöglichkeiten zwischen Faszination und Bedrohung, Opladen 1991
Schnädelbach, H., Keil, G. (Hg.): Naturalismus. Philosophische Beiträge, Frankfurt 2000
Schurz, R.: *Negative Hermeneutik*. Zur sozialen Anthropologie des Nicht-Verstehens, Opladen 1995
Shahan, R.W., Swoyer, C.S.(eds.): Essays on the Philosophy of W.V. Quine, Oklahoma 1979
Sher, G.: Is there a Place for Philosophy in Quine's Theory?, JPh 96 (1999) 491-524
Stanzel, F.K.: Theorie des Erzählens, Göttingen ⁶1995
Stich, S, Nichols, S.: Cognitive Penetrability, Rationality and Restricted Simulation, Mind and Language (1997) 297-326
- Second Thoughts on Simulation, in: Davies/Stone: Mental Simulation
Stoecker, R. (ed.): Reflecting Davidson. Donald Davidson responding to an International Forum of Philosophy, Berlin, New York 1993
Stolz, F.: Bronislaw Kaspar Malinowski (1884-1942), in: Michaels, A. (Hg.): Klassiker der Religionswissenschaft, München 1997
Stüber, C.: Donald Davidsons Theorie sprachlichen Verstehens, Meisenheim 1993
Sundermeier, T.(Hr.): Den Fremden wahrnehmen. Bausteine für eine Xenologie, Gütersloh 1992

Sundermeier, T.: *Den Fremden verstehen*. Eine praktische Hermeneutik, Göttingen 1996
Taylor, C.: Rationality, in: Hollis/Lukes
Tenbruck, F.H.: Was war der Kulturvergleich, ehe es den Kulturvergleich gab?, in: Matthes
Ter Hark, M.: Uncertainty, Vagueness and Psychological Indeterminacy, Synthese 124 (2000) 193-220
Turk, H.: *Alienität und Alterität als Schlüsselbegriffe einer Kultursemantik.* Zum Fremdheitsbegriff der Übersetzungsforschung, in: Wierlacher
Vattimo, G.: *Jenseits der Interpretation.* Die Bedeutung der Hermeneutik für die Philosophie, Frankfurt, New York 1997
Vermazen, B., Hintikka, J. (eds.): Essays on Davidson: Actions and Events, Oxford 1985
Vossenkuhl, W.: Jenseits des Vertrauten und Fremden, in: Marquard
Young, A.: Wondrous Stage: The Neuropsychology of Abnormal Beliefs, Mind and Language 15 (2000)
Wagner, S.J., Warner, R. (eds.): Naturalism. A Critical Appraisal, Notre Dame 1993
Waldenfels, B.: Topographie des Fremden, Grenzen der Normalisierung, Sinnesschwellen, Vielstimmigkeit der Rede (Studien zur Phänomenologie des Fremden 1-4), Frankfurt 1997, 1998, 1999, 1999
- Erfahrung des Fremden in Husserls Phänomenologie, in: Orth, E. W. (Hr.): Profile der Phänomenologie, Freiburg, München 1989
Wiggershaus, R. (Hg.): Sprachanalyse und Soziologie. Die sozialwissenschaftliche Relevanz von Wittgensteins Sprachphilosophie, Frankfurt 1975
Wierlacher, A. (Hr.): Kulturthema Fremdheit. Leitbegriffe und Problemfelder interkultureller Fremdheitsforschung (Mit einer Forschungsbibliographie von Albrecht, A. et.al.), München 1993
Winch, P.: Was heißt "eine primitive Gesellschaft verstehen"? (1964), in: Wiggershaus
Winnicott, D.W.: Übergangsobjekte und Übergangsphänomene (1951), in: ders.: Von der Kinderheilkunde zur Psychoanalyse, Frankfurt 1997
Wittgenstein, L.: Tractatus logico-philosophicus. Tagebücher 1914-1916. Philosophische Untersuchungen, Werkausgabe I, Frankfurt ^{7}1990
- Das blaue Buch, Eine Philosophische Betrachtung (Das Braune Buch), Werkausgabe V, Frankfurt ^{7}1997
- Über Gewißheit, Werkausgabe VIII, Frankfurt ^{6}1994
- Vortrag über Ethik und andere kleine Schriften, hg. v. J.Schulte, Frankfurt ^{3}1195
Wollheim, R., Hopkins, J. (eds.): Philosophical Essays on Freud, Cambridge 1982